博客思出版社

圓解聖經

正本清源 明道通神

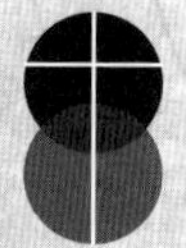

楊春華 著

序一：天大的幸事！

此書以中國文化為鑰匙，解開聖經奧秘，讓人明瞭經文中所隱藏的事，可謂一本曠世奇書。此書的圓解聖經，對基督教神學的全面超越與徹底顛覆，竟然是讓人真正的懂得神，認識真正的耶穌基督。

從道出發，觀點來自耶和華、耶穌的話語。此書正本清源地指證包括被編在新約裡的神學思想之謬，化解一切誤讀。〈哥多林前書〉中，基督教第一個神學家保羅說的，「我們現在所知道的有限，先知所講的也有限，等那完全的來到，這有限的必歸之無有了」（13:9），所說「那完全的」，就通過《圓解聖經——正本清源　明道通神》對於我們來到了！

舊約〈以賽亞書〉中神說：「你們聽是要聽見，卻不明白；看是要看見，卻不曉得，因為這百姓油蒙了心……回轉過來，便得醫治」，這話在〈馬太福音〉十三章裡由耶穌重複。為什麼聽見卻不明白，看見但不曉得？「油蒙了心」是指什麼說的？神使百姓如此，這藏有怎樣的奧秘？為什麼需要回轉？如何回轉？都由這本書以經解經地告訴。此書對聖經的解讀，立之於圓全的磐石，自圓自洽，圓融無礙，圓通無阻，能使人對耶和華、耶穌在其中的經文有整體的通透

《圓解聖經——正本清源　明道通神》一書的必要性，以賽亞書中有說明，二十九章十一節：「所有的默示你們看如封住的書卷」，這話與十節說的，「因為耶和華用沉睡的靈澆灌

你們」相對應。耶穌的門徒們也都是被「沉睡的靈澆灌」而「睡著了」的人，不能有「片時的警醒」。客西馬尼廳裡「他們睡著了，因為他們的眼睛困倦」，那是對靈性在沉睡著的象徵。對聖經的圓解讓人真正醒來，它把「封住的書卷」打開。正是〈以賽亞書〉二十九章九節預言的：「你們等候驚奇吧！」

此書揭示經文中隱藏的內容，讓人見識真神活神。此書被讀懂，神的道理與人的道理圓合而圓融。人類共同理想的太陽，將放射大光榮升！隨著新文化精神的形成，新思潮的奔湧，世界會展開新的航行。

真的讓哲學、神學標新立異，此書是哲學、神學在根本上的合一，是理性與神性的完全一致，。哲學由之確立圓全的基礎，有二是一，二不純二，一不混一的「一二一」，免除東西方所有之劣弊，整合其全部之優秀；哲學所尋求的「總體性」不再是遙遠的幻影與模糊的熱念，而是理性上的清晰，思想把握到了的真實。此書使神學不再是瓦解中的不通理。「道就是神」，人在神中，神在人裡，二者一體圓在，人懸浮於二元分裂之深淵的可悲命運由之結束。此書使人的感性、理性、神性圓合一體，精神圓明而有的整體性智慧，可讓人類走上真正和平、和諧、和美的自由、健康、幸福、道德，擁有永恆與永生的聖化道路，就是得到新天新地。所以說：這本書的面世，是一件天大的幸事。

王煒　於燕山悟道齋

序二：人所寫成，神所設定

思想性的好書，當為天地立心，為生民請命，為往聖續絕學，為萬世開太平，最好還應給出能使人得到美好中永生的途徑。這樣的書一直奇缺，現在終於有了。

思想性的好書能使人改變思想，這本書會讓宗教信徒沒法還是那樣的信，使舊有的所信發生改變；還會改變不信任何宗教的人，使之理性的有信仰。這麼說真是神了，是的，這本書就是屬神的。當然這神是在沒看過這本書之前所能有的理解之外的。

《圓解聖經——正本清源 明道通神》，僅是這書名就讓人有疑問：難道兩千年的聖經神學都其本不正？其源不清？未明道，未通神？已有的經文解釋都有偏差、缺陷，需要這本書來圓？所以是奇書，是它不在一般所能想到的範圍裡。那就不能以可能有的估想阻攔和排斥對它的閱讀，因為那會使您經歷不到書中的神奇。

「我要開口說比喻，把創世以來隱藏的事發明出來」的比喻，「我要開口用比喻，說出自古以來的謎語」的謎語，在耶和華和耶穌的話語中貫通，只是靈性睡著的人對之沒有聽力而不能去聽。舊約中的神，說不讓人明白的比喻，新約裡耶穌講道所說的比喻，門徒們也都是聽不懂的。經文用比喻所說的謎語，基督教神學一直不知。

人們靈性的沉睡，因其思維基礎是對立二方，二方之「方框」是神孕育屬神精神的子宮，也是整體性認識的迷宮。人類有了自我意識而有了自我與對象二方的區分，有了各種不同二方的區分。因不知道二方所來之的圓在本體即神，二方在人這裡離神即離圓全圓滿的存在之圓，這就是原罪的本質內容。一切罪惡都是人類在二方對立的利益爭鬥中所產生，離圓的原罪以人的歸圓得免。神的孕育期，需要胎性精神睡在子宮即思想迷宮裡。「因他在我未出胎時不殺我，使我的母親成了我的墳墓」（〈耶利米書〉20:17）。天圓地方，天一地二，地為二方，天父地母，屬二方的人是耶穌比喻的「死人」，其靈性睡在「墳墓」即二方之「方框」裡。「方框」裡的醒是夢游，信徒們都不能真懂神和耶穌。此書以中國文化的鑰匙，打開經文中結構極其複雜的連環之鎖而打開思維基礎的「方框」，讓人們聽到振聾發聵的大聲音，使「死人」甦醒復活而轉化成新人。

耶穌說「神是個靈」，此書憑神，憑耶穌的讓人「完全」，指明神是圓在、圓化的靈。認為人以歸圓與神合一，歸圓的人在神裡，神在人的圓化精神中。走化人歸圓，化事成圓，化得內外在之圓境的圓化道路，就擁有永恆與永生的無限圓美圓妙之神境。人生是神為人設置的夢，覺悟的人們個圓其圓，圓人之圓，圓圓與共，好夢成圓，圓成好夢，個體的死則是靈魂結束人生之夢回到神那裡的醒。該書以圓全的道理讓人「醒神」。歷盡萬般，人要返本，就是認知自己從之而來，向之而去的圓在的神。它對聖經以圓來解，所解達圓，說得圓而說得通。

此書對於包括被編在新約後部分的神學思想之謬的指證，有經文中耶和華、耶穌的話語給出的證據。那是環環相扣的證據鏈，那是覆蓋全篇的證據群。讓人在震驚中感慨的是：經

文尚未解開之前，看不出來隱藏的意思，一解開就讓人恍然大悟。神的新人，胎兒的出生並不是對其價值性的否定，體現其價值就要有新生。此書中，基督教神學被上帝、耶穌完全擊跨，整個塌方。原有信仰的被摧毀肯定讓人有痛苦，如產婦的生產會有疼痛。〈約翰福音〉十六章中，耶穌預言了信徒的哀號、悲傷，也預言了信徒的「歡喜世上生出一個人」，即是有了神的靈性，能真正活出上帝來的人。

中國有古哲說：「知一萬事畢」。人在二方基礎上所知的一，是他對方的一方，那與他是二方的二。〈多馬福音〉中耶穌說：「當你成為了二，你又能做什麼呢？」（古卷十一）「能將二歸一……你必能進天國」（古卷二二）；「一個人活在「一」之中，就會充滿光，人與「一」分離，就會充滿黑暗」（六一）。那一就是自身完全的，大象無形的圓在之圓。歷史是一場偉大的孕育，承載著前人精神的今人，臨到了神聖的出生。

我們所處的世界很鬧騰也很沉悶，鬧騰的是物化中的竟爭與追逐享樂的活動，沉悶的是不知出路何在的精神。圓解聖經，天雷滾滾；夢遊的，安睡的都將被震醒。誰不知生命可貴，誰不想擁有圓美圓妙之境中的永恆、永生？人類需要擺脫各種二方對立所造成的種種困擾，以及毀滅生存的威脅，需要改變沒有真實價值意義的「死人」狀態。此書讓我們確切地得知，拯救之道是人的歸圓。這完成於一個轉念，卻是脫胎換骨的轉變。

此書讓人看出：不同時代，不同地域的作者們所寫的經文，在那些作者顯意識所不知覺中，竟然在細節處也是以比喻說二方歸圓的。該隱向神獻他的出產就不被神所悅納。因為他的所獻是地產，象怔二方性的思想，神所悅納的是屬天即屬圓的思想；「耶和華喜悅你，你的地也歸他」，地歸神，就是二方歸圓；神所要求的割禮，割禮是對人陰部的處理，二為陰，處理了二的問題，也就是二方歸圓而歸一，才與圓在的神同居。耶穌告之：「不可按外貌斷定是非」，在經文外貌上的斷定必是誤讀。看過這書可知，中國文化中的「天一地二」（周易　繫辭），天圓地方，天人合一，貫通經文的比喻、謎語，那設計者就是圓在的神，圓化的靈。所以說這書是人所寫成，神所設定。

屬二方的胎性精神人，只要不是被固定為死胎、廢胎，只要他不甘於自己生命的路程是終至於無的夢影，不甘於個體終極徹底失敗的命運，就會通過對聖經的圓解，發生蛹化成蝶的變化，立圓而立起走向永恆與永生之神境的圓化者。

于天洪　於桃山南莊

導言：憑什麼圓解聖經？

基督教第一個神學家保羅曾說：「我們現在所知道的有限，先知所講的也有限，等那完全的到來，我們有限的所知，就化為無有了」（〈林前〉13:9—10），「那完全的」到來，須是以對聖經的圓解成立的。以賽亞書二十九章中神宣佈說：「所有的默示你們看如封住的書卷」（十一節）；〈但以理書〉十二章中神指示說：「但以理啊，你只管去，因為這話已經隱藏封閉，直到末時」（九節）。到末時，隱藏的要揭示，封閉的要打開。本書以中國文化的鑰匙將「封住的書卷」之鎖打開。

〈以西結書〉二章九節中說的「內外都寫著字」的書，是耶和華和耶穌在其中的，外可見，內隱藏的書。把書解開才能看到隱藏的內裡，解開的鑰匙竟然在中國文化裡，這應該是神的設置。

《易經》中「天一地二」，中國文化講天圓地方。方字古有二意（見《說文解字》）；地之方不是具體方形的方，而是此方彼方不同的二方。這天也不就是自然的天，還是本體的，主宰的，道德的天，是孔子說「在天成象」，老子言「執大象，天下往」的大象。地在天裡，一體的天地，是二方在其內的圓在之圓。這圓是圓全圓滿之圓，這圓是大象無形的大象。中國文化中，天乃價值之源，「道之大原出於天」（董仲舒〈賢良對策〉），上帝就是天。天圓地方的整體之圓與上帝至大無缺，圓滿完全之圓，同是圓在之圓。

「天，是耶和華的天」（〈詩〉115:16），地本在天裡，天之圓，是神圓在的圓；神說：「我豈不充滿天地？」（《耶》23:25）這是說：神即天圓地方的整個天地；神說：「天是我的坐位，地是我的腳蹬」（〈賽〉60:1），這是說：神佔有天圓地方的全體；「神坐在地球大圈之上」（40:22），這是說，神乃天地圓在的整體，是包含二方的圓在之圓，圓在的神運化自身則以圓化命名。耶穌說：「神是個靈」（〈約〉4:24），神是圓在，圓化的靈。人在神裡，是人擁有包含二方的圓而在其圓裡；神在人中，是人的精神活有圓化的靈性。神即天地之道，「道就是神」（〈約〉1:1），圓道以圓化運行。基督是受膏者，基督比喻神給耶穌以靈，「我要將我的靈賜給他，他必將真理傳給外邦」（〈太》12:18），「主耶和華的靈降在我身上，因為耶和華用膏膏我」（〈賽》61:），這裡的「用膏膏我」是對神賜之以靈的比喻，耶穌得圓在之神的圓化之靈，作化人歸神即歸圓的圓化之工。本書對此給出以經解經的理圓理足的確認。

耶穌講道全用比喻，他說「這是要應驗先知的話」：就是「我要開口用比喻，把創世以來所隱藏的事發明出來」（〈太〉13:35）。這話依據的是：「我要開口用比喻，說出古時的謎語」（〈詩〉78:2）。創世以來的事記在聖經裡，創世以來隱藏的事，為什麼要是隱藏的，怎樣隱藏的？耶穌引先知的話和先知所說的話合在一起，可知隱藏的事也是謎語，不懂所用的比喻，那隱藏的事就是不被知道的，那謎語就是不能解開的；解開所用的比喻，隱藏的事就發明出來了，謎語也就解開了。

怎樣才能把握經文中所隱藏的事，所說出的謎語所用的比喻呢？經文中「你們的母親被

休，是因你們的過犯」（〈賽〉50:1），這是比喻，是謎語。天父地母。人生來屬地，在人這裡，地之二方與天之圓分離，這是人以自我意識所為，因為人意識到自我，就與對象世界分作二方，卻不知那是在本體圓在之神內的區分，所以說，母離父即二方離圓，「是因你們的過犯」；經文中神用土造人，人來之於二方之地，「地祂卻給了世人」（〈詩〉115:16），人的屬地乃是神意，所以說，二方離圓，是「你們的母親被休」。二方離圓，地與天在人這裡分離，其母則不屬於其父，所以，〈何西阿書〉中神說，「這地大行淫亂，離棄耶和華」（1:2）；「你們要與你們的母親大大爭辯，因為她不是我的妻子，我也不是她的丈夫，叫他除掉臉上的淫像和胸間的淫態」（2:2）；離父的母所生的，「是從淫亂而生的」（4），「他們的母親行了淫亂，懷他們的母親作了可羞恥的事」（5），「我要滅絕你的母親，我的民因無知識而滅亡」(4:5)。淫亂的母親是指離圓的二方，這母親滅絕於二方歸圓，這也是屬二方的人的滅亡，就是屬二的舊我死去，即耶穌說的「舍己」；人舍屬二方的己而歸圓，屬圓的新我誕生，即耶穌所說的「重生」。重生是進天國的必要條件，人進天國須歸圓，耶穌是照人歸圓的光，帶領人類歸圓的榜樣。

神要「滅絕你的母親」，其意是要求二方在你這裡歸圓而消除二方基礎，確立包含二方的圓基礎即經文所說的磐石。圓在之圓就是包含二方的整體大一，知一無一不知，不知一無一能知，不知整體真一，就只能有盲人摸象的角度性認識，就只能在經文的外貌上誤讀。「所有的默示你們看如封住的書卷」（〈賽〉29:11），「因為耶和華將沉睡的靈，澆灌你們，封閉你們的眼，蒙蓋你們的頭」（10節）。舊約中神說：「你去告訴這百姓說：你們聽是要聽見，卻不明白，看是要看見，卻不曉得」（〈賽〉6:9），這話新約中耶穌也引來說

（見〈太〉13:14）。耶穌講道全用人們不能明白的比喻。「門徒進前問耶穌說，『對眾人講話，為什麼用比喻呢？」耶穌回答說，「因為天國的奧秘，只叫你們知道，不叫他們知道』」。這裡所說的你們，並不是屬地的門徒和後來一直沒有屬圓在之神的信徒，而是當今認同二方歸圓而能聽懂比喻的人們。

耶穌對門徒們講道，也全是用比喻，門徒們也都是聽不懂。「耶穌離開眾人，進了屋子，門徒就問他這比喻的意思。耶穌對他們說：『你們也是這樣不明白嗎？』」（〈可〉17—18）。不是某個、某些門徒不明白，而是所有門徒都不明白：「無人的時候，十二門徒問他比喻的意思（所有門徒全不懂耶穌所說的比喻）」。耶穌對門徒們說：「你們不明白這比喻嗎？這樣怎能明白一切的比喻呢？」（〈可〉4:10—13）不但是不明白，還認為是難有人聽的：耶穌對眾人講道，「他的門徒中有好些人聽見了就說：『這話甚難，誰能聽呢？』」（〈約〉6:61）神是自隱的，耶穌說：「意思乃是隱藏的」。不知道為什麼對門徒、信徒們也要隱要藏，就不能懂得耶穌和上帝。歷史中進行了一場不為人知的偉大孕育，這是圓解聖經才得見的事實。孕育期需要胎性精神封閉在神的子宮，也是人認識的迷宮，即二方之「方框」裡。對聖經的圓解，是孕育到了產期。圓解聖經的本身，就是人誕生新人的過程。新生不是對胎兒價值的否定，胎兒所有的價值都包含和體現於新生。

對經文的誤讀，所讀得的並不是其真意，拿走不是所給的為偷竊。福音書中，耶穌說殿「成為賊窩了」（〈太〉21—17，〈可〉11—17，〈路〉19—46），就是對信徒們誤讀經文而說。對經文的比喻不按比喻去聽，對耶穌說比喻聽不懂的信徒們，是「成了賊窩」的殿中賊

群。舊約中預言了「飛行的書卷」，「凡偷竊的，必按卷上這面的話除滅」（〈亞〉5:3—4）。所說的要把所有「偷竊的」除滅，就是把凡是誤讀所讀得的全都化解。

耶穌說：「你們若遵行我所吩咐的，就是我的朋友了，以後我不再稱你們為僕人了，因僕人不知主人所做的事」（〈約〉15:14—15）。主與僕是不同二方，不可以憑二方認識不在二方框架之內的耶穌；朋友平等，朋友可以有一體性的精神。經文中門徒不知耶穌所做的事，耶穌說：「我所做的事，信我的人也要做」。不能做耶穌所做的事，就不是信耶穌。而主僕二方，以耶穌為主，自己為僕的「僕人不知主人所做的事」。精神與耶穌一體圓在，才能知道耶穌所做的事，才能認識耶穌。主與僕二方的信徒屬地，他們不能遵行屬天的耶穌的吩咐，不能知道耶穌所做的體現圓在之神的圓化之意的事。二方在自我這裡歸圓，與耶穌共有圓基礎，才與耶穌是朋友，才會知道耶穌所做的是化人歸圓的圓化之事。

主與僕的認知背後，是人的二方思維基礎。在此基礎上一切都是二方對立，人與神，生與死，心與物，人與人，主體與客體，此岸與彼岸……二方離圓在之圓，屬二方的人，就與神相隔離。不屬圓全圓滿之圓善的神，就屬惡。所以耶穌會把對他「主啊主啊」的信徒也視為惡者：「當那日必有許多人對我說：主啊，主啊，我們不是奉你的名傳道，奉你的名趕鬼，奉你的名行許多異能嗎？我就明明地告訴他們說：「我從來不認識你們，你們這些做惡的人，離開我去吧」！」（〈太〉7:22）圓在圓善的神不接納屬二方即屬惡的人，「因為你不是喜悅惡事的神，惡人不能與你同居」（〈詩〉5:4），圓在的神不被二方基礎上的人所擁有；耶穌不與惡人同在天國，天國是圓在之神的圓美圓妙的超驗境界，惡人是處於二方之

「方框」的精神地獄囚牢的。屬二即屬地的人不認屬天即屬圓的耶穌，對不認耶穌的，耶穌在天國也不認他。屬二的信徒們，即使奉耶穌的名傳過道，耶穌也要對他們說：「我從來不認識你們，你們這些做惡的人，離開我去吧！」

所謂人類的原罪，經文中是因人祖被蛇所引誘，吃了分別善惡樹的果子而有。人祖吃分別善惡樹的果子，那是對人類具有了分別善惡二方的能力而形成了二方對立的精神基礎的象徵比喻。伊甸園的這個故事，被按照文字的外貌讀做具體真事，那就是誤讀。「不可按外貌判定是非」（〈約〉7:24），伊甸園的這個故事，是用比喻發明隱藏的事，說出古代的謎語。

人屬二而屬惡，惡字是「亞心」，亞為二，惡在於心屬二。經文中「心懷二意，為我所恨」，這不是三心二意的二意，「他們心懷二意，現今要定為有罪。耶和華必拆毀他們的祭壇、毀壞他們的柱像」（〈何〉10:2）。使之拆毀祭壇、毀壞柱像的「二意」，是二方基礎的二意。離圓的二方是本惡之惡，乃惡之源。人類中具體的惡，都是因人二方對立的利益爭奪而有的。神「見人們在地上的罪惡很大，終日所思所想盡都是惡」（〈創〉5:5），因為屬地的人其所思所想都是從二方對立而起的。地為二方，所以「人必稱他們的地為罪惡之境」（〈瑪〉1:4）原罪，罪在二方離圓，天父地母的父與母在人這裡被分開。二方在圓裡，天地一體，就夫與婦合一。「你的地也必稱為有夫之婦，因為耶和華喜悅你，你的地也必歸他」（〈賽〉62:4）。二方歸圓，就是地歸耶和華。

人祖吃分別善惡樹的果子而有了善與惡二方的精神基礎，所謂人類的原罪，是對人以思維的二方之「方框」與圓在的神隔離的隱喻，這罪當然要以人歸圓，以二方對於他是在整體之圓裡而免除。「地面開裂，產出救恩，使公義一同發生」（45:8）。地為二方，「地面開裂」，也就是打開人思維的二方之「方框」，才能得神的恩典。打開侷限的「方框」，讓二方歸圓，圓在之圓內的人們，則以圓化之，化人歸圓，化事成圓，化得內外在整體之圓境，做滿足人們對美好生活之嚮往的，讓人們在身體和精神需要上全面得圓的圓化之工，這才是「地面開裂，產出救恩，使公義一同發生」。

憑經文外貌，認為人祖吃了分別善惡樹的果子而人類有罪，代代人都因之有原罪，是說不圓而說不通的。耶和華神明明說：「兒子必不擔當父親的罪孽」（〈結〉18:20），後代人不擔當上代人的罪孽，這是神說的，亞當吃分別善惡樹的果子，怎麼就要代代人都擔當其罪呢？「至於我們的罪孽，我們都知道，就是悖逆不認識耶和華，轉去不跟從我們的神」（〈賽〉59:12—13）。罪孽是因人限於二方，不能認識圓在的神而不能跟從圓化的靈。神所定的新約：神民們認識神，神「要赦免他們的罪孽，不再紀念他們的罪惡」（〈耶〉31:33—34）。原罪和本惡之惡，以人歸圓，認識圓在的神而赦免；人以體現圓化的靈而擁有精神靈魂永恆與永生的，無限圓美圓妙之神境。耶穌要門徒喝下（葡萄汁），使罪得赦的立約血，比喻的是：領會和接受耶穌要求「象你們的天父完全一樣」（〈太〉5:48）的思想。人的原罪以歸圓赦免，圓化之路才通往永生美妙的天堂。

在誤讀者們那裡，十字架是耶穌為人類免罪而向神獻贖罪祭的祭壇，人靠十字架上耶穌的受難，得到神的恩典。保羅是獻祭的十字架和寶血讓人得救之說的建立和維護者，而他是留有餘地的：他說過今天信從保羅者們更該聽的話：「我們現在所知道的有限、先知所講的也有限．等那完全的來到、這有限的必歸於無有了」（〈林前〉13:9—10。完全者圓在無缺。

十字架不是掛著基督的屍體給神獻贖罪祭的木頭，經文中的神討厭屍體，〈以西結書〉：「現在他們當在我面前遠除邪淫和他們君王的屍首，我就住在他們中間直到永遠」（43:9），這說的是：神不與靠近君王即基督屍首的人們同居；「他們不可接近死屍沾染自己」（44:25）；「哈該說：『若有人因摸死屍染了污穢，然後挨著這些物的哪一樣，這物算污穢嗎？』祭司說：『必算污穢』。於是哈該說：『耶和華說……他們在壇上所獻的也是如此』」（〈該〉2:13—14）。那麼在精神上吃屍體的血肉更要算作污穢了。

被作為祭物的，是十字架上身體受傷的耶穌。〈利末記〉二十二章十二二節已說清楚，神不許以受傷損的祭物獻祭；神說：「我喜愛良善（或作憐憫），不喜愛燔祭，喜愛認識神，勝於燔祭」（〈何〉6:6）。讓十字架是掛著受傷流血的屍體的木頭，讓十字架是羔羊獻祭的祭壇，明顯的違背神意。「聽命神勝於獻祭，順從勝於公羊的脂油，悖逆的罪與行邪術的罪相等，頑梗的罪與拜虛神和偶像的罪相同」（〈撒上〉15:22—23）。基督徒們要以吃基督的肉，喝基督的血免罪得永生，耶和華神說：「在你們的一切住處，脂油和血都不可吃」（〈利〉3:17）；「凡以色列家中的人，或是寄居在他們中間的外人，若吃什麼血，我必向那吃血的人變臉，把他從民間剪除」（利17:10）；「只是你要心意堅定不可吃血，因為血是生命」（〈申〉12:23）。「我必除去他口中帶血之肉和牙齒內可憎之物」（〈亞〉9:7）。舊約中的神為什麼會這樣特別的強調不可吃血肉呢？神應該知道後來屬二的信徒要以吃基督的血肉過信仰的生活；神為什麼要表明不喜悅而煩感，以致惱怒獻祭呢？神應該是知道後來屬二的信徒要以基督羔羊獻祭贖罪的，那麼這其中的神意是什麼呢？本書會對所有這些問題給出整體圓解。對經文以圓來解，所解達圓的，才是完全的。

什麼是基督？基督教神學所認的基督是受膏君王，其基督就是受膏者，宗教儀式上以頭抹膏油封作的君王、祭司為基督。十字架不能是掛著基督的屍體給神獻贖罪祭的木頭，經文中神討厭屍體，〈以西結書〉：「現在他們當在我面前遠除淫邪和他們君王的屍首，我就在他們中間直到永遠」（43:9）。這明明白白說的是：神不與靠近君王即基督屍首的人們同居：「他們不可接近死屍沾染自己」（44:25）。死屍是神所討厭的污穢，〈哈該書〉中，「耶和華說……他們在祭壇上所獻的也是如此」（2:13—14）。十字架上獻祭贖罪違背神意，那是只體貼人的意思，不體貼神的意思，那是人的吩咐。〈以賽亞書〉六十五章三節，神為神民「在園中獻祭」發怒；「你們雖向我獻燔祭和素祭，我卻不悅納」（〈摩〉5:22）；「燔祭和贖罪祭非你所要」（〈詩〉40:6）；「當那日，人必仰望造他們的主，眼目看重以色列的聖者，他們必不仰望祭壇，就是自己手所築的」（〈賽〉17:7—8）。不是要仰望祭壇，也就是不要信仰祭壇上的祭物——君王即基督的屍體，「仁義公平勝獻祭」（〈箴〉21:2）；耶穌說：「經上說：『我喜愛憐恤，不喜愛祭祀』，這句話的意思，你們且去揣摩」（〈太〉9:13），這是需要聯繫耶穌所召的是罪人來思考的。

神不喜愛祭祀，贖罪祭乃是不順從神而逆神的事。〈以賽亞書〉中耶和華說：「你們所獻的許多祭物與我何益呢？公綿羊的燔祭和肥畜的脂油我已經夠了。羊羔的血，公山羊的血，我都不喜悅」（1:11）。神不喜悅羊羔的血，用羔羊基督的血給神獻贖罪祭，神不同意而不能成立。「當那日……他們必不再仰望祭壇……木偶」（17:7）。耶穌說的要吃他的肉，喝他的血而獲得永生的生命，那說的吃肉喝血是比喻，是比喻對他思想精神的理解與接受。「在你們的一切住處，脂油和血都不可吃」（〈利〉3:17）。「凡以色列家中的人，或是寄居在他們中間的外人，若吃什麼血，我必向那吃血的人變臉，把他從民間剪除」（利17:10）。「不可吃血」（〈申〉12:25），是經文中神所多次強調。

耶穌與門徒們喝了葡萄汁後，還有話：「但我告訴你們，從今以後，我不再喝這葡萄汁，直到我在我父的國裡同你們喝新的那日子」（〈太〉26:26—30）。那代表血的葡萄汁是不許再喝的，這表明耶穌對喝他的血得救是否定的。新的葡萄汁，由人們的歸圓而有。「因為凡有的，還要再加給他；凡沒有的，連他自以為有的，也要奪去」（〈路〉8:18）。耶穌上十字架，是神所設計。十字架是對圓在之圓的象徵比喻，贖罪祭是對歸圓的象徵比喻；十字架上的耶穌，是向人類做歸圓即歸向上帝的昭示。「眾民當重新得力」（〈賽〉41:1），是指歸圓而得圓化精神之力。人歸向神，也是神對於人的來臨，所以說，「但那等候耶和華的，必從新得力」（40:31）。

耶穌承諾了「將一切事指教你們的聖靈」，「歸耶和華為聖」（〈亞〉14:20）。聖靈以人歸圓在之圓而來臨。聖靈乃保慧師，即「帕拉克裡」（parak-lit），希臘文的意思是「能辯別真假者」。聖靈讓人得明，「圓主明」，故圓明，明哲因人擁有圓基礎而有。「愚

昧人不喜愛明哲，只喜愛表露心意」（〈箴〉18:2）。這是在提醒，不喜愛明哲的人，不要愚昧頑梗。不喜愛明哲，理性上對神本身不明，信神必是愚昧地信假神。人類有了自我意識，就對於他有了自我與對象二方，自我與他人它物二方的區分，由於不知道這區分是在包含二方的圓在本體之內所形成，不知二方在其內的圓全整體，二方就成為思維的基礎。在二方基礎上所知的一切都是二方對立，如主體與客體，心與物……人的異化，客體化，物化的非人化，就以對立二方為基本前提而有。具體性認識以二方為基礎沒有問題，認識包含二方的整體，就要受到二方框架的遮蔽與限制，所以當今在具體領域表現得無所不能的人類，卻不能讓著如善、價值、幸福等任何一個整體性概念在理性上完全清楚，只能有不同角度上的認識，各種側面上的解釋，不能有整體圓全圓明的定義。具體中只有想不到的，沒有做不到的，曾經是幻想的，都能變成現實的。具體上思想有多遠，就能走多遠，而在整體性上，人類總是要為害於自身，不斷造成各種困擾人類自身的問題，如今連人類的生存都處在被自身力量所毀滅的威脅之中，卻是沒辦法的事情。要求和平，卻不能不準備战爭，地球村可以有餓死的兒童，但不能減少每分鐘幾百萬元的軍備費用；人類需要好的生態環境，社會與人生環境，而污染、恐怖、暴力、腐敗，失序、缺德等等，都是由人所為之，要求健康和造種種病狀的都是人。二方基礎是總病之根。

直覺感悟的中國文化憑直覺認為二方是一體的一，觀物取象，以直感知道：二方一體的一是圓在之圓。中國文化給出包含陰陽二方的太極之圓，包含地之二方的天之圓，「天道圓」；佛家講「法身圓應」，「泯圓覺無真法」，「覺所覺空，空覺極圓；世間世出，十方圓明」，「三諦圓融」，「信佛秘密，大圓覺心」，佛家最終所求，是功德圓滿；老子的道大，大者無缺，無缺者圓在。「天之道損有餘以奉不足」，減少多餘補上不足，所成就的是圓；墨家講兼愛非攻，相攻在於是對立二方，兼愛實現於同圓。神本身完全，大象無形的圓在之圓才完全，耶穌要求「象你們的天父完全一樣」，就是要求精神上的具圓。馬克思，要求「人依據一個全面的方式，因而作為一個完全的人佔有人的全面本質」（《馬克思、恩格斯全集》四十二卷123、24、140）要求把人「作為盡可能完整和全面的社會產品生產出來」（第四十六卷（上）人民出版社一九七九年版第三九二頁）。圓本身無缺而完整完全，圓本身方面俱全，真正全面。馬克思所要求的，實質是人的精神不殘缺而圓化。

人的需要就是人的本性。人的需要以得圓滿性之圓來滿足，圓滿圓才滿，足者不缺即是圓。人的本性求圓。人由著自己求圓的本性，以圓化實現圓才真正自由，人的「自由與全面發展」，要以圓化實現。確立包含二方的圓基礎，歸圓而立圓的人們，個圓其圓，圓人之圓，互圓所圓，圓圓與共。種瓜得瓜，族群和人類一體圓和，好夢成圓的圓夢，需要圓化。

二元分裂是人類的深淵，詹姆斯王版聖經箴言：he set a compass upon the face of the depth「祂在淵面周圍劃出圓」。人歸圓才是天人合一，神人一體；人立圓而圓化，才與天道相符，與神一致。中國文化的根本性思想圓合聖經中神的旨意，對經文的解釋則在整體性上自圓自洽，理圓理足，圓融無礙，圓通無阻，由此則成就理性與神性完全一致的中國化聖經神學體系。這將為中西精神文化在根本上的合一開通道路，這意味著人類命運共同體有了可靠的基石。

理性是講理的，正理是圓通而不矛盾，圓全而不偏邪，不虧缺，無漏洞的。耶和華說：「要按至理來判斷」（〈亞〉7:9），至理就是至大至全的圓理。天圓，「天道圓」，圓理是天理。天理是讓人的感性、神性、理性的整體性需要全面得圓而得滿足的圓理，使人不得圓，讓人失圓、毀圓的理，就是思想精神上的傷天害理。

屬地的人要歸神的圓在之圓，才能講至理而懂神性、理性圓和圓融的全理，才有神人一致的整體大理。耶穌說：「你們又為什麼不自己審量什麼才是合理的呢？」（〈路〉12:57）圓才是合理的，一種說法要說得通，立得住，必須自圓其說，自圓自洽，理是以圓為標準的。理性讀聖經，就是要對耶和華、耶穌言行於其中的經文圓解，從而獲得對神明的真正認識和對明哲的確實把握。以中國文化的「圓曰明」，「圓主明」，就有了明在於圓，圓明圓才明的明確。

解經是為得到神的啟示，啟字中有「戶口」，簡體漢字的「啟」，就是「戶口」。每個人都是人口中的一口，啟示是對家家戶戶的個人和各思想門戶的思維基礎之方框的開啟；啟示的「示」字是「二小」，中國有兒歌唱道：圓圓的世界真大，方方的世界真小，圓大方小，屬地即屬二方為「二小」；啟示的示字所示的是人的屬二之小，因二而小，小為侷限，在二方基礎上不能認識包含二方的圓在整體，不能認識圓在的神。啟示二字所含有的信息，啟示人改變二小，小二的自己，擺脫二方基礎，從限制整體性認識的思維「方框」走出。對於解字所含的信息不同意而不接受，並不改變屬地的人是處在「方曰幽」，「方主幽」的幽暗裡。經文中「地甚是幽暗」，「黑暗遮蓋大地，幽暗遮蓋萬民」（〈賽〉60:2）。由於人在二方之地的幽暗中，無具像的神對於人也在幽暗裡。歷代志六章一節：神說：「祂必住在幽暗處」，列王記上八章十二節：「耶和華曾說，他必住在幽暗處」。耶穌說他要「三日三夜在地裡頭」。耶穌屬天即屬神，他的在地裡頭，是因屬地的信徒對他以主僕二方認知。

中國文化中，死人的住所是幽州。經文中屬地的人與死人連在一起。「使我住在幽暗裡，好像死了很久的人一樣」（〈詩〉143:3），「那地甚是幽暗，是死蔭混沌之地」（〈伯〉10:22）。創世記二章十七節，神對人祖亞當說：「只有分別善惡樹上的果子不許吃，因為你吃的日子必定死」。能分別善惡二方，屬二方就屬於死人，這死人是對精神睡在二方之方框裡的比喻。耶穌就是把死視為睡的，如聽說拉撒路死了，說「拉撒路睡了，我們去叫醒他」（〈約〉11:11）。「死人（原文作「你的死人」）要復活，屍首（原文作「我的屍首」）要興起。睡在塵埃的啊，要醒起歌唱……地也要交出死人來」（〈賽〉26:19）。這說的就是「死人復活」，在「死」者那裡二方歸圓。神對亞當說：「你吃的日子必定死」，而亞當吃了分別善惡樹的果子為什麼不但是當日沒有死，還活了九百三十歲，現在可以明白，這經文裡神所說的死，是對人與神分離，精神睡在」方框「裡的比喻。人字在方框裡是「囚」，「耶和華釋放被囚的」（〈詩〉146:7），與耶穌讓死人復活是同一個意思。

耶穌對眾人講道全都用比喻，為什麼要用比喻呢？耶穌說是要兌現先知以賽亞所說的：「你們聽是要聽見，卻不曉得，看是要看到，卻不明白」（〈太〉13:14）。為什麼要如此呢？圓解聖經的本書確認：二方之「方框」是認識的迷宮，也是神孕育屬神精神的子宮，在孕育期，需要胎性精神被蒙蔽和限制於宮內發育。人祖吃了神所不讓吃的分別善惡樹的果

子，被神罰出伊甸園，基督教神學沒有當作象徵比喻來讀，而是視為具體實有之事。具體中的人在具體的日子裡，神的千年如一日，那一日並非具體，所以當作具體實事來讀，就不能以千年一日來解釋「你吃的日子必定死」，那樣解釋對於少有人活過百年的人類毫無意義，還不如說你吃了必定長壽。吃分別善惡樹果子的事，不當作比喻來讀，就是說不圓而說不通的事，以神允許人的自由選擇，人誤用自由意志來說事，那經不住質疑，並顯露對自由的不真知。耶穌說：「真理必讓你們得自由」（〈約〉8:32），自由是真理的一個結果，自由意志體現真理，與真理相聯的自由意志怎麼會誤用呢？小孩可以按他的意願把手伸進讓他好奇的火裡，那並不是使用自由意志。把人祖亞當吃了分別善惡樹的果子當作具體實有之事來讀，會有許多的問題而讓認識處在問題的迷霧裡。屬地而受二方的限制，不能識神明道，二方基礎上的神學就是假道。「就是這地的人，也因酒搖搖晃晃，因濃酒東倒西歪。祭司和先知因濃酒搖搖晃晃，被酒所困，因濃酒東倒西歪」（〈賽〉28:7）。上面經文中說的這地，就是二方基礎，這酒就是誤讀經文而有的假知識。看不透比喻，解不開謎語，說得到了啟示，那是欺人和自欺，是愚人和自愚。神說：「這是心裡迷糊的百姓，竟不曉得我的作為」（〈詩〉95:10）；耶穌說：「掩蓋的事，沒有不露出來的；隱藏的事，沒有不被人知道的」（〈太〉10:26）；「我所做的，你如今不知道，後來必明白」，「我還有好些事要告訴你們，但你們現在擔當不了（或作「不能領會」）」。「末後的日子你們要全然明白」（〈耶〉23:20）。所說的末後、後來，就是能讀懂經文比喻和謎語的當今、現在。

為什麼吃了分別善惡樹的果子就犯了罪呢？這被解釋為：人能去分辯善惡，就使人能夠不敬畏上帝，使人有知識上的驕傲，阻擋人認識神。可善惡不分的人又怎能正確認識本為善的神呢？基督教神學中有一個自以為正確的說法：人類不能以理性認識神，神不能被理性所認識。而經文中神說：「認識耶和華的知識要充滿遍地」（〈賽〉11:9），與經文中神的話不一致的神學，就是錯誤的神學。

因「他們錯解默示，謬行審判」，上帝「要用異邦人的舌頭和外邦人的嘴唇向這百姓說話」（28:11）。這說話的外邦人不被基督教神學錯謬的話語統轄。過去，一直「封閉你們的眼，蒙蓋你們的頭」（〈賽〉29:10），現在您已面對《圓解聖經——正本清源明道通神》的此書了，耶穌說：「認識在你面前的，那隱藏的事物都將在你面前顯露，因為沒有一件被隱藏的事物不被顯露出來」（《多》5）。本書將證實〈以賽亞書〉二十九章中的預言：「那時，聾子必聽見這書上的話，瞎子的眼必從迷蒙黑暗中得以看見」，「心中迷糊的必得明白；發怨言的必受訓誨」（18、24）。「已經決定在全地上施行滅絕的事」（28:22），就是把二方基礎上所有的神學化解。

對人祖吃分別善惡樹的果子而有罪的事，有神學家這樣說：是什麼果子沒關係啦，主要是看人類聽不聽話。要問的是：神到底想不想讓人遵守不讓吃分別善惡樹果子的命令呢？若是想讓，那麼全能的神為什麼沒有讓人遵守其命令之能呢？若是不想讓，那麼人不聽從就是體現神意，也就不能是該受神罰的錯。說是神交給人來選擇，那麼神知不知道人會選擇不聽神的話呢？若不知道，那還是全知的神嗎？若知道，那麼亞當吃分別善惡樹的果子的事就是神定的。神所定的事卻定人的罪，神再讓獨生兒子受死給人免罪，整個的事，成了費神費事的多事。生命樹的果子曾是神許可「隨意吃」的，亞當、夏娃為什麼沒有吃呢？他們能吃

神不許吃的分別善惡樹的果子，怎麼就不能吃神許可吃的生命樹的果子呢？若是他們先吃了生命樹的果子而能長生不死，然後再吃分別善惡樹的果子，神可怎麼辦呢？那麼神在事前說的，「你吃的日子必定死」，就算千年一日也不能做數。以神不許吃分別善惡樹的果子，許可吃生命樹的果子，神是想讓人吃生命樹的果子，不想讓人吃分別善惡樹的果子，可神想讓人做的事，人卻沒有做，不想讓人做的事，人卻做了，神不能實現自己的意願嗎？把伊甸園裡的事當作具體實有之事，會被發現許多問題，總是要去自圓其說卻總也說不圓的困境就要顯露。說不圓之說就不講理，不講理就不能讓理性接受。

〈以賽亞書〉中，「誰從古時指明？誰從上古述說？不是我耶和華嗎？」（45:6）經文含有神的信息，神的信息以象徵比喻，預言、謎語隱藏在經文裡。「他們錯解默示，謬行判斷，各個宴席滿了嘔吐的污穢，無一處乾淨的」（28:7—8）。所解的全都是錯解，在於沒有按比喻來解讀而沒能講理。〈創世記〉中神對亞當說：「吃了我所吩咐你不可吃的那樹上的果子，地必因你的緣故受詛咒」（3:17）。人吃分別善惡樹上的果子，地為什麼因之受詛咒呢？因地是二方。人由於吃了分別善惡樹上的果子而能分別善惡，對於他有了善與惡對立的二方。「耶和華本為善」，圓在的神之善是圓善之善。善惡二方是把圓善之圓分作了二方，由此神對於人不能是圓全之善，善惡二方讓人的精神處於二方之「方框」，囹圄是吾字和令字在方框裡，其信息是，人的精神囹圄，是因吾聽令在方框裡。二方基礎的方框，囚困人的思維意識；人被方框所囚，是因認識的眼睛被離圓的二方所封閉。「開瞎子的眼，領被囚的出牢獄，領坐黑暗的出監牢」（〈賽〉42:7），就是對此而說的。神對地的詛咒，是表達對改變二方基礎，即二方歸圓的要求。

人祖吃分別善惡樹上的果子被神罰出伊甸園，是對人類有了自我意識就以二方與圓在之圓分離，精神以二方為基礎的象徵隱喻，整個聖經（不包括保羅等的神學）是在講人類離圓，再由耶穌帶領歸圓的謎語。耶穌宣稱自己是神的兒子，那是對他的精神意識來之於神的比喻。他以赦罪，趕鬼，治病，叫死人復活，作神的工。神是靈，是圓在、圓化的靈。神的工，是化人歸圓，化事成圓，化得全面滿足人整體性需求的內外在之圓境，讓人的精神靈魂擁有永恆與永生的圓美圓妙之神境的圓化之工。

創世記六章五節：「耶和華見人在地上的罪惡很大，終日所思所想盡都是惡，耶和華就後悔造人在地上」。神的後悔是要人悔改。罪惡很大的地上，乃二方基礎上的世界。十一節：「世界在神的面前敗壞，地上滿了強暴」，離圓的二方乃本惡之惡；十二節：「凡有血氣的人，在地上都敗壞了行為」，十三節：「凡有血氣的人，他的盡頭已經來到我面前，因為地上滿了他們的強暴，我要把他們和地一併毀滅」，對地的毀滅和「我必滅絕你們的母親」，同是對二方歸圓，由二方基礎轉換到圓基礎的比喻。「耶和華喜悅你，你的地也歸他」，由此「你的地成為有夫之婦」了，也即二方在人這裡歸圓，天人合一，神人圓合了。

馬太福音中，耶穌「他只用一句話，就把鬼都趕出去，並且治好了一切有病的人」（〈太〉8:16）。耶穌「從一個人身上把汙鬼趕出來，眾人都驚訝，以致彼此對問說：「這是什麼事？是個新道理啊」（〈可〉1:27）！是什麼新道理呢？鬼即撒旦，〈約伯記〉二章二節：「耶和華問撒旦，「你從哪裡來」？撒旦說：「我在地上走來走去，往返而來」。鬼來之於地，來之於離圓的二方，新道理是二方歸圓。一切的病，包含思維上的病，凡是

病，都是失圓的反映。失去本有的，應有的圓全性，圓滿性，就是病，在什麼事上失圓，就在什麼事上有病。耶穌說過「身體是無益的」，是說當注重精神靈魂。他是象徵性地以圓化之，化人歸圓而象徵性地「治好了一切有病的人」。二方離圓讓人是有病的罪人，當人類歸圓了，「城內的居民必不說：「我病了」，其中居住的百姓，罪孽都赦免了」（〈賽〉33:24）。人屬二方即屬地，經文中說：那是「死陰之地」，天父地母，「使我的母親成了我的墳墓」，墳墓是死人的住處，人歸圓，則死人復活。「因他在我未出胎時不殺我，使我的母親成了我的墳墓」（〈耶〉20:17）），死人也就是胎性精神的人，死人復活與耶穌要求的悔改重生，都是比喻人在精神上歸圓，立圓而新生。人成為圓化者，也就是耶穌說的背起十字架。十字架的十，在中國文化中有圓全圓滿之圓意，背起十字架的人，就是歸圓在的神而得到圓化的靈，成為圓化者的人。耶穌上十字架，是以歸圓昭示人類的精神靈魂。

「我是在罪孽裡生的，在我母親懷胎的時候，我就有了罪」（〈詩〉51:5）。人的原罪，因人屬二方之「方框」。思維基礎和思想觀念的兩個「方框」，是寶貝胎兒所在的子宮，子宮的「宮」字就是寶蓋和兩個方框。「宮」字的兩個方框還可解為一個是有神論的方框，一個是無神論的方框，或一個是神學的方框，一個是哲學的方框。經文用比喻所說的謎語，到此謎底已經了然：就是以人的犯罪和免罪，喻人的離圓與歸圓，由精神的非圓化向圓化精神轉變。耶穌的赦罪，趕鬼，治病，叫死人復活，讓人悔改重生，成為背起十字架走向天國的人，就是讓人歸圓而成為圓化者的人。

好夢成圓，能成圓才是好夢。破碎的夢，飄散的夢，都不會是好夢。圓成好夢，好夢得去圓成。「他就把我們的夢圓解……後來正如他給我們圓解的成就了」（〈創〉41:12—13）。人本性求圓，所以需要讓人真得圓，得真圓的神。中國文化最重要的精髓——整體思維，參入中國文化的整體思維以經解經，才能圓解經文的比喻，預言和謎語，認明圓在的真神。

「因為有的，還要給他，沒有的，連他所有的也要奪去」，這在馬可福音四章，是說了「隱瞞的事沒有不露出來的」（22），「你們所聽的要留心」（23）才說的；在〈路加福音〉八章，是說了「隱瞞的事，沒有不露來被人知道的」（17），「你們要小心怎樣聽」（18），才說：「凡有的，還要再加給他，沒有的，就連他自以為有的也要奪去」，這顯然是在思想知識上說：在圓基礎上有了聖經知識的，還會有更多；沒有圓基礎的，在二方基礎自以為有的知識，都要被化解。

「有一個律法師起來試探耶穌說：『夫子，我該作什麼才可以承受永生？』耶穌對他說：『律法上寫的是什麼，你念的是怎樣呢？』他回答說：『你要盡心、盡性、盡力、盡意愛主你的神，又要愛鄰舍如同自己。』耶穌說：『你回答得是，你這樣行，就必得永生。』」（〈路〉10:25），盡心，盡性、盡意愛神，愛人如己，「這兩條誡命是律法和先知一切道理的總綱（〈太〉22:37）（40）。盡乃全，圓全圓才全，全即圓。愛圓在的神，才是愛真神；以圓心愛神，才是真愛神。愛人如己就是圓己圓人，自圓同圓之圓化。圓化就是全面遵守律法，「必得永生」的條件就是圓化。具有圓化精神之人的終極，是精神靈魂回到神的圓美圓妙之圓境，耶穌說的「你們若行我的道就不見死」，其言當以人的實行圓化而成真。

耶穌把他宣講天國的思想比作擺設大筵席，「我告訴你們，先前所請的人，沒有一個人得嘗我的筵席」（〈路〉14:24），這是說，耶穌所講天國的道理不被聽懂。「喜筵已經齊備，只是所召的人不配」（〈太〉22:8），耶穌「乃是召罪人」（〈可〉2:17），罪人被二方基礎所框限，不能領會耶穌用比喻所講的圓化思想。「只等真理的聖靈來了，他要引導你們明白（原文稱「進入」）一切的真理」（〈約〉15:13）。「他要將一切的事指教你們」（〈約〉14:26）。「歸耶和華為聖」，聖靈由人歸圓在之圓而有，人歸圓則有圓化之靈的靈性。再來的耶穌是使人歸圓的帶領，耶穌作為圓化之光再來，來到人的圓化精神中。

目錄 contents

第一章　讀通比喻和謎語

聖經對創世以來隱藏之事所用的比喻，耶穌對眾人講話所用的比喻是一直不被懂得的。「你們聽是要聽見，卻不明白；看是要看見，卻不曉得」（〈太〉13:14）。門徒們也不例外，耶穌死後又來到門徒中，還需要「開他們的心竅，使他們能明白聖經」（〈路〉24:45）。心竅是怎麼開的沒有說，這事透露了要明白聖經，需要開心竅即轉變思維意識，需要知道應該怎麼讀。

神學家，牧師，基督教的講師，以致一般信徒，都不會承認讀聖經的方式有他們不知道的，需要外人給指出的問題。〈箴言〉中，「你的心，不可偏向淫婦的道，不要入她的迷途」（7:25），這說的淫婦，是指男女關係上的姦淫之婦嗎？不能是。不可偏向的道，不要入的迷途，顯然是思想精神領域的事。那這裡說的淫婦是指什麼說的呢？這一問，就說不清。說不清，是因讀不懂。非要堅持經文中說的姦淫就是指性上的事嗎？「和石頭木偶行姦淫」（〈耶〉3:9），能是性的事嗎？那麼這是指什麼事呢？「淫婦的口為深坑，耶和華所憎惡的，必陷其中」（22:14）。所說淫婦的口，是指什麼呢？神所憎惡的，一定是做惡的，做惡的在淫婦口中，這怎麼解釋呢？基督教神學對此只能是不胡說，就不說，因為不知該怎麼讀，所以是讀不懂，說不清的。〈傳道書〉五章一節：「你到神的殿，要謹慎腳步；因為近前聽，勝過愚人獻祭（或做勝過獻愚人的祭）。他們本不知道所做的是惡」。能到神殿裡來的，是信神的人，竟然是「不知道所做的是惡」的人。聽神的話，要近前聽，近前才聽得清，離神不近就聽不清而聽不懂，那與神相隔離的人呢？就會是信神卻聽不清即聽不懂神的人。做惡的必是與神隔離的，「因為你不是喜歡惡事的神，惡人不能與你同居」（〈詩〉5:4）。耶穌說：「我來本不是召義人，乃是召罪人」（〈太〉9：13），基督徒都知道自己是罪人，罪不屬善而屬惡，基督徒們相信基督給神獻祭為他們免罪了，可神說的是：「近前聽」，聽清而聽懂神的話，「勝過愚人獻祭（或做「獻愚人的祭」）」。在神看來，愚人即不聽清，聽不懂神的話的人才搞獻祭的事，獻祭就是獻愚人的祭，是自愚也愚人的事。所說「不知道所做的是惡」的事，是以基督獻祭的事。基督獻祭是神不接受的事情，讀經聽神的話，要「近前聽」，慎思明辯才行。

〈創世紀〉中，耶和華神用地上的塵土造人，給靈氣使他活，名叫亞當，神將其安置在伊甸園裡。「園子裡又有生命樹和分別善惡樹」。神吩咐亞當說，「園中各樣樹的果子，你可以隨意吃，只是分別善惡樹上的果子，你不可吃，因為你吃的日子必定死」（2:17）。夏娃被蛇引誘，吃了神不許吃的那果子，亞當也隨她吃了。神對亞當說：「吃了我所吩咐你不可吃的那樹上的果子，地必因你的緣故受咒詛……你是從土而出的，你本是塵土，仍要歸於塵土」（3:17,19）。神就將人祖從伊甸園逐出，並使他們接觸不到長生樹而吃不到可以永遠活著的果子。這段經文，涉及人類的根本，包含善與惡的問題，人與神的關係，人從哪裡來，向哪裡去，包含人的生死大事。不知應該怎樣讀，在聖經的開頭上讀之有誤，接下去也必失誤，就會整個的誤讀。

對於人祖吃了神不許吃的分別善惡樹的果子的經文，基督教神學一般都是這樣解讀：亞當吃了伊甸園禁果，違犯神的命令，造成人類原始罪過並傳給後代；罪因一人而有，世世代代的人都要在罪裡。若不得拯救，人就歸到地獄。這原罪，是基督教重要的基礎教義。基督教清楚地告訴人們「原罪」是由始祖亞當遺傳下來的，自亞當以後，人一出生就帶有「原罪」，原罪總在人類中延續。這原罪說，據稱由古羅馬神學家圖爾德良最先提出，後來被聖奧古斯丁加以發揮和充實，至今在全世界的基督教會中，在眾多的基督徒那裡不斷講說，日益鞏固，以至不容懷疑。可那是對經文不正確的解讀，是和被耶穌稱做撒旦的彼得一樣：「不體貼神的意思，只體貼人的意思」（〈太〉16:23）。對神的認識，教會、信徒們的錯誤也是錯誤。我們本著經文，用耶和華和耶穌的原話，理性的說明，基督教神學的原罪說，是出之於對經文的誤讀：

神不許吃分別善惡樹的果子，人卻吃了，若說人違反神的命令而有罪，那麼全能的上帝卻沒能使人遵守祂的命令，這怎麼說得通呢？上帝大能、全能，怎麼在使其命令被執行上不見其能呢？還有，神為什麼不許人分別善惡呢？若說人能分別善惡，就不能再依靠神了，難道人可以不知善惡，應該善惡不分嗎？那又怎麼能認識應該依靠的本為善的神呢？動物沒有對於善惡的分別，那麼人和自然動物一樣才是依靠神嗎？一切認為不該理性追問的說法都當放下，讀聖經不是要聽哪個人，哪些人的，而是要聽神的，聽耶穌的。〈以西結書〉中，神說：「要按至理來判斷」，〈路加福音〉中，耶穌說：「你們又為什麼不自己審量什麼才是合理的呢？」這是要求人要講理的。講得圓的理，才講得通，不能自圓其說，說神說理都不行。講理其實是以圓為標準，正如事情做得好不好，要以是否達到圓來看。

對於說不圓的原罪說，古羅馬帝國時期基督教思想家，歐洲中世紀基督教神學、教父哲學的重要代表人物奧古斯丁做了補圓的事，對人祖吃了神所不許吃的果子，他以人有自由意志，上帝允許人運用他的自由意志，人誤用了自由意志來解釋。這個說法是以想當然杜擬的，那是因說不通定人原罪的道理，帶著很大矛盾漏洞的應付，那是因認為原罪是人違犯神不許吃分別善惡樹果實的命令，又覺欠缺道理，才以原罪是人誤用自由意志之說來做彌補，使其所信有堅持的理由。而認為人誤用自由意志，並不能說明不許人分別善惡的那命令有什麼道理，並且其說本身也有對於什麼是自由不明的問題；「耶和華本為善」（〈鴻〉1:7），不能認識善之神的認識本身就被非善所限制而不自由，對自由是什麼不清楚卻說誤用自由意志，這說法很糊塗，不講理。

順應神，體現人的根本利益；違背神，就在根本上違背人自己。既然吃了神不許吃的果子，所做的是違背上帝的事，又何談自由意志？難道人的自由與神相逆？難道神是不讓人自由的？小孩要吃大人不許他吃的對他有大害的東西，那是體現他的自由嗎？「誤用自由意志」的解釋，顯出對於自由本身是什麼的無知。不去說這個解釋受到了多少沒法答覆的質疑，它也實在缺乏聖經的根據，經文根本就沒提過吃分別善惡樹的果子是人誤用自由意志。耶穌說：「真理必讓你們得自由」（〈約〉8:32）。認識了真理，才能真懂得自由；行使自由意志，是體現真理。人以自由精神熱愛真理，奉行真理，符合真理的意志，才是自由意志，怎麼會有誤用自由意志的事呢？那豈不等於說，可以誤用真理嗎？誤用自由意志的說法，不講理，很糊塗。那是出之於對於什麼是自由的不全知，不真知。

基督教神學的原罪說與其救贖論連在一起。認為人祖違反神的命令，誤用自由意志，吃了神不許吃的分別善惡樹的果子而能分別善惡，這就有罪，世世代代的人都要在罪裡，其罪要以基督的受死來為人類代贖，那被解釋為：神對人類體現其愛，捨棄獨生子為人類贖罪，使人類得救。基督代為人類贖罪的說法極不合理。基督死於木架，人類就不再分別善惡了嗎？既然還是要善惡有別，還是要分別善惡，以吃了分別善惡樹的果子，能分別善惡而有原罪來說，這原罪不能免除於基督的受死。說原罪是因人祖吃了神不許吃的分別善惡樹的果子，認為原罪是因違犯了神的命令而有的，以基督的受死代贖其罪也是說不通的，這在於：神的命令是不許吃分別善惡樹的果子，吃了那果子的結果，是能分別善惡，若說原罪不關乎能知道善惡，不在於吃什麼果，只因沒聽神的話，也是說不通的。經文中，神因人祖吃了禁果要罰其離開伊甸園，特別提到了因於人祖的「能知道善惡」（〈創〉3:22），神的這話，就讓那原罪「只因沒聽神的話」，「不關乎能知道善惡」的說法，明顯成為狡辯了。原罪是與人祖的「能知道善惡」相關的，基督受死，人類也還是要能分別善惡，這原罪怎麼就由基督的受死給免除了呢？基督受死，人類由之就能認識神了嗎？不能，路加福音中，門徒連死後再現的耶穌都不認識，「耶穌親自就近他們，只是他們的眼睛迷糊了，不認識他」（24:16），不認識耶穌就不能認識神，而不認識神才是人的最根本性的罪孽。「至於我們的罪孽，我們都知道，就是悖逆不認識耶和華」。認為人可免罪於基督的受死，經文不同意，經文認為：罪孽因之於「悖逆不認識耶和華」。

因人吃了分別善惡樹的果子而能分別善惡就有罪了，人到是該不該分別善惡呢？若是應該，那麼就是定罪的上帝錯了；上帝不會錯，那就是人不該分別善惡，就是不該知道善與惡有分別；可「耶和華本為善」（〈詩〉100:5），不能知善惡，那也就不能認識本為善的神；而不認識神是人的罪孽：「至於我們的罪孽，我們都知道，就是悖逆不認識耶和華，轉去不跟從我們的神」（〈賽〉59:12—13）。不認識神，就不能順從神，跟隨神，就悖逆神而是有罪的，這能由基督的受死而改變嗎？這能改變於基督的血嗎？信徒以為能，那是人的以為而已。沒有經文根據的以為，那是人的意思，耶穌讓「只體貼人的意思」的彼得退到後邊去。不體貼神的意思，耶穌判定那是屬撒旦的（見〈可〉8:33）。

人不真認識神，就不能真跟從神，就不能跟從真神，信神卻信了假神而違逆神的先人繁殖了精神上的後代子孫，子孫們還要再多繁殖，所以「先人既有罪孽，就要預備殺戮他的子孫，免得他們興起來，得了遍地，在世上修滿城邑」（〈賽〉14:21）。這所說的「預備殺戮他的子孫」的殺戮是比喻，這殺戮所比喻的，是對信假神的思想精神的化解，是使不真認識神的信徒完成脫胎換骨的變化。

信仰不可以不要理，神學不可以不合理，聖經中上帝主張：「按至理判斷」（〈結〉18:5—8），也要求人「行正直合理的事」（〈結〉18:27）；耶穌強調人要自己審量是否合理，就是要人講理。理的標準是上帝，可是若不能分別善惡，就不能認識本善的神而對理的標準不明。那麼人要不要有分別善惡之能呢？基督教神學說得清嗎？說不清；基督徒們能講明嗎？講不明。因為若說應有分別善惡之能，就是說人應該違反上帝禁吃分別善惡樹果實的命令；而若說人不該有分別善惡之能，就是說人不能認識神而聽從神，而這就是經文認定的罪孽。這是基督教神學不解的困境。基督受死免人的罪，道理上說不通。神給了人講理的權力和能力，人不可以不要理；所有不要理的說法，不管說得多麼委婉彎曲，都是直接對抗神，反對耶穌，那是在以對神，對耶穌的否定加蔑視來確立他自己。基督教神學所言說的原罪之事，讓不信神的人不覺得有什麼道理，而信神的人所以為的理，只要追究，就說不通而沒法成立。因所講的不是真理，而是假理，那出自於對經文的誤讀，那出自於對神不認識。

耶和華讓人講至理，耶穌讓人自己審量什麼才是合理，是神賦予了人認識神的能力而具有達於至理，把握到理之標準的理性能力。人沒能體現出這能力，是因與神隔離，不認識耶穌。認為人不能有達之於神的理性能力，就是對抗讓人講至理的神，反對要求合理的耶穌。現在要明確指出，基督教神學的原罪說，就產生於對經文的誤讀，本書將對其所誤給出經文中大量的證據，那證據都是耶和華、耶穌的話語。基督徒總不能不聽上帝，不聽耶穌。不要了樹的許多葉子，怎樣在風中起舞，也不因它們有很多而不乾枯。〈以賽亞書〉預言了誤讀經文者們的結局：「我們都像葉子漸漸枯乾，我們的罪孽好像風把我們吹去」（64:6）。

基督教的原罪說因其對經文的誤讀而以人的意思冒充經文中神的意思，那是因不懂神的意思而有的人的吩咐。對此，我們本著經文來透徹的講理。「我住在至高至聖的所在，也與心靈痛悔、謙卑的人同居；要使謙卑人的靈甦醒，也使痛悔人的靈甦醒」（〈賽〉57:15）。謙卑才能痛悔，痛悔才會謙卑。使信徒不能謙卑、痛悔的，是對亞當不聽神的話吃了禁果而人類有原罪的信，是對基督以死獻祭，寶血使人的罪得赦免，吃耶穌的肉，喝他的血能獲永生的信，而這樣的信，是由於沒能把所信的經文按比喻和謎語來讀，是由誤讀誤解所產生。

錯誤的解讀肯定不通。對於替罪羊基督獻祭，經文中神說：「我喜愛良善（或做憐恤），

不喜愛燔祭，喜愛認識神、勝於燔祭」（〈何〉6:6））；對於吃耶穌的肉，喝他的血，耶和華神說：「惟獨肉帶著血，那就是它的生命，你們不可吃」（〈創〉9:4），「只是你要心意堅定不可吃血，因為血是生命」（〈申〉12:23）。耶和華說的肉帶著血，你們不可吃，「不可吃血」（〈申〉12:25），是以說具體之事，喻精神領域的事，是以預言未來將有的事，針對於吃耶穌肉，喝他的血的事。耶穌說吃他的肉，喝他的血，那是對領會和接受他話的比喻。

對於比喻、謎語不按比喻、謎語來讀，就會「不體貼神的意思，只體貼人的意思」，因為經文中神的意思是用比喻，用謎語來表達的。以人的意思：經文中犯了罪的人要牽一隻沒有殘疾的牲畜（牛、羊之類）到祭司那裡去的燔祭，是預表神所要求的、那以後來到的真正的祭——耶穌基督。而神「不喜愛燔祭」，在認識神和燔祭這兩件事上，認識神才是神所取，祭祀為神所不取；行神所取的是順神，行神所不取的是逆神。不把經文中耶穌說的喝血當做比喻來讀，喝血是神所嚴禁，你卻要喝血得永生，怎麼說得通？不該堅守對經文錯誤解讀而有的信，當以謙卑、痛悔讓自己的靈甦醒。

02

「我要開口用比喻，把創世以來所隱藏的事發明出來」（〈太〉13:35）「我要開口說比喻，我要說出古代的謎語」（〈詩〉78:2）。夏娃、亞當吃分別善惡樹果子的事，是用比喻所說出的「謎語」，是用比喻來發明「隱藏的事」。對比喻，需要知道比喻所隱含的意思；對謎語，需要解謎，知道謎底。做為基督教重要基石的原罪說，不是出於明白了比喻，不是出於解開謎語，那根本就沒有把經文做為比喻，做為謎語，做為隱藏的事來讀；那原罪說，對於神所默示的「用比喻說出古代的謎語」，「用比喻把創世以來所隱藏的事發明出來」這確定經文表達形式的信息，一點也沒有在乎。因為讀法有問題，讀不懂比喻、謎語所含神的信息，所讀出來的人類原罪，是以對經文的誤讀，用人的想當然來代替神意。

認為人祖亞當違背神的命令，誤用人的自由意志而有原罪的說法，是在經文的外貌上來讀才有的，是按人吃了神不許吃的果子這事的外貌斷定是非的。耶穌告之：「不可按外貌斷定是非」（〈約〉7:24）。對神的默示，對耶穌的話語，若從外貌去理解，那就會「只體貼人的意思，不體貼神的意思」（〈可〉8:33）。神是自隱的，「意思乃是隱藏的」（〈路〉18:34）。文字外貌上的所知，會將神意抵擋和遮蔽。讀經文，有一個按象徵、比喻、謎語來讀，還是只看經文外貌，當做具體實有之事來讀的問題。只看文字表面所講之事，不懂象徵的寓意，就事論事，不明比喻，不解謎語而不知神的意思，把人的意思加上去，就形成人的吩咐。耶穌說：「他們將人的吩咐當做道理教導人，拜我也是枉然」（〈太〉15:9）。都有哪些不是神，不是耶穌所吩咐而是人所吩咐的，被當做了道理教導人，本書將對照經文中神的話和耶穌的話予以查清。

不把伊甸園裡所發生的事做為具體實事來讀，這會讓從來都那樣讀的人們不同意，而那所描述的事實，的確是以像征、比喻（隱喻）的形式傳達神的信息，若拘於具體，就要陷入誤區。伊甸園就不是具體實有之處。舊約經文是神所默示，神就不讓人按具體實有之事來讀，那樣讀就會有許多紕漏而不能具體真實地成立。經文中神的創世就不是具體的真事：

〈創世記〉第一章：「神說：『要有光』，就有了光」（3），「有晚上，有早晨，這是頭一日」（5）。「神造了兩個大光，大的管晝，小的管夜」（16），「有晚上，有早晨，是第四日」（19）。若對此只當具體實有之事來讀，就因第一日和第四日的不清楚，面臨是你的上帝糊塗還是你對於上帝糊塗的問題。上帝絕不糊塗，上帝是以此告之，不讓你只當具體實事來讀；你不該糊塗，要按經文已明確指示了的「比喻」和「謎語」來讀。有人讀聖經發現它露洞百出，那就是因為完全當做具體實有之事來讀。

神是至大者，至大乃無所不包，沒有什麼不是在至大的神之內的。自我與對象二方，人與人二方，心與物，生與死，有限與無限等各種相對二方，都是由人在至大無外的神內區分出來的，而人對二方有知，卻不知什麼是二方所來之於的本體，不知什麼是包含二方的整體；因為不知道神本身是人思維前提的前提，基礎的基礎，二方就成了思維的基礎；人以二方為思維基礎，基礎的二方對立就將人的頭腦統治，人就有了屬二方對立之二的性質。二方對於人不在神裡，這使人的思想不出發於神，當然也不指向於神，人與他本在其中的神分離而失其本，所謂原罪因之而形成。人祖吃分別善惡樹的果子能分別出善惡不同的二方而對於神有罪，是一個象徵、比喻，是對於人有了自我意識就以二方與神隔離的象徵、比喻。

聖經最初是西伯來文，希伯來文的罪字有離的意思。所離的神是大者，「耶和華本為大」（〈詩〉145:3）。神在中國文化中設置了與聖經相對應的啟示信息，對神的認識需要解除任何使人狹隘的封閉。《周易》中「豐者，大也」，華文罪字下的「非」字是「丰」字分之為二，是說罪在大者被分為二方，在二方的框子裡與神隔離；罪字上面的二豎和方框的

「罒」給出「罪」在於二方之方框的信息。有人不接受以講漢字解經文，只是讓人有個趣味記憶也有意義。可誰能說神不可以在有的漢字中設置啟示信息呢？中國文化中怎麼就不能有神的「奇妙的工」呢？為什麼不開發你的悟性，運用你的理性，形成靈性與智性的認知呢？罪為錯，罪字下面的「非」字表錯，錯的是什麼呢？是「豐」被二開而「非」。豐滿豐乃滿，圓滿滿乃圓；大者無缺，無缺者圓全；上帝圓滿，完全，乃是圓在之圓。不能否定上帝圓滿、完全，就要接受神是圓在之圓。這不是具體圓形的圓，是圓滿、圓全之存在的圓，是圓化之靈的圓。人的根本大錯，是本來圓在的神，在人這裡被二開，使「丰」為二而為「非」。會說話的神，用「罪」字將罪之因說明。罪之因的「因」字，是大字在方框裡，「當尊神為大」（〈詩〉70:4），罪因之於所知的神在二方的方框中，「方框」裡的人不認識神而錯認神。兩個漢字勝過千萬部神學書，這事就很神奇。

人能分別善惡，既是本為善的神在人這裡被分之為善與惡二方，也象徵所有整體性事物對於人都成了對立二方，象徵事物的整體性對於人都是二方對立；在對神，對整體性事物的認識上，人的思維意識就侷限於二方的框架中，限制在二方構成的「方框」裡。處方框是（處口）即咎由自取的「咎」字，人類的罪咎是怎麼回事？「罪咎」二字所含有的信息告知：人有了自我意識，其思維就處於無形的二方之「方框」而與神隔離，落在根本大錯的罪裡。這由「罪」字本身說清楚，這被「咎」字的信息所揭示，這由人能分別善惡二方而對於神有罪的經文所證實。啟示是將面罩揭開，讓隱藏的真相暴露。所舉的具有啟示性的漢字，需要得到啟示的人類理應注意；文字所含的信息與理性對思維基礎的分析相同，又與對經文的解讀一致，這不能是純粹偶然，惟神能有這樣奇妙的設計。

人有了自我意識，知道自己是人，就有了自我與對象此方彼方的二分。不能分別出二方就不能有認識，二方的分別是有了認識就要有的。因為不知二方是在完全者即神內分出，二方就成為思想的起點，思維的基礎，所認識的一切都二方對立，人就落在二元分裂中矛盾對立的世界裡；由於二方對於人不是在神裡，人就以二方與圓在之圓的神相隔離。人祖能分別善惡而得罪神，所象徵、比喻的，就是人的屬二這件事情。原罪在於人二，「他們心懷二意，現今要定為有罪」（〈何〉10:2），「心懷二意的人為我所恨」（〈詩〉119:113），「心懷二意的人那，要清潔你的心」（〈雅〉4:8）。

經文中的因「心懷二意」而定罪，由於不知所說的「二意」何指，就理解成三心二意的二意，若因信神三心二意定罪，不會等到「現今」；心懷二意，為什麼要「現今定為有罪」？現今定人屬二的罪，是二方基礎的事現今已被看出。「他們心懷二意，現今要定為有罪」；「心懷二意的人為我所恨」，「心懷二意的人那，要清潔你的心」。這有罪的，神所恨的，需要清潔其心的二意，是比喻二方基礎上屬二性質的思想精神。人二著信神和不信神，都是因以二方與本來圓在的神隔離而有離神之罪的罪人。是謙卑地把神所指出的「二意」當事，解決自己屬二的問題，還是頭腦二著讓思想在因誤讀經書而有的假知裡沉溺？人的覺醒，須是先有了需要覺醒的要求。

人類的原罪，原來不是由奧古斯丁所認為的，直到今時還在神學中，在教會裡宣講著的，在億萬教徒、信徒那裡所信著的：違背神的命令，「誤用自由意志」。不是這樣的一件事。原罪是因在人這裡二方離開本體即上帝，是人以對立的二方為思維基礎，是人的思維意識框定在二方之「方框」裡。這是人類精神處於神的子宮被孕育，當人知此，是已到了需要脫胎之時。以賽亞書中，神以產難的婦人自比，約翰福音裡，耶穌預言生出新人來得歡喜，覺悟的今人才能真懂其含意。

03

屬二的罪，人人皆有，這在於人要以自我意識知道自己是人。區分開自我與對象為不同二方，人才有了自我意識；人有了自我意識，就對於他有了自方與它（他）方不同二方的區分。人誕生為人，必須對於人有不同的二方，由於對二方所來之於的本體不明，就處於二方之「方框」；由於不認識本來包含二方的神，二方對於人不是在神裡，就成為框限思維，使之不能達於神的「方框」之框子。當人意識到自己是人，就以二方與神隔離，所以原罪人人有，代代有，人有了自我意識就已經有。原罪之事，以象徵、比喻傳達神知。在其根本上，人不知自己是咋回事，神知道人是咋回事。我們有了對圓在的圓化之靈的神的認知，就以中國文化解讀聖經而得到神的信息。當理性認識與神知完全一致，人就沒法以理性對神的存在否定和懷疑。原罪這件事情，也是神以此向人類顯明：的確存在神。人極其力所從來沒認識到的自身之根本問題，就正在神的關照之中：神以人祖的能分別善惡二方定其有罪，罰其離開伊甸園，神通過經文的作者，對人因被二方所框而與圓在的神相隔離做出象徵比喻，以象徵比喻告訴屬二方的人們，當以二方歸圓回歸於神。人在天之圓的圓裡，就是天人一體；人歸圓在之圓，就是天人合一。在此，中國文化最重要的思想，與神所給的信息圓合一致。

分別善惡而有善與惡對立的二方，因思維被二方所框定，不能認識什麼是本為善，只善

不惡的神。「你們的罪孽使你們與神隔絕（〈賽〉59:2），「致於我們的罪孽，我們都知道，就是悖逆不認識耶和華」（〈賽〉59:12—13）。因為思維意識處於二方的框子裡，對不在二方框架之內的本來包含二方的圓在之圓不能認識，人的「罪咎」正在於此。

罪字，咎字，都對原罪是人處於二方之「方框」的事有知，其知與理性對二方思維基礎的認識完全相應，其知恰好合於經文中的比喻、象徵。這不能是偶然的碰巧，這不能由人編造，這證實著真神的存在，這說明了真存在神。由此撥動神所賦予人的靈性而產生靈動，就與那活的，會說話的，在極深處知人的，在經文裡，在漢字中設置了啟示信息的神相通。

人類在二方基礎上確認了一切都對於他是二方對立，就成為了屬二的自己，就因思維意識限於二方而與神分離。伊甸園裡的原罪之事，是對此以象徵比喻所做的描述，是用比喻對人類所講的謎語。謎語說的是此，解開是彼，彼此以比喻聯繫在一起。為什麼不直接讓人知道呢？神自有神的用意，本書將根據經文來解讀，以圓解神的默示和耶穌的話語所用的比喻，解答整個的謎語，明瞭所隱藏的全部之事，從而知道神的目的，形成對神的完整正確的認識。「他赦免你的一切罪孽，醫治你的一切疾病，他救贖你的命脫離死亡」（〈詩〉103:3—4）。所說的罪孽是在精神領域裡說，罪孽的赦免，是在人這裡二方歸圓。神使人歸圓而使人的離圓之罪得赦免；醫治疾病是讓人得健康，《周易說卦轉》中告之：「健也……為圓」。病是失圓的反應，醫治疾病是使之復原即復圓；死亡是進入陰間，陰為地，為二方。救贖你的命脫離死亡，是使其命歸回圓在之圓。

網上見甲骨文圖說《聖經》一帖，其中講漢字的始字、元字，以有女字的「始」字，說明有罪的人類從女而始（分別善惡樹的果子是先從女人夏娃開始吃的）。這解字所得的信息是表層的。始字的信息還包含人類始於二，「始」字是「女厶口」，女為陰，陰為二，人類始之於二（女），始自二方之「方框（口）」的基礎，始自於「厶」（私）。人與神二方，人與人二方對立，人必屬私方之私，這個「女厶口」組成的「始」字，把人類誕生於二方基礎和其屬私性質說得精準而清楚，這真是神奇。耶穌說：「你們是出於你們的父魔鬼，你們父的私欲，你們偏要行」（〈約〉8:44）。不出於包含二方的圓，就出於離圓的對立二方。父魔鬼是對世人所始自的二方基礎的比喻。一切魔鬼性質的思想與做事，無不產生於人類之間的二方對立，無不因之於屬二的人類各為其私欲而爭利。

「二兒」構成表始的「元」字，元字「二兒」的信息明確告之：有原罪的人類從二而始。始字，元字的信息，知道原罪所象徵比喻的二方基礎的事，原罪以象徵比喻所表達的神知，與始字、元字所含的信息完全一致，這不能是純粹偶然的事情，那應是神的運做而形成。神為人類從罪裡解脫所做的神奇之工，讓人見神，使人感動。神的大愛，是對人類胎性精神的孕育和使人做為完全的人誕生。

罪連著惡。惡字是「亞心」，亞是第二的二，心二，屬二的心為本惡。罪惡，因罪而惡，惡在心二。「他們心懷二意，現今定為有罪」（〈何〉10:2），罪惡是因人的屬二而有的。人類在二方對立的基礎上，總要相互做利益的爭奪，由此產生出各種各樣的具體性之惡。因人有了自我意識就屬二而是原罪的罪者，所以世界才一直臥在惡者手下。

中國文化中「天一地二」，天圓地方。地之方不是具體方形之意，方字在《說文解字》

中是二舟並立，甲骨字，古老子，古尚書的方字都有二的意思。經文中，人是用地上的塵土所造的，來之於塵土。「耶和華神便打發他出伊甸園去，耕種他所自出之土」（〈創〉3:23）。塵土表地，亞當吃了分別善惡樹的果子，能分別善惡而在精神上屬二即屬地，這是以隱喻給出人存在的本質。神對亞當說：「地必因你的緣故受詛咒」（〈創〉3:17）。地受詛咒，是二方在人這裡離開神的緣故。「天，是耶和華的天；地，他卻給了世人」（〈詩〉115:16），天是圓在之圓，地為不同的二方；地受詛咒，是因在人這裡二方離圓，所詛咒的是人的屬二方即屬地。「當我進了神的聖所，思想他們的結局。你實在把他們安在滑地，使他們掉在沉淪中」（〈詩〉73:17—18））。是神使人屬於地，這有神的目的。在人這裡地離天，二方離圓，是人墮落沉淪的原因；人的墮落沉淪，正是人處於由二方框構成的，神孕育人精神的子宮。歷史是神孕育人類精神的過程，這過程裡需要人的思維意識處於二方框的「宮」中。為寶的精神之胎，思維基礎的，思想觀念的二個方框，由寶蓋和兩個方框的「宮」子說清。

人祖能分別善惡，對於人有了善惡二方，就確定了精神的二方基礎，精神就屬於了地，這是對於人不在神裡的二方之地。「所以地被詛咒吞滅，住在其上的顯為有罪」（〈賽〉24:6）。原罪與二方之地連在一起，是人的「咎」由自取，是人以自我意識與其所不知的圓在之圓隔離。惟有圓在的神才能這樣的佈置信息，惟有圓化的神才能佈置這樣的信息。

屬地的人，人與人二方對立，為私欲相爭是必有之事。該隱殺了兄弟亞伯，神說：「現在你必從這地受咒詛」（〈創〉4:13），人屬地而人與人二方對立，在思想上和具體利益上的對立之爭中必造具體性之惡。在人這裡二方離圓而與本來圓在的神分隔，那對於神是原罪之罪，是本惡之惡，那也是各種罪惡產生的根本原因。人屬地而屬二，所以「人必稱他們的地為罪惡之境」（〈瑪〉1：4）；「你必從這地受咒詛」，是因二方是其思想基礎。有誰認為「受咒詛」的「罪惡之境」的地，不是指離神的二方，而是指土地的地，那他就是不懂比喻。「神發聲，地便熔化」（〈詩〉46:6），可熔化的地，不能是土地的地；「我要把他們和地一併毀滅」（〈創〉6:13），大地的地不存在能被毀滅的事，因為無論怎樣也還是大地。經文中地的熔化、毀滅是比喻，比喻解除二方基礎。在人這裡，二方回歸於神而在圓內了，離神的二方基礎就毀滅而不存在了，二方在人這裡歸圓在之圓了，人屬地的地，做為精神的基礎，就由人的歸神而被熔化了，那是框人的二方之「方框」被化解了。人屬地，一方面是神使然的，一切都在神的運化裡；一方面是因人不認識神而有的。因不知神是人在其中的包含二方的圓在之圓，人就屬於了離神的二方之二，這在經文中也是以人的被賣來比喻的。「你們被賣是因你們的罪孽」（〈賽〉50:1），人的罪孽，罪在人是屬二的自我。

經文中與人的罪相關的土、地，是指二方基礎。〈詩篇〉裡，「我們的性命伏於塵土，我們的肚腹緊貼地面。求你起來幫助我們，憑你的慈愛救贖我們」（44:25—26），所說的救贖，就是使人擺脫二方基礎；「惟獨你名為耶和華的，是全地以上的至高者」（83:18）。地之二方在其內的圓在之圓，是全地以上的至高者；「天屬於你，地也屬於你……」（89:11—14）神是包含二方一體圓在的整體。魔鬼來之於離圓的二方，二方在人這裡離圓，在神那裡，二方就在圓裡。人虧缺神的榮耀，虧者非圓，非圓虧缺，不能榮耀上帝，是因人的思維意識沒有圓基礎。虧字有個二字，告之人虧缺神是因其屬二的緣故。經文中的鬼，是對人心屬二，二方對立中有利益之爭產生壞心的比喻，是對因人屬二而背離和抵制圓在之神的比喻。〈撒下〉二十四章一節：「耶和華又向以色列人發怒，就激動大衛，使他吩咐人去數點以色列人和猶太人」。《代上》二十一章一節：「撒旦起來攻擊以色列人，激動大衛數點他們」。有人以這兩段話描述的是同一件事問道：這激動大衛的究竟是耶和華還是撒旦？或者耶和華就是撒旦？這是因為對神不明，對鬼不清才有的問題。神本圓在，撒旦生於離圓的二方，二方本在圓中，在神那裡，二方可以是神的功能；對於離神的人，二方就可以是撒旦之力。激動大衛數點百姓的為什麼是撒旦也是上帝，本書在後面給出整體圓通的解釋。

04

經文中與「地」聯繫在一起的「罪」，是對二方基礎的比喻，這比喻與人祖吃了分別善惡樹的果子，與中國文化中的地為二方聯繫在一起，這比喻有「罪咎」二字所含信息恰好證實，又與理性對形成自我意識的分析完全一致。這事情的整體，真是「非常之工」，「奇異之事」，是有神靈的運做才能如此。

為什麼人祖有罪，後來代代的人類都有罪呢？說原罪是由亞當遺傳給後來的人類，這說法合理嗎？有經文的根據嗎？神是那樣認為的嗎？神說：「兒子必不擔當父親的罪孽」（〈結〉18:20），這是說，罪是不遺傳的，罪是不祖祖輩輩連帶的。基督教神學的原罪說，是與神的話相對抗的。因為不認識神，才會在以為是信神中對抗神。怎麼會明顯違背神的話呢？怎麼用人的話否定和取消神的話呢？還能說沒有誤讀經文嗎？

歷代人的思維基礎都是二方對立的二，人有了自我意識就與神隔離；人有罪，其罪以人有了自我而有，是因人有了自我意識，意識到自己是人，就脫離圓在之圓而屬二。耶穌傳道喊出的頭一句話就是：「天國近了，你們都要悔改」，所當改的，是人在根本上的屬二。直覺感悟的中國文化以直感知道二方本是一體，以包含陰陽二方的太極之圓，包含地之二方的天之圓為本體，其整體觀是圓觀。中國古人的思維基礎也是二方，直覺感悟到的整體是不同二方的混同為一，太極之圓內的陰陽二方是人的對象，人這一方混同在客體對象世界裡而不成為主體，雖然直覺感悟到了人與對象一體，天人一體的整體大象之圓，漢字的圓字就有人員的員做主體，但在意象性思維中並不是理性的明確與明晰，講整體觀，說昊天上帝，講天人合一，卻將圓棄置。

中國文化中，與二相關的詞，一般都是不好的。隨便就可舉出：二流子，二賴子，二混子，二杆子，二臭子，二貨，二傻子……說一個人真二，就是說他錯用了腦子。一句在智能上嚴重否定人的罵人話，暗含了被罵者處在被二所逼困，逼仄的狀態裡。人類的困境，正由其二方基礎所確定。人的原罪，罪在處於二方之方框，「處口」構成「咎」，口表方框。「有一撒拉弗飛到我跟前，手裡拿著紅炭，是用火剪從壇上取下來的，將炭沾了我的口，說：看那，這炭沾了你的嘴，你的罪孽就除掉，你的罪惡就免除了」（〈賽〉6:6—7）。這是什麼道理呢？紅炭沾口，化解方框，罪孽除掉，罪惡免除。「嘴」字是方框和「此角」，二方基礎上的整體性認識處在「方框」裡，對整體只能在某種角度上有知，神不在二方的框架中，不在任何角度的侷限裡，人的原罪，因之對圓在的神不認識，其罪免於化解「方框」，化開此角的角度，人歸於二方在其內，全角度一體的圓在之圓，罪孽則除掉，罪惡得

免除。對經文中「將炭沾了我的口」，「這炭沾了你的嘴」則罪消，用「口嘴」這兩個漢字所含有的信息來解釋，準確，簡單，清楚，說清了浩如煙海的神學大書所說不明白的事，發明出來「創世已來所隱藏的事」。

地是二方，離圓的二方是限制認識的方框。「我要把他們和地一併毀滅」，〈詩〉46:6節：「神發聲，地便熔化」，這說明那不是說物質的具體的地，那地不能毀滅，不能熔化；亞當吃了分別善惡樹的果子而落入二方之方框，人類皆因有了自我意識而屬地處「方框」。神要毀滅地，是要消除「方框」；「地便熔化」，是化解了「方框」。神發聲，呼喚人的覺醒，讀懂經文中的比喻，象徵，才聽得清經文中神的聲音。中國文化裡的這些提供與聖經中的這些內容相互對應，其使之然者只能是神，這神有我們的思維意識參與在其中。

有人要拒斥中國文化，以為教會裡講的，即有神學所說的才是該聽的話。對經文的誤讀會使人偏狹；排斥中國文化中的啟示信息，就是狹隘。「他要喝路旁的河水，因此必抬起頭來」（詩110:7）。把基督教神學路旁的水喝下，如吸收到中國文化的精華，才能興起神律的文化。

因人的根基是二方而各有自己的「方框」，人類是以「方框」標明的人「口」，各人都屬人口中的一「口」，誰都是一口人，「人口」即是方框裡的「囚」。「耶和華釋放被囚的」（〈詩〉146:7），是指把囚人的「方框」解除。漢字的口，把有原罪的人類與方框連在一起。表罪的「罪」字、「咎」字，還有這「口」字、「囚」字的信息，都是對會說話的真神的證實。罪人須自我否定，「否」字以「不口」把當否的是「口」即方框說出。〈以西結書〉：「你要開口吃我所賜給你的……他將書卷在我面前展開，內外都寫著字，其上所寫的有哀號，歎息，悲痛的話」（2:8—9）。「於是我開口，他就使我吃這卷書」（3:2）「救我的羊脫離他們的口，不再做他們的食物」（34:10）「淫婦的口為深坑」（〈箴〉22:14）神恩典的宴席（比喻圓化思想）「他們一口同聲的拒絕」（〈路〉14:16）「人子近了，正在門口了」。方框的口字，象徵思想的「方框」，把「方框」解除，就接納再來的圓化精神之光的耶穌。「內外都寫著字」的書，是說經文有表面的內裡的兩種意思，用象徵比喻所說的預言、謎語，要人「開口吃」，這口象徵二方之「方框」，「開口吃」是對打開「方框」才能讀懂耶和華、耶穌話語的比喻。

人屬二即屬罪、屬惡，生活中絕大多數的人都不是具體的惡人，說人們都處「方框」而是屬罪惡的，這怎麼能說得過去呢？神說：「那人已經與我們相似，能知道善惡，現在恐怕他伸手又摘生命樹的果子吃，就永遠活著」（〈創〉3:22）。那人所知的善惡，與神知的善惡只是相似，不是相同。屬二之人所知的善惡，是善惡二方對立的善惡，是具體的善的、惡的；神所知的善惡，是整體性的本善之善，本惡之惡。圓全圓滿的神本身是本善之善，全面滿足人的身體與精神生命整體需要的圓善才是真善之善。本惡之惡是離圓的二方，其惡的具體表現好比洪水，它摧毀建築，淹死人的具體惡事，並不是每滴水都具體地去做，絕大多數的水滴看來是與具體造禍的惡事不挨邊的；而由無數的水滴形成洪水，一些水才能具體的做惡。人類在二方基礎上，就總是為各種具體之惡提供條件，並不具體做惡者，也如構成洪水的水滴一樣，洪水的「罪惡」是洪水中每一滴水的。人屬地即屬二，就屬本惡之惡。本惡是各種惡的產生者，人類因屬二而造各樣的惡。

〈多馬福音〉中耶穌說：「當你成為了二，你又能做什麼呢？」（古卷十一）「能將二歸一……你必能進天國」（古卷二二）；「一個人活在「一」之中，就會充滿光，人與「一」分離，就會充滿黑暗」（六一）。那一就是自身完全的，大象無形的圓在之圓。亞當吃了分別善惡樹的果子，能分別善惡而在精神上屬二即屬地，這是以隱喻給出人存在的本質。神對亞當說：「地必因你的緣故受詛咒」（〈創〉3:17）。地受詛咒，是二方在人這裡離開神的緣故。該隱殺了兄弟亞伯，神說：「現在你必從這地受咒詛」（〈創〉4:13），這與「人必稱他們的地為罪惡之境」（〈瑪〉1:4），「你必從這地受咒詛」，都因二方是人的思想基礎。人屬地與罪和惡聯繫在一起，也是神孕育屬神的精神需要人的思維處二方框的子宮裡。「天，是耶和華的天；地，他卻給了世人」（〈詩〉115:16），「所以地被詛咒吞滅，住在其上的顯為有罪」（〈賽〉24:6）。人屬地的地，是喻二方基礎。「神發聲，地便熔化」（〈詩〉46:6），可熔化的地，不能是土地的地；「我要把他們和地一併毀滅」（〈創〉6:13），經文中地的熔化、毀滅是比喻，比喻化解二方基礎。大地的地不存在能被毀滅的事，因為無論怎樣也還是大地。經文中地的熔化、毀滅是比喻化解二方基礎，才是說得通的。在人這裡，二方回歸於神而在圓內了，離神的二方基礎就毀滅而不存在了；二方在人這裡歸圓在之圓了，人屬地的地，做為精神的基礎，就由人的歸神而被熔化了，那是框人的二方之「方框」被化解了。人屬地，一方面是神使然的，一切都在神的運化裡；一方面是因人不認識神而有的。因不知神是人在其中的包含二方的圓在之圓，人就屬於了離神的二方，這在經文中也是以人的被賣來比喻的。「你們被賣是因你們的罪孽」（〈賽〉50:1），人的罪孽，罪在人是屬二的自我。〈創世記〉中，「耶和華見人在地上罪惡很大，終日所思所想的盡都是惡，耶和華就後悔造人在地上」（5:5）。神的後悔是讓人悔改，人悔改不再屬二，就沒有了屬二離神的世界。也就是神說的「我要把他們和地一併毀滅」（6:13）。除滅二方基礎，就是把整個的不屬神而屬二的人連同他們的世界「都從地上除滅」（6:7）了。

耶穌說：「吃我肉喝我血的人就有永生」（〈約〉6:54），所說的「吃我肉喝我血」就是比喻，神說「不可吃血」，「只是你要心意堅定不可吃血，因為血是生命」（〈申〉12:23）；「在你們的一切住處，脂油和血都不可吃」（〈利〉3:17），「凡以色列家中的人，或是寄居在他們中間的外人，若吃什麼血，我必向那吃血的人變臉，把他從民間剪除」（利17:10）。這說明，耶穌說喝他的血就是比喻，因為耶穌不能與神不一致，不能主張神所不許的事。

「他們心懷二意，現今要定為有罪。耶和華必拆毀他們的祭壇，毀壞他們的柱像」（〈何〉10:2）。「他們心懷二意」，是對他們屬二的比喻，若是三心二意信神的二意，那也不必拆毀他們，毀壞他們的信，因為三心二意的信必竟是在信，只是信得不專心，不夠實在、不夠堅定，那不應是以拆毀、毀壞來解決的。

「你要除掉邪僻的口」（〈箴〉4:24）》），說要除掉的口，是對二方之方框的比喻，口字就是方框，不能是除掉人肉體的口，肉體的口不存在邪僻的事。〈詩篇〉中：「神啊，你的公義甚高；必使我們復活，從地的深處救上來」（71:20）。這地的深處是對人心深陷於非公義的二方之井的比喻。「你們要與你們的母親大大爭辯，因為她不是我的妻子，我也不是她的丈夫。叫她除掉臉上的淫像和胸間的淫態」（〈何〉2:2），這顯然是對二方離神的比喻。淫像和淫態，是比喻以二方為基礎的人們信神就在拜假神上做功，與不是神的東西親

近弄情。休你們的母親者是天父，天父與地母分離，是二方離神，這以母離父來比喻。因其母離父，「我們的母親好像寡婦」（〈哀〉5:3）。母親被休，二方對於人在神之外，這也是人的被賣：人區分開不同二方卻不知那是在神內所分開，二方對於人不在神裡，離神而得罪神，所以神說：「你們被賣，是因你們的罪孽」；這也是神所使然，是神和人共同的原因使人陷入離神的二方，所以神既說「我休你們的母親」也說「你們的母親被休，是因你們的過犯」（〈賽〉50:1），使人屬二方的是神；在人這裡二方離圓，是因為人不認識神。

離神的人，是孤獨者，被囚者。「神叫孤獨的有家，使被囚的出來享福，惟有悖逆的住在乾躁之地」（〈詩〉68:6）。屬二而不屬神，不屬神而屬二的，就是悖逆的；乾躁之地，是對二方離神而使人不得精神之泉源，精神乾枯的比喻。神「要刑罰地上居民的罪孽。地也必露出其中的血」（〈賽〉26:21）。這血包含人類在人與人二方對立中爭鬥的肉體和情感的血，更是二著拉人信假神，在精神上鬮人、殺人的血。「所以地被詛咒吞滅，住在其上的顯為有罪」（〈賽〉24:6）。地為二方，在地所指的二方基礎上即為罪者，罪人造帶血的罪孽。

〈創世記〉中，「耶和華見人在地上罪惡很大，終日所思所想的盡都是惡，耶和華就後悔造人在地上」（5:5）。神的後悔是讓人悔改，人悔改不再屬二，就沒有了屬二離神的世界。也就是神說的「我要把他們和地一併毀滅」（6:13）。除滅二方基礎，就是把整個的不屬神而屬二的人連同他們的世界「都從地上除滅」（6:7）了。

天下人怎麼「終日所思所想的盡都是惡」呢?因為終日所思所想，都是從我與他人二方，從我與對象二方出發的，都是屬二的。二方基礎上的「世界在神面前敗壞，地上滿了強暴」（6:11），神說：「我要把他們和地一併毀滅」，這是以比喻向今人發表神旨，讓當今人類歸神而改變二方基礎，在根本上除滅人的屬二性質。不是不要二，而是圓在之圓內的二方之二本是一，二方本在整體為一的圓在之圓裡。

一方面是人以他的有了自我意識而區分出不同的二方，屬於了地，人與神分離；一方面一切都在神的演化裡，是神給人的地，是神把人放在了使其沉淪墮落的滑地。神為什麼要讓人類屬二呢？二方是人在神內所分出，那是人的假定，神是本真，而人不認識神，就落入了由人假定而有的，框限人思維的二方之「方框」，成了屬二性質的「方框」裡的人。二方基礎是本假之假定，其假在於二方對於人離神。神是本真，歸真是本假歸於本真，就是二方歸之於圓在的神。神使人類自我屬二方，是神需要做屬神精神的孕化，是圓在、圓化之靈的神，需要孕育人的圓化精神，以此懂得人為什麼是有原罪即離圓之罪，才能理解經文中神對今人說的：「現在我要喊叫像產難的婦人」（〈賽〉42:14）。

人的生命來之於神，神讓人知道了自己是人就落入「方框」中，人的思維基礎的和思想觀念的二方框乃是神孕化人精神的子宮，「宮」字是寶字蓋和二方框構成，這宮字很是見神。子宮內的精神是胎性精神，「胎」字中方框基礎上有厶字，告之胎性精神的人是私欲性的人。神使人在「方框」裡，是為孕育人類公義性的精神。神內由於有了人而有了相對二方，神使自身有了二方而能運化自身，對於胎性精神的人類來說，神自身運化的目的，是生產出公義性的新人，這新人要在「方框」裡發育到期，也就是神的產期才能誕生。

神「要用異邦人的舌頭和外邦人的嘴唇向這百姓說話」（28:11），是因屬地即二方的信徒們只在對經文的誤讀中使用腦子，在罪中自負著。異邦人，外邦人，即基督教外的人，不受基督教神學的轄制，可以擁有圓基礎圓解經文，向基督家傳達經文用比喻所說的話——上帝的產期需要胎性精神聽到的話。〈以賽亞書〉中，「以色列要發芽開花，他們的果實必充滿世界」（27:6），上帝是全世界的，是對於全人類圓在而能使人的感性、神性、理性得圓的圓化之神。二著信非圓在的假神之罪，要以歸圓得赦免，「他的罪過除掉的果效，全在乎此：就是他叫祭壇的石頭變為打碎的灰石，以致木偶和日像不再立起」（27:9—10）。誰家立著木偶，木偶是因誤讀經文「命上加命，令上加令」（28:10）而有。「就是這地的人，也因酒搖搖晃晃，因濃酒東倒西歪。祭司和先知因濃酒搖搖晃晃，被酒所困，因濃酒東倒西歪」（28:7）。這酒就是由誤讀經文而信的假道，「他們錯解默示，謬行審判。因為各個宴席上滿嘔吐的污穢，無一處乾淨」（28:8）。所以「主要藉異邦人的嘴唇和外邦人的舌頭向這百姓說話」（28:11）。所說的這百姓，是二著信神的神民，向這百姓說話的異邦人，外邦人，比喻信徒之外的，與錯解默示，謬行審判的牧師們不同的人們。

05

「我的民啊，你要留心聽我的訓誨，我要開口用比喻，我要說出古代的謎語」（〈詩〉78:1），就是二方在人這裡離神，人墜落在屬地的罪裡；就是神為實現神的目的，對人的屬神精神的孕育；就是神生產出來新精神性的人，也就是誕生出人神一體的完整性的人自己。

耶穌說：「你們是從下頭來的，我是從上頭來的；你們是屬這世界的，我不是屬這世界的」（〈約〉8:23）。上頭是天，下頭是地。來自於地的人類來自於二方；這世界是在二方基礎上，現有人類的思維、思想性質屬二，因二方是其根基。中國文化的天一地二，天圓地方的說法，正與聖經中的信息應和，讓人以此真切地感到了全知、全能的真神、活神，就是運做了能使聖經得到圓解的文化，在其中設置了啟示人歸圓之信息的圓化的靈。

「人子啊，你要向以色列家出謎語，設比喻」（〈結〉17:2），「使人明白箴言和譬喻，懂得智慧人的言辭和謎語」（〈箴〉1:6）。讀經文不按比喻、謎語來讀，就是不在意神所默示的這話語，就沒有聽從神，而是聽從人的吩咐，把人的吩咐當做道理。信徒的「徒」字，是人跟著人走，不是隨同神，徒之信，信人言，徒然信。正是耶穌所言：「他們把人的吩咐當做道理教導人，拜我也枉然」。

「你與所愛的行淫露出下體，又因你拜一切可憎的偶像，流兒女的血獻給他。我要將你一切相歡相愛的和你一切所恨的都聚集來，從四周攻擊你。又將你的下體露出，使他們看盡了。我也要審判你」（〈結〉16:36—37）。流兒女的血，露下體都是比喻。神不需要露具體人身體的下體，下體為陰，地為陰，人類屬二方之地，這裡的露人下體，是比喻顯露其二方基礎。「審判你」，就是審判人的二方基礎，審判人屬二的精神意識。

人屬地就被囚於地之二方的「方框」。「求你領我出離被囚之地」（〈詩〉142:7），離神的二方是囚人的方框，因字就是「人」在「口」所表的方框裡。出離被囚之地，是比喻脫離二方基礎。「要毀滅全地……好像毀滅從全能者來到……人心都必消化」（〈賽〉13:5、6、7）。對二方之地的毀滅，是屬地的人心被消化，是人聽到了神發聲。「神發聲，

地便熔化」（〈詩〉46:6），這也就是二方基礎的化解，這也就是「耶和華釋放被囚的」（〈詩〉146:7）。

天父地母，「我是在罪孽裡生的，在我母親懷胎的時候就有了罪」（〈詩〉51:5）。罪來之於地即母。神說：「我必滅絕你的母親」（〈何〉4:5），這比喻的是地歸天，二方歸神。當人類在二方基礎上，思維意識活動於「方框」的「宮」中，其精神處於被孕育的過程。神因屬地的人類之惡而發大洪水，把挪亞一家留下，象徵神要完成孕育的計畫。

知道漢語船字的教徒們，勸人信教，常以大洪水時挪亞一家八口乘舟得生存，舉出這個「舟八口」組合成的「船」字，以此說明「船」字含有神知。「船」字還有外表之下更深的寓意：挪亞一家八口乘的是方舟，留存的神民還是在方基礎上，「舟八口」的「船」，是說這些人的根基，是以「口」字所表的方框。一個「船」字能為胎性精神發育期屬二的神學自圓其說提供說辭，也為屬神的神學自圓自洽的促成新精神性的誕生預備了信息；神靈在人造船字時參與做用，才會有如此的神奇。人在造字時，對「船」字含有的這些信息肯定不知，如圓解的聖經信息並不被經文作者們所知，因為那信息不在顯文化裡。人能在不自覺中以所造的船字，以比喻，謎語的經文隱含地表達人所不知的神知，說明是神靈運做了人的意識。神的信息潛藏在相關的漢字裡，說明那造字人的潛意識有通神的能力。

「因為他來要審判全地，你當稱謝耶和華」（〈曆上〉31—34）。審判全地，地怎麼能是審判對象呢？那是說審判全地上的人，要審判的地是以地所指的屬地即屬二方的人，被審判的，是在人這裡離天即離圓在之圓的二方。神審判全地，為什麼要人稱謝呢？對二方基礎的審判，所判的是二方在人這裡歸圓在之圓，是使人的精神脫離「方主幽」的幽暗，獲得「圓主明」的光明，免其原罪而得解放。神恩慧歸圓者，所以神對地即二方的審判才當稱謝。方幽圓明是中國文化中的信息，人不封閉思維意識才能得到全面的啟示。不該是讓神在人封閉的偏限裡，應是神怎樣的給出信息我們就怎樣的接受，神給出怎樣的信息我們就接受怎樣的啟示。

離神的人，是孤獨者，被囚者。「神叫孤獨的有家，使被囚的出來享福，惟有悖逆的住在乾燥之地」（〈詩〉68:6）。屬二而不屬神，不屬神而屬二的，就是悖逆的；乾燥之地，是對二方離神而使人不得精神之泉源，精神乾枯的比喻。神「要刑罰地上居民的罪孽。地也必露出其中的血」（〈賽〉26:21）。這血包含人類在人與人二方對立中爭鬥的肉體和情感的血，更是二著拉人信假神，在精神上閹人、殺人的血。「所以地被詛咒吞滅，住在其上的顯為有罪」（〈賽〉24:6）。地為二方，在地所指的二方基礎上即為罪者，罪人造帶血的罪孽。

〈創世記〉中，種地的「該隱拿地裡的出產為供物獻給耶和華」（4:3），耶和華「只是看不中該隱和他的供物」（4:5），這是為什麼呢？在基督教神學中一直說不清楚，從來糊塗。該隱是種地的，獻的是地的出產；地為二方，二方基礎上所生出的思想精神，神才不悅納。人二著信神，就違背真神信假神。因為思維基礎的對立二方限制著思維意識，對於不在二方框架之內的神不能認識，讓人與真神隔離。「但你們的罪孽使你們與神隔絕，你們的罪惡使他掩面不聽你們」（〈賽〉59:1—2）。人與神隔絕的罪孽、罪惡，是因人屬二，因思維意識被框定在二方之「方框」裡而有的。神對行惡的該隱說：「現在你必從這地受詛咒」（4:11，人屬二是其被神所詛咒的原因。人類自造各種的、許多的悲劇、苦難，都是由人類在二方對立的基礎上爭奪利益而發生。人二著信神，其所求不被神所應，儘管能有狂熱，能有虔誠，而那是愚弄自己的可悲可憐的靈魂。但神必追討二著信神的神民。

「心懷二意的人為我所恨……做惡的人哪，你們離開我去吧！我好遵守我神的命令」（119:115）。心懷二意，具有惡的性質，與不遵守神的命令連在一起；心懷二意因其是屬二的心而是「做惡的人」，這說明經文中的「你們心懷二意」，確實不是指三心二意，而是指人精神屬二的性質。「我從神的山上驅逐你……我已將你摔倒在地」（結18:16,17），這是對魔鬼屬地而歸之於地的比喻。「耶穌對他們說：『我曾看見撒旦從天上墜落』」（〈路〉10:18），從天上墜落是落之於地，地為二方，撒旦墜落之地，象徵二方基礎。這是在說謎語，說的是在人這裡以二方離神而與撒旦同在的謎語。「做惡的人」是因「心懷二意」，說明人的做惡是因之於他的二方基礎。

屬二的不信耶和華的列邦，「在這一切的事上玷污了自己，連地也玷污了，所以我追討那地的罪孽，地要吐出它的居民」（〈利〉18:24）；「耶和華你的神曾吩咐他的僕人摩西，把這全地賜給你們，並在你們面前滅絕這地的一切居民」（《書》9:24）。所說的「吐出」和「滅絕」，是隱喻，所隱含的意思是改變人的屬二，是讓二著信神的人們新生，就是耶穌所說的重生。耶和華要「潔淨他的地，救贖他的百姓」（〈申〉32:43）。在人這裡二方歸神，地就潔淨；救贖百姓，就是屬二之人回到圓在之圓的神中。回字是兩重方框，人要回到神中，需要解除思維基礎和思想觀念的兩重方框，回字對此給出準確的指點。

當追討離神之原罪時，世人要以歸神擺脫二方之地。對於二著信神的人們，神對他們說：「（在你們以先居住那地的人，行了這一切的事，地就玷污了）。免得你們玷污那地的時候，地就把你們吐出」（〈利〉24—28）。這是比喻人脫離二方基礎。二方離圓，地母不屬天父，地就被玷污。當著不許再玷污地，就是神與人相和之時，即二方歸圓在之圓的歸期，你們就擺脫二方基礎，不再屬地；你們即神的子民，與列邦一樣是二方之「方框」裡的人，你們會象已經覺醒的人一樣，擺脫二方基礎，這便是經文所說的「地就把你們吐出」。

耶穌說：「神不是死人的神，而是活人的神」（〈太〉22:32），死人是比喻精神沉睡著的人；活人是比喻思維意識不在「方框」裡死著而有了神的靈性，即復活而有了圓活之精神活力的人。所說的死人是思維意識在二方基礎上死著，頭腦死性的人。「求你賜我悟性，我就活了」（〈詩〉119:144）。不讓頭腦發死地讀經，就要有突破侷限的靈性而有擺脫「方框」而歸圓的悟性。對耶穌的話按比喻來讀，才能真懂。

「耶和華與這地的居民爭辯，因這地無誠實、無善良、無人認識神。這地悲哀！」（〈何〉4:13）地為二方，屬二的人屬本惡之惡；這地無誠實、無善良、無人認識神，這地悲哀，在於這地的居民屬二。人不屬包含二方的圓在之圓，就屬離圓的二方之二。

一切來之於上帝，上帝是善，惡從哪裡來？惡來之於人不認識上帝而屬二。人的屬二，其實是圓在的神為生產圓化精神，使人做胎性精神之胎而有的按排。子宮的宮字的兩個方

框，一個是屬二的有神論者的，一個是屬二的無神論者的。胎性精神要以圓律的文化脫胎，新精神性的人要在圓基礎上誕生出來。

06

《創世紀》中神讓亞伯拉罕不生育的妻子一次懷了二胎的孕，「孩子們在她腹中相爭」（25:22），二胎兒在子宮裡打架，是對二方框內胎性精神的人類在私欲支配下總要操戈爭鬥所做的比喻、象徵。戰字的信息與這象徵比喻正相對應，人類間的戰由思維基礎的，思想觀念的二方框在根本上決定，戰字就有二方框和戈字來點明。人類間的一切爭戰，簡體的「战」字是「口上」與「戈」，其信息是：人類在方框基礎上總要操戈而「戰」。西方人的第一部史詩《荷馬史詩》就是記述戰爭，中國人的祖先就有炎黃大戰。人們在二方基礎上總要相爭相鬥，這是胎性精神人類的一大特徵。人類走過血雨腥風的歷史，當今也戰事不斷，並隨時就有大戰的危險。商場如戰場，遍地總是處於各種各樣的利益爭奪戰，不同宗教因信仰之爭而戰，同一宗教因教派不同而戰。

經文中雅各用欺騙的手段以次子身份得到長子福份，雅各與神摔跤勝了神，這裡隱含的意思很深。雅各是神之民的代表者，神賜名雅各叫以色列，這信神的民是有原罪而與神相離的，他們要在二方基礎上行路，神在孕育期要依著屬二之民，這由雅各摔跤勝了神所象徵（〈創〉三十二章末段）。人祖能吃到神不許吃的分別善惡樹的果子，表面上是神沒能使人遵從神，（這被解釋為人的自由意志的誤用）。就如神摔跤輸給雅各，表面上是神力沒能勝人，其實這是神對人類精神孕育的所需，胎性精神需要在二方框的子宮裡發育；人類屬二的歷史過程也是神的設計，人類的活動，就在神的演化裡。

人類走過血雨腥風的歷史，當今也戰事不斷，並隨時就有大戰的危險，商場如戰場，遍地總有各種各樣利益爭奪戰，不同宗教因信仰之爭而戰，同一宗教因教派不同而戰。繁體的「戰」和簡體的「戰」，說清了人類間因對立二方，因為思維基礎的和思想觀念的「方框」而戰的根源。

二方基礎讓人類不能有整體智慧，各方人具體利益的求取，總要在整體上損害人類自己，對生態環境的破壞，核恐怖的陰影，都出之於因二而爭鬥的人類自身。二著的人類，總要自造各種悲劇，在整體性上損害自己，造成困擾自身的各種危機，以至於連人類的生存都處在被毀滅的威脅裡，這實在是很「二」的事！今人在公眾場合都愛舉表英文成功一詞V字頭的二指，舉二指是通神的潛意識對自我是個「二」的告知，是屬二的自我不自覺中的顯露。

人類區分出不同二方才意識到自己是人，在人這裡離神的二方，是人類誕生就身陷其中的天坑，是神孕育人類精神的子宮，也是整體性認識的迷宮。哲學、神學一直都在迷宮裡活動，有此意識，就知道人類需要一次新生，即誕生出由人與神分離到人與神相合的，天人合一，人神一體化的圓化精神。

〈創世記〉9:18—27的故事，千百年來令聖經讀者和研究者百思不得其解，挪亞的兒子含到底犯了什麼罪，以致遭受世代為奴的詛咒？為什麼含看似好心告訴弟兄父親露下體並為之遮掩卻禍及子孫？為什麼迦南做為含的兒子，卻要承擔父親遮掩祖輩下體所帶來的後

果？下體為陰，陰為二，陰莖俗稱老二，女陰在中國俗語裡也和二有聯繫。挪亞露出的下體隱喻露的是二方基礎的二，〈那鴻書〉中，「耶和華說、我與你為敵．我必揭起你的衣襟(skirts)、蒙在你臉上、使列國看見你的赤體、使列邦觀看你的醜陋」（3:5）；「所以主必使錫安的女子頭長禿瘡、耶和華又使他們赤露下體」（〈賽〉3:17）。這裡所說的露下體，是對顯露二方基礎的比喻。經文中挪亞的兒子含看到了父親露出的下體，他只看到身體的性器，看不到所象徵的屬二的原罪問題，而他使弟兄遮掩父親的下體，是對遮掩屬二根基的比喻。人的屬二的問題一直被遮掩著不被當做問題，人就那麼二著，一直二下去，那麼二著信主的人代代是主僕二方的奴，至於二著不信神而信物的，便是財物的奴，物欲的奴。含向兄弟所傳的信息，把挪亞的露下體只當身體的性器，使兄弟去遮蓋挪亞的下體也就遮蓋了所象徵的根基屬二的問題，這就是含的後代要世代受詛咒為奴的道理。當祖宗的屬二告訴了後代時，後代即今人若還是遮掩延續人的屬二，被神所罰是當然要有的。當今人類的精神危機，生態環境危機，何嘗不是神的懲罰呢？罰字上面是「罒」，下面是「言」和立刀，「罒」是二豎和方框，言表說，「罰」字是說：因屬二方之方框，因二著拜神和拜物而被「罰」。「罪孽到了盡頭的時候，將他們交與刀劍」（〈結〉35:5）。罰的是以思想的刀劍把屬二的神學殺滅，在精神上殺死屬二的自我，也就是舊我死去，新我復活，把屬神的新人誕生出來。

「因為耶和華在一切有血氣的人身上，必以火與刀施行審判，被耶和華所殺的必多」（〈賽〉66:16）。經文中神的殺人，是比喻從根本上改變人的精神，是殺死思想上的舊人，使人成為新人。把經文就當真實的具體之事來讀，所讀到的上帝就不能是愛，而是總愛殺人的暴君。由於讀不通比喻和謎語而誤讀，基督徒們處於說上帝是愛卻不得不為經文中上帝大肆殺人而強辯的困境，網上曾見一個名為喊裡啰碴的人，拿著聖經把成幫的基督徒打得只能逃散。

神對吃了分別善惡樹的果子而有了善與惡二方的人祖亞當說：「地必為你的緣故受咒詛」（〈創〉3:17）。地因人的緣故受詛咒，那地不是指土地的地，因對自然之地的詛咒沒有任何意義。因人分別善惡二方，地受詛咒，地比喻人的二方基礎；神詛咒的是人的屬二，其詛咒是為了天國近時人能悔改，是為了「罪孽到了盡頭」，孕育期滿，精神脫胎。〈撒迦利亞書〉中給出「惡人在遍地的形狀」（5:6），「坐在量器中的是個婦人」（5:7）「將那片圓鉛扔在量器口上」（5:8）這是罪惡的形像（5:8）。婦人為女為陰，陰為二，量器是方形的，圓鉛在量器口上，這比喻給出深透的思想：罪惡的形像是以二方為基礎，在「方框」裡求圓。

改變二方基礎是上帝的旨意，二方為地，「現在我上來攻擊毀滅這地，豈沒有耶和華的意思嗎？耶和華吩咐我說：上去攻擊毀滅這地吧！」（〈賽〉36:10），摧毀二方基礎，人歸圓在之圓，則以圓求圓，行圓善之善。

「以法蓮卻要將自己的兒女帶出來，交與行殺戮的人。耶和華啊，求你們加給他們，加什麼呢，就是胎墜乳乾！」（〈何〉9:13—14）交與行殺戮的人，與胎墜乳乾即神的生產和新生者的成長直接相關，這是用象徵比喻在說謎語，說預言。

人祖吃到了分別善惡樹的果子，卻沒吃到長生樹的果子，這說明神並不是不讓人知善惡的，只是人類所知的是二方對立的善惡，那不是對善惡的真知。馬克思主義創始人指出：「善惡問題是如此的糊塗，以致於在不同歷史時期，在不同民族中常常相互對立」（《馬克思、恩格斯選集》第三卷第一三二頁》。那善惡是在具體相對假定的規定裡。以著具體中對善的和惡的有知，做為整體性認識上對善惡的有知，所知的善與惡二方對立，思想被框在對立二方的「方框」裡，就與本為善的神相隔離。善本身是神，離神的二方是本惡；分別善惡為對立的二方，人就屬二而屬本惡之惡。神不讓人吃到生命樹的果子而永遠的活著，是不讓人永遠屬二地惡著，也是胎性精神需要脫胎，脫生出屬神的精神才能有永生，精神中有神才能永遠的活著。

二方對立的善惡，具體中此方人的善可以是彼方人的惡，一件事對這個人，這些人是善的，對那個人，那些人可以是惡的，這讓善惡在整體性上糊塗著。人不知本善之善，其整體性認識上的分別善惡，就是讓本為善的神，在人這裡分之為善與惡二方了，這人就屬於本惡之惡的二方了，於是「世界臥在惡者的手下」。人屬惡沒能屬善，是因為沒能認識神而歸於神，即沒能認識圓在、圓化的善本身，被思維基礎的二方所框定。

07

伊甸園裡，神在吩咐亞當不許吃分別善惡樹的果子時說：「因為你吃的日子必定死」（〈創〉2:17）。那並不是一日千年的神的日子，那也不是人的實際死去的死，那是比喻。分別善惡象徵人的屬二，是對精神確定於二方基礎的比喻。人離神落入生死二方的「方框」，就被框定於必死而是有死性的人，「方框」裡被「囚」的人，是靈性生命上的死人。地為二方，地為母，「使我的母親成了我的墳墓」（〈耶〉20:17）；「他使我住在幽暗之處，好像死了很久的人一樣」（〈哀〉3:6）；中國文化中死人的住所是幽州，「方曰幽」；相對為方即二方，經文中用死人比喻象徵屬二的人。人為「死人」，是因處於二方框，「他們的路通往陰間，下到死亡之宮」（〈箴〉7:27）。死人復活，是精神在二方基礎上睡著的人，靈性覺醒而從二方之「方框」裡走出，即改變思維基礎。中國文化中的內容，竟與聖經經文的寓意如此對應，且又與理性對人類思維基礎的認識具有完全的一致性，那設計者就是全知全能的神，是真神、活神。

在人這裡二方離神，是神的設置：二方離神，經文以比喻表達為：「我休你們的母親」，「你們的母親被休」（〈賽〉50:1）；天為父，地為母，地為二方；「你們要與你們的母親大大爭辯，因為她不是我的妻子，我也不是她的丈夫。叫她除掉臉上的淫像和胸間的淫態」（〈何〉2:2），這顯然是對二方離神的比喻。淫像和淫態，是比喻以二方為基礎的人們信神就在拜假神上做功，與不是神的東西親近弄情。神是活人的神，這活人乃復活的人，「當復活的時候，人不娶也不嫁」（〈太〉22:30），那就沒有通姦的姦淫之說了，經文中神所重視的姦淫問題，就是說比喻，講謎語的。屬二的神民是母離父而得的子女，「因為他們是從淫亂而生的。他們的母親行了淫亂，懷他們的母親做了可恥的事」（〈何〉2:4—5）。二方離神，人處方框而處於「方主幽」的幽暗，讓祭司也瞎眼：「你這祭司必日間跌倒，先知也必夜間與你一同跌倒。我必滅絕你的母親」（4:5）。滅絕你的母親，是以比喻說出，讓人不再屬二而滅絕二方基礎。地為母，「滅絕你的母親」是對地歸天，二方歸圓而人歸神的象徵比喻。不按比喻讀，「他們的母親行了淫亂」，「必滅絕你的母親」，就讀不出所含有的意義，就只能遷強附會地錯誤解讀。這裡的話誤讀，讀別處的話也必有誤。

以色列是神民，神比做丈夫，神民比做妻子。〈耶利米書〉中神說：「背道的以色列行淫，我為這緣故給她休書休她」（3:8）。人二著信神，是背道，「道就是神」（〈約〉1:1），人屬二就離神，二著信神就信假神。妻不屬夫而跟從別者與之交通，就是行淫。「他們所行的使他們不能歸向神，因有淫心在他們裡面，他們也不認識耶和華」（5:4），「因為他們的淫心使他們失迷，他們就行淫離棄神」（〈何〉4:12）。所說的淫心，就是二著信神的心，心屬二就不能認識神而離棄神。「致於我們的罪孽，我們都知道，就是悖逆不認識耶和華，轉去不跟從我們的神」（〈賽〉59:12、13）。離神就是悖逆；人離神就屬二，二著信神，就在信假神的罪孽之中。由於不認識神，所得到的不是屬真理的思想。「他們所喝的已經發酸，接受敗壞的思想，他們時常行淫」（〈何〉4:18），就是接待假神。經文中信神的人與神也比做夫妻，神比為夫，人比為妻。妻子不認識丈夫，總是縱情接待不是丈夫的別者，時常行淫就是對此而說。「你這行淫的妻啊，寧可接外人不接丈夫」（〈結〉16:32）；「為自己製造人像，與它行淫」（〈結〉16:17）。與人像行淫，說明所說的行淫，確實是指精神上的事情，指人接待假神。經文以比喻、象徵說謎語，說創世以來所隱藏的事，也是以此預言後來的，直到當今的事，確實有個怎麼讀的問題。用比喻說謎語，就該按比喻，謎語來解讀。

當著屬二的原罪被揭示出來，還是有些人要遮蓋，要掩飾被露出來了的下體，不正視自己二著的根基，他們還要對於思想精神的碉堡被打破損壞之處去建造修補。但神說：「任他們建造，我必拆毀。人必稱他們的地為罪惡之境」（〈瑪〉1:4）。

神說：「天是我的坐位，地是我的腳凳」（〈賽〉66:1）腳在中國文化中為方，「故頭之圓也象天，足之方也象地」（《淮南子精神訓》）。足方象地，地二，人有二腳，經文中二方也以腳來比喻。在神的默示裡，人的罪連系著神的仇敵，仇敵和腳聯繫在一起。耶穌引〈詩篇〉中的話說：「等我把你的仇敵放在你的腳下」（〈太〉22:44），這裡的「腳」所隱喻的就是仇敵。人的原罪在於二方基礎，經文用比喻給出連環的證據。「我所依靠吃過我飯的，也用腳踢我」（〈詩〉41:9）。原罪是因人屬二，雖有這麼多經文證據，但守二的信徒還是要以二著的頭腦拒斥，要以二著的見識來否認，即「用腳踢」。是何者在中國文化中設置了與聖經中以比喻、象徵說預言、謎語相對應的信息？你越深想，就越是深深地知道：神正在根本上關心著你。「我所依靠吃過我飯的，也用腳踢我」，正是屬二的信徒，拒斥屬圓的，擁有圓化之靈的耶穌。

神對仇敵的擊打，「杖必不離他兩腳之間」（〈創〉49:10）。「眾聖徒都在他的手中。他們坐在他的腳下領受他的語言」（〈申〉33:3）。腳比喻二方，聖徒們從二方出發去聽取和領會神的思想，因二而不能懂得圓在之神的意思，只能體貼人的意思而把人的吩咐當做道理。信字是「人言」，其信息是對基督徒所信的是人言即人的吩咐的揭露；「徒」字是雙人走，人跟著人走。徒字所含的信息，是對信徒不隨神行而隨人走的透露。坐在喻二方的「腳下」領受神的話，指的是信主的信者；主與僕就是不同的二方，主啊主啊的就是屬二為僕的

信徒；他們是在「腳下」即在二方基礎領受神的話語，其領受就只能是誤讀。〈何西阿書〉二章十六節：「那日，你必稱我為伊施（就是「我夫」的意思，不再稱呼我巴力（就是「我主「的意思）。那日，就是真正認識了神之日，神與信神的人不再是二著的主與僕，「我必聘你永遠歸我為妻」（2:19），神與人等同於夫妻的關係，夫妻是整體的一體，是一體的整體。基督教神學是以信徒做為神和耶穌的僕人，確認信徒與上帝，與耶穌是主僕二方；基督徒們都認主，自認是僕。耶穌說：「你們若遵行我所吩咐的，就是我的朋友了，以後我就不稱你們為僕人」（〈約〉15:14）。今天的每個稱為信耶穌的信徒，你到是聽神，聽耶穌所吩咐的，還是聽那違背神和耶穌的人的吩咐？這不可糊塗，這不能馬虎。

08

《周易》中地為坤，坤為女，二著信神的人們在舊約中稱為錫安女子。〈以賽亞書〉中，「耶和華又說，因為錫安的女子狂傲，行走挺項，賣弄眼目，俏步徐行，腳下玎鐺。所以主必使錫安的女子頭長禿瘡，耶和華又使他們赤露下體」（3:15—17）。頭長禿瘡是指思想上的荒涼與病態，赤露下體是對屬二的比喻，是二著信神的事情被揭露。若不按比喻來讀，怎麼解釋耶和華使錫安的女子赤露下體？怎麼解釋都不通，並且難免俗氣。不按比喻讀，就讀不出「使錫安的女子頭長禿瘡」與思想荒涼和病態神學的關係。

「到那日，主必除掉他們華美的腳釧，髮網，月牙圈。戒指，鼻環。吉服，外套，雲肩，荷包。手鏡，細麻衣，裹頭巾，蒙身的帕子。必有臭爛代替馨香，繩子代替腰帶，光禿代替美髮，麻衣系腰代替華服，烙傷代替美容。你的男丁，必倒在刀下，你的勇士，必死在陣上。錫安（原文做「她」）的城門必悲傷、哀號，她必荒涼坐在地上」（3:18——26）。她為女，為陰，為二，她指屬二的信徒。「她的家陷入死地，她的路偏向陰間」（箴2:18），「她的腳下入死地，她腳步踏往陰間」（〈箴〉5:5）。屬陰屬二則屬惡，「求你使惡人羞愧，使他們在陰間緘默無聲」（〈詩〉31:17），就是使之不再以二著的話語阻礙認識真神。悲傷的錫安（她），是指二著信假神的人們。當華美的腳釧，二著信假神的各種思想裝飾，即精神打扮都因人屬二的問題被揭露而被除掉，二著的信徒們知道了自己是怎麼回事，就要悲傷、哀號。〈以賽亞書〉說到了信假神之家，「一夜之間變為荒廢，歸於無有，各人頭上光禿」（15:2,3），說到了一夜之間而有的「悲傷哀號」，耶穌在離世前也向門徒們預言了這樣的悲傷、哀號（〈約〉16:20）。這預言直接就是說給屬地而二著信神、信耶穌的信徒們的，隨著本書讓信徒們聽清耶和華、耶穌的話，這預言就被證實了。

《馬可福音》十一章中，「他們來到耶露撒冷，耶穌進入聖殿，趕出殿裡做買賣的人，推倒兌換銀錢之人的桌子和賣鴿子之人的登子」（15），耶穌提到經上記著使殿「成為賊窩了」（17）。殿裡有做買賣的人，賣鴿子的人，怎麼就是賊窩呢？「祭司長和文士聽見這話」，怎麼「就想法子要除滅耶穌」（18）呢？耶穌說經上記著殿「成了賊窩了」，引的是〈耶利米書〉七章中所說：「你們不要依靠虛謊的話，說：這是耶和華的殿」（4）。『看那，你們依靠虛謊無益的話，你們偷盜……並隨從素不認識的別神：且來到這為我名下的殿，在我面前敬拜』。又說：『我們可以自由了』」（8—9—10）。殿成了賊窩與賣鴿子，依靠虛謊無益的話，隨從別神相關。約翰福音中，殿成了賊窩還與賣羊相關，聖靈象鴿子降下，替罪羊，羔羊基督獻祭，這些基督教神學所熱衷的事，都是不按比喻，直接從經文表面讀來的。對經文的誤讀，使信徒「依靠虛謊無益的話」，隨從別神，說是耶和華的殿，信拜的卻是以之為神，為救主的基督。偷盜是比喻對經文的誤讀，所拿走的不是所給的，以偷盜來比喻。「真理必讓你們得自由」，有真理才能得自由，「看那，你們依靠虛謊無益的話，你們偷盜……並隨從素不認識的別神：且來到這為我名下的殿，在我面前敬拜。又說：我們可以自由了」，是說誤讀所得到的，是被當做真理的。殿成了賊窩，是象徵比喻，不以比喻來讀，就讀不懂經文，把握不了以比喻所說的預言，謎語。〈撒迦利亞書〉五章中預言了「發出行在遍地上的詛咒」（3），的「飛行的書卷」（2），「進入偷竊人的家」（4），將「凡偷竊的」（3）除滅，是比喻對誤讀經文之各家神學的化解。

當屬二神學保壘的根基被毀，會有試圖維護的勇士上來。二著上陣來做思想拼殺的，那要「倒在刀下，死在陣上」。耶穌知道：「你們成了二，能做什麼呢？」（〈多瑪福音〉11）。

二方離神，天地相離，天為父，地為母，屬地的人們不真擁有天父，其母離父，所以「我們是無父的孤兒，我們的母親好像寡婦」（〈哀〉5:3）。孤兒，寡婦，是對屬二之人信神但找不到神的一種比喻。「我的母親哪，我有禍了！因你生我做為遍地相爭相竟的人」（〈耶〉15:10）。地為母，地為二方，二方基礎的人處於相對立中，與神相分，人與人為私利相爭相竟。神對神民們說：「我與你為敵，我必揭起你的衣襟，蒙在你臉上，使列國看見你的赤體，觀看你的醜陋」（〈鴻〉3:5）。揭開思想的衣襟所見醜陋的下體，就是二方基礎。若不是以露陰比喻顯露二方基礎，神使神民露出赤體做什麼呢？還可以有別的解釋嗎？

那解釋能說得圓而說得通嗎？神民確實有著屬二的問題，至今也二著認耶穌是與他主僕二方的主，至今不遵行耶穌的吩咐，為僕為奴而不能是耶穌的朋友。基督徒們禱告時「主啊，主啊」的不斷加重感情的呼聲，一個個都在比賽著真誠，表現出是神所知道的「硬著頸項」的人。

當神的孕育到期了，人的精神從二方框的子宮裡脫胎出來了，「你的地必稱為有夫之婦，因為耶和華喜悅你，你的地也必歸他」（〈賽〉62:4）。你的地歸神，就是你不再處於二方基礎，就是善惡二方，生死二方，有限與無限，心與物，人與人，人與對象，主體與客體的二方在信者這裡歸圓在的神，就是信者不再與神為二地為奴做僕。「新郎怎樣喜悅新婦，你的神也照樣喜悅你」（〈賽〉62:5）。神與人好比二方圓合一體的夫妻，而基督教神學的神與人是不同二方的主僕，這顯然是因在經文的外貌上誤讀而有。

神為本善之善，善惡二方歸神，本惡之惡就不存在了，二方的善惡是具體善的惡的，因本惡的惡之根沒有了，惡的只是指惡性事故，某種具體惡果，狀態惡化、惡劣之惡，整體屬於本善，人趨於向善。「人所行的，若蒙神耶和華喜悅，耶和華也使他的仇敵與他和好」（〈箴〉16:7）。二方離神，人神失和；二方歸神，人神一體；人行神的道，就不再是神的仇敵。神與仇敵的和好，人與神的和解，在於二方歸圓在之圓，在於人不再二著，歸圓而被神所喜悅。

人的二方基礎，讓神與人相疏，讓信耶和華神的由於不能認識耶和華而與別者親蜜。「她顯露淫行、又顯露下體．我心就與她生疏、像先前與她姐姐生疏一樣」（〈以西結書〉

23:18）。先前的她姐姐，如今的她妹妹，是指屬二信神的昔者和今人。神說：「你用衣服為自己在高處結彩，在其上行邪淫。為自己做人像，與它行邪淫，並將我的膏油和香料擺在它跟前」（16:16—17）。膏油膏出君王，受膏者君王基督被當做神信仰，就是二著信神者「與它行淫」的「人像」；因二著拜基督這人像，真實的做為光的耶穌不被認識而成了偶像。「你淫亂的下體，連你的淫行，帶你的淫亂，都被顯露」（〈結〉23:29）。下體為陰，下體象徵隱喻人的二方根基。若不按象徵比喻來讀，「為自己做人象與它形淫」，「與石頭木頭行淫」（〈耶〉3:9），就不可解釋；把「為自己製造人像，與它行淫，並將我的膏油和香料擺在它跟前」，當做拜基督來讀就恰如其分。在二方基礎上信神，只能拜偶象，信假神，那是屬二之人二著所認的神。「因為這女子叫百姓來，一同給她們的神獻祭，百姓就吃她們的祭物，跪拜她們的神」（《民數記》25:2）。這裡所說的女子，指的是二方基礎上的信神之人。「你這行淫的妻啊，寧可接外人不接丈夫」（〈結〉16:32）。「你行淫亂豈是小事，竟將我的兒女殺了」（〈結〉16:21）。接待偶像，就殺了本該是神的兒女的自己。「你這妓女啊……因你的污穢傾泄了，你與所愛的行淫露出下體。又因你拜一切可憎的偶像，流兒女的血獻給他」（〈結〉16:36）。拜可憎的偶像，怎麼還流兒女的血獻給偶像呢？流血比喻的是對人精神的閹割，本該是神的兒女，精神被閹而成了偶像的奴僕。下體與拜偶像相關，下體為二，因思維基礎是二方，二為偶，人二著信神就會拜偶像。

「你與所愛的行淫露出下體，又因你拜一切可憎的偶像……我也要審判你」（〈結〉16:35—38）。這裡的行淫是指信神的人因對神不認識，所愛的不是神，在精神上與別者做愛。所說的行淫是因為人屬二而不認識為夫的神，精神與假神交通，露出的下體是象徵隱喻二方基礎；二著信神，所認的神是與人純二的對方，是與人為偶的偶像。偶像不一定是做出來的實物，與神純二的拜神，就是拜偶像。

經文所敘姦淫的事，偶像的事，都與人的屬二連在一起。神對人的審判，審判的就是在人這裡二方離神：善與惡，生與死，人與神，人與人，人與自然，有限與無限等對於人都是純然對立的二方，人屬二，就與圓在的神悖離。不解決自己屬二的問題，以為人的罪憑著信基督就由寶血洗除，是將人的吩咐當做道理。耶穌說：「他們將人的吩咐當做道理教導人，所以拜我也枉然」（〈太〉15:9）。現在要聽清這是對誰而說的，肯定是對信徒們說的，因為只有信徒才是拜耶穌的；一定是對二著的信徒說的，人與神二著，對神不認識，才會把人的吩咐當做道理。神說「你心懷二意。現今定為有罪」，這二意，就是二方基礎上人心屬二的性質；耶穌讓人重生，是讓人改變屬二的自己。

耶穌說：「吃我肉喝我血的人就有永生」（〈約〉6:54），所說的「吃我肉喝我血」就是比喻，神說「不可吃血」，「只是你要心意堅定不可吃血，因為血是生命」（〈申〉12:23）；「在你們的一切住處，脂油和血都不可吃」（〈利〉3:17），「凡以色列家中的人，或是寄居在他們中間的外人，若吃什麼血，我必向那吃血的人變臉，把他從民間剪除」（〈利〉17:10）。非要抱定吃耶穌的肉，喝耶穌的血就有永生，那不是神的意思，那是人的吩咐。人的罪由基督的血洗除，是保羅說的，保羅的這話是人的吩咐，神絕沒說過什麼基督的寶血。需要明確：聖經中保羅等人的書信部分屬於神學，那是人對神的理解，那理解非圓而錯。《提摩太書》中說聖經都是神所默示的，那說的是七十士所翻譯的希伯來文聖經，保羅等人的書信是不在其內的。立教、傳教的話都不是神所默示，保羅自己也說：「我們所知道的有限」（〈林前〉13:9），並用「做孩子」的膚淺幼稚來比喻其所知。神不在有限的侷限裡，對神的真知不是在侷限裡的知。說「信就是所望的實底，是未見之事的確據」（《來》11:1），當保羅的這話被用於對二著信神的鞏固和堅持，就需要指出：這話不是耶穌所言，不是神的話語，那是人的吩咐，這吩咐明顯的不講理。讓人信屬二之人的不講理的吩咐，是對人精神的奴役，其奴役以神的名義，是在神化其奴役。人二著信神信主，以為因信稱義，那「所有的義都像污穢的衣服」（〈賽〉64:6）。

保羅說，「只有一位神，就是父……並有一位主，就是耶穌基督」（〈林前〉8:6），信徒都以基督為救主；耶和華是神，神是自有，神不是來之於父的子，不是由抹膏油而有的基督。耶穌不是與耶和華爭做救主的基督，「惟有我是耶和華，除我之外沒有救主」（〈賽〉43:11）。是聽神的話，還是聽保羅這人的吩咐？「以色列啊，你要聽，主我們神是獨一的神」（〈申〉6:4）。耶穌的話完全可信，是耶穌與神完全一致。耶穌認為神第一要緊的誡命是獨一神，獨一主（〈可〉12:29）。狡辯需要另外加葉添枝，那葉那枝都是人的吩咐。耶穌的話無不按神的要求，二著的信徒與耶穌稱為撒旦的彼得一樣，因頭腦在「方框」裡與神隔離，「不體貼神的意思，只體貼人的意思」（〈太〉16:23）。有對此的警醒，就正視自己屬二的問題，領會經文的象徵、比喻，不再憑外貌誤讀，不再聽人的吩咐，而是聽懂用比喻說話的耶和華、耶穌。

09

「以色列人那……當聽耶和華攻擊你的話。在地上萬族中，我只認識你們；因此，必追討你們一切罪孽「（〈摩〉3:1,2）。經文中的以色列人，在具體實際中是指以色列民族、以色列國民，在精神領域是指所有神民，即信耶和華神的，後來加上信基督的。經文以說具體實際中的事，象徵比喻精神領域的事，預言後來的事。有整體全面的把握，才不會誤讀。

當今二著的信徒們總是以為經文中神所指責，所討伐的話是說別人的，牧師講經總是自以為擁有理所當然的正確位置，如他們輕蔑地笑話不敢認主的彼得，就不想經文中彼得的對耶穌不認，那是用來象徵由彼得所代表的他們不認識耶穌的信徒。拜偶像，信假神，違犯神的誡命，離棄神的事，神所追討的一切罪孽，都是針對神民即信徒的；神所要討罪的，是動機上信神，理性卻不認識神的，是因其屬二而信假神的。

屬地而在二方基礎上信神的人們，比做淫婦的兒女。「我必不憐憫她的兒女，因為他們是從淫亂而生的」（〈何〉2:4），就是與並非為夫的假神交通做愛所產生的信徒。在二方基礎上信神，就必是與假神淫亂的事情。人屬地即是以魔鬼為父，就是耶穌說的「你們是出於你們的父魔鬼」。地之二方本是在天之圓內的，是在人那裡二方離圓的，二方為地為母，人是佔有了二方基礎的，所以父神說：「因為你上了你父親的床，污穢了我的榻」（〈創〉49:4），所說的「你父親的床」，就是在人這裡離圓的二方。用比喻說的話，是要當做比喻來讀才能讀得懂的。在二方基礎上信神，與屬地的列國人的信假神是同樣污穢的，「你們要去得為業之地是污穢之地，因列國的污穢和可憎的事，叫全地從這邊直到那邊滿了污穢」

（《拉》9:11）。地滿了污穢，是屬地即屬二方的神民拜假神，與假神弄情做愛行邪淫。

圓在的神本來潔淨，信神卻從離圓的二方出發去信，就拜偶像，行邪淫。「是因他們起淫心，遠離我、眼對偶像行淫邪、他們因行一切可憎的惡事，必厭惡自己」（〈結〉6:9）。能厭惡屬二方的自己，就是難得的覺悟。

因為人屬二，凡信神的，都面對做為他的對方為主的偶像。別以為經文是說它的信徒以外的人拜偶像，二方基礎上信神者的神是他的對方，那就是與他這一方為偶的偶像；掛在木頭上的基督，是基督徒們的偶像。「他們的地滿了偶像」（〈賽〉2:8），這是比喻在二方基礎上所信的神，在屬二的人們理解中雖是不同，但都是做為主僕二方的一方；凡是人二著的信仰，信仰的對象就是與信者為二方構成的偶像。

地為二方，信偶像的神學屬二而是屬地的思想。「耶和華使地空虛，變為荒涼」（〈賽〉24:1）；「地必全然空虛，盡都荒涼」（〈賽〉24:3）；「新酒悲哀，葡萄樹衰殘」（〈賽〉24:7）；「主耶和華如此說：『你當拍手頓足，說：哀哉！以色列家行這一切可憎的惡事，他們必倒在刀劍、饑荒、瘟疫之下』」（〈結〉6:11）。舊約中大量的象徵比喻所預言的，是正在當今和將要出現的景況。屬二的神學雖是繁複龐大，而神發聲，那保壘就必崩塌。基督徒的所信，要被不再誤讀的經文所擊垮，這是神的計畫。

屬二的神民對神的背離，也是被離神的二方所擄。使神民變成擄民的「二方」，經文中以神的仇敵來比喻。「求你因我的仇敵把我贖回」（〈詩〉69:8），這比喻人被二方所擄，要求回到圓在之神裡；「向我的仇敵報仇」（〈賽〉1:24），是發起對屬二神學的摧毀性打擊。《申命記》三十二章中說：「因為我在怒中有火燒起，直燒到極深的陰間，把她和她的出產，盡都焚燒，山的根基也燒著了」（19—22）。山的根基是地，是二方，《周易》中陰為二，神的怒火「直燒到極深的陰間」（23），是要燒到神學思想屬二的根基，燒到二著信神者們的心底。「我的神必棄絕他們，因為他們不聽從他；他們心懷二意，現今要定為有罪。耶和華必拆毀他們的祭壇，毀壞他們的柱像」（〈何〉9:17，10:2）。在這裡明確了「他們心懷二意」指什麼，那是心懷屬二的意識，不聽從神；那是以意識的屬二在信假神；那是因人二而棄絕了神，神也必棄絕他們。因他們心懷二意，所行的不是神的道，祭壇是他們所信的中心，用基督獻祭，是想靠祭壇寶血實現信神的根本性好處。其神學「果子越多，就越增添祭壇；地土越肥美，就越造美麗的柱像」（〈何〉10:1）。

經文裡說的柱像，是比喻所信的具體有形之形像。「偶像不過是木頭」（〈耶〉10:9），木偶一詞把偶像和木頭連在一起，想到木架上的基督，當想到做非常之工，奇異之事的上帝所深隱的神意。現今因他們「心懷二意」的罪，神必「拆毀他們的祭壇，毀壞他們的柱像」，這也是本書按神的意旨，按耶穌的指示所做之事。

「使他們行走如同瞎眼的，因為得罪了我。他的忿怒如火，必燒滅全地。毀滅這地上一切居民」（《西》1:17—18）。讀出這裡說的地是指二方基礎，就看出改變屬二的人是神的要求，神要摧毀二方基礎；看出無形二方之「方框」把人的思維意識囚拘，把人們認識的眼睛封閉，才懂「耶和華釋放被囚的，耶和華開了瞎子的眼睛」（〈詩〉146—7,8）的比喻之真意，那就不再是所被比喻的瞎子。

二著的信徒，聽不懂神的意思，所聽到和所愛聽，所聽得順的，都是人的吩咐：屬二的神學家，牧師，教會的頭目這些人的吩咐。信徒的「徒」字是人跟隨著人走的意思。那徒也是徒然的徒，耶穌說「他們將人的吩咐當做道理教導人，所以拜我也枉然」，就已說明二著的信徒之所信，是徒然徒有的徒。

耶穌引〈詩篇〉中的話說：「等我把你的仇敵放在你的腳下」，這裡的「腳」是對二方的比喻。〈約翰福音〉十三章中，耶穌臨赴難前給門徒們洗腳，「彼得對他說：主啊，你洗我的腳嗎？」耶穌回答說：「我所做的，你如今不知道，後來必明白」（6—7節）。洗腳有什麼不知道的呢？還有什麼需要明白的呢？怎麼還得後來才能明白呢？耶穌說過「意思乃是隱藏的」，「你們要留心怎樣聽」。只從事情的外貌上，懂得不了自隱的神，當著能讀懂比喻，才明白神意。彼得說：『你永不可洗我的腳。』耶穌說：『我若不洗你，你就與我無份了』」（八節）。為什麼不洗門徒的腳，他就與耶穌無份了呢？腳是二的意思，二著的信徒屬地，不能認識來之於天的耶穌。十二節，耶穌洗完了他們的腳，對他們說：「我向你們所做的，你們明白嗎？」這是信徒們一直不能明白的，因為在神的孕育期，需要讓胎兒處在被蒙蔽的狀態裡；當上帝還沒有被認識，人就在上帝的子宮裡活動他的思維意識。十八節，耶穌洗了門徒的腳之後，引經上的話說：「同我吃飯的人，用腳踢我」。這是說給今人聽的，這是預言，也是對信徒將以「心懷二意」拒斥耶穌的警誡。信徒們是同耶穌吃飯的，他們要因其屬二而拒斥再來的耶穌。來之圓在之圓的耶穌不被屬二的人所認識，所以二著的信徒要對再來的耶穌用「腳」踢，憑其二著頭腦對經文的誤讀，拒斥耶穌。

耶穌對他給洗了腳的門徒們說：「你們也當彼此洗腳，我給你們做了榜樣，叫你們照著我向你們所做的去做」（14,15）。耶穌給門徒洗腳，是對洗除二方基礎，洗除屬二的思想觀念的象徵表達。只要人屬二即屬地，就不會接受圓在之圓；人是二著的人，不能有對圓在真神的信，當然就與耶穌無份。今天的這信徒們還在二著，他們把耶穌給門徒洗腳看做是對人身體的關愛，把耶穌的榜樣看成了「好人好事」的具體之事，把耶穌讓信徒的互相洗腳從表面上理解為具體上對肉體的互相關心，互相愛護，互相幫助。而耶穌說「叫人活著的乃是靈，肉體是無益的」（〈約〉6:63），因為靈性、精神才是耶穌的關注。對耶穌給門徒們洗腳，要求門徒們互相洗腳，只當具體實事來讀，體貼為身體上互相關愛來讀，不從精神上的啟示來讀，就是誤讀。一直在誤讀，不等於應該繼續誤讀。

「你與所愛的行淫露出下體，又因你拜一切可憎的偶像……我也要審判你」（〈結〉16:35—38）。這裡的行淫是指信神的人因對神不認識，所愛的不是神，在精神上與別者做愛。所說的行淫是因為人的屬二，露出的下體是對二的象徵隱喻；二著信神，所認的神純是人的對方，是與人為偶的偶像。姦淫的事，偶像的事，都與人的屬二連在一起，耶穌的給門徒們洗腳，要求他們互相洗腳，就在於腳是對二方基礎的比喻。

離圓的二方，是思想精神的「方框」。吾字在方框裡是「圄」，二著信非圓在的神，二著聽假神的令，令字在方框裡是「囹」，方框中人是「囚」，囹圄是監獄。「叫我傳好消息給謙卑人……報告被擄的得釋放，被囚的出監牢」（〈賽〉61:1），這裡所說「被囚的出監

牢」，是比喻解除人們頭腦中無形的「方框」，這事基督教神學萬千之文在糊塗中，中國文化中的囚，囹圄三個字就說清。

神不可比做任何具像，假神、偶像才有其具體形像。「我必毀滅偶像，從挪弗除掉神像，必不再有君王出自埃及地」（〈結〉30:13）。對這經文的誤讀，所讀的是埃及的土地上不再出君王的事，這只是表面上一個方面的內容；神所要毀滅的偶像，除掉的神像，其實是屬二神民精神中的基督。與神民的偶像、神像相關的君王是基督，基督才能成為神民信徒們所拜的偶像、神像。「救主以色列的神啊，你實在是自隱的神，凡製造偶像的都必報愧蒙羞，都要一同歸於慚愧」（〈賽〉45:15—16）。這蒙羞、慚愧的包含拜君王，拜物拜金的外邦人，更包含信耶和華神卻拜了假神基督的信徒們，當歸於慚愧的是這二者的「一同」。

10

耶穌說：「凡洗過澡的人，只要把腳一洗，全身就乾淨了」（〈約〉13:10）。腳是對二方的象徵比喻，只要不再二著信假神了，「把腳一洗」，就信完全的真神了。洗過澡的人比喻信徒，信神就是洗過澡的，信徒因屬二才信了假神，才把神信假。當其不二了，也就是用比喻說的「把腳洗了」；二方在他那裡歸圓在之圓了，他就信圓在、圓化的真神了。

〈路加福音〉第七章中，用眼淚和頭髮給耶穌擦了腳的婦女，耶穌說他的罪已免除（38,47）。為什麼以淚水，用頭髮擦腳會免其罪呢？罪在於以二方與神隔離，以淚洗腳的淚，比喻真誠的痛悔；用頭髮擦腳，是象徵用來洗除二方基礎及屬二的思想觀念。「尤大人和耶露撒冷的居民哪，你們當自行割禮歸耶和華，將心裡的污穢除掉」（〈耶〉4:4）。割禮是對陰即二的處理，是對二歸圓在之圓的象徵比喻。不把割禮當做比喻來讀，就以用利器割生殖器做割禮。這是多麼荒唐的事啊！神需要人割生殖器嗎？歷史中對小女孩的割禮，造孽地造了多少悲劇慘劇。

耶穌講道，總是用比喻說話。比喻的意思在當時不讓人知道，後來即如今要讓人明白。「末後的日子你們要全然明白」（〈耶〉23:20）。

耶穌把門徒們的腳洗了，當這洗除二方基礎的比喻象徵還未被領會，門徒們也還是二著看耶穌，所以耶穌在賓客面前公開責備彼得說：「我進了你家，你沒有給我水洗腳」（〈路〉7:44）。經文中教會是交給彼得的，他是信徒們的代表者，彼得的家，是屬二的信徒們構成的。屬二的信徒，以其二著的思維意識看待耶穌，耶穌對於他們是被二著理解的主僕二方的主，是救世主基督。給耶穌水洗腳，是指洗除人們二著對耶穌的認識。而彼得對此無知，今天的信徒們應當醒悟，現在該是到了「洗腳」之時，就是對二方基礎及在其上所建立的思想清洗，洗除。自度者才能度人，洗人者先要自洗。

曾有的對原罪的說法，認為人祖違背了神的不准吃分別善惡樹的果子這一命令，神就定人有罪，並且代代人都因亞當而有原罪，這說法不講理。理不足而理虧，就要以強信來維護。虧理的強信就以理之不通而讓信仰無理。如湯瑪斯、阿奎那讓哲學做神學的卑女，如奧古斯丁提出的聖父、聖子、聖靈三位一體，屬二的神學一方面哲學地為神學擴充地基，一方面害怕哲學發現它的不講理而使其虧理的說法被推翻而不能再成立，又會以不容哲學進入他

們的信仰，對講理加以排斥。

〈箴言〉中指出：「愚昧人不喜愛明哲，只喜愛顯露心意」（18:2）。明哲就是講明道理的哲學，就是哲學地講明道理。理虧的神學就不講理地犯愚，愚著又要強硬的堅持，就會以愚反智。如神學家保羅就說：「神卻揀選了愚拙的，叫有智慧的羞愧」（〈林前〉1:27）。保羅是人，他的話與神所默示的話不相符，與耶穌的話不一致，雖然被信徒們編在經書裡，也是人的吩咐；只要不是神的意思，就是人的吩咐。耶穌否定把人的吩咐當做道理（見〈太〉15:9），那不但是說以人的吩咐為道理的信仰無用，更是強調聽從人的吩咐要造成信仰的錯誤。保羅認為神揀選愚拙的而把愚拙的確定為神選的（見〈林前〉1:27），這是對人的愚化。保羅的依據是什麼呢？他引〈詩篇〉裡神的話：「耶和華知道人的意念是虛妄的」（94:11），引做「耶和華知道人的智慧是虛妄的」（〈林前〉3:20）。這就把保羅他這人的意思，說成是神的意思；這就確定了人的智慧只能是錯誤的。其人的吩咐，否定神的話語：「一切惡人都不明白，惟有智慧人能明白」（〈但〉12:10）。智慧人才能明白神意，否定與神不符合的假智慧，不等於應該固守愚拙。判定神學的對錯要按至理，要按神的話，按耶穌的所說。以人的吩咐強辯，是虛弱蒼白的，因為就連什麼是智慧都是不明的。人不二就能有神的智慧，人歸圓，思想精神就能象天父完全一樣。「智慧人必發光，如同天上的光」（〈但〉12:3）。

人的分別善惡之罪，罪在分別出不同的二方，因不知二方的本體即神是什麼，其思維意識就被二方所框，就與神相隔。人的原罪就是以屬二而與神隔離。人是有了自我意識，意識到自我，對於他，就已經有了我與它的不同二方，我與他者的不同二方了。沒有不同二方的分別，就沒有人類自我。有神存在，卻非讓人類有原罪不可，在於分別不同的二方，是人類所必須必要和必定的。佛教講無分別心，但它沒法取消分別。分別即為不同的二，佛教以不二法門為最高法門，但還是非二不可。這在於不可以無分別，和尚分別不出糧食和沙子，他吃沙子嗎？人沒有自己和釋迦牟尼的分別，能學佛嗎？沒有清晰的二元分立，就不能有邏輯；人與對象世界不能二開，就與自然動物無區別，也就沒有哲學、神學。佛學的優點，在於佛學是努力講理的，並且是重圓的。佛教講覺悟，圓悟涅槃，覺為圓覺；頓悟是圓頓。非圓覺無如來，泯圓覺無真法，信佛秘密，大圓覺心。佛是覺者，覺所覺空，空覺極圓，佛光叫圓光。重圓而以不二為最高法門的佛法，具有促成二方歸圓的思想動能，圓解聖經，是這動能發生做用。

分別的二方是天定的，二方的分別，是神在運化自身，是神自身的運化而有的事情。神是神，它就規定著一切，不能一方面說神全知、全能，又說神對人違犯其命令無能。罪讓人類遭受苦難，神對人的犯罪不做為就是無能；人二著信神，就陷入於全能的神在不能使人不犯罪上無能的矛盾中。在二方基礎上說神，說不圓而說不通，說不清。二方框架是偏限，在偏限中所認的神不完全，完全的神不在偏限中。當二著的信徒說神，說的是他殘缺意識中的假神，他讓人信神，是讓人按他的所信去信，就是信他這個認假神的人。神的產難，難在屬二的信徒難改其所信，難在屬二的不信者難改二著的其人，他們共造人世間的種種悲劇、苦痛。

人的痛苦也是神的痛苦，人類的原罪是神所必做的事情，神要完成孕育人類精神的目的，就要讓人類有一個處「方框」之「罪」「咎」的過程；人的原罪，在神的設計之中。神對人類原罪的追討，其實是神開始生產，是神要生產出新精神性的人。「現在我要喊叫像產難的婦人，我要急氣而喘哮」（〈賽〉42:14））。神的生產之難，難在人的難於覺醒。當然覺醒這件事情本身就需要過程，如產婦的生產，要有陣痛的過程。對於二著信神的人們，會是一個非常痛苦的過程。

「耶和華必將以色列人交付敵人，直等那婦人生下子來」（〈彌〉5:3））。神民的敵人是離圓的二方，「等我把你的仇敵放在你的腳下」，腳喻二方；神民的敵人，還有因人二著而拜的假神。神民的得救，要等那婦人生下子來，也就是信徒的精神從二方框的子宮裡脫胎；而精神要脫胎，曾在子宮裡做為養水的基督，就當做為污穢之物排出來。懷孕生子與罪相關，〈利未記〉中，婦人懷孕生產，「祭司要為她贖罪」（12:8），這是啟示懷孕和生子與罪有聯繫。神的懷孕生產，生產完成，即是精神新生之人屬二之原罪的贖免。這以對地的毀滅來比喻象徵。地為二方，「現在我上來攻擊毀滅這地，豈沒有耶和華的意思嗎？耶和華吩咐我說，你上去攻擊毀滅這地吧！」（〈賽〉36:10））這城「其中凡有氣息的，一個不可留。只要照耶和華你神所吩咐的」（〈申〉20:16）；「約書亞擊殺全地的人，將凡有氣息的盡行殺滅，正如耶和華所吩咐的」（（書10:40））。耶穌就是約書亞，這名是「耶和華的拯救」或「耶和華是救世主」的意思。以耶和華而不是以受膏的基督為拯救、為救世主，就要對以基督為拯救，為救世主的神民實行精神上的屠戮，帶領者就是約書亞即耶穌。後面將以並非人的吩咐的經文證據，證明耶穌不是君王基督，證實認耶穌為君王基督是對經文的誤讀。耶穌基督的基督，是對得神的靈的比喻，對此將舉出多個經文證據專做論述。

〈詩篇〉中：「神啊，你的公義甚高；必使我們復活，從地的深處救上來」（71:20），「成全諸事的神，神從天上必施恩於我」（57:18），「使被囚的出來享福，惟有悖逆的住在乾燥之地」（67:6），「你已升上高天擄掠仇敵」（68:18）。這些話都是對二方歸圓的象徵比喻，需要把握天一地二，天圓地方來讀。經文中神對二方之地的攻擊，是為讓人的屬二之罪以二方歸圓得以免除。不是不要二方，而是二方對於人要在天之圓的圓裡。從二方對於人不在圓內而人與神分離，到人知其屬二之罪，讓二方歸回圓在之圓而人在神裡，這就是經文用比喻所說出的迷語。

「我必使他們在圍困窘迫之中，就是仇敵和索其命的人窘迫他們的時候，各人自吃兒女的肉和朋友的肉」（〈耶〉19:9）。敵基督者是基督徒的「仇敵」，這仇敵和索其命的人使屬二的信徒陷入窘迫之時，也就是對基督的信仰被以經文摧毀之時，窘迫中他們會將由自己的傳教所生出的信徒和信徒中的朋友信神的情感在精神上當肉吃，得到精神上進食的慰藉，以使其信仰生命在垮掉中得以苟延殘喘的維繫。

11

屬二的神學建立了以信徒們的信仰鞏固著的關於原罪的話語，那話語肯定要被二著信神的信徒所極力的維護。二著的信徒，尤其是神學家、牧師，都有著他所認的神才是真神的堅固，他二著所信的神在他的意識中越是堅固，屬二的他就越是固執。但由於其基礎非圓，其

說總是不能真自圓其說的。說人吃了神不許吃的分別善惡樹的果子，是人誤用了自由意志，那如何解釋〈以賽亞書〉中「耶和華用沉睡的靈澆灌你們」呢？神為什麼要「蓋住你們的頭，蒙住你們的眼」（29:10），為什麼要讓「所有的默示都是封住的書卷」（29:11）？能給出自洽的說法嗎？不能自圓，怎能自洽？被二方基礎之二所逼迫的神學，是在二著則無解的矛盾困境之中的。耶穌說，「你們若不回轉，變成小孩子的樣式，斷不能進天國」（〈太〉18:3）。這是以小孩子比喻純真樸素，這是說要把二著所有的明白放下。樸是未經雕刻的樹，中國古哲老子讓人「復歸於嬰」，「復歸於樸」，就有不被雕刻在頭腦裡的假知識阻礙，才能接受真道的意思。耶穌說：「父啊，天地的主！」神乃天圓地方，天一地二的天地一體圓在的整體，神主宰天地。對於人為主的神，就是主導人的圓化的靈在人的精神裡。「因為你將這些事，向聰明通達人就隱藏起來，向嬰孩就顯露出來」，「因為你的美意本是如此」（〈太〉11:25）。

「有一位出於雅各的，必掌大權，他要除滅城中的餘民」（《民》24:19）。這城是由屬二的信徒所建立，人屬二是因人被離神的二方所擄。被擄的要回歸圓在之圓。「到那日，耶西的根立做萬民的大旗，外邦人必尋求他，他安息之所大有榮耀。當那日，主必二次伸手救回自己百姓中所剩餘的……並眾海島所剩下的」（〈賽〉（11:10）。除滅城中的餘民，救回自己百姓中所剩餘的，都是對改變信徒的屬二而歸圓的比喻。使二方回到圓在之圓裡，就是二方基礎的解除，也就是其基礎上之人的被除滅，也就是二著信神的人改變自己，也就是與圓在的神隔離的信徒被救回。外邦人是不隨二著信神者去信的人，是不信基督為救世主的人，外邦人所尋求的，是能使之得圓的；「外邦人必尋求他」，這所說的他，指的是被認識了的圓在、圓化的耶和華。

「……我要使猶大被擄的和以色列被擄的歸回……除淨、赦免干犯違背神的罪。這城要在地上萬國人面前使我得讚頌、得榮耀」（〈耶〉33:9）。被擄是比喻，屬二的人信神，就是本應屬圓神的民被二方所擄。經文中神稱神民為擄民，擄走神民的是神的仇敵；仇敵和腳連在一起，腳和地連在一起，地為二方，神民被擄，是人的精神在「方框」的子宮裡被孕育。「向我的仇敵報仇」（〈賽〉1:24），是消滅離神的二方基礎，將屬二的，讓人信假神的神學思想殺死，讓人洗除精神上的污穢，回到潔淨的神裡。二著信神的信徒們，「連大帶小，都必在這地死亡」（〈耶〉16:6）。地為二方，在這地死亡，是比喻屬二神學思想觀念的死去，是二方基礎的解除，是圓化精神的新人誕生於圓基礎。

「所以我必救我的羊不再做掠物」（22）需要救的羊，是被離神的二方所擄，是被二方之「方框」所「囚」，是被「方框」所吃。「我必救我的羊脫離他們的口，不再做他們的食物」（34:10）。這所說的他們，是在二方基礎上理解經文，教化羊群的牧師和頭目們。

「背道的兒女回來吧」！「回」字有二重方框，方框使人與神隔離。人要回歸於神，精神要歸鄉回家，「迴」字以二重方框和走字旁給出信息：精神要回家，要回歸神，但被二重方框所阻；需要把思維基礎的，和包括思維方式的思想觀念的二重「方框」解除。會說話的活神，由體現神靈的「回」字顯示。人當回轉，變成小孩子的樣式，就是回歸本真之樸，歸回圓在之圓，不要讓二著的這樣那樣的明白所阻礙。馬太福音四章十節：「撒旦」就是「抵擋」的意思，乃魔鬼的別稱。對神的抵擋，是固守二方，抵擋圓在、圓化之圓。

〈何西阿書〉中所預言的神民，正是二著的信徒們：「我的神必棄絕他們，因為他們不聽從他」（9:17）；「他們心懷二意，現今要定為有罪。耶和華必拆毀他們的祭壇，毀壞他們的柱像」（10:2）不聽從神，是因心懷屬二的意識。人二著，就是屬地的，「這地無誠實、無善良，無人認識神」（4:1）。信神卻不認識神，所信的是假神，所行的不是神的道，祭壇是信假神所信的中心。其神學「果子越多，就越增添祭壇；地土越肥美，就越造美麗的柱像」（10:1）。這裡的柱像，是比喻所信的具體有形之形像，木架上的基督是信者們心中的，也是物質地刻畫出來了的形像。「他們心懷二意」，若是三心二意信神的二意，那也不必拆毀他們，毀壞他們的信，因為三心二意的信必竟是在信，只是信得不專心，不夠實在、不夠堅定，那不應是以拆毀、毀壞來解決的事情；「耶和華必拆毀他們的祭壇，毀壞他們的柱像」，因為他們的祭壇柱像就是他們二著信假神的標誌。他們的二意，是與他們棄絕神，不聽從神連在一起。因為他們屬二，信神卻與神相背離。耶穌說：「神是個靈」，而他們信神所信的中心是祭壇，是祭壇上的偶像；他們所信的神，在他們的心裡是「人形」，他們把「道成肉身」這比喻所比的，耶穌這有肉身的人得到了道，其言行體現道，直接當做了道是這個肉身，以有肉身具像的，屬世界的基督為神。「他們心懷二意」，不能認識耶穌，並且也不想認識，其所信的是祭壇上的基督，由他們以對耶穌的誤解，對經文的誤讀，強加給耶穌的基督。

約翰福音的最後一章，耶穌對門徒們出現，門徒們「沒有一個敢問他是誰，因為知道他是主」（21:7）；「他們心懷二意」，只知道耶穌是此方僕人對方的主；不問耶穌是誰，是「因知道他是主」。主僕二方的二著，心懷二意，聽不懂耶穌用比喻說出的話語，當然不能聽從耶穌的吩咐。其實他們並不信耶穌，因為不認識來自圓在之神的耶穌，所信的是由抹膏油而來的，屬世界的，在世上為王的，貼在耶穌身上的基督。

「他們心懷二意」，認識被二所困，不認識神，不認識耶穌。「現今我往差我來的父那裡去，你們中間並沒有人問我往哪裡去」（〈約〉16:5）。不知什麼是神本身，不知也不問耶穌之所去，只在屬二方的世界上對於具體性之事有視力，在整體性的精神領域是瞎子。所走的路，就是耶穌說的「瞎子領瞎子走路」。

「耶和華釋放被囚的，耶和華開了瞎子的眼睛」（〈詩〉146—7,8）。被囚的是因於「方框」，釋放是打開「方框」；瞎眼的是沒有「方框」之外視能的，在整體性上，在對本是完全之神的認識上是瞎子，開瞎子眼也是指打開「方框」。神為孕育而使人的精神在「方框」裡，神為生產需要使人把「方框」脫離。「使他們行走如同瞎眼的，因為得罪了我。他的忿怒如火，必燒滅全地。毀滅這地上一切居民」（《西》1:17—18），這毀滅即是改變屬二的人而使之歸圓以獲得新生。

今天二著的信徒們，會以為經文中神所責罵的不是他們，因為他們是信基督的，是和舊約時代不同的神民，他們會以為自己是能看見真理之路的明白人。其實耶穌說的「叫能看見的反到瞎了眼」，說的就是他們。「有誰眼瞎象耶和華的僕人呢」（〈賽〉42:19）？對耶穌的話，「你們要聽，也要明白」。可因為被框在二方之「方框「裡，「他們是瞎眼領路的」，只能瞎明白。門徒們因其屬二，對耶穌所說的比喻都聽不明白。耶穌對門徒們說：「你們不明白這比喻嗎？這樣怎麼能明白一切的比喻呢？」（〈可〉13:4）一切的比喻都是二著的人所聽不懂的。〈馬太福音〉中耶穌剛說了「他們是瞎子領路的」，「彼得對耶穌說：「請將這比喻講給我們聽」，耶穌說：「你們到如今還不明白嗎？」（15:15）到如今也還是以為能看見的盲人。耶穌指責門徒們是「小信的人」，指責他們說：「你們還不明白嗎？」，「你們怎麼不明白呢？」（16:9）這是要讓今天二著信神的人們知道，他們對神、對耶穌的不明白，是因為其人屬二，不認圓在之圓。

人類的確是有了認識就有了二方基礎，二方之「方框」確實讓人與神相隔離；二方框是人類的胎性精神所處的子宮，人類歷史是神對人類屬神精神的孕育。在孕育期，孕育是對胎性精神的人們所掩蓋和隱藏的事。在此期間，對於信神的人們，上帝、耶穌存在於他們頭腦二著的理解裡。他們讀經文，不按比喻來讀，因頭腦二著，對神所默示的比喻，耶穌所言說的比喻，也看不出其所比，更不解以比喻所說出的謎語而不知所隱藏的事。

〈約翰福音〉六章中耶穌說：「你們若不吃人子的肉，不喝人子的血，就沒有生命在你們裡面。吃我肉喝我血的人就有永生」（53—54）。吃肉喝血就是象徵比喻，比喻的是領會和接受耶穌的思想精神。不當比喻來讀，就當成了在意念上吃血的事。《申命記》十二章中神說：「不可吃血。這樣，你行耶和華眼中看為正的事，你和你的子孫就可以得福」（25）。福音讓人得福，「不可吃血」，「你和你的子孫就可以得福」，那麼吃血就不可以得福。基督教神學以吃耶穌的肉和血來吃進耶穌的生命，耶和華說的是：「只是你要心意堅定不可吃血，因為血是生命」（23），生命不是可以吃的，比喻就要按比喻來讀。耶穌說的吃我肉，喝我血的人常在我裡面，我也常在他裡面」（56），血肉比喻耶穌的話，耶穌的思想精神在他的話語中。「叫人活著的乃是靈……我對你們所說的話就是靈，就是生命」（63）。耶穌所說的話，是其思想精神的表達，懂他說的比喻，才懂得他的話。「永活的父怎樣差我來，我又因父活著。照樣，吃我肉的人也要因我活著，這就是從天上降下來的糧。吃這糧的人，就永遠活著」（57—58）。何為天？周易中「乾為天，為圓」，天乃圓；「天上降下來的糧」，是屬圓的圓化思想。圓化的思想精神就是人的靈性生命，圓化的思想精神讓人真得圓，得真圓。果實圓熟其仁不死，圓化精神讓人擁有靈性生命的永生。耶穌說：「復活在我，生命在我，信我的人，雖然死了也必復活。凡活著信我的人，必永遠不死」（11:25—26）。人的復活是靈的覺醒，耶穌擁有圓在之神的圓化之靈，所以信他的人，其圓化精神向圓不死，達圓而得永生之圓境。

基督教神學對經文的解釋，如基督的寶血，交叉之木架上的屍體，可證神為其孕育而「揀選迷惑他們的事」（〈賽〉66:4），用符合二著信神之要求的事迷惑他們，使之在神的孕育期安然呆在二方框的子宮裡。當著有知於此，就不該還是在「宮」裡明白，而是應當從「宮」裡及時脫胎出來。這一點已然清楚：不改變思維基礎，就讀不通而讀不懂經文的比喻、謎語。

12

「因為耶和華將沉睡的靈澆灌你們，封住你們的眼，蒙蓋你們的頭……所有的默示，你們看如封住的書卷」（〈賽〉29:10—11）。為什麼會如此呢？是人有了自我意識而有了他的二方基礎，這讓人與本為善的神隔離，精神沉睡在二方之「方框」裡。是因為神需要做屬神

精神的孕育，才用沉睡的靈澆灌你們。「封住你們的眼，蒙蓋你們的頭」，是因在神的孕育期，人的思維意識需要被按置在二方之「方框」裡。這以人祖吃禁果咎由自取象徵比喻。

人與本善的神隔離，就屬本惡之惡。「惡人的道，好像幽暗」（《詩「4:19）。「方主幽」，這是中國文化中的說法，竟然與聖經中的話對應著。中國文化中，死人的住處是幽州，「方曰幽」（《大戴禮記》曾子天圓篇）。相對為方，方為二；屬二的人屬地屬陰而處幽，「我所做的事。信我的人也要做，就是奉我的名趕鬼」。鬼屬地，屬陰，地為二，易經的陰爻是「- -」即二，鬼的住處是幽州，「方主幽」。使二方在人這裡歸圓是趕鬼。「魄也者，鬼之盛也」，「故言形魄歸於地（《禮記，祭心》）其鬼曰魄，故口為牝也」（《老子河上注》）。牝為陰為二，「口為牝」的口字形是方框，趕鬼乃是打開並消除二方之「方框」。「在全地實行滅絕的事」，是使二方歸圓而化解二方基礎。

屬二的神民比做婦人，〈箴言〉中，「被她殺戮的而且甚多。她的家是在陰間之路，下到死亡之宮」（7:27）；傳教拉人信假神，是在靈魂上殺人。「她的腳下入死地，她腳步踏入陰間」（5:5），「我被丟在死人中，好像被殺的人躺在墳墓裡」（〈詩〉88:5）。腳和地都為二方而聯繫在一起，死人和陰間、墳墓都是對人處於二方基礎的比喻。耶穌使拉撒路從墳墓裡復活走出，就是比喻擺脫了二方基礎。

「我的神啊，求你救我脫離惡人的手」（〈詩〉71:4）。神民在惡者的手裡，是因其屬二的緣故。耶穌為門徒求神，「只求你保守他們脫離那惡者（或做「脫離罪惡」）（〈約〉17:15）。神民，耶穌的門徒怎麼還是屬惡的呢？因為他們不是屬天之圓，而是屬地之二方的，是在二方基礎上信神，信耶穌的。

注重邏輯的西方文化是人性本惡的性惡論，直覺感悟特徵的中國文化是人本善的性善論。二方需入道歸神，中西方精神文化之根具有相合互融性；中西方的文化衝突，和解於認識「天道圓」的道，認識本為善的神。

因為人處「方框」，不在「方框」內的神對於人自隱，神的自隱在於人不認識神。「耶和華曾說他必住在幽暗處」（《曆下》8:12），這是由於人在二方基礎的幽暗裡。「你豈要行奇事給死人看嗎……你的奇事豈能在幽暗裡被知道嗎？你的公義豈能在忘記之地被知道嗎？」（〈詩〉88:10—12）神的做為，處二方框裡的人不能知道；離神的二方是忘記圓在之圓的忘記之地，屬二即屬地的人們不能知道神的公義，當然也不能行神的公義。

不行神公義的道，就不能是走向神，就是對神的悖離。「神不與惡人同居」（〈詩〉5:5），神不應惡人所求。神所教訓的惡人是誰呢？是信神卻因其屬二不認識神而信假神的神民。耶穌說：「當那日必有許多人對我說：『主阿，主阿，我們不是奉你的名傳道，奉你的名趕鬼，奉你的名行許多異能嗎？』我就明明的告訴他們說：『我從來不認識你們，你們這些做惡的人，離開我去吧』」（〈太〉7:22—23）。屬惡的才會是做惡的，屬神的才能行神的公義。不行公義，對祭壇著迷，在祭壇上立假神，對於神就是做惡。在「心懷二意」的罪裡信神，其實是信人的吩咐。讀不懂比喻，解不開謎語，得不到上帝的信息，也就只能聽人的吩咐。耶穌對此有先知：「他們互相受榮耀，卻不求從獨一神來的榮耀，怎能信我呢？」（〈約〉5:44）

人所吩咐的，是交叉之木上做「挽回祭」的基督以寶血為人類免罪之說，這吩咐不出於神，不合理而立不住。經文中神說的是：「他的罪過得除掉的果效全在乎此，就是祭壇變為打碎的灰石，以至木偶和日像不再立起」（〈賽〉28:9），也就是除掉木架上用來獻祭的基督。

當那日，「他們必不仰望祭壇，無論是木偶、是日像」（〈賽〉17:8），這話引人深思，這話含有重大啟示。「因為天上的窗戶都開了，地的根基也震動了」（〈賽〉24:18。）震動於意識到基督信仰有問題，意識到讓人信神和不信神都要走錯路的二方基礎。

二方為地，地為母，離父的母，為淫婦，淫婦所生的女兒，是為其利而信假神，信真物的娼妓。「不可辱沒你的女兒，使她為娼妓，恐怕地上的人專向淫亂，地就滿了大惡」（〈利〉19:29）。從經文中神的這話語可以得知，在二方之地上的人，是以信假神，信真物沉湎於「淫亂」的，這地是充滿了大惡的；人屬二方，世界臥在惡者手下。「並且你的淫行邪惡玷污了全地。因此甘霖停止，春雨不降」（〈耶〉3:2—3）。這含有預言的比喻，由當代信仰的狀況，人類的精神狀態，基督教神學的枯乾和西方哲學的衰竭來證實。

13

「合理的信仰有兩種特徵，一是明確性，也就是說，它受到了足夠多的、可明確表達的證據的支持。二是開放性，它允許人們對其中看起來有問題的環節持保留意見，鼓勵人們積極地對它進行證實、至少在理論上證明；不合理的信仰也有兩種特徵，一是模糊性，它並沒有受到足夠多的證據所支持、或者所列舉出的證據都是含糊不清的。二是封閉性，它往往為了維護自身的地位而排斥、阻撓、或消極對待一切關於它的質疑」（《論知識和信仰》關天茶舍帖文）。不合理的信仰不容許被質疑，不講理而霸氣，是因其信仰不合理而底虛。

〈以西結書〉：「又因他們以偶像玷污那地，就把我的忿怒傾在他們身上」（36:18），這是比喻摧毀屬二的神學思想。「所以我必救我的羊不再做掠物」（34:22）「我必救我的羊脫離他們的口，不再做他們的食物」（34:10）。神民被擄，即是被地，被二方之方框所吞吃。「你要除掉邪僻的口」（〈箴〉4:24），這口是對二方之「方框」的象徵比喻；漢字的「口」字，就以方框對這所要除掉的做出證實。並非經文中所有說到的地、寫出的口都是指二方的，含有啟示信息的漢字，只存於啟示處，只用於啟示時。

「你要使這兩根木杖連接為一，在你手中成為一根引導他們回歸本地，決不再分為二國。也不再因偶像和可憎的物，並一切的罪過玷污自己。我卻要救他們出離一切的住處，就是他們犯罪的地方，我要潔淨他們」（〈結〉37:17—23）。因二著信神，才把偶像的木偶立起，才造祭壇拜可憎之物，才與假神親近交通，污穢那地。他們犯罪的地方，就是離神即離圓的二方基礎。

祭壇是在二方基礎上信神才有的，離神的二方基礎比做墳墓。「骸骨得氣息復活。主耶和華如此說：『我的民哪，我必開你們的墳墓，使你們在墳墓中出來，領你們進入以色列地。我的民哪，我開你們的墳墓，使你們從墳墓中出來，你們就知道我是耶和華。我必將我的靈放在你們裡面，你們就要活了。我將你們安置在本地』」（〈結〉37:7—14）。本地是地

在天裡，二方在圓內的圓基礎。經文中，神說要懲罰以色列，把他們分散在各地，西元七十年以色列被羅馬所滅，其後裔分散到世界各地近兩千年；經文裡，神說要使以色列各回到本地，1949年以色列回到原地建國。神的預言被事實所證實。經文中的本地，還是指思想精神世界說的，是指屬神的地；離神的二方是使天地失位的地，那是精神的墳墓；精神若不能從裡面復活出來，就屬於了死。人從二方框裡出來，二方歸圓而回歸本地，是人的復活重生，也就是精神的脫胎，原罪的免除。把經文中說的死人復活，讀做在具體實際墳墓裡的死人活過來走出墳墓，是讀不通象徵比喻而誤讀。

「以色列家被擄掠，是因他們的罪孽。他們得罪我，我就掩面不顧，將他們交在敵人手中，他們便倒在刀下。我是照他們的污穢和罪過待他們」（〈結〉39:23—24）。所說的擄掠，罪孽，敵人，刀下，都是在用比喻說有預言性的謎語。〈以西結書〉中耶和華說：「以色列家被擄掠，是因他們的罪孽，他們得罪我」（39:23）），因在以色列人這裡二方離圓，與神相分得罪神，被擄掠就是對信神卻屬二方而說，也是對今天的基督徒信神卻在神所討厭的基督裡而說。經文中的以色列所指有二，一是信神卻屬二方，也包含屬基督的神民，一是脫離了二方基礎，在圓基礎上真信神，信真神的人們。

基督有兩個意思，一個是受膏君王，一個是神給之以靈的比喻。反基督的巨人哥革也有兩個意思：「哥革啊，你必上來攻擊我的民以色列。末後的日子，我必帶你來攻擊我的地。到我在外邦人眼前，在你身上顯為聖的時候，好叫他們認識我」（〈結〉38:16）。這是說哥革們會按圓在之神的旨意，攻擊本來是屬神的，卻在神民那裡離神的地，也就是批判神學的二方基礎。對於另一種意義上的哥革，他們要被埋葬於「轉回保障」，擁有圓在、圓化之神的人們，他們也用以色列家人代稱。「人必埋葬哥革和他的群眾……以色列家的人必用七個月埋葬他們，為要潔淨全地，全地的居民都必埋葬他們，當我得榮耀的日子，這事必叫他們得名聲」（〈結〉39:11—13）。潔淨了的全地，是歸天的地，是地即二方歸回圓在之圓裡。屬於了圓在之神的人們，將埋葬哥革，即反對神給之以圓化之靈的基督的頭領和群眾，就是消除屬二方的非圓化思想觀念。埋葬是對於使屬二舊人死滅的比喻，也就是象徵消除二方基礎，使人成為圓基除上的新人而站立。

「以法蓮的罪孽包裹，他的罪惡收藏。產婦的疼痛必臨到他身上，他是無智慧之子。到了產期不當遲延。我必救他們脫離陰間，救贖他們脫離死亡。」（〈何〉13:12—14）陰間、死亡喻離神的二方，那是地，是罪惡，是囹圄，是子宮。改變人的屬二，是精神的脫胎，是神的生產，也是人把新人的自己生成出來。「我必從地上除滅萬類……我必將人從地上剪除」（《番》1:2,3）。解除地所指的二方基礎，屬二的世界就消滅，就是屬二的人被剪除。「將你中間被擄而囚的人，從無水的坑中解放出來。你們被囚而有指望的人，都要轉回保障」（〈亞〉9:11）。被擄而囚的人屬二而處「方框」（咎），解除兩重「方框」，「回」到圓在的神是轉「回」保障。

讀懂經文以比喻說出的「古代的謎語」，「創世以來所隱藏的事」，做為基督教重要根基的原罪說顯然已不能成立，人祖吃了分別善惡樹的果子，並不是表面上的違犯神的命令，也不是加以解釋的誤用自由意志，那以比喻、象徵所說的是：人有了自我意識，就落入二方基礎。人當改變屬二的自己，人的罪不能由基督代贖，不能以所謂基督寶血洗除，基督教整

個的罪論和救贖論的神學既無經文根據的支持，也顯然的不合於理，人從誤讀裡一出來，它就垮了！垮得一敗塗地，垮得不可收拾。

「松樹啊，應當哀號，因為香柏樹傾倒，佳美的樹毀壞。巴珊的橡樹啊，應當哀號，因為茂盛的樹林已經倒了。聽啊，有牧人哀號的聲音，因他們榮華的草場毀壞了；有少壯獅子咆哮的聲音，因約旦河旁的叢林荒廢了」（〈亞〉11:2,3）。

十字架有兩個意思：一個是讓基督當做祭品的兩根相交為漢語十字形的木頭，一個是以十字形的十為全，全即圓對圓在之圓的隱喻象徵，象徵隱喻基督在十架上歸圓在的神；基督有兩個意思：一個是以受膏而成為的君王，一個是對得到神之靈的比喻，祭壇上做為因受膏而為王的基督是被誤認的耶穌，聖經中就沒有給耶穌頭上抹油受膏而為王的事。當耶穌對於人們是得到神之靈的基督，祭壇就倒塌。這是神意，這個神意在〈舊約王上〉中這樣表述：「有一個神的人奉上主的命令從猶大到伯特利去。他到的時候，耶羅波安正站在祭壇前燒香，神的人照上主的命令斥責祭壇，說：「祭壇哪，祭壇！上主這樣說：大衛的家族要生一個孩子，名叫約西亞。他要把在神殿裡供職的祭司們，就是在你這祭壇上燒香的祭司，在你上面殺了，並且在你上面燒人的骨頭」。同一天，神的人又說：「這祭壇要倒塌，上面的灰要撒下來。那時，你就知道這話是上主藉著我說的」。耶羅波安王聽見這話就指著神的人下令說：「抓住他！」王的手臂立刻癱瘓了，不能縮回來。祭壇突然倒塌，上面的灰撒了一地，正如神的人奉上主所預言的」。（〈王上〉13:1——13:5）讀懂比喻、謎語，才能讀出真意，讀出對於今人的神意。

第二章　認清基督

01

對於教外人，基督教也就是耶穌教，那麼基督就是耶穌；對於教內人，他們所信的主，就是基督耶穌，他們傳教所傳的就是耶穌是基督而是救主。基督耶穌，已經固化在人們的頭腦裡；基督是神，在信徒們那裡確信無疑，堅定不移，而這都是出於對經文的誤讀。回到聖經，不是回到教會的教義，不是回到信徒的意識，而是回到耶和華、耶穌的話裡。

耶穌說：「當拜主你的神，單要侍奉他」（〈太〉4:10），這沒說基督是神，耶穌歸納出神的最要緊的誡命是獨一的神，獨一的主，從未說過基督是獨一的神，獨一的主，沒說人所「單要侍奉」的不是耶和華而是基督。二著的信徒，因為他們處「方框」而對神本身是什麼不認識，他們信了以之為神為救主的基督，現在我們來看看，為什麼說基督教神學錯讀了經文中的基督：

先來明確什麼是基督。基督是希伯來文彌賽亞的希臘文譯詞，意思是「受膏者」：舊約時代，以神的名義所立的君王、先知、祭司等都必須受膏——抹油在頭上的一種宗教儀式。但通常「受膏者」是君王的尊稱。把《聖經》對基督一詞的注釋照抄在這兒，是不給說基督可以不是這麼回事的說法留任何餘地。按《聖經》對名詞基督所注，必須在宗教儀式上抹油在頭上，才能是基督。

認為耶穌是基督，是出於沒有把神「用膏膏我」當做比喻來讀，是沒有讀懂比喻。「主耶和華的靈在我身上，因為耶和華用膏膏我」（〈賽〉61:1）。這裡的「用膏膏我」，不是宗教儀式上以神的名義抹膏油的受膏，而是比喻給與神的靈。並沒有神親自給人實際抹膏油這種事情，神和人都沒有在宗教儀式上給耶穌抹膏油在頭上的事，經文中不存在這樣的事。以「耶和華用膏膏我」這句詩做為耶穌是基督的經文根據，顯然是對經文的誤讀。

施洗者約翰對確認耶穌是基督有重要的影響做用。「百姓指望基督來的時候，人都心裡猜疑或者約翰是基督」。約翰明說自己不是基督，他對耶穌的推舉，讓人感到耶穌才應是基督；雖然約翰也搞不准耶穌到底是不是基督，而他希望是。他說耶穌「是神的羔羊」（〈約〉1:29），「神的兒子」。耶穌說：約翰是「婦人所生最大的」，說明約翰是屬世屬二的；耶穌說：「天國裡最小的比他還大」（〈太〉11:11），這是說，約翰不屬天國，因為他在天國裡最小的之外，就是說天國裡沒有他的位置；他希望耶穌是基督，是出於他約翰屬世的意識。當時的以色列人盼望拯救的救主，盼望能使國家強大的君王而盼望基督，而耶穌說：「我不是屬這世界的」（〈太〉19:17），「我的國不屬這世界」（〈約〉18:36）；這世界上的君王是基督，耶穌屬靈，君王屬世。所以耶穌不是受膏的君王基督。

基督是君王，君王是世人所最為貴重的，「人所尊貴的，是神看為可憎惡的」（〈路〉16:15）。神的確憎惡基督，有耶和華很多的話，有大量的經文證據來證實。後面都將一一舉出。

「我主對我主說，你坐在我的右邊」，〈詩篇〉中大衛的這詩，不是說基督在神的右邊嗎？這神的右邊之說，成為基督教神學認為基督與神並立的支柱性的支持。神是全球人類的神，神若有人所見的右，那需要至少四個神面向地球不同方位上的人們，而耶和華和耶穌都

說神是獨一的；並且四個不同的右，也就不能是右；還有，方位的左右，是由人所假定的，若神真有其右，人面對那神，那神的左才是那人的右，那神若一轉身，其右就不再是右，神的右邊之說，若具體地當真就不能是真的；若神有人所見的右，那神就必是具像，若那神不可被看見其具體形象，也就沒法判定哪裡是那神的左面，當然也就不能知道哪裡是那神的右面；那神須是左面和右面中間的具像，而神絕不許人將其比做任何形像。耶穌說：「你們又為什麼不審量什麼是合理的呢？」（〈路〉12:57）不應是人以為他在信神，就可以不要自己理性的腦子，耶穌讓人自己審量什麼是合理的，就是要求人要有自己合理的思維意識。神若真有人所見的右邊，顯然就不合理。

「我主對我主說，你坐在我的右邊」，這不是對具體實有之事的描述，這是使信徒走入迷宮的引誘，人思想的迷宮就是神孕育精神的子宮，對那些胎性精神之人，需要迷惑他們呆在二方框的「宮」中。大衛詩中的「我主對我主說」，是給出了二主的。而二主正是二著信神的神民們所需要的，他們需要一個有具像的基督，需要木架上受傷流血的死屍讓他們白白的得救，並在對此的深信中，在用屍體給神獻祭的祈禱中「與陰間結盟」而獲得所以為的永生。〈以賽亞書〉中，耶和華神說：「這等人揀選自己的道路，心裡喜悅行可憎的事，我也要揀選迷惑他們的事，使他們所懼怕的臨到他們。因為我呼喚，無人答應，我說話，他們不聽從，反到行我眼中看為惡的，揀選我所不喜悅的」（66:3—4）。現在來聽這話，真相信有神的基督徒是會感到懼怕的。「但我所看顧的，就是虛心痛悔，因我話而戰兢的」（66:2）。「天是我的坐位」（66:1），這神哪有人能所見的右邊呢？保羅等使徒們說起神的右邊而有的信仰之情，激蕩在代代基督徒們的心中，這也影響到教外，如學人說到耶穌，若不基督一下就很覺得不盡意盡情，因基督已然被神聖。現在需要沉靜，沉靜下來反省。

以為神真的有人所見的右邊，對這樣的人，神說：「他以灰為食，心中昏迷，使他偏邪，他不能自救，也不能說：『我右手豈不是有虛謊嗎？』」（44:21）認為神有其右側，是「心中昏迷使他偏邪」；神說那偏邪者是「不能自救」的，說明神是要求人自救的，因為神不是純外在於人，不是與人為二方的存在，人本是在神裡的。知神的右邊有虛謊，才能自救。「下坑的人不能盼望你的誠實」（38:18）。下坑是比喻屬二方基礎，比喻落入二元分裂；右邊的虛謊，是神的孕育所需要的。離圓在之神的二方是耶和華的仇敵，「有宣嘩的聲音出自城中，有聲音出自殿中，是耶和華向仇敵施行報應的聲音」（〈賽〉66:6）。「耶和華說：『你們來，我們彼此辯論』」（1:18）。化解屬二神學的辯論，胎性精神將以舊有神學在思想中的被摧毀而獲新生。

耶和華至大，神說「我豈不充滿天地」（〈耶〉23—24），充滿天地之大，這大者哪會有人所能見的右邊呢？認為神的右邊有基督這個王，這個主，就違犯了神的第一要緊的誡命，就反對耶穌說的「主我們神，是獨一的主」（〈可〉12:29），不能在主我們神的右邊還有一個主。由抹膏油而有的基督不能是上帝，上帝無須給自己抹膏油，受膏的基督掃羅、耶戶、大衛等都不是上帝本身，大衛詩中在上帝右邊的基督不能因為是基督就是上帝。那麼上帝是主，右邊再有個基督主，這就讓神不是「獨一的主」。神沒有對於人是右的右邊，有人能見其右面的存在，必是有限的具像，那不是至大的神本身，而是偶像。神說：「築造的偶像，是虛謊的師傅」（〈哈〉2:18）。耶穌對門徒說：「只有一位是你們的師尊，就是基督」

（〈太〉23:10）。基督是虛謊的師傅。

誰要說神的右邊有個基督，就對完整的神不認識，就是在完整性上不認識神的瞎子，就是瞎說神有其可見之右，右邊有基督。基督耶穌是基督教的核心，確認基督耶穌在神之右，著眼於右邊的，就偏邪了。「他以灰為食，心中昏迷，使他偏邪」。舊約中的這話，說的不包含今天誤讀了經文的信徒們嗎？過去的，今時的基督徒，都寄希望於神之右；「耶和華手裡有杯。其中的酒起沫。杯內滿了攙雜的酒。他倒出來。地上的惡人必都喝這酒的渣滓，而且喝盡」（〈詩〉75:8）。那是讓「眾子發昏」「東倒西歪」（〈賽〉51:20—22）的杯；經文中神的右手給人好處，那是對於神佑護，保佑人的比喻。

別說神不誠實，經文告之：「下坑的人不能盼望你的誠實」。下坑的人，指的是人脫離圓在的神而屬於二方基礎，在神的孕育過程中，需要把信徒迷惑在二方框的迷宮裡，這過程中，神要設置適合迷惑他們的事。我們知於此，就懂得了「為父的，必使兒女知道你的誠實」（〈賽〉38:19）。

02

「法利賽人聚集的時後，耶穌問他們說：「論到基督，你們的意見如何？他是誰的子孫呢？」他們回答說：「是大衛的子孫。」」「（〈太〉22:41—43）耶穌就此引大衛的詩，「主對我主說，你坐在我的右邊」，說明大衛的主不能是他的子孫，大衛的子孫不能是大衛仰望著坐在主耶和華右邊的主基督，因為大衛在世時，基督徒所認的主基督還沒出生呢；而耶穌應是大衛的子孫，耶穌出生於大衛去世之後，那麼他就不是那大衛眼中在神右邊的主基督。

耶穌所引的「主對我主說，你坐在我的右邊」這詩，成為信徒們確認基督耶穌和神在一起的根據，這也是所謂上帝「三位一體」的一個依據。其實這是神按照他們所能接受的，引他們行胎性精神的路。但現在是到了神的產期，胎性精神要處於陣痛的做用之中，誤讀經文的信徒要遭受思想上猛烈的，摧毀性的打擊。耶穌向眾人提起文士說基督是大衛的子孫，才引用了大衛稱主神右邊基督主的詩，然後對眾人說：「大衛既自己稱他為主，他怎麼又是大衛的子孫呢？」這也就是說，耶穌是大衛的子孫，就不能是大衛詩中神右邊的主即基督。神沒有人所能見的右，當然也沒有右邊的大衛認做主的基督。今天的基督徒們怎麼辦呢？你來駁斥耶穌，說他是大衛的子孫也是那主基督嗎？那你還能做為信徒存在嗎？你否認文士所說的基督是大衛的子孫嗎？可你們認耶穌是基督，就是依據神要在大衛的後代興起掌王權的彌賽亞即基督，這要讓你們左右為難，因二而二難，處於左也不是，右也不是的困境裡。

若認為耶穌是大衛的子孫，那麼大衛所稱的主就不能是耶穌，耶穌就不是那主右邊的主基督；若認為耶穌不是大衛的子孫，就不能把神要在大衛的後代興起掌王權的基督認做耶穌。在那麼多年裡，那麼多人讀經文，這問題怎麼就一點都沒有被注意呢？

「他們不知道、也不思想，因為耶和華封閉住他們的眼不能看見，塞住他們的心不能明白」（〈賽〉44:18）。為什麼要使他們的眼不能看見，心不能明白呢？是神孕育人的精神，需要胎性精神在二方框的子「宮」裡活動，為什麼「末後的日子你們要全然明白」呢？這是到了神的生產之時。

〈馬太福音〉裡引用了舊約中〈舊彌迦書〉的一段詩，被做為耶穌是基督的一個證據。神知道二著的神民是頑梗的，教徒越是二著強信，越是不能講理，他們會以為舊約中說神民「以灰為食，心中昏迷」，是舊約時代的事，不是他們的事。他們以舊約中的話確認自己的見識時，就不以為那是舊約時代的事，當他們不以舊約中的話維護其見解時，舊約時代對於他們就與現在二方分離。其實耶穌的話語和舊約中神的信息是一個整體，二著的信徒讀經必會錯誤。

〈馬太福音〉中所引〈舊彌迦書〉的那段詩是：「尤大地的伯利恒啊，你在尤大諸城中不是最小的，因為將來有一位君王要從你那裡出來，牧養我以色列的民」。查一下與引文同一本聖經中的〈舊彌迦書〉五章二節，原文是：「將來必有一位從你那裡出來，在以色列中為我做掌權的」。並不是君王出來，〈約翰福音〉的引文是引錯了的。掌權的不就是掌世上之權的君王基督，耶穌不屬於這世界，怎麼會掌這世界的君王之權呢？經文中沒有耶穌掌君王之權那回事，耶穌說：「我到世上來，乃是光」（〈約〉12:46），耶穌在要被抓走處死時說：「現在卻是你們的時候，黑暗掌權了「（〈路〉22:53），耶穌在世上掌光明之權，這不能是受膏君王基督的擔當，以往的基督掃羅、耶戶等都不因其是基督而掌光明之權。〈舊彌迦書〉中伯利恒將來必有一位出來「為我掌權的」，這預言在神的孕育期可讓信者做為耶穌是基督的依據，在神的產期成為耶穌不是基督的依據。是神運做了聖經作者的意識，才有如此奇妙之事。

耶穌說：「狐狸有洞，天空的鳥有窩，人子卻沒有枕頭的地方」（〈約〉8:20）。這人子哪裡是以色列的基督君王？是以色列人在處死他時，彼拉多做戲地「用牌子寫了一個名號」：「猶太人的王」。在決定是否處死耶穌時，彼拉多說：「我可以把你們的王釘十字架嗎？」祭司長回答說：「除了凱撒，我們沒有王」。凱撒是國王的敬稱，耶穌曾在認神還是認世上君王即凱撒的事上說：「凱撒的物歸凱撒，神的物當歸神」（〈太〉22:21）。耶穌是屬神的，基督是同於凱撒的，耶穌以比喻說明基督與神不是一回事，說明他屬神而不是基督。

〈太〉十六節，〈可〉八節，耶穌問門徒們：「你們說我是誰？」彼得回答說：「你是基督，是永生神的兒子」。道本身無所不包，沒有什麼不在道的演化裡，「道就是神」，彼得說耶穌是基督乃神的按排，神給他的就是他在二方框之宮裡的所知。耶穌要按神意，為神的孕育讓人將基督穿戴在身上，又要按神意在生產時讓人在他哪裡把基督除去，所以沒有對彼得說他是基督表示不同意，但囑咐門徒：「不可對人說他是基督」（〈太〉16:20）；對於門徒說了他是基督，「耶穌就禁戒他們，不許告訴人」（〈可〉8:30）。彼得說耶穌「是神所立的基督」，「耶穌切切地囑咐他們，不可將這事告訴人」（〈路〉9:21）。對說他是神所立的基督沒有回絕，又「切切的囑咐「不許告訴人」」，「不可對人說」」，這讓信徒們在神的孕育期有理由認耶穌是基督，可以把耶穌嚴厲禁止對人說他是基督，誤讀為耶穌知道自己是基督，只是出於某種原因暫時不讓外人知道。一切都在道的演化中，都在神的計畫裡。信徒們對聖經的誤讀，是神的孕育期所需要的，因為只有認耶穌是基督，是「永生神的兒子」，那些以君王為最尊貴，要從神的兒子那裡得永生的人們才能有信心讓基督教興起，神才能完成對人類精神的孕育。在神的產期，就要結束對耶穌的誤讀，耶穌說「不可對人說他是基督」（〈太〉16:20），禁止就是禁止，找理由來讓耶穌的這個禁止做廢不算數，取消這個禁止，是讓人聽從耶穌還是聽從你？今天的基督徒再用人的吩咐取代耶穌的吩咐，就已知是明顯違背耶穌，就已知是舉神旗，行鬼事。那是「你們父魔鬼的私欲你們偏要行」，那是偏要行你們父魔鬼（二方基礎）的私欲。

認耶穌是君王基督的神學該死，神學活在信神人的頭腦裡；舊我死去，復活新人。「因為凡要救自己生命的（「生命」或做「靈魂」。下同），必喪掉生命」。基督徒的靈魂非死不可，不死不行，因為基督必除，人終於不可違背神。基督徒不是總說要與基督同死嗎？「喪掉生命的，必救了生命」（〈可〉8:35）。認明經文中當除的基督，處「方框」之「墳墓」的「死人」，就光榮復活而重生、新生。

〈多瑪福音〉中，耶穌問門徒：「請做個對照，說出我像誰。」西門彼得說：「你像位公義的使者」，馬太說：「你像位看透萬事的思想家」。耶穌對這兩種認定都是以默許認可的。多馬說：「師父，我的拙口根本不能說出你像什麼！」耶穌說：「我不是你的師傅，你喝我的湧泉喝醉了。」耶穌說過：「只有一位是你們師尊，就是基督」（〈太〉23:10）。耶穌不是基督，認耶穌是基督的都是在思想上的醉者。耶穌說了「我不是你的師傅，你喝我的湧泉喝醉了」，於是「把多馬帶開，並對他說了三個字彙。之後多馬回到同伴中，他們問道：「耶穌告訴了什麼給你呢？」多馬回答說：「只要我告訴你們當中的一句話，你們必得用石頭砸我，然而火會從石頭而出，把你們燒成灰燼」。那與三個字彙相關的一句話是什麼呢？是「除基督」或「滅基督」。誰都不要面對學術問題被情緒所控制，能使門徒們用石頭來砸人，火又會把他們燒燼的一句話三個字，只能就是「除基督」或「滅基督」。也不要以為特別希奇，基督徒們都存在多馬一樣「喝醉」的問題。經文中神說：「你的始祖犯罪，你的師父違背我」（〈賽〉17:1），基督是基督徒「只有一位的師尊」，神的話是對信徒而說。對於違背神的基督，真信神，當然應除滅。那麼信基督，就不是信頭抹膏油而有的君王救主，而是在得神之靈的意義上信耶穌基督。〈以賽亞書〉四十二章經文中神說的是：「我已將我的靈賜給他，他要把公理傳給萬邦」，耶穌引〈以賽亞書〉六十一章經文說的是：「主耶和華用膏膏我，因為主耶和華的靈在我身上」（〈太〉12:18）。耶穌基督的基督，就是對神給之以靈的比喻，在得到神的靈的意義上，才是基督耶穌。

03

彼拉多在衙門問耶穌說：「你是猶太人的王嗎？」王就是基督。耶穌的回答是：「這話是你自己說的，還是別人論我對你說的呢？」（〈約〉18:—33,34）對於問他是王嗎？耶穌反問：這是你自己說的，還是別人對你說的？耶穌的這個反問，對方只能回答是他自己說的，或別人對他說的。說耶穌是基督，或者是你自己說的，或者是別人對你說的；不是耶穌說的，不是神說的；神沒說過，耶穌沒說過，是屬二的人所吩咐的，卻被當做道理教導人了。耶穌說的「他們把人的吩咐當做道理教導人，拜我也枉然」，是應包含把耶穌是基督當做道理教導人的。

如果耶穌是他們所說的王，那就無需問是誰說的。反問是誰說的？就是否認所說的。問：你是富豪嗎？答：這是誰說的？是你自己說的，還是別人對你說的？這回答，顯然是對說他是富豪的不樂意，還含有著：怎麼能這樣說呢？這不胡說、瞎說嗎？所含有的意思否定著對方的所說。耶穌對彼朵拉的回答：以是你自己說，還是別人對你說我是王？把說他是王給頂了回去，也是以我沒有說我是王，把說他是王給否認了。耶穌接著說：「我的國不屬這世界」（〈約〉18:36）。做為王的基督，是這世界的國中首領，是這世界上掌權的，耶穌的國不屬這世界，這世界屬地，他當然不是這屬地世界的君王基督了。

說耶穌不是基督，不管是誰在說，基督徒都會覺得完全有理由不理，而耶穌不同意說他是基督，讓聲明了不屬這世界的耶穌是這世界的君王基督，這對經文的誤讀被揭露，不理只說明一不要神，二不要理。那麼再傳基督，就是招搖撞騙，對耶穌的話語輕視，對公眾的理智蔑視。

信徒把感情都投給了基督，他們靠著信基督學會的神學那套把人的吩咐當做道理，只體貼人的意思的話語，已是他們讀經的出發點和先定的結論了。還有的是：用基督這口鍋，美喝煮羊湯，香吃燉羊肉。用基督聚集著的群羊，可讓他（她）在其中得榮耀，有風光，有的還能得銀兩。他不許讀經和他不一樣，信基督寶血洗除世人之罪，在基督裡得永生，他讀經就是為了對此更信，也使更多的人如此來信。這就決定了他們只為鞏固其二著的所信來讀經解經，以其誤讀謬解當正經。本書將對此做出全面的查證。

彼拉多問耶穌：「你是王嗎？」耶穌說：「你說的是。」這話既有認可的意思，又有沒接受的意思。「大祭司對他說：『我指著永生神叫你起誓告訴我們，你是神的兒子基督不是？』耶穌對他說：『你說的是。』」（〈太〉26:63—64）這可理解為你說的對，也可理解為：那是你說的是，我沒說是。這模稜兩可的回答，是神的孕育和生產所需。孕期需要誤認耶穌是基督，產期需要把誤加給耶穌的基督除去。神所差來的耶穌，完全按照神的意思說話做事。

「彼拉多就對他說：『這樣，你是王嗎？』耶穌回答說：『你說我是王，我為此而生，也為此來到世間，特為給真理做見證』」（〈約〉18:37—38）。這話可從表面上讀做：我為做王而生，也以我做王來到世間給真理做見證。而做王並不就能見證真理，掃羅做王，耶戶做王，他們都沒有給真理做見證的事情，不能憑著是王就能為真理做見證；做王不是為真理做見證的條件，不是做王才能為真理做見證。若真是耶穌做基督就給真理做見證，那就與他切切的囑咐「不要對人說他是基督」相矛盾，見證真理還要隱瞞嗎？做基督見證真理與不許說他是基督相矛盾，讀出矛盾的耶穌，證實其誤讀的困境。

耶穌說：「意思乃是隱藏的」（〈路〉18:31），「你們所聽的要留心」（〈可〉4:24）。耶穌對彼拉多問「你是王嗎？」的回答：「你說我是王」，那是你說，而我不認。「我為此而生，也為此來到世間，特為給真理做見證」。這是說：你說我是王，那是你說的事情，我並不是你說的王，我是特為給真理做見證而生，也為此來到世間。由頭抹膏油而有的君王是屬二世界中的首領，不能為不在二方框架內的真理做見證，得神的靈與神相通，才能做見證真理的事情；那麼「主耶和華的靈在我身上，因為耶和華用膏膏我」，其膏我，不是膏為君王，是比喻給之以靈。神說的是：「我要將我的靈賜給他，他必將公理傳給萬邦」（〈賽〉42）（〈太〉12:18），而不是給他頭上抹膏油，封他為君王。君王不擔當「將公理傳給萬邦」。

若說耶穌是君王基督，他為此而生，來到世間特為真理做見證，顯然說不通。掃羅是受膏君王，他不為真理做見證，到是以基督掃羅後代的被殺，為神對基督的惱怒做了見證。

在耶穌是不是君王基督這件事上，經文讓信其是基督的能覺得有理由，當初傳耶穌是基督，保羅是在推喇房與對方做了兩年多辯論的。基督教兩千多年到當今，已有二十多億人，他們都確信耶穌就是基督，並且不容懷疑，但真追究起來，說耶穌是基督又確實有問題。這正是為孕育精神和精神脫胎準備的。在精神孕育期，精神脫胎不是即有神學的話語，堅定其私欲的信徒會覺得，基督寶血才直接的解洽，所以要把那誤讀偏解堅持下去。若對孕育精神和精神脫胎的說法不接受，就在屬二的神學中固守。但耶穌明確要求的「不要對人說他是基督」，在今天不可以不當話，因為信耶穌的信徒，不可以公然違抗耶穌明明白白的話語；哪位耶穌的信徒若一定違抗耶穌的話，就等於是在公眾面前公開自己的信仰是欺神騙人的事體。

無論體貼人的意思整出多少理由，說那時耶穌囑咐「不要對人說他是基督」，是為了什麼而必要，其理由堆成山也要塌掉，因為那時耶穌對猶太眾人說過：「你們若不信我是基督，必要死在罪中」（〈約〉8:24）。有耶穌的這句話，所能拿出來的，耶穌嚴禁讓人知道他是基督，是為了什麼而需要向人隱瞞的說法，就完全說不通了。耶穌為什麼禁止對人說他是基督，卻又自己對人們說「你們若不信我是基督，必要死在罪中」呢？禁止對人說他是基督，這不是講道，不是比喻，就是直接了當的禁止；「你們若不信我是基督，必要死在罪中」，這是講道，這是比喻，這裡說的基督，是對神給之以靈，得到神的靈的比喻，不信此意義上的基督，必要在罪裡死。這之中還有隱含的深意，本書在後面章節中說清楚。屬二的神學要在此顯露不能自圓其說的困境，說明那神學的不通。中國文化講「道通為一」，這「一」是相對不同二方的整體；不通是無道，神就是道，因不擁有真神，其神學才會不通。神學的不通，在於不能把經文讀懂；不能讀懂經文，是因不知應該怎樣讀，不知經文裡耶穌的話，神的話應該怎樣聽。

當今的基督徒，因其誤讀經書被追究，已沒法不拿耶穌禁止「對人說他是基督」不當事，可他們傳教就是要傳耶穌是基督，那就只好重複強行的辯解，說耶穌的使命是上十字架給人類贖罪的，說那時若讓人知道耶穌是基督，所傳講起來的就會是一個不需要上十字架的，一個來恢復大衛帝國輝煌的「政治彌賽亞」，耶穌因此才不想讓人們知道他是基督的。著名解經家RT法蘭士對這些經的解讀被教徒們叫好，他認為：賦予基督（即「彌賽亞」）這一稱號以濃重的民族色彩且廣泛的使用起來，只能助長這種錯誤的激情而影響耶穌行使他真正的使命，所以就不如「不要對人說他是基督」，以保證他成為十字架上的基督。而彌賽亞就是基督，彌賽亞就是以受膏封為的政治上的君王，屬二的神學在此是說：耶穌不能是基督，而不能是基督的耶穌才是基督，不是基督的耶穌正是基督。這基督邏輯，等於想要一個不專制的皇帝，而皇帝是皇帝，就專制，不然不成之為皇帝；既說不專制，又說是皇帝，這二難困境在根上是被二方基礎的二所逼；這屬二方框的神學繼續下去，信徒就因屬二方框的言說「罒 言」（詈）罵自己。基督徒面對耶穌禁止「對人說他是基督」，是怎麼也說不圓的，而說不圓就說不通。屬二的基督教神學，處於說不通的困境。說不通的知識是假知識，現在，當理解神所預言的你們「地上荒涼，頭上光禿」，「頭長禿瘡」的「錫安女子」。

當以耶穌為基督，以基督耶穌為神，為救主，被明確的確定為是對經文的誤讀，基督寶血的洗罪並不成立，在那君王基督裡得永生是個莫大的諷刺，那神學理論真的就顯出完全的荒涼，徹底的光禿；那是每一基督徒思想上的荒涼，精神上的光禿。本書是以耶和華和耶穌的話連在一起的整體，其觀點有著互證的聖經證據的支持。

04

基督是世上擁有王權的君王，聖經就是這樣注釋的，這是都知道的。在臨赴死前，耶穌說：「這個世界的王將到，他在我裡面是毫無所有」（〈約〉14:30）耶穌知道他死後會被做為基督舉起來，但人們所舉起的基督——這個世界的王，在不屬這個世界的耶穌裡面毫無所有，因為他不是為王的基督。

「耶穌既知道眾人要來強逼他做王，就獨自又退到山上去了」（〈約〉6:15）。這表明耶穌是不接受他是王的，若接受，就不存在強逼的事了。而強逼他做王，他也是躲開了；若接受他是王，也就不會對讓他做王躲避了。耶穌為什麼不願做王呢，他不接受基督，不擔當彌賽亞，可信徒們認耶穌為王，確認他就是彌賽亞，就是基督。信徒與他們所信的耶穌在此嚴重對立，為什麼會是這樣的？不能以強辯的辯解來應付。

認耶穌為基督的信徒讀耶穌躲避強逼他做王的經文，體貼他們人的意思來解讀，說是

「主耶穌來到地上不是要建立一個政治性的國度，他是王，但他的國度不是地上的而是天上的」。可君王彌賽亞就是地上強大興盛之國的指望，彌賽亞就是加在耶穌身上的基督君王，這漏洞不是漏多少的事，是整個的全漏，沒法堵，不可堵。耶穌說過「不要對人說他是基督」，他對此從沒有過解釋，門徒們不知道，也不問為什麼。他們之所以要傳耶穌是基督，就因為只有耶穌是為王的基督，他們才能認他，跟隨他；只有是君王基督的耶穌，才是他們可以信賴，可以依靠和指望的；也在於把耶穌做為基督立起，具有地上君王被世人仰望的影響力，基督教才能興起。不然，就傳耶穌有神的靈，有真理，何必非要說他是頭抹膏油而成為的基督呢。

〈以賽亞書〉中，「你們究竟將誰比神，用什麼形象與神比較呢？」（40:18）「那聖者說、你們將誰比我、叫他與我相等呢？」（40:25）是錫安的婦人，屬二的神民把基督即受膏君王比做神的形象。當知道事情的真相，「錫安的城門必悲傷哀號，她必荒涼坐在地上」（3:26）。與此相對應的是，「必使錫安女子頭長禿瘡」。

基督是給神獻贖罪祭的，那是二著的信徒所信的，卻是神所不需要的。「燔祭和贖罪祭非你所要」（〈詩〉40:6），「仁義公平勝獻祭」〈箴〉21:2）。神不要獻祭，與其拜木架上獻祭的基督，不如行公平仁義。耶和華沒說需要用基督獻祭，「贖罪祭非你所要」，這經文已說明基督的代為人類贖罪是神所不要的事，那也就是說罪不能以獻祭來贖。有關贖罪的話，一方面是神為孕育而使用能迷惑屬二之人私欲的事（罪被代贖，信就得永生，多讓人容易沉醉其中的事情）；一方面是對改變人屬二性質的比喻。經文中說的「挽回祭」，「贖罪祭」是說比喻，並不是具體的獻祭。神所

要求的，其實是人類的行公平、公義。〈以賽亞書〉中耶和華如此說，「你們當守公平，行公義」（56:1），「你們所獻的許多祭物與我何益呢?公綿羊的燔祭和肥畜的脂油我已經夠了。羊羔的血，公山羊的血，我都不喜悅」（1:11）。神不喜悅羊羔的血，一定要用羔羊基督的血獻祭者，應該承認那是對神的悖逆了。拜祭物基督是離棄耶和華的犯罪，「但悖逆的和犯罪的必一同敗亡，離棄耶和華的必致消滅」（1:28）。「當那日……他們必不再仰望祭壇……木偶……」（17:7）。二著的信徒至今也在仰望給他們澆寶血的祭壇，仰望掛在木頭上的偶像。當那日，就是二著信神的信徒們應該改變之時。「滅命的都來到曠野中一切淨光的高處，耶和華的刀從地這邊直到地那邊盡行殺滅，凡有血氣的都不得平安」（耶12:12）。屬二即屬地，從地這邊直到那邊盡行殺滅，是把人類的二方基礎改變，這是要由今人來兌現的預言。

當時的以色列人都在盼望著來個彌賽亞，耶穌的門徒們因為認耶穌就是那彌賽亞，這才跟從的他。他們立教傳教，就是讓人們都像他們一樣，相信耶穌就是彌賽亞。只是使徒保羅所傳的彌賽亞，不就是以色列民族範圍的，而是人類的；不只是為使以色列國強大興盛的，也是拯救人類精神靈魂的。而基督不因不同的傳法而變化，基督就是君王彌賽亞，而人的精神靈魂是不由君王基督來拯救的。君王基督是因神民們不認識神，不能以神做他們的王而有的。當初以色列的長老們要求「立一個王治理我們，像列國一樣」，神就說：那「乃是厭棄我，不要我做他們的王」（〈撒上〉8:4—7）。神是惟一的神，惟一的王。基督是屬二的神民們所要求的，在宗教儀式上以頭抹膏油來確立的君王，認基督而樹王，與神的惟一，王的惟一相衝突，經文中的神對此一再指斥。

當已知神的右邊是虛謊，是為胎性精神的孕育所設置，上帝並沒有對於人是右邊的事，基督徒們就成為被宰的群羊，兌現舊約中所預言之事（「我牧養這將宰的群羊，就是群中最困苦的羊」〈亞〉11:7）。對於耶穌不願做王的事，信徒為維護其所信，會有說辭，會說那不是耶穌的本意，而是為了什麼的不得以。那為耶穌不願做王所找到的理由，可不可以盡力去堅持，去加固，以保基督徒們的信仰生命不死呢？不行的！你說耶穌的不願做王，是為讓人信那十字架上「猶太人的王」，出於權益之計才不想做王嗎？耶穌還有這樣的話：「至於我那些仇敵，不要我做他們王的，把他們拉來，在我面前殺了吧！」（〈路〉19:27），耶穌的這話，不但不給他躲避當王找理由以餘地，也讓說耶穌不做武力的王而做愛的王說不過去。愛的王又怎麼會因為不要他做王而要殺人呢？這殺人是對除滅舊有觀念意識的比喻。耶穌一方面躲避做王，一方面又不允許不要他做他們的王，這是怎麼回事呢？細看，不要他做他們王的，是那些仇敵。仇敵是不承認耶穌是基督所比喻的得神之靈的人，是使人不能認識耶穌而不能認識上帝的二方基礎。耶穌需要按神的按排充當基督，需要為他們把他送上十字架提供理由，正是因猶太人容忍不了耶穌是猶太人的王即彌賽亞——君王基督，才由他們推動送他上十字架的，釘耶穌十字架真就是以他自認是猶太人的王即彌賽亞——君王基督為理由的。由此也理解為什麼當撒瑪利亞婦人猜他是彌賽亞即基督時，他說這和你說話的就是。耶穌要向外給出他是基督的信息，使猶太教的人去造成他在木架上的死，為信徒們的信他是基督而死；也要埋下他不是基督，不許信徒把他認做基督這隱藏的事，這兩樣都在經文裡。

撒瑪利亞婦人猜耶穌是彌賽亞，說的是：「他來了，必將一切的事都告訴我們。」耶穌說：『這和你說話的就是他』」（〈約〉4:17）將一切的事都告訴的是再來時才被認識的耶

穌，耶穌離世前對門徒說：「我還有好些事要告訴你們，但你們現在擔當不了（或做「不能領會」），只等真理的聖靈來了，他要引導你們明白（原文做「進入」）一切的真理」，（16:12）「他要將一切的事指教你們」（14:26）。耶穌的再來，就是來到識者之人中真理的聖靈，就是保慧師，那能知萬事的，不能是由頭抹膏油而來的基督即彌賽亞，耶穌對那婦人說的「和你說話的就是他」，即得到了讓對方誤信他是基督的效果，又把他不是基督的信息隱藏下。耶穌說的仇敵不要他做他們的王，那王比喻的是首領，耶穌是帶領人類歸向神的精神領袖而不是君王。讀經文不知道應該怎麼讀，多少人讀多少年也是整個讀不通而誤讀。

人二著讀經文，會是有的懂，有的不懂；在這面上懂，在那面上不懂，整體上就在誤讀中。馬太福音二十章二十五節，耶穌對門徒們說：「你們知道外邦人有君王為主治理他們，有大臣操權管束他們。只是在你們中間不可這樣」。路加福音二十二章二十五－二十六節，耶穌說的是：「外邦人有君王為主治理他們，那掌權管他們的稱為恩主。但你們不可這樣」。

因外邦人為主的君王與基督徒的君王之主有所不一樣，因基督徒不覺得他們存在有「君王為主治理他們」的問題，所以耶穌話中的「有君王為主」，對於他們只是外邦人的事，有大臣操權，的確只是外邦人的事，於是這兩段經文就讀成了教會首領不該像外邦人的君王居高臨下對待一般教徒的事，讀成了他們信徒怎樣在他們的君王基督裡同處的事。這樣，兩段話就成了一個意思，沒有什麼矛盾的。可這忽略了兩段話的區別。耶穌說：「意思乃是隱藏的」，「你們要小心怎樣聽」。前一段話中「有君王為主治理他們，有大臣操權治理他們」，這治理就是外邦人的事，說的就是「你們中間」不可那樣治理；後段話中「有君王為主治理他們，那掌權管理他們的稱為恩主」，說的是「你們不可這樣」。不是說「你們中間」，不是在你們之間應有怎樣關係的事，而是你們不可有君王治理，不可有掌權的恩主。而基督徒們的基督，就是他們所認為的彌賽亞，就是君王，救主，就是他們心中恩愛他們，使之蒙恩的恩主。耶穌在此說的是：「你們不可這樣」！而基督徒們正是這樣的；信基督而有君王治理他們，以基督為恩主，正是耶穌說的「你們不可這樣」，可知信徒以耶穌為基督，為恩主，就是和耶穌對抗。聯繫耶穌禁止「對人說他是基督」，躲避人們「強逼他做王」，他說的外邦人有君王，為恩主，「但你們不可這樣」，也就是不許把他當基督，這毫不含糊。

上面所舉耶穌的兩段話，前一段是為胎性精神的孕育所用的，後一段是為胎性精神的脫胎準備的。在孕育期，讓信徒們不覺得他們有耶穌所不允許的事情，以為他就是基督，就該認他是基督；在生產期，也就是經文所說末後的日子，「末後的日子你們要全然明白」（〈耶〉23:20），這裡所當明白的是：信徒存在耶穌所不允許的事情，就是認他是基督，而耶穌不許信徒把他認做基督。

05

以往，使徒依據大衛詩中說的「主對我主說，你坐在我的右邊」，認為：「故此，以色列全家當確實地知道，他們釘在十架上的這位耶穌，神已經立他為主為基督了」（〈徒〉2:3435）。「神用右手將他高舉（或做「他就是神高舉在自己的右邊」）叫他做君王，做救

主」（〈徒〉2:33）。神的右手高舉而成為的基督，是人借神所弄的虛謊之事，神說那些不知神的右手有虛謊的人，是以灰為食的糊塗人。「神用右手將他高舉叫他做君王，做救主」，完全是個謊言，也是個笑談。不存在人所能見的神的右邊，有其人所見右邊的神必是左右中間的具像，而神不許把神視為任何具體形象。讓神是個有其右手的具像，高舉具像的基督，造成基督也是救主，是違犯神之誡命的荒唐，是對抗主張獨一主的耶穌，這顯然不合理。經文中神說：「你們不可做什麼神像與我相配」（《出》20:23）。神沒有具體的形像，有具像的神就是神所反對的偶像。

那麼還堅不堅持神的右邊？堅持，是條恥辱的死路；不堅持，就是自殺的群羊。知道經文該怎麼讀，才是出路。

神不允許不是耶和華的任何別者是神是救主，沒有條件，沒有餘地。「耶和華我們的神啊，現在求你救我們脫離亞述王的手，使天下萬國都知道惟獨你耶和華是神」（《王下》19:19）；「使他們知道，惟你名為耶和華的，是全地以上的至高者」（〈詩篇〉83:18）；「神為人所認識……他的名為大」（76:1）。為人所認識的神為大，大者獨一；因為若是二者，二者的各自就都是「大」所包含的部分，那就不為大；二者的整體才能為大，耶穌不是做為本體的神，耶穌是來之於神，是在神裡的。「耶和華本為大」，耶穌不能等同耶和華，耶穌明確的說：「因為父是比我大的」（〈約〉14:28），大者惟有耶和華，神不能還是哪個不夠大者，不能是哪一非耶和華名者，這是由「惟獨耶和華是神」，「他的名為大」所確定的。至大無外，人與神原為一，只是人屬了二而與神分離。當我們人類還都屬二，惟耶穌與神在一起。屬二的人不能認識耶穌，把耶穌給認做了受膏的君王基督。以基督耶穌為神為救主，就是違抗神的誡命，就是不聽耶穌，拜二神二主。

「我耶和華是你的救主，是你的救贖主」（60:16），「在我以外，你不可認識別神，除我以外再沒有救主」（〈何〉13:4），沒說基督可以也是救主；「我必使江河乾枯，將地賣在惡人的手中。我必借外邦人的手，使這地和其中所有的變為淒涼。這是我耶和華說的」（〈結〉30:12）。地的淒涼時，也就是屬二的神學顯出根本上的荒謬時，就是來到了神的產期。地曾「賣在惡人的手中」，地即二方在人這裡離開神，人成為屬二即屬惡的人。二著信神的人，本質上懷著屬惡的私心、鬼心，神要「借外邦人的手」，使他們屬二的神學「變為淒涼」。外邦人不受基督教神學的轄制，所以能得經文中神的信息而具有摧毀那神學的能力；外邦人的思想不被假神所統治奴役，所以才能回應真神的上帝。

以往的神與人，都在精神孕化的活動裡。歷史中的精神在今天活人的精神裡，才是精神；整個精神孕育的結果，要在今人這裡產生。如果對經文不以用比喻所說出的孕育和生產的謎語來讀，就要處於整個讀不通的困境裡。對經文沒有整體全面的通透，片面的理解本身就有誤，信仰上的有誤是根本性的錯誤。對經文在整體上的誤讀，造成錯認神而拜假神的人，也造成不信有神而不敬神的人。

〈約翰福音〉八章中耶穌說：「你們舉起人子以後，必知道我是基督」（28）。當時，只有把耶穌舉為基督，才是舉得起來的，因為世人處在彌賽亞的情節裡，耶穌的這話表面上有對此的滿足。而實質耶穌說的基督是對神給之以靈的比喻，再看所說你們舉起的是人子，

把耶穌做為得到神靈的人子舉起，就知道他是圓在的神給之以圓化之靈的耶穌。耶穌對他身份有過宣佈：「他們就問他說：「你是誰？」耶穌對他們說：就是我從起初告訴你們的」（25），在此章開頭的起初，耶穌告訴的是：「我是世上的光」（12）。會有基督徒說，光就是基督。光不來自頭抹膏油，光不能是那受膏者即基督；掃羅，耶戶都不是光，但他們是受膏者即基督。基督徒的見識，與神不符就是錯誤。後面，我們來讀明白，經文中神怎樣看基督：

舊約中第一個受膏君王產生的起因，在〈撒上〉第八章中描述：「以色列長老都聚集，來到拉瑪見撒母耳，對他說：『你年紀老邁了，你兒子又不守你的道，現在求你為我們立一個王治理我們，像列國一樣』」。像列國一樣，也就是和外邦人一樣有君王為主來治理。基督產生於神民們要求像外邦人一樣有個君王。耶穌對門徒們說：「外邦人有君王為主治理他們……但你們不可這樣」。屬二神民的君王是彌賽亞，是基督，基督的產生是因神民要求像外邦人一樣有個君王來治理。現在要聽清楚：耶穌說的是：你們不許有基督；耶穌說的你們不可像外邦人一樣有君王治理，就是不許你們有基督。拜基督為主，違背上帝，違背耶穌。

二著誤讀經文的信徒，若不承認違背耶穌，就只能說有的基督不是基督，他們的基督不是耶穌所不允許的「君王為主治理他們」的基督，而是另外的基督。可《聖經》對基督的解釋：就是彌賽亞，「受膏者」君王，祭司，先知，通常是君王的尊稱。基督徒就認他們的基督是君王，認他們的王是基督。離開聖經對基督的解釋，另做解釋來辯護，就陷入他們的基督不是基督，但又是基督的思想耍滑，精神賴皮之境地。

撒母耳向已有了受膏君王即基督的以色列百姓警告道：「倘若不聽從耶和華的話，違背他的命令，耶和華的手必攻擊你們，像從前攻擊你們列祖一樣」（《撒》12:15）。拜基督為救世主，把「受膏者」當做神，顯然是不聽從耶和華的話，違背上帝誡命之命令，也就正是神所要攻擊的人。

信假神的是把神給信假了，真神就一個，假神有許多。二著信神者們，各以為神就是自己所信著的，其實所信的是這個二著理解神的自個；不信神者，認為是沒有神的，對於自己的必有一死，像小孩害怕那巨大的黑洞吞吃了他而不去看它，在根本上困惑卻執迷於具體中的明白而自負著；處於生死二元分裂，卻不懷疑沒有靈性生命的自我這個人的觀念不正確。這正如耶穌所說：「人若賺得全世界，賠上自己的性命，有何益處呢？人還能拿什麼換生命呢？」（〈太〉16:26）

經文具有比喻性和象徵性，謎語性和預言性。不以此讀經，就會要麼誤讀下去，要麼讀不下去。《聖經》這書是發行了五十多億本的，遠比現有人類中成年人多，若相當多的人讀懂經文而真知神，相當多的人與神聯通，神的道就會在人類中大明而大行，世界就不會是今天這樣在金權的統治中，在各種問題的困擾中。人類精神的沉淪低迷，世界的種種困境危機，基督教自身以往到當今的各樣問題，都說明神的道沒有被真知。世界沒有行神公義的道，是因受二方基礎的遮蔽與限制，不能圓解聖經而對神的道不真知，虛言天路。天乃圓，圓道，圓化之道才是天路。

是在二方基礎上讀經的讀法有問題，由對經文的誤讀，落入了用「基督寶血」代替神之

道的荒謬。本來就是神孕育人類精神的事情，不以此讀經文，讀而不信有神者，甘於以他對神的拒斥而被神所厭棄，也就在否定神的自負中輕蔑了本有其神性的自己；不以神孕育人的公義精神讀經文，信神的要信假神，自取敗壞，還敗壞神。他們感性化地在「聖母情節」，「基督寶血」中沉浸，「主啊，主啊」的信神，在表現著一種精神疾病。而神的孕育已來到產期，為新精神得以出生，必須將基督是怎麼回事透徹的認清。

當今有二十多億信眾在認他們的基督是神，是王，是救主，這是根本性的大誤。耶和華說：「你們如今要知道，我，惟有我是神，在我以外並無別神（〈申〉32:39），「惟耶和華是真神，是活神，是永遠的王」（〈耶〉10:10）。「萬軍之耶和華是你的名；救贖我的是你我的救贖主大有能力，萬軍之耶和華是你的名」〈耶〉29:8—9）。名不是耶和華，無論何者都不能是主、王、神，任何狡辯都沒用，因為那會是把人的意思強加給神。「耶和華必在錫安山，在耶露撒冷做王」（〈賽〉24:23）；「那些日子以後，我與以色列家所立的約乃是這樣：我要做他們的神，他們要做我的子民，（因而他們都會認識耶和華）我要赦免他們的罪孽」（〈耶〉31:31—34）。耶和華做王，做神，就是否定基督為王為神。免除罪過需要認識耶和華，不能是靠什麼基督的血。迷信基督的血，是因為把基督認做神的獨生兒子了，如果不把耶穌所說的父與子當做比喻來讀，那麼父神使未婚的瑪利亞懷孕生子，而子只是變了身分的父，他也即是獨一的神，主，如此，耶和華說的「父子同一個女子行淫，褻瀆我的聖名」（〈摩〉2:7）就是有所指。看重基督的血，是因認基督做為羔羊給神獻贖罪祭，是因基督為祭牲之物。於是當做神來信仰基督，讓基督佔有信仰中心的位置，信徒們的生命活動竟然是做基督的集體行走。來看經文是怎麼說的呢？「耶和華是神，他光照了我們。理當用繩索把祭牲栓住，牽到牆角那裡」（〈詩〉118:27），這是使之靠邊站的意思。

06

撒母耳向百姓轉告耶和華的話：你們將白白的侍奉所要立的王（〈撒上〉8:10），警告做君王基督的僕人無益。「百姓竟不肯聽撒母耳的話，說：『不然，我們定要一個王治理我們，使我們像列國一樣』」（8:19—20）。這才有了給掃羅抹膏油立他為君王基督這回事，基督徒們的立基督與此是同樣性質的事。耶穌告誡門徒說：「外邦人有君王為主治理他們……但你們不可這樣」，門徒們還是把耶穌舉為君王基督。

門徒、使徒們自有耶穌是基督的一些理由，神也沒有對他們的立基督攔阻，就如當初允許了要求立王的神民百姓。撒母耳向神陳明瞭神民們要求立王的話，耶和華對他說：「你只管依從他們的話，為他們立王」（8:22）。耶和華為什麼明知神民們要立王是對神做王的厭棄，卻又允許呢？因為這是神的孕育所需，基督是神孕育人類精神的一個器具，或比做胎兒所需有的養水也可以。

〈撒母耳記上〉中，耶和華不滿神民們立王的要求，指出那是對耶和華做王的厭棄（8:7）；而神又接受了立王的要求，其對此的解釋是：「因我民的哀情上達於我，我就眷顧他們」（8:16）。神民的要立王對於神有罪，但神還是許可，因為神要做精神孕化之事。人的原罪即二方基礎，乃神孕育人類精神的形式。基督徒們的確立基督，也是神孕育過程中的必要之事，一切都是神的按排設計。神是本源本體，一切都在神的演化裡。讀經文，只要不

按那是以比喻說出神懷胎孕育和生產這樣一個謎語來讀，不以精神的脫胎響應神，不管你是誰，經文會告訴你說：你沒有讀懂，你誤讀經文。這可由認清基督來確證。

〈撒上〉第十章中，以色列的便亞敏支派，制簽制出掃羅，這是確定了掃羅是做基督者。而這時，大家卻不見掃羅。眾人尋找卻尋找不著，就問耶和華說：「那人到這裡來了沒有？」耶和華說：「他藏在器具中了」（21—22）。怎麼能在要當上基督時藏在器具裡呢？這是對基督做為神所用的器具的象徵比喻。神說掃羅「藏在器具中了。眾人就跑去從哪裡領出他來」（23）。掃羅當了基督，「眾民就大聲歡呼說：『願王萬歲！』」隨後，「有神感動的一群人跟隨他。但有些匪徒說：『這人怎麼能救我們呢？』就蔑視他」（24—27）。基督是人，「這人怎能救我們呢」？可基督徒們的基督被他們認做了神，認做了救世主，他們相信基督能使人得救，由這誤認而誤信。

撒母耳對神民們說：「你們見亞捫人的王拿轄來攻擊你們，就對我說：我們定要一個王治理我們。其實耶和華神是你們的王」（12:12）。要立一個王，就是要二主二王，就是對惟有耶和華是王的誡命的反抗。當今的基督徒們不是總說你們是基督的肢體，你們的教會是基督的行走嗎？「現在你們要站住，看耶和華要在你們面前行一件大事。這不是割麥子的時候嗎？我求耶和華，他必打雷降雨，使你們又知道又看出，你們求立王的事，是在耶和華面前犯大罪了。於是撒母耳求告耶和華，耶和華就在這日打雷降雨」（12:16—18）。眾民對撒母耳說：「求你為僕人們禱告耶和華你的神，免得我們死亡，因為我們求立王的事，正是罪上加罪了」（12:19）。本來是屬二的罪人，又違犯神的誡命要求立王即立基督，這是罪上又加罪的事。

並不是第一個基督保羅沒把基督當好，立基督才有罪過，神民們要求立基督就是罪了；神民們要一個王來治理，就是要二王二主，這是要讓神只在名義上做王，讓基督是實際的王；耶和華就對撒母耳說起神民要求立王，是厭棄神，不要神做他們的王（〈撒上〉8:7）。神民們為什麼信神卻又厭棄神呢？人厭棄神，是因為不認識神，其思維基礎是離神的二方，那人是屬二的罪人，即屬本惡的惡人。「因為你不是喜悅惡事的神，惡人不能與你同居」（〈詩〉5:4），「神不與罪人同居」。二著信神的信徒，不能與神在一起，神對於他們隱藏，神的道是什麼道，他們不知道。不行神的道，當然不得神的好，這才要求立一個王治理他們，好讓他們強大興盛。神民們要求立王，是胎性精神在神的子宮裡所必有的事情。所說的神的子宮，是對立二方之方框，人頭腦裡這無形的二方框，也是整體性認識的迷宮。胎性精神的人類，因思維只能在「方框」裡活動，所以哲學找不到世界的本源，神學不明完全的真神，凡整體性概念一概定義不明，諸如善、自由、價值、幸福、愛等概念各個說不清，整體性認識處於不解的困境。

〈馬太福音〉十三章：耶穌用比喻講道：「天國好像人撒好種在田裡，及至人睡覺的時候，有仇敵來，將稗子撒在麥子裡就走了。到長苗吐穗的時候，稗子也顯出來。田主的僕人來告訴他說：『主啊，你不是撒好種在田裡嗎？從哪裡來的稗子呢？』主人說：『這是仇敵做的。』僕人說：『你要我們去薅出來嗎？』主人說：『不必，恐怕薅稗子，連麥子也拔出來。容這兩樣一齊長，等著收割。當收割的時候，我要對收割的人說：先將稗子薅出來，捆成捆，留著燒，唯有麥子要收在倉裡』」（25—30）。

耶穌是做為精神糧食的麥子，基督就是稗子，這稗子和麥子長在一起。稗子來之於仇敵，仇敵是人的二方基礎。稗子和麥子長在一起，這是比喻基督和耶穌在一起。「當收割的時候，我要對收割的人說：先將稗子薅出來」。這是用比喻在說：當收割之時，先要將稗子基督薅出除去。〈撒母耳記上〉中，士師撒母耳對要求立王而「罪上加罪」，「行了這惡」的眾民說：「你們若仍然做惡，你們和你們的王必一同滅亡」（12:25）。離神的二方是本惡，二方基礎上信神者在本質上屬惡；拜基督為神，用基督屍體獻贖罪祭，就是做惡。說「你們若仍然做惡」，是神已把基督徒的這種做惡設計好了，「和你們的王一同滅亡」，是舊約中經文所預言的，這是要以認清基督兌現的。「看耶和華在你們面前要行一件大事。這不是割麥子的時候嗎？」（〈撒上〉12:16—17）「當收割的時候」，要「先將稗子薅出來」（〈太〉13:30）。舊約與新約的這種對應，對應著神的產期要把基督除去，而這都與我們在圓基礎上讀聖經而有的認識是相應的。耶和華所要行的一件大事，除掉基督的大事，覺悟的人們就參與在神裡；當人不再是二著的人，成為神人一體圓在的人，就與神同工。

07

比做稗子的基督與比做麥子的耶穌長在一起，耶穌對此說：「容這兩樣一起長，等著收割」。這所說的收割是收做為糧食的麥子，這收麥子，與舊約時代神向要求立王即基督的罪人們「行一件大事」，跨年代地聯在一起。這聯繫不能純是偶然的，這兩處經文如此相對應的信息，惟有神的智慧才能做整體的佈置。「容這兩樣一起長，等著收割」與「這不是割麥子的時候嗎？」（〈撒上〉12:17）這跨越千年的一致不能純是巧合，因為又過了兩千年的我們，今天正在做著這樣的收割，這是把舊約中的預言給證實了，割麥子的時候神要行一件大事，預表了當今的要除掉基督。

以色列第一個受膏者即基督掃羅的子孫七人，被「懸掛在山上，這七人就一同死亡。被殺的時候，正是動手割大麥的時候」（〈撒下〉21:9）。在動手割大麥的時候，殺死基督的後代，這與「當收割的時候，要先將稗子薅出來」連在一起，這種隱藏著的信息在經文中的對應，由跨越千年的不同作者構成，由此可知，確實存在神。是神運做了經文作者們的意識，才會是他們不知比喻所比的是什麼事情，卻讓這比喻相隔幾千年相互對應著構成，而這與現今對基督的認識又完全具有一致性。也只能是圓在之神的做用，才會有這如此非常的、奇異的事情。

掃羅基督的後代子孫七人被殺死，大衛的百姓被神殺死七萬，七是經文中的滿全之數，這意味著所有屬於基督者被消滅。大衛是神所喜愛，所扶助的，為什麼神要滅他的百姓呢？〈曆上〉二十一章二節，「大衛吩咐約押和民中的首領說：你們去數點以色列人，從別是巴直到但，回來告訴我，我好知道他們的數目。」約押說：「願耶和華使他的百姓比現在加增百倍。我主我王啊，他們不都是你的僕人嗎？我主為何吩咐行這事，為什麼使以色列人陷在罪裡呢？」（3）「但王的命令勝過約押」（4），數點以色列人的事發生了。「神不喜悅這數點百姓的事，便降災給以色列人」（7）大衛禱告神說：「我行這事大有罪了！現在求你除掉僕人的罪孽，因我所行的甚是愚昧。」（8）數點百姓，怎麼就有大罪，怎麼就甚是愚昧呢？神並沒有吩咐過不許數點百姓，大衛王對自己管理多少人有個數，這有什麼罪呢？這犯什麼愚呢？按文字表面讀經文，在此肯定讀不通。讀經文的權威是神學家，神學院，基督教會，人們一般都會覺得他們才懂經文，而他們因為屬二不認識神，是在被蓋頭蒙眼中按文字的表面，當做具體實事，聯繫上下文，依據歷史背景的把經文內容零碎的化做人的吩咐，再將那人的吩咐當做道理去教導人。經文中神說的沒有知識的瞎眼的僕人，就是指信基督的他們。

解經講經而有的嘔吐的污穢，都是從二方之方框裡出來的，馬太福音十五章中，耶穌說到「入口的不能污穢人，出口的才能污穢人」（11），然後說到「凡栽種的物，若不是我天父栽種的，必要拔出來」（13），又說「他們是瞎眼領路的」（14）。誤解經文而有的神學思想是「出口的」，出之於「口」所表的「方框」，那是能污穢人的污穢，那「是瞎眼領路的」神學思想。彼得要求：「請將這比喻講給我們聽」（15），耶穌說：「你們到如今還不明白嗎？豈不知凡入口的，是運到肚子裡，又落到茅廁裡嗎？惟獨出口的，是從心裡發出來的，這才污穢人」（16—17）入口的口是指肉體的口，出口的口是口字所表的方框。對神的喜宴，「眾人一口同音地推辭」（〈路〉14:18），那口就是對「方框」的象徵比喻。具體發聲音的口，眾人異口而不能是一口。眾人都在「方框」裡，才是眾人一口，就因人在「方框」裡，才會對神的喜宴即屬神的思想不接受，「一口同音的推辭」。「我要憑你的口，定你的罪」（〈路〉19:22），「愚昧人的口自取敗壞」（18:7），「你要除掉邪僻的口」（〈箴〉4:24），不能是把身體上的口除掉；「你當開口按公義判斷」（〈結〉31:9）。判斷不是開肉體的口所能做的，對可定罪的「口」，打開「方框」即開「口」；「耶和華的靈降在我身上，開我的口」（〈結〉30:22）；神的靈來到人中，人就打開了「方框」。神的靈降在身上「開我的口」，這口為什麼是指「方框」而不是指說話的嘴呢？「到第二日早晨，那人來到這裡，我口就開了，不再緘默」（30:22）。得神靈而打開「方框」之後，到第二天早晨有人來，我才開說話的口，說不屬「方框」而屬神靈的話。

以屬「方框」的道理化人，在「方框」裡教化，化字在方框裡是「囮」；「囮」是用來誘捕同類的鳥，稱囮子。〈詩篇〉中「他必救你脫離捕鳥人的網羅」（91:3），囮子是與經文中「捕鳥人的網羅「相配合的。用屬「方框」的道理把人引入信假神的網羅、籠子，在「方框」裡教化的囮子，被「口化」的「囮」字給看出來了，竟然看得這麼准，這字是不是很神？

由撒母耳把膏油抹在大衛頭上，大衛成為以群羊比喻的神民們的君主。而神對大衛有這樣的話：「我從羊圈中將你招來，叫你不再跟從羊群，立你做我民以色列的君」（〈曆上〉17:7）。所說的羊群是比喻神民，不跟從羊群，不與羊群同在的君就不是神民的基督，那君是帝王，可以是明君、賢君、堯舜之君。羊圈是比喻象徵神民們所處的「方框」。細讀這經文，會讀出：不能是在羊圈裡跟從真的羊群，人放羊也不是真的對羊群跟從。「我從羊圈中將你招來，叫你不再跟從羊群」，羊群比喻二著信神的神民，羊圈比喻神民所處的「方框」，神從「方框」的羊圈把大衛招來，那麼大衛就走出羊圈而不屬於二著的神民，不再屬於「方框」。

〈撒下〉5:9—10節，「大衛住在保障裡……神與他同在」；大衛被神所召，出了羊圈，

不再跟從羊群，這是把大衛與二著信神的神民分開。這樣的分開，使神民不屬基督而不以基督為主，使大衛因不是神民們的救主而不是為主的基督。大衛本來認耶和華是惟一的神，大衛對神說：「除你以外再無神」，「耶和華啊，惟有你是神」（〈曆上〉17:20,26）。這讓大衛不同於基督教拜為神，為救主的基督。而大衛的數點百姓，這意味著他與羊圈即「方框」一裡的神民是一起的，這樣，就讓神民們有了他這個基督為救主，大衛就成了神民們的主基督，這就不以神為獨一的主。所以這是大罪，是特別的愚昧；所以，神要將大衛的百姓以瘟疫盡除，這是對殺滅其屬基督的思想精神的象徵、比喻。現在我們完全明白：為什麼約押要對數點以色列人的大衛說：「我主我王啊，他們不都是你的僕人嗎？我主為何吩咐行這事，為什麼使以色列人陷在罪裡呢？」體貼神的意思：罪在有了被當做救世主的基督，罪在有基督做為信徒們的救主。

「他必起來，依靠耶和華的大能，並耶和華他神之名的威嚴，牧養他的羊群。他們要安然居住；因為他必日見尊大、直到地極。這位必做我們的平安」（〈彌〉5:3——5）。這「必做我們的平安」者，顯然不是基督。事實上，舉起基督之後，並沒有平安，就是基督教也發動了多次十字軍東征的戰爭；至今的世界，更是在不和平，也不太平，不安和，也不安寧的狀態中。「必做我們的平安」者，是被我們認識了的，也就是再來的耶穌，這耶穌不是被以為能救世的彌賽亞君王基督，而是「依靠耶和華的大能」的，與神同在而體現神意的神人，是使人們歸神而行神之道的帶領；被認識了的耶穌不再被認做基督，基督是「築造的偶像，就是虛謊的師父」（〈哈〉2:18）。以右手舉著神右邊的主，是想以此白白的做為罪人得好處，神對此有揭露：「他們的手中有奸惡，右手滿有賄賂」（〈詩〉26:10）。

給神獻祭就是神所說的賄賂，以祈禱頌神，向神獻祭物，頌神獻祭而向神要好處，是當今物化時代的一些基督徒常做的把戲。

08

〈撒上〉十六章開頭，耶和華對撒母耳說：「我厭棄掃羅做以色列的王，你要為他悲傷到幾時呢？你將膏油盛滿了角，我差你到伯利恒耶西那裡去，因為我在他眾子中預定了一個做王的」，就是耶穌的祖先大衛。耶和華有深藏著的原因不得以而同意人們立王，厭棄了掃羅，又在耶西的眾子裡看中了大衛這個放羊的，說：「這就是他，你起來膏他，撒母耳就用角裡的膏油在諸兄中膏了他」（12—13）。

立基督既是得罪神的事，又是神的有意，對這經文如果不以神孕育人精神的比喻、謎語來讀，讀這經，若不產生促成精神脫胎而重生的意義，那就不但讓信神的信著一個自身就矛盾的假神，也使不信神的人們會更加理性地不能相信有神，視關於神的說法必是胡說，認為信神就是愚弄人的。真神絕不自身矛盾，讓神矛盾就是人把神給信假，就是人所信的神失真，並以其信假神來敗壞真神，當然這也是胎性精神在子宮裡的活動。到了神的產期，神要使胎性精神受陣痛。基督徒們常說的末日審判，這審判首先就在基督家進行，基督徒們就是被審判的罪上加罪的罪人。

〈撒上〉中，掃羅是出去找驢時受膏成為基督的。在掃羅受膏之後，撒母耳告訴他：在「靠近拉結的墳墓，要遇見倆個人，他們必對你說：『你去找的那幾頭驢已經找著了。現在

你父親不為驢掛心，反為你耽憂，說：我為兒子怎樣才好呢？』」（10:3）說父親為找驢而得基督的兒子掃羅耽憂，這讓基督與驢近一步相聯繫。掃羅得基督之後，掃羅的叔叔問掃羅和他的僕人說：「你們往哪裡去了？」回答說：「找驢去了。我們見沒有驢，就到了撒母耳那裡」，在那裡得到基督便找到了驢。掃羅的叔叔說：「請將撒母耳向你們所說的話告訴我」，掃羅對他他叔叔說：「他明明地告訴我們驢已經找到了」（10:14—16），得了基督與找著驢是一回事了。聯繫經文中通過說猶太王約亞雅敬預言埋葬王即基督「好像埋驢一樣」（〈耶〉22:19），可知在基督之事上的神意。得到基督等同於得到驢，這是埋葬王即基督「好像埋驢一樣」的伏筆。

〈曆上〉中，「哈嫩便將大衛臣僕的鬍鬚剃去一半、又割斷他們下半截的衣服、使他們露出下體、打發他們回去」（19:4）。下體是對二的象徵比喻，大衛的臣僕是屬二的；〈撒下〉十六章：「大衛剛過山頂，見米菲波設的僕人洗巴拉著備好了的兩匹驢」，驢上馱著各種餅，還有一皮袋酒來迎接他。「王問洗巴說：『你帶這些來是什麼意思呢？』洗巴說：『驢是給王家眷騎的；面餅和夏天的果餅是給少年人吃的；酒是給在曠野疲乏人喝的』」（1—2）這段經文含有預言性，到了當今，也是這樣一種情況：屬二的信上帝卻不認識神的人們，需要以基督來安慰精神，大家有餅可吃，以吃餅吃基督的肉，慰藉要求永生的心，以喝神學的酒滿足需要神的精神，大家聚集一堂相互取暖，即「無情世界的有情」那種宗教性。由於大衛不跟從羊群而與屬二的神民們分開，他在神的保障裡，所以他為王但不騎驢，與騎驢的基督們相區分，驢為他的家眷，為屬二的神民服務，大衛騎的是騾子，「使我的兒所羅門騎我的騾子」（〈王上〉1:33）。所羅門是大衛的延續，也在神的保障裡，也騎騾子不騎驢，這是區分於屬二神民的基督。把基督和驢聯繫在一起，正與「他被埋葬好像埋驢一樣，要拉出去扔在耶露撒冷的城門之外」（〈耶〉22:19）的預言一致。

〈可〉十一章章七節：他們把驢牽到耶穌那裡，把自己的衣服搭在上面，耶穌就騎上。有許多人把衣服鋪在路上，也有人把田間的樹枝砍下來，鋪在路上。前後隨行的人就都呼喊稱頌主，造成救世主基督。〈約〉十二章十五—十六節：「你的王騎著驢來了」，這些事門徒起先不明白，」，現在當明白：信徒的頭腦就是王所騎著的驢，基督和驢聯繫在一起，還包含以蠢驢、強驢這驢所有的性質，來預言當基督的問題被揭示卻還是剛硬、強性、頑梗的信徒的愚蠢反智。「你們往對面村子裡去……必看見一匹驢駒拴在那裡，是從來沒有人騎過的，可以解開牽來。若有人問為什麼解它，你們就說：主要用它。」主人問他們說：「解驢駒做什麼？他們說：『主要用它』」（〈路〉19:30—34）。驢為主用，主要用驢，這最新的基督所用的是驢駒，基督不過是耶穌為完成他來到世上的使命的一個驢一樣的用具而已。有這坐在驢上的基督，才有曾經的那些二著不認識上帝的信眾隨基督信上帝的的事，才有如今為認識耶穌、上帝而宰殺埋葬基督這驢而促成屬神精神誕生的事。曾有的基督等於胎兒需要在養水裡發育，當到了神的生產之時，先要把養水做為污穢的廢物排出去，基督曾是孕育所需的養水，如今是生產之時所先要排出的污穢之物。

認耶穌是基督，把基督這污穢之物加給了耶穌，需要把那污穢之物洗除。耶穌在將上十字架之前說：「我有當受的洗沒有成就，我是何等的迫切呢？」（〈路〉12:50）耶穌當受的洗，就是洗除加給他的基督。會有堅持誤讀者說，耶穌當受的洗，是釘十字架，流血的洗。

耶穌無罪，不需要用血洗自己；耶穌曾在客西馬尼有過別讓他受死的念頭，他祈禱神「把這杯撤去」（〈可〉14:36），這說明流血死亡不是耶穌迫切要求的。「我是何等的迫切呢」，所迫切的是以歸圓在的神，洗除二著的信徒所加給他的污穢的基督。「何等迫切」的「當受的洗」，是向當今的信徒傳遞信息：及時覺悟，將基督在耶穌那裡洗除，將心裡的基督觀念清洗。

與耶穌同名的基督（祭司）約書亞穿著污穢的衣服，神的使者「吩咐站在面前的說：「你們要脫去他污穢的衣服」（〈亞〉3:3—4），這與耶穌所迫切要受的洗，是相互聯繫在一起的啟示：要在人心裡洗除耶穌身上污穢的基督，那也是所有的基督徒們在精神靈魂上徹底的清洗自己。

經文中把基督和驢聯繫在一起，是以比喻設下寓意：基督不過是個用具，將是被神所棄之驢。信徒心裡的基督，是那交叉之木上掛著的屍首，他們愛那君王的死屍，是以為人類的罪會由基督的死而免除。經文中以色列的君王基督是玷污神殿的，用基督的屍體在神的殿做挽回祭的祭祀，行這可憎之事讓神發怒。神殿裡沒有君王的位置，君王也不能進入，神的這規定，後面將以經文證據說清楚。基督是假神，是偶像，是與麥子長在一起的稗子，精神與基督動情做愛，是神所認為的行淫邪之事。現在我們來把〈以西結書〉四十三章中神所默示的話重讀：

「以色列家和他們的君王必不再玷污我的聖名，就是行邪淫，在錫安的高處葬埋他們君王的屍首，使他們的門檻挨近我的門監，他們的門框挨近我的門框（三位一體），他們與我中間僅隔一牆（三個位格），並且行可憎的事，玷污了我的聖名，所以我發怒滅絕他們。現在他們當從我面前遠除邪淫和他們君王的屍首，我就住在他們中間直到永遠」（7—9）。

滅絕之事針對玷污神的聖名，行邪淫，與君王基督的屍首親近，針對違犯獨一神，獨一主的誡命，行可憎的事情。這正是基督徒所做的事情，滅絕之事來了，是從全能者即圓在之神而來的。

09

神不樂意立基督，信神不認識神的人們一定要求帶領他們的基督。〈何西阿書〉中：「我的神必棄絕他們，因他們不聽從他」（9:17），「以法蓮必蒙羞，以色列必因自己的計謀慚愧，至於撒瑪利亞，他的王必滅沒，如水面的沫子一樣」（10:7）。神民的王即君王基督，基督徒講經愛用預表這個詞，上面那段經文，正是預表他們所認的基督。基督將被除去，這預表對於當今基督徒的意義正在於此。

經文中掃羅成王當基督，畢竟還是耶和華許可的，基督徒們的基督呢？耶和華就從未說過讓耶穌當基督的話。二十多億基督徒有誰能從經文中找到嗎？不能，因沒有這樣的話。耶和華有這樣的話：「他們立君王，卻不由我；他們立首領，我卻不認」（8:4）。耶和華在哪裡有過按排給耶穌抹上膏油，讓他做基督的事呢？根本沒有過。把基督做為替人贖罪而獻給神的祭物，是保羅等使徒誤讀經文，對比喻、謎語讀不通，體貼人的意思而有的人的吩咐。經文中神對此是這樣說的：「至於獻給我的祭物，他們自食其肉，耶和華卻不悅納他們」

（8:13）。今天的基督徒們正是用基督給神獻祭，自吃基督肉，喝基督血的人。他們整天在自認的基督寶血裡自負地沉溺，謙卑地抱著基督的死屍鼓著神氣傲然地匍匐。這正是出之於對經文的誤讀。保羅的信基督，造不在以色列君王範圍內的，拯救人類精神的基督，有神感動的因素，應是神運做了他的思維意識，他是為神的孕育之需確立基督和為神的產期除掉基督都有大做用的人物。〈哥多林前書〉中，保羅承認「我們現在所知的有限」，主張不固守於有限的所知：「等那完全的來到，這有限的必歸於無有了」。保羅用「我做孩子的時候」來說明「我如今知道的有限」（13:9—12），這使今天的基督徒沒法拿保羅所給他們的吩咐來抵擋神除掉基督。

從先知有的話裡可以聯想推測耶穌是基督，而神對此說：「至於先知，在他一切的道上做為捕鳥人的網羅」（〈賽〉9:8）。經文中耶和華的話是由先知們表述神的默示而來的，神的話需要先知傳達。由於神先前要孕育人屬神的精神，又要在末後把屬神的精神生產出來，所以才會既要利用先知給出神意，又有對先知的否定指責，以使生產之時不因服務於孕育時的先知的話語而誤事。

「我的怒氣向拜牛犢的人發做，他們到幾時方能無罪呢？這牛犢出於以色列，是匠人所造的，並不是神，撒瑪利亞的牛犢必被打碎」（〈何〉8:5—6）。這裡說的牛犢是對祭物羔羊的代替，做為贖罪羊的羔羊基督與被當做神的牛犢是一樣的性質。神不喜悅各樣的這類祭物，當然包括做為祭品的基督。信「神是一位」的獨一，好於「各樣的祭祀」（〈可〉12:32—33），各樣的祭祀，包括羔羊的贖罪祭，都不是好事，不信二主，信神獨一才是好事。不信「神是一位」，非要信神是二位三位，弄三個格再說一體，以神兒子做祭祀，這不是好事而是壞事。

人造的基督被當做上帝，上帝是你的丈夫，你卻接待「受膏者」基督，「因為你行邪淫離棄你的神」（〈賽〉9:1），用基督獻祭而和上帝做對，「因此，祭壇使他犯罪」（〈何〉8:8）。用基督給神獻祭而有的思想，與各家思想都隔隔不入，「現今在列國中，好像人不喜悅的器皿」（〈何〉8:8）。因基督而有的思想也試圖融於現代意識，可「他們投奔亞述，如同獨行的野驢」（8:9）。雖是野驢獨行，卻也在虛妄的自大中自樂自愉，但「他們的祭物，必如居喪者的食物，凡吃的必被玷污；因他們的食物，必不奉入耶和華的殿」（〈何〉9:4）。他們以為，不但因有基督的寶血而讓他們白白的免了罪，還因對此的信就稱了義；他們在教導人時都把這人的吩咐當做道理，他們的人數今已發展了二十多億，卻不能讓神的公義在世上興起；二方對立基礎上的叢林世界裡弱肉強食，這世界由他們標榜著愛而固守，金權對人類的統治在他們感性化的屬靈歡叫中合理地鞏固。

做為祭物的基督，由屬二的信神者們推舉到上帝的位置，可基督「必不奉在耶和華的殿裡」。〈以西結書〉中，耶和華所設的聖殿做了不准君王基督進入的規定：「耶和華對我說：『人子啊，我對你所說耶和華殿中的一切典章法則，你要放在心上，用眼看，用耳聽，要留心殿宇和聖地一切出入之處』」（44:5）。我們來看耶和華的聖殿設置和典章法則是如何規定基督不能進入的：「他又帶我回到聖地朝東的外門；那門關閉了。耶和華對我說：「這門必須關閉，不可敞開，誰也不可由其中進入，所以必須關閉。至於王，他必按王的位分，坐在其內，在耶和華面前吃餅。他必由這門的廊而入，也必由此而出」（44:1—3）。「誰也不可由其中進入，王按著位在其內，是位份上應在其內，但不可進入其內」。這是為什麼呢？因為若沒有王能在上帝面前吃餅這回事情，沒有在信徒的以為中與神同在的基督，基督教就不會產生和興起。上帝的孕育過程需要信徒有基督與上帝同在這樣的確認。而經文中，神入了聖地的東門，門就不可再開，只能關閉，基督不能真的進去。「在外頭廊前有木檻，廊這邊那邊都有嚴密的窗櫺和棕樹」（42:25—26），廊前有木檻，窗櫺嚴密，「王要從這門的廊進入，站在門框旁邊……在門檻那裡敬拜，然後出去」（46:2）。王即基督沒進殿，在門檻那裡敬拜後就出去，神殿裡沒有基督的位置，坐在神面前吃餅的事子虛烏有。殿和至聖所的門各有兩扇（41:23），至聖所和聖殿各有一個兩扇的門，王獻祭「當有人為他開朝東的門」（46:12），神已從東門進入，所以必須關閉，為來獻祭的王開門是虛。「在各個節期，國內居民朝見耶和華的時候，從北門進入敬拜的，必由南門出去，從南門進入的，必由北門出去……必要直往前行，從對面的門出去」。這是指外院的門說的。如此，基督、屬二的神民與神同在聖殿是虛謊。

神的聖所，基督不能進入；若把在門框旁邊強理解為進入，也是不許停留，神不與基督同住，現已通過經文認識清楚，基督只是神孕育中所需的一個用具性的東西。

10

經文中有對於預見中當今的描繪：「他們因君王和首領所加的重擔，日漸衰微」（〈何〉8:10）。一個被當做上帝的基督，因其本身有問題，所以積年累月，費盡口舌，萬千之嘴硬是說不清楚，講經的話語，經不住理性的質疑；其信要靠愚人來推廣，要靠自愚來維護。因為若講理，假神就立不住；誤讀者的不講理，會是出之於對神的捍衛，有著因其信神而調動起來的他自己精神中神性的支持，所以能很不講理卻不以為意；當發現了誰「敵基督」，對於他，「敵基督」本身就是錯誤，那也無須再聽你講什麼理。一方面對於所與之為二方的主，是自做謙卑的奴，一方面自負地把上帝做為維護其誤信的工具，用自己非圓化的意識來冒充完全的上帝；若不是像他那樣信主，他就判定為不信上帝；不同意他，就是不聽上帝，而他的上帝實質就是所信靠的基督。耶穌在耶露撒冷的賊窩之殿裡，趕出了做買賣的人們，「也不許人拿著器具從殿裡經過」。這說明，耶穌要拆毀那盜竊的即由誤讀經文而有的殿，三日之內再建起來的殿，那殿裡不再是和神做買賣，即給神獻祭物，唱頌歌與神做交易而得神的好處，不再是把經文做為維護誤信的工具。

神是包容天地的存在，何以給自個抹上膏油到信徒們這裡當起基督來呢？從神民們開始要立基督，神就說那是厭棄神做他們的王，神怎能自己來做基督呢？立王，造神化的基督，這是違犯獨一神誡命的犯罪，認基督耶穌是神自身的另一種形式，事情就成了神為自己的罪（二神的罪），讓自己的長子為其罪而死。不管屬二的神學怎樣辯護，神對基督耶穌是神兒子又是上帝的說法不同意：「我豈可為自己的罪過獻出長子嗎？」還說：豈可「為心中的罪惡獻我所生的嗎？」（〈彌〉6:7）豈可為二著的信徒們心中二神二主的罪惡獻由神所生的，即來之於神的耶穌嗎？若基督是三位一體的上帝，就成了神為其所認為的罪惡來把自己做為自己的長子給自己獻祭，這何等的荒唐和滑稽，又是多麼的不合情理！

人們心中的罪惡，是「他們心懷二意，現今要定為有罪」（〈何〉10:2）的罪惡。基督徒把基督耶穌推舉到神的位置，好滿足他們獻神聖的挽回祭，神聖的獻贖罪祭之要求，但耶和華說：「惡人的祭物是可憎的，何況他存惡意來獻呢」（〈箴〉21:27）。那惡意就是以他們的基督耶穌為神為救主，取消獨一神，惟一主，讓神的誡命被廢棄，所以其獻祭對於神是可憎可惡之事。

「道成肉身」，並不支援基督耶穌是上帝，那是對有肉身的人得道，得神的靈，其言行體現道，即體現上帝的比喻，並非道成了肉身的身體。道能被釘在木架上嗎？道可以被紮傷嗎？道能用裹屍布給裹上嗎？需要給道抹膏油嗎？而他們的基督當然是他們所認為的「受膏者」，把「道成肉身」理解成道成了肉身的身體，無疑是只看文字外貌的誤讀。

〈約〉八章二十六節，耶穌說：「你們舉起人子以後，必知道我是基督。」基督造成於人們的抬舉的舉起，舉起時借著神的名義。基督徒的基督生之於他們所認的童女，說是聖靈感孕，神把自己放在了童女的身體裡。舊約中有經文預見人造基督的事，來看這是怎麼個事：〈王上〉一章十三節，先知拿單給所羅門的母親拔士巴出主意：「你進去見大衛王，對他說：我主啊，你不曾向卑女起誓說，你兒子所羅門必接續我做王，坐在我的位上嗎？」這是對於瑪利亞使自己的兒子成為基督的影射，瑪利亞是用神的使者與她說的話做為耶穌是基督的憑據的。十四節，給所羅門母親出主意的拿單說：「你還與王說話的時候，我也隨後進去，證實你的話」。聯繫基督耶穌的來源，就知道這裡的「我也隨後進去，證實你的話」，的確是耐人尋味地傳達了神知的。神知道人造基督是怎麼坐在了大衛的寶座上：由基督徒所寫出的〈路加福音〉中寫道：「神要把祖大衛的位給他，他要做雅各家的王」（1:32），再由信徒們來認：「隨後有伊利沙白高聲喊：『我主的母到我這裡來』」（1:43），證實瑪利亞說神的使者說她生下基督的話。信徒們的基督，「這是從哪裡來的呢？」，是從那些尋找基督的博士而來，是憑他們說：「那生下來做猶太人之王的在哪裡？我們在東方看見他的星」（〈太〉2:2）；也從書中那天使向牧羊人（牧師）證實他所預言的基督而來，憑其所說的「為你們生下了救主，就是基督」（〈路〉2:11），基督就憑他們互相證實所說的話而有。

〈王上〉一章十六—十七節，在「書念的童女亞比煞正伺候王」時，所羅門的母親拔示巴向王屈身下拜，她說：「我主啊，你曾向婢女指著耶和華你的神起誓說：『你兒子所羅門必接續我做王，坐在我的位上』」。這是先知拿單加給大衛的話，拔示巴還在那話前添加了「指著耶和華你的神起誓說」，這讓大衛想否認都不行了，你向神起誓的話還能否認嗎？《使徒行轉》13:23節，使徒保羅說：「上帝已經照著所應許的，為以色列人立了一位救主，就是耶穌。」他這話就是對不允許別者為神、為救主的耶和華所做的強加。耶和華根本就沒說過立基督耶穌為神為救主的話，那是保羅出之於他和信徒們的意願說是上帝所應許的。先知與拔示巴合做，把所羅門造成以色列的王，是對保羅借著先知的話把耶穌造成救主的影性揭露，保羅的以謊言造救主基督，正是對神在先前知道以後事的證實。神所默示的拔示巴造基督的經文，讓我們感受到全知的真神。

〈王上〉一章是這樣開頭：大衛王年紀老邁，雖用被遮蓋，仍不覺暖。所以臣僕對他

說：「不如為我王尋找一個處女，使他伺候王，奉養王，睡在王的懷中，好叫我主我王得暖」。於是，「在以色列全境尋找美貌的童女，尋得書念的童女亞比煞……她奉養王，伺候王，王卻沒有與他親近」（3—4）。為什麼先要提到童女呢？接下來拔示巴把她的兒子造成基督的事件不是要由這童女讓人聯想到生基督的童貞女瑪利亞嗎？若把這童女換成使自己的兒子成為受膏者的拔示巴，這童女也就等於了生基督的瑪利亞。神知就以這象徵、隱喻形式的預言來向今人傳達。

童女生基督之說，來之於七十士對西伯來聖經翻譯的錯誤，原文是年輕成熟的女人，並沒有神跡的意思。〈多瑪福音〉中有這樣的話：「一個知道自己父親與自己母親的人將被呼為妓女的兒子」（3）。「將童子換妓女，賣童女買酒喝」（珥3:1,3）。這酒，應該是指由賣掉童女，即拋棄處女生子之事而得新思想說的。生神兒子的處女換做與丈夫之外的人生子的母親，出賣了聖母童女，耶穌不再是上帝到處女腹內化身為身體再出來的神兒子，而是精神上來之於神的精神之光，我們就得到耶穌從天而來，即從圓在之神而來的圓化思想，這也免除了處女能否懷孕生子的糾纏。

先知拿單等與拔示巴一起利用大衛，把所羅門基督給造了出來。〈王上〉一章三十—四十節：王對他們說：「要帶領你們主的僕人，使我的兒子所羅門騎我的騾子……祭司和拿單要膏他做以色列的王。你們也要吹角，說：『願所羅門王萬歲！』然後要跟隨他上來，使他坐我的位上，接續我做王。我已立他做以色列和猶太的君」。由拿單和拔示巴加給他的事，成了他所主張的事了。「耶何耶大的兒子比拿雅對王說：『阿門！願耶和華我主我王的神，也這樣命定。耶和華怎樣與我主我王同在，願他照樣與所羅門同在，使他的國位比我主大衛的國位更大』」。於是，「祭司撒督就從帳幕中取了盛膏油的角來，用膏膏所羅門。人就吹角，眾民都說：『願所羅門王萬歲！』眾民跟隨上來，且吹笛，大大歡呼，聲音震地」。這就讓拔示巴的私意以神的名義成就。這經文預表了人造的基督耶穌。

《王下》九章：先知以利沙叫了一個先知門徒來，吩咐他說：「你束上腰，手拿這瓶膏油……要尋找甯示的孫子、約沙法的兒子耶戶。使他從同僚中起來，帶他進嚴密的屋子，將瓶裡的膏油倒在他頭上，說：耶和華如此說：我膏你做以色列的王」（1—3）。耶戶就起來，進了屋子，少年人將膏油倒在他頭上，對他說：『耶和華以色列的神如此說：我膏你做耶和華民以色列的王（6）。他們說：「這是假話，你據實告訴我們」。回答說：他如此如此對我說。他說：「耶和華如此說：我膏你做以色列的王」（12）。他們就急忙各將自己的衣服鋪在上層臺階，使耶戶坐在其上。他們吹角，說：「耶戶做王了！」（13）這基督如此而有，是神以其神知象徵隱喻地預言耶穌怎樣的被制做成基督。

〈約〉12—16）節：「你的王騎著驢來了」，這些事門徒起先不明白。不但不明白所騎的「是從來沒有人騎過的」（〈可〉11:2）驢，標誌耶穌的專用驢；也不明白那是「他被埋葬好像埋驢一樣，扔在耶露撒冷的城門之外」（〈耶〉22:19）的終棄之驢；還不明白：耶穌的騎驢被當做基督稱頌，是為成就「你的王騎著驢來了」的預言而按排，萬歲的基督是由先知與信徒一起造出來。

當彼得對問他們「我是誰」的耶穌說：「你是基督，是永生神的兒子」，耶穌稱他「西

門巴約拿」，這稱呼的變化是有含義的；耶穌針對認他是基督、神兒子說：「乃是我在天上的父指示的」。讓信徒信耶穌是基督，出於神孕育屬神精神之需，使人認基督耶穌也是神意。在精神孕育的過程裡，需要有人來把「耶和華的器皿」扛起。現在，「你們扛台耶和華器皿的人那，務要自潔」（〈賽〉52:11），就是要把污穢的基督在心裡洗除。耶穌對說他是基督的彼得說：「我還告訴你，你是彼得，我要把我的教會建造在這磐石上，陰間的權柄不能勝過他」（〈太〉16:18）。陰為二，地二地方，耶和華問撒旦：「『你從哪裡來？』撒旦說：『我在地上走來走去，往返而來』」（〈伯〉1:7，2:2）。撒旦屬地，地二地方地為陰，陰間的權柄為二方。彼得是屬二信徒的代表者，教會是交給他的。「你是彼得」，你彼得以基督為主的教會，不是在耶穌所認的磐石上，那磐石是神本身，而「你是彼得」，你彼得是屬地為陰的。〈太〉十六章中，彼得對耶穌說出「你是基督，是神永生的兒子」之後，「耶穌對彼得說，『撒旦，退我後邊去吧！你是絆我腳的』」（23）。你是屬二的彼得，你的教會是二著的人信受膏君王即基督的，而「我要把我的教會建造在這磐石上，陰間的權柄不能勝過他」（18）。陰間的權柄是二方，地為二方，地不能勝過它本在其中的天。天包含一切，勝過二方，天乃圓在之圓。耶穌的教會所建立於的磐石是大而無缺，大象無形，完整完全的圓在之圓。

11

福音書中從幾個方面敘說基督的臨世：有看星占卜的傳言，有希律王的聽風查問，有夜間來到放羊人那裡報信的天使。看星占卜者們是尋找基督在哪裡降生，為基督降生於伯利恒造輿論；希律王查問：「基督當生在何處？」天使來說：「為你們生了救主，就是主基督」。認耶穌是神的兒子基督也有經文表面的一些根據，這是神的孕育之所需；當到了產期，就會看出經文中神否定那為救主的基督。

〈耶利米書〉中這樣說：「他們的君王，必是屬乎他們的，不是屬乎神的」（30:21）。神是不樂意神民立君王的，經文中神對耶利米先知說：「我今日使你與全地和尤大的君王、首領、祭司、並地上的眾民反對」〈耶〉1:18）。尤大的君王就是基督，神的話具有預言性質，有指示今人的信息：神要立起反對基督的先知。

福音書也成之於神運做了作者們的意識，所以作者們能在自己不知情中給出神的信息，傳達神意。經文中耶穌在幾個場合都沒承認瑪利亞是其母。有人告訴耶穌說他的母親來了，耶穌竟然說：「誰是我的母親？」他說：「聽了神的道而遵行的人，就是我的母親」（〈路〉8:21）。耶穌說了「誰是我的母親」？就四面觀看那周圍坐著的人，說：「看那，我的母親……遵行神旨意的人……就是我的母親」（〈可〉3:34—35）。瑪利亞被當做生了神兒子基督的聖母，並且是三位一體之一位上帝的聖母，這使神對於信徒們不能是獨一的神，這違犯神最要緊的誡命。所以耶穌把瑪利亞和遵行神旨意的人做了區分。耶穌沒有承認聖母的母親，〈路〉11:28節：他以「聽了神之道而遵守的人有福」，取消了人說的瑪利亞有福，從而否定了人所認為的聖母之母親。〈約〉二章四節，「耶穌說：『母親』（原文做「婦人」），我與你有什麼相干？我的時候還沒有到」，他母親對用人說：「他告訴你們什麼，你們就做什麼」。他所告訴的是：「我與你（聖母瑪利亞）有什麼相干？」基督徒們所認的

生了神兒子基督，也是生了一位上帝的聖母與耶穌沒有關係，那聖母在耶穌這裡不能成立。

耶穌所稱之的母親，（原文做「婦人」），在基督徒們那裡的聖母，對於耶穌是婦人，這是對聖母的直接否認。耶穌稱母親（原文做「婦人」），只在生身的意義上是母親，從人們所認為的聖母來說，對於他就是婦人。瑪利亞的親戚，施洗約翰的母親因「我主的聖母到我這裡來」而喊道：「你在婦女中是有福的」（〈路〉1:42），耶穌上十字架時，有他的母親在旁邊（〈約〉19:25），那麼耶穌背著木架赴死的路上，跟隨的「好些婦女」中應有他的母親，耶穌轉身對她們說：「因為日子要到，人必說：不生育和未曾懷孕胎的，未曾乳養嬰孩的，有福了！」（〈路〉23:29）這話是以曾懷孕生育和乳養了神兒子基督，生出一位上帝的瑪利亞無福，否定信徒所認的這聖母，也就否認了他是神兒子基督，也否定了基督耶穌是三個位格中一個位格的上帝。

〈約翰福音〉中，耶穌對門徒們說：「其實我不是獨自一人，因為有父與我同在」（16:32）。沒有門徒是與神與耶穌同在的，耶穌所召的都是罪人，「乃是召罪人悔改」（〈路〉5:32）。vanhom：教會一詞的希臘文原意就是「罪人的召集」。罪人罪在與神隔離，對神不認識。在神的孕期，人都是屬二即屬地的，彼得是屬二信徒的代表者，死後又來見門徒的耶穌對彼得說：「我若要他等到我來的時候，與你何干！你跟從我吧！」（21:22）屬二的信徒不認識耶穌，當然也沒有跟從耶穌，他們把耶穌認做基督；因耶穌對於他們是基督，基督就成為他們的師傅。所以經文中死後再現的耶穌才對做為信徒代表的彼得提出「你跟從我吧」的要求。耶穌傳道說：「天國近了，你們應當悔改」（〈太〉4:17），天國比喻圓化境界，人所應悔當改的是其不屬圓而屬二。

二著信神的人們所建的神殿將被毀。〈馬太福音〉中耶穌向門徒們預言說：「你們不是看見這殿嗎？我實在告訴你們：將來這裡沒有一塊石頭留在石頭上」（24:2）。門徒們就問：「什麼時候有這事，你降臨和世界的末了，有什麼預兆呢？」（3）預兆是：當讀出經文中的耶穌不是基督。耶穌知道：「那時將有好些人冒我的名來，說：『我是基督』」（5）。「這話預言了當著以經文說明耶穌不是基督，會有好些人要以耶穌的名義說耶穌是基督。事將到的時候」，對於那些以耶穌的名義，說耶穌是基督的，耶穌說：「你們要謹慎，不要受迷惑」（〈路〉21:8）。要謹慎地查清經文，不被迷惑；耶穌根本就不是受膏者基督，所以耶穌再來時，「若有人對你們說：『基督在這裡』，或說『基督在那裡』，你們不要信。看那，我預先告訴你們了」：基督哪裡都不在，哪裡都沒有。再來的耶穌在人的精神中到來，來到了人們精神中的耶穌已洗除了基督。基督是信徒們靈魂中獻祭的屍首，這屍首塗抹越來越厚的基督教神學。那神學和屍首一起構成二著的信徒們精神上食用的血肉。「屍首在哪裡，鷹也必聚集在那裡」，屬二的信徒是吃著這屍首，吃著這神學成長的。「看哪，你們的家成為荒場，留給你們（〈太〉23:38）。鷹比做信者，有二著的信者，還會有歸圓而不二的信者。耶穌說的要喝他的血，吃他的肉，在圓基礎上的信者們那裡，是對耶穌所說比喻話語的領會和接受。信圓在的神，「他用美物使你所願的得以知足，使人得之如鷹返老還童」（〈詩〉103:5）。人之所願的是得圓，神所給的，使「所願的得以知足」的美物，是能讓人求圓得圓的圓化思想。

耶穌不承認他是基督，基督徒就會因他的基督而在精神上死。靠受膏者享受神滋味，靠基督活得神氣有風彩的好些人會堅持說：耶穌說他是基督。這些人就是耶穌預言的：「冒我的名說：『我是基督』」。「有人談論聖殿是用美石和供物裝飾的」，那是耶穌預言要被拆毀的。當今基督徒們的聖殿，就是用他們以之為美的基督房角石和做為供物的基督屍體來裝飾的。對耶穌拆毀聖殿的預言，「他們問他說：『什麼時候有這事呢？這事將到的時候，有什麼預兆呢？耶穌說：「你們要謹慎，不要受迷惑，因為將來有好些人冒我的名來，說，『我是基督』」。耶穌說，那時有好些人說我是基督；又說，『時候近了，你們不要跟從他們』」（〈路〉21:5—8）。耶穌是說：當時候近了，「災難的起頭（「災難」原文做「生產之難」），末世災難竟然是「生產之難」！神的產期到了，「你們不要跟從他們」，就是不要跟從說耶穌是基督的人。無論誰借耶穌的名義說耶穌是基督，耶穌不允許！耶穌曾「禁誡」門徒，曾「切切地囑咐」：不可對人說他是基督（〈太〉16:20，（〈可〉8:30，〈路〉9:21），這正與抵制好些人說耶穌是基督的要求相一致。

耶穌被捕，他停止了傳神的道，不再掌握來自神的光明之權了，這時，「黑暗掌權了」（〈路〉22:53）。被舉起的基督成了信徒們所認定的擁有世界權柄的王。我們如今不再把耶穌認做基督，而是認做來自圓在之神的圓化精神之光，耶穌就榮耀了他做為世上的光，掌光明之權的名，就榮耀了光之源的神。「榮耀了我的名」的聲音從天上發出，「站在旁邊的眾人聽見，就說：「打雷了。」耶穌說：」這聲音不是為我，是為你們來的。現在這世界受審判，這世界的王要被趕出去」（〈約〉12:29:30）。現在這屬二的世界受審判，從世界趕出君王基督的雷聲響了，基督君王要從耶穌身上洗除，統治現實世界人心的金權之王，也會以人類普遍誕生為屬神精神的新人而完全滅除。

12

〈耶利米書〉三十二章三十三—三十四節，神說：「他們以背向我，不以面向我，我雖從早起來教訓他們，他們卻不聽從，不受教訓，竟把可憎之物設立在稱為我名下的殿中，污穢這殿」。稱為耶和華名下的殿中有可憎之物，那就是殿中別神的神像，不能是其它宗教的神像，不能是外邦人的神像，就是基督教的神像基督，正是基督耶穌被以神的兒子是神的理由，以神為世界立了救主的說辭，被抬進耶和華名下的殿裡。神所視為的神殿中「可憎之物」，就是二著的信徒所用來獻祭的基督。如同孕婦生產先要把污穢的養水排出，真正神聖精神的誕生，必須先要排除基督這污穢之物。

〈亞〉三章三—四節：受膏大祭司基督「約書亞穿著污穢的衣服，站在使者面前。使者吩咐站在面前的說：『你們要脫去他污穢的衣服』」。約書亞污穢的衣服，象徵著基督，基督是穿在耶穌身上的污穢之物。對此看不出，是思想的眼睛尚被遮住。〈太〉七章五節，耶穌說：「先去掉自己眼中的梁木，然後才能看得清楚」。這眼中的梁木，就是思維的二方基礎。要知人怎樣才能不二，即怎樣將眼中的梁木除去，就要歸回圓在之圓，從圓基礎出發，認識耶穌，認識上帝。

基督這「受膏者」並非神聖，而是罪孽。「耶和華說：到那時君王和首領的心，都要消滅」；「我說：哀哉！主耶和華啊，你真是大大地欺哄這百姓和耶露撒冷，說：『你們必得

平安，』其實刀劍害及性命了」（〈耶〉4:9—10）。「你一切的保障必被拆毀」，「將其中的母子一同摔死」（〈何〉10:14）。這些預言性的描述，是在宣告高高在上的基督的演出結束。「但你惱怒你的受膏者，就丟掉棄絕他」（〈詩〉89:38）。這已預示基督將被神所棄。

〈撒下〉一章中，第一個受膏君王掃羅在他的戰車上請求大衛的僕人說：「請你來將我殺死」。這僕人向大衛報告時說：「我准知道他撲倒必不能活，就去將他殺死」。這是對基督命運所做出的預示。《代上》十章中：身為基督的「掃羅被弓劍手追上，射傷很重，就吩咐拿他兵器的人說：『你拔出刀來，將我刺死』」（3—7）。當今拿基督兵器的人是基督徒。〈路加福音〉中耶穌說：「意思乃是隱藏的」（9:41），「所以你們應當小心怎樣聽」（8:18）。今天拿基督兵器的信徒，要你們親手來把因誤讀經文而誤信了的基督刺死，能如此，則意味著真正靈性的複甦。

基督徒今天當小心聽懂《舊約》中這裡隱藏的意思：「但拿兵器的人甚懼怕，不肯刺他。掃羅就自己扶在刀上死了；拿兵器的人見掃羅已死，也扶在刀上死了。」這樣，掃羅和他三個兒子，並他的全家都一同死亡（《代上》10:4—6）。基督徒不敢在精神上殺死基督，基督也要自己死在他們的兵器上，他們要與之一同死亡，當然這是為精神上的重生。第一個基督之死，象徵、預言了貼在耶穌身上的基督之死，在人的心裡死掉而除去。基督掃羅末日之事，有深意隱藏，對這裡隱藏的意思深思細想，就知道向著今天基督家的雷已響，雨已降，到了「收割的時候」，「就是動手割麥子」，要「將稗子薅出來」的時候。

耶穌說：「你們豈不說：『到收割的時候還有四個月』嗎？我告訴你們：舉目向田觀看，庄家已經熟了（原文做「發白」）可以收割了」（〈約〉4:35）。到了將麥子和稗子區分開來，將稗子除去的時候了。所說的庄家之熟，比喻精神之胎的成熟，這成熟表現於已不能再以胎性精神存在下去。基督教走過近兩千年的歷史，如今它一方面升騰著擴張佔領整個世界的願望，一方面已沒有了改變世界的精神氣力，越來越是對於世界的依附，他們所認的上帝，無奈於這個世界的霸權主義，拜金主義，對嚴重困擾人類的著如恐怖主義，核武器等問題無能為力，它已然老化，內在的需要脫胎換骨，這即是胎性精神的成熟，這與當今危困中的現代精神一起構成需要脫胎而新生的胎性精神的成熟。

耶和華說：「你曾求我給你立王和首領」，立為王的基督從古到今是違反上帝誡命的事情；「我在憤怒中為你立王，又在裂怒中將王廢去」（〈何〉13:11）。〈但以理書〉九章十九節，「並膏至聖者」（「者」或做所）應是預言人們心中的聖所得圓在之神的靈而罪惡消除，彰顯圓化之永義。在神的孕期，這被認做膏立耶穌為基督，事實也正是如此。而「那受膏者（那或做「有」），必被翦除，一無所有」）（9:26）。〈以賽亞書〉14:13—15節，神預言了比之於神的基督：「你心裡曾說：我要升到天上，我要高舉我的寶座在神眾星以上……我要與至上者同等。然而你必墜落陰間，到坑中極深之處」，而不是三位一體。〈耶利米書〉告之：「你們要對君王和太后說：你們當自卑，坐在下邊。因你們的頭巾，就是你們的華冠，已經脫落了」（13:18）；「造香柏木樓房」的王將被埋葬；「也不為他舉哀說：「哀哉！我的主」；或說：「哀哉！我主的榮華。他被埋葬好像埋驢一樣」（22:18:19）。

認基督為救主，以假神取代耶和華，「你們耕種的是奸惡，收割的是罪孽，吃的是謊話的果子」。因二著不認識神而不依靠神，「因你依靠自己的行為，仰賴勇士眾多」，但是「到了黎明，以色列的王必全然滅決絕」（〈何〉10:13—15）。

《馬可福音》中，「將來有好些人冒我的名來，說『我是基督』，並且要迷惑許多人」（13:6）。冒耶穌的名，說他們是耶穌的信徒，說耶穌是基督，這樣的人正是基督徒。他們認耶穌是基督，冒耶穌的名，說他是基督。基督是教會的頭，信徒是基督的肢體在地上的行走，他們認自己在基督裡，信基督在他們裡，這許多人，都說耶穌是基督，也都冒充信耶穌；他們都認自己在基督裡，基督在他們裡，他們各個都分有基督而各個是分身了的基督，就在以其所信，說「我是基督」。當理性地知道耶穌不是基督，也就會對耶穌說的「要迷惑許多人」的「好些人」，在理性上清楚。有基督徒不理采這裡對他的揭露而繼續其行走，那已是赤身裸體，其二已完全顯露，經文中預言了他們的基督被眾人所嘲笑羞辱。

第三章　讀經為何有大誤

01

耶穌說的「他們將人的吩咐當做道理教導人，拜我也枉然」的他們，指的是在新約中把他們人的吩咐當做道理教導人的使徒，門徒們，保羅，彼得等人的吩咐是被當做道理編在新約中教導人的；後來以至當今把人的吩咐當做教導人的道理的牧師，傳教的信徒們也都包括在其中。為什麼把人的吩咐當做道理就不行呢？因為在神的孕育期，信神的也是不認識神的人。人一思考，上帝就發笑，是因屬二的人不能與神一致，要在根本上違背神。

經文中有神的道理，有耶穌源自上帝的道理，為什麼不被讀經的信徒們把握呢？因為人在二方基礎上對神的話，耶穌的話不能正確解讀，不能明白真實意思而不能得到屬神的道理。

在信神的人那裡二方離圓，他的思維意識與圓在的神以二方之方框相隔離，他是按著屬二的意願信假神，那神是他對方的一方，那神不能完全，屬於他本不完全的思想。他在離神中信神；所與之親愛的是別者而不是神，為妻子但不認識丈夫，精神與不是丈夫的別者親近，這就是經文中說的淫心。「因為他們的淫心使他們失迷，他們就行淫離棄神，不守約束」（〈何〉4:12）。神的最大最要緊的誡命是獨一的神，淫心讓信神的人不守約束，認三神二主。不在乎神的意思，看重他們人的吩咐。

《帖後》中就說：「我們靠主深信，你們現在是遵行我們所吩咐的，後來也必要遵行」（3:4）。這是憑靠二著信主之深信，他們這些人的吩咐才做為了道理，讓信徒們必須遵行，不但現在遵行，以後，無限期的後來也要遵行他們人的吩咐，這樣，人的吩咐就堂而皇之的做為了要求人們永遠遵行的道理。保羅說：「我們奉耶穌基督的名吩咐你們：凡不遵守從我們所受的教訓者，就當遠離他」（3:6）這是說：他們人的吩咐奉耶穌基督的名，信徒都要遵守他們所理解的經文，經文在他們的理解中不是耶穌和神的本意而成為他們人的吩咐，他們的群夥只要接受他們吩咐的人。他們聚籠聽他們吩咐的人，要求他們再去吩咐、教導人。「你要吩咐人，也要教導人」（《提》4:11）。

耶穌說的「他們將人的吩咐當做道理教導人，拜我也枉然」，說清了不能把人的吩咐當做道理，因為人在迷宮裡，對真道真理不明。非要把人的吩咐當做道理去教導人，再怎麼拜耶穌都沒用。因為這人屬二而是惡人，神不與惡人同居，他們處方框為「囚」，與神隔離，對神的默示，對耶穌體現神意的話語聽不懂；錯行判斷，謬解默示，把耶和華、耶穌的話納入他們人的與神相悖，也與耶穌根本不一致的思想意識，形成他們人的吩咐，當做教導人道理。耶穌在他們那裡是基督，是二著所認的主僕二方的主，他們所信的是基督，耶穌思想的來源即上帝則被廢置，只是虛名而已。他們這些人之所以如此，是因只從外貌上看經書，看不懂所隱藏的意思，才對神的默示，對耶穌的話語理解有大誤。

大誤中認「基督是教會的頭，他又是教會全體的救主」（《弗》5:23）；《歌羅西書》中人的吩咐：「基督是我們的生命」（3:4）；「總要心存誠實的敬畏主」（3:22），「你們所侍奉的乃是主基督」（3:24）。在這些人的吩咐中，耶和華神對於他們是束之高閣的虛名，基督是他們信仰的中心；神只為他們信基督所用，以致拜基督為神。「那在基督裡死了的人

必先復活（《帖前》4:16）「我們若與基督同死，也必與他同活」（《提後》2:11）。他們死活都是基督的人。「勸僕人要順服自己的主人」（《多》2:9），為僕者當然要順服他們的主基督。於是，耶和華不願意立基督的話，他們公然廢棄；耶穌不許把人的吩咐當做道理教導人，他們完全不在乎，根本不聽耶穌的這個吩咐。他們把基督當救主，當神，讓他們人的吩咐被當做道理推行。

耶穌說的「因為這是我立約的血，為多人流出來，使罪得赦」（〈約〉6:），所說的那血，是比喻思想精神，不領會這比喻，就能誤讀成「藉著耶穌在十字架上的流血，來擔當了我和大家以及全人類的罪」（希伯來書9:25—26）。就把耶穌所說立約的血直接等同於木架上的屍體所流的血，就認為：「耶穌的血也洗淨了我們一切的罪」《約一》1:7）。精神意識屬二的罪，怎能用別人身體中的血洗淨呢?說「耶穌獻了一次永遠的贖罪祭，就在神的右邊坐下了」（《來》10:12），就是神兌現與人所立的約了，豈不知神之右是虛；以神之右來行人的吩咐，這正是受膏者的膏油之「油蒙了心」的「心蒙脂油」（〈詩〉119:70）。他們以為有了神右邊的基督，就可與神立約免罪，永生不死，這對經文的理解，明顯的不合理，神不會允許：「你們與死亡所立的約必然廢掉；與陰間所結的蒙必立不住」（〈賽〉28:18）。

〈撒上〉11:2節，亞捫人拿轄對已經有了掃羅基督而要求立約的以色列人說出不使他們入死的立約前提：「你們若由我剜出你們各人的右眼，以此凌辱以色列眾人」。為什麼要剜各人的右眼呢?此經文含有預言性的信息，這信息與二著的信徒們各人都看見神的右邊有他們的一個主相對應，這信息與信徒都二著看見與神並立，也算是一位神的基督相聯繫。有了所以為的神右邊的支持，就有了《約一》中人的如此吩咐：「神的命令就是叫我們信他兒子基督的名」（3:23），神在哪裡這樣命令了呢？經文中找不到神的這樣命令，神沒這命令，這是把人的吩咐稱之為神的命令。說「父差子做世人的救主」（4:14），也是在以神的名義說出屬二之人的意思，完全是對經文的誤讀。耶和華說的是：「除我以外並沒有救主」（〈結〉13:4）。他們的主基督，因為說是神使童女有孕而算由神所生，因為神兒子基督在神的右邊那也就是神；有了對於認做神的基督耶穌之信，也就無須問耶穌是誰？什麼是神？這樣，就由他們說基督是神，再說基督能使人得什麼好處，他們人的吩咐就成了神的旨意。因為其人屬二不能認識神，因為讀聖經不按比喻，不按謎語來讀，對神的默示和耶穌的話聽不真懂，不得神的道理，才把人的吩咐當做道理冒神的名來教導人，這是即有的神學有大誤的又一個原因。

基督教把他們的神學也編入了聖經，將人的吩咐當做道理教導人，那是不聽從而對抗神，違背耶穌的錯經。當信徒聽到有人解經與他不同，就會提起「啟示錄」關於經文不可多一字少一字，而他們的經文不許女子講經，就被他們主動的在實際中刪去，經文中守律法不能吃豬肉，他們就用保羅所說的話給實際的減了去。由於讀不懂經文的精義，經文對於他們不能是全面貫通的整體。一慣不得真理，也就習慣於不講理，不誠實，習慣於在感性化中精神陶醉，甚致歇斯底里；還要以被聖靈充滿的名義，欺人與自欺。

「耶和華論到尤大王的家如此說：『我必使你變為曠野，為無人居住的城邑。我要預備行毀滅的人，各拿器械攻擊你，他們要砍下你佳美的香柏樹，扔在火中。因離棄了耶和

華他們神的約，侍奉敬拜別神』」（耶22:6—9）。神民們的別神就是基督，基督就是香柏樹。「你這住黎巴嫩在香柏樹上搭窩的，有痛苦臨到你，好像疼痛臨到產難的婦人。」（耶22:23）；「尤大王雖是我右手上戴印的戒指，我憑我的永生起誓，也必將你從其上摘下來。並且我必將你交給索你命的人」（耶22:24）。所說的索命是要除掉基督，所說的產難指向人的新生。

「悖逆的人啊，心裡要思想。你們要追念上古的事，因為我是神，並無別神；我是神，再沒有能比我的。我從起初指明末後的事」（賽46:8—10）。末後的事：「我必將尤大王西底家和他的首領……都交出來，好像那極壞，壞得不可吃的無花果。我必使刀劍、饑荒、瘟疫臨到他們，直到他們從我所賜給他們和他們列祖之地滅絕」（〈耶〉24:8—10）。列祖之地是離圓在之圓的二方，二方基礎上的人滅絕，就是在根本上改變了人類，也就是人脫胎換骨地改變屬二的自我。當人還沒能改變他的二方基礎，讀經必有大誤。

02

對經文的誤讀，看的不是用比喻說出的謎語，不是用比喻說出的隱藏之事，所看的是外貌上的文字，這就由確認耶穌是神的兒子，以神所生的就是神，確定神的三位一體；這就給耶穌貼上基督，以基督耶穌為以色列人所盼望到來的彌賽亞救世主，並且說他們的基督是解除人類之罪的拯救精神的救主。這樣，基督成了上帝、救主；如此，信基督就是信神，信神就是信基督；這樣，一個神化而不可動搖的偶像，掛於交叉的木頭，立於信徒的心頭；如此，耶穌、耶和華都不被認識，都被做為用來固定偶像基督的用具。

使徒保羅是基督徒們實際上主要的餵養者，他從經文中拿來由他的誤讀所做成的食物。保羅在《羅馬書》中說：「必有一位救主從錫安出來，要消除亞各家的一切罪惡」（羅11:26）。他由此確認他們的基督就是從錫安出來，要消除神民們一切罪惡的救主，認定他們的得救，在於信基督：「因為他一次獻祭，便叫那得以成聖的人永遠完全」（來10:14）。信由抹膏油而有的基督，不但一切的罪由信而免，還得以成聖，永遠完全。其實，保羅這句引自〈以賽亞書〉的話：「必有一位救主從錫安出來，要消除亞各家的一切罪惡」，是對原文的明顯篡改。來把原文看一下：「必有一位救主來到錫安、雅各中轉離過犯的人那裡，這是耶和華說的」（〈賽〉59:20）。是必有一位救主來到轉離過犯的錫安、雅各中人那裡。沒轉離過犯的信徒是屬二的惡人，神不與惡人在一起（「惡人不能與你同居」）；人屬二，就不與神同在。轉離過犯的人，即不再二著的人，神才會在他們之中。神的來到與人的悔改是一個整體性的事情。按保羅篡改的經文，他們無須悔改，沒什麼可悔可改。只要信了基督，就已得救；必有救主出來，他們信救主基督，信基督的一次獻祭；如此，必出來的救主，就成了他們所認定的基督；他們認定有了那基督的血，就將他們一切的罪洗除；他們的信神、信耶穌，就是這樣的信基督，就是信這樣的基督，並沒有悔改的事。如此，他們信了基督就已因信稱義，有了對基督救主之信，就自以為得到真理的聖靈而擁有真理。現在知道對基督之信，原來是依謊言而建立，基督教神學形成於對經文在根本上的誤讀。

保羅為什麼引經卻不照著引，而是按自己的意思改動呢？因為傳基督是他們先定的，他為讓人們信基督到經文中找根據，就把經文的話給引誤了，這明顯的一誤，竟然這麼長久的在《聖經》裡誤著，這說明編在聖經中的使徒、門徒們的通信，並非真經，也可見「這百

姓油蒙了心」（〈太〉13:15），這也是「要使這百姓心蒙脂油，耳朵發沉，眼睛昏迷……（〈賽〉6:9——10）的神意使然，是神的孕育之所需。神說：「這等人揀選自己的道路，心裡喜悅行可憎惡的事，我也必揀選迷惑他們的事」（〈賽〉66:3,4）。精神孕育期，神民們要處在二方框的子宮裡，神揀選了能迷惑住他們，能使其胎性精神在子宮裡成長的基督；迷惑住他們的，也就是屬二的信徒所需要的，能蒙心的受膏者的膏油。

保羅讓人按照他的吩咐信教，總要尋求經文的支持。在《羅馬書》中，他引用〈以賽亞書〉中的話，做為他把自己的吩咐當做道理教導人的根據。所做的引用是：「如經上所記：『必有一位救主從錫安出來，要消除亞各家的一切罪惡。』又說：『我除去他們罪的時候，這就是我與他們所立的約』」（《羅》11:27注1注2）。注解1注明了所引的是〈以賽亞書〉五十九章二十節，注2所引的是二十七章九節，在同一本《聖經》的「以賽亞書」裡查證一下，與保羅的所引根本不同，其原文是：「必有一位救主來到錫安、雅各中轉離過犯的人那裡，這是耶和華說的」（59:20）。「雅各的罪孽得赦免，他的罪孽得除掉的果效，全在乎此：就是他叫祭壇的石頭變為打碎的灰石，以致木偶和日像不再立起。因為堅固城變為淒涼，成了撇下離棄的居所，像曠野一樣」（27:9,10）。以保羅的引用，當救主基督出來，以在祭壇交叉之木上所流的寶血消除了神民的一切罪惡，這就是神與信徒們所立的約。以保羅的這個引經，基督的寶血洗除人的一切罪惡，是神所約定的，於是，人的這個吩咐成了神的旨意；把人的吩咐當做道理教導人，無愧無悔，堂而皇之，不容質疑，並且也編入了經書；不但與神的默示和耶穌的話語一起神聖，還取而代之。

保羅所誤引的「耶和華說的」，原來耶和華是說救主來到轉離過犯的神民那裡。人的罪過是因不認識神而屬於了離神的二方，當人轉離過犯不二而歸神了，神就對於人來到了。「耶和華說的」，不是基督從錫安出來，不是祭壇上基督屍體的血把人的罪洗除，沒說立這樣的約。保羅的引用，是他按自己的意思所做的完全離開原意的歸納，是為了讓他們的基督之信罩上神光而篡改了經文，耶穌說殿「成了賊窩」，具有預言性，所拿走的不是所給的，拿走了所沒給的，就是賊了；耶穌說殿「成了賊窩」，與舊約中所預言的能將偷盜竊者全都除滅的「飛行的書卷」，是對應的，今天還由基督教神學餵養著的屬二信徒，是思考自己的脫胎重生，還是做賊面對公眾？是以誠實改正自己，還是面對神把賊心堅持著，這需要做出抉擇。

「雅各的罪孽得赦免，他的罪孽得除掉的果效，全在乎此：就是他叫祭壇的石頭變為打碎的灰石，以致木偶和日像不再立起。因為堅固城變為淒涼，成了撇下離棄的居所，像曠野一樣」（〈賽〉27:9）。耶和華這裡說的是：雅各即神民的罪孽得赦免，其罪孽得除掉的效果，就是做為「活石」的人改變了自我（基督徒都自稱是聖殿活石），讓祭壇的石頭變為打碎的石灰，使木偶日像之偶像不能再立。屬二之罪的免除與屬二之人的精神保壘被粉碎，是其二著所信的偶像基督被摧毀。這就讓祭物基督的堅固城現出是被神棄離的所在，曠野般的淒涼。耶和華的話具有預言性，今天的基督徒當思索，當警醒，正視要除掉基督的真神、活神。須知耶穌說的你們要吃我的肉，喝我的血，免罪得永生的話是比喻，是象徵，不可再以著對經文的誤讀，拜著他們的基督在木頭上掛著的屍體，為私欲而喝血吃餅，不可再以著保羅引經文所犯的錯誤沉醉其中。

03

基督徒吃基督的肉，喝基督的血，是以「聖餐」上的吃餅喝杯來吃肉喝血，也包括用意識去吃肉喝血。他們這是為免罪，為永生，為有基督的生命。他們吃基督的肉，喝基督的血，有他們所看到的經文根據，那根據是：

耶穌拿起餅來，祝福，就擘開，遞給門徒，說，『你們拿著吃，這是我的身體』。又拿起杯來，祝謝了，遞給他們，說，『你們都喝這個。因為這是我立約的血，為多人流出來，使罪得赦』」（約6:56）。又說：「我實實在在地告訴你們：你們若不吃人子的肉，不喝人子的血，就沒有生命在他裡面。吃我的肉，喝我的血的人就有永生」（〈約〉6:53）。

只從字面上讀這經文，不把耶穌說的吃他的肉，喝他的血當做比喻接受他的思想和得到他的精神來讀，就讀成了真的吃肉喝血的事情，因為不能實際的去吃，就以吃餅來替代，「擘開的餅，豈不是同領基督的身體嗎?」（林前10:16）喝血以喝杯中物代替，或在心裡頭喝，這就讓信仰有了濃重的迷信色彩。

基督徒為了得到永生之生命，而以吃餅喝杯來吃基督的肉，喝基督的血來吃他們所認的神兒子耶穌的生命，神對此怎麼看呢?耶和華神說：「惟獨肉帶血，那就是他的生命，你們不可吃」（〈創〉9:4）。「只是你要心意堅定不可吃血，因為血是生命」（〈申〉12:23）。「凡活著的動物都可以做你們食物。這一切我都賜給你們，如同菜蔬一樣」（〈創〉9:3）。吃動物避免不了血肉，動物的肉就帶血，神讓人以動物為食，但又說血肉不許人吃，那麼所不許人吃的並不是具體的血肉，而是精神生命。若以基督血肉的身體為精神的糧食來吃，神不許吃，「不可吃血」是說得明明白白的；若是以吃血來吃耶穌的生命，神對此說的是：「那就是他的生命，你們不可吃」，「只是你要心意堅定不可吃血，因為血是生命」。耶和華的這話似專為吃耶穌血肉之事而說的，申命記十二章二十五節：「不可吃血」這句經文，是前後都為句號的單獨一句話，沒什麼可說，就是「不可吃血」！你辯解吃肉喝血是吃進耶穌的生命，神告訴你生命不可吃。耶穌的生命不是你可以吃來的，不聽耶穌的話，怎麼能有耶穌的生命呢？耶穌讓人全心全意的愛神，神不讓你們吃血肉，你們偏要吃，這怎麼能是全心全意愛神呢？你們辯解說，你們的吃血肉，是對吃耶穌生命的比喻，神用比喻告訴你們：「不可吃血，因為血是生命」，「那就是他的生命，你們不可吃」。

耶穌讓人吃他的肉喝他的血，是比喻要聽耶穌的話：「叫人活著的乃是靈，肉體是無益的。我對你們所說的話就是靈，就是生命」（〈約〉6:63）。由聽耶穌的話形成對耶穌思想精神的領會和把握，讓耶穌的思想精神在你裡面活著，這才是耶穌用比喻說的吃他的肉，喝他的血。可人二著，聽不懂耶穌所吩咐的。耶穌說：「神的第一要緊的誡命，就是神是獨一的主」，而二著的信徒們把所認的基督耶穌當做神，當做主。耶穌強調神是一個，「夫子說，神是一位，實在不錯，除了他以外，再沒有別的神」（〈可〉12:32）。以基督耶穌為神為主，這就信了二神、二主，這就違背上帝、耶穌。認基督是神是救主的所有理由，都是人的吩咐。信耶穌當聽耶穌的話，當接受耶穌來之於神的思想精神，而不是喝他的血，吃他的肉。

〈耶利米書〉十六章，「耶和華如此說：「他們必死得甚苦，無人哀哭，必不得葬埋。必在地上像糞土，必被刀劍和饑荒滅絕」（3—4）。刀劍是指對基督教神學的批判，饑荒是因舊有神學不能再是思想的營養，理論的殺伐與精神的饑荒一起來臨。「你將這一切的話指示這百姓，他們問你說：耶和華為什麼說，要降這大災禍攻擊我們呢？我們有什麼罪孽呢？」你就對他們說：「因為你們列祖離棄我，隨從別神，侍奉敬拜」（10—11）。耶和華的神民隨從別神，侍奉敬拜別者為神，那別者就是基督，從神民百姓要求立王，耶和華就知道他們要以基督為神的傾向，神說：「他們是厭棄我做他們的王」（〈撒上〉8:7），「而且你們行惡比你們列祖更甚，因為各人隨從自己頑梗的噁心行事，甚致不聽從我」（〈耶〉16:12）。說你們更甚，這在於，你們不但立了王，有基督，還公然拜基督為救主上帝，更有一堆堆，一片片謬解經文的神學理論。

「你們從列國逃脫的人，要一同聚集前來。那些抬著雕刻木偶，禱告不能救人之神的，毫無知識。誰從古時指明？誰從上古訴說？不是我耶和華嗎？」（〈賽〉45:20—21）你們舉起基督，是為了以交叉木頭上的「贖罪祭」讓你們白白的得著，滿足各人免罪而永生的私欲。雕刻的木偶就是指掛在木頭上的基督。「飛鳥有窩，狐狸有洞，人子在世上沒有枕頭的地方」（〈太〉8:20），這是不讓人把「世上的光」的他視為具體肉體的具像。耶穌所去的也不是具體的地方，做為「世上的光」，他以其離世回到光源即上帝那裡，木頭上的偶像不是精神性的耶穌而是屍體的基督。拜基督就是拜偶像，神說：「因我的眼目查看他們的一切行為，他們不能在我面前遮掩，他們的罪孽也不能在我面前隱藏。我先要加倍報應他們的罪孽和罪惡，因為他們用可憎之屍玷污我的地土，又用可厭之物充滿我的產業」（〈耶〉

16:18）。這說的「他們」是誰呢？就是基督的隊伍。他們信了基督再去看經文，已經先入為主；他們讀經文，就是為傳基督服務，這就一誤再誤。認基督為神為救主，以這可憎之屍，可厭之物，違犯耶和華的獨一神的最要緊的誡命，這是最要命的錯誤。

「你這受死傷行惡的以色列王啊，罪孽的盡頭到了，受報的日子已到。主耶和華如此說：當除掉冠，摘下冕，要使卑者升為高，使高者降為卑。我要將這國傾覆，傾覆，而又傾覆，這國也必不再有」（〈結〉21:25）。基督的家業無論有多大，它是由人對經文的誤讀而來的。「誤」字是「言方框下有天」，其信息是說方框遮擋著天，誤讀經文之「誤」，由言字旁和口天的「誤」字說出：誤在方框囚著人，讓人與天即神隔離。這也正是神在做人類新精神性的孕育，讀經文不能讀懂這個孕育的謎語，就是人尚在神所設的迷惑裡，其所讀必有其大誤。

「受死傷行惡的以色列王」，是對「罪孽的盡頭到了」時的基督而言，信徒當做上帝救主供舉基督的「受報的日子已到」。行惡的以色列王受死傷，在交叉的木頭上死後身體被紮傷，經文是對實有事情發生的記述也是預言；迷惑中的信徒違犯神的誡命之行惡，是因拜著木架上受死傷的基督，這是經文向今人傳達的神知。

耶穌「又拿起杯來，祝謝了，遞給他們，說，『你們都喝這個。因為這是我立約的血，為多人流出來，使罪得赦』」（約6:56）。「你們都喝這個」，是僅限於你們信徒來喝耶穌的血，這是為罪得赦而立約的血。屬二的原罪是所有人的，不只是你們信徒；耶穌要你們喝的血是為你們多人流出，不是為全人類的贖罪而流；耶穌捨命，「做多人的贖罪」，這多

人不是全體人，就是二著的信徒們，耶穌擔當基督為滿足信徒們的要求而在木架上受死；神民屬二的罪，拜基督為神為救主的罪，以耶穌的流血身死而贖。贖罪祭，挽回祭是象徵、比喻，是象徵、比喻改變人的離圓屬二，從「方框」裡出來，回歸於圓在之圓。耶穌讓信徒喝為他們而流的血，是讓他們知罪而悔改，除去基督，不再拜二神二主；人不再屬二，而是屬圓在之圓了，罪便得赦。而基督徒若要不再屬二，必須先除去基督，對於信徒，耶穌在木架上的血，就是為此而流，因為他要應合屬二信徒們的要求來擔當受死的基督；十字架上的耶穌，是來自神的光，回歸於光源的上帝，是向所有的人做歸圓的昭示。不如此來讀，所讀必誤。

耶穌為公義流出的血，二著的信徒卻為自個的白白免罪，白白得永生的私欲而喝，這麼多年一直這麼喝，還禱了許多的告，唱了不少的歌，天天的喜樂；現在該知道，耶穌為什麼預言「你們將要痛哭、哀號」（〈約〉16:20）了。

04

經文中神的話，有象徵性、比喻性，是以具體實際的事說精神領域的事；有謎語性、預言性，因為要為神的孕育「封閉你們的眼，蒙蓋你們的頭」（〈賽〉29:10）所用，也服務於神所做的「奇異的事」和「非常的工」，為神的生產所用。

神的話常以象徵表達，以比喻說出，比喻總是以此喻彼，象徵是借用某種具體形像的事物暗示特定的人物和事理；神的話常含有預言，是在說著謎語，所以讀經總要從經文中的那時的那事，觀照後來之事，總要接收啟示，把握整體。「所以耶和華論到尤大王約雅敬說：『他的後裔中必沒有人坐在大衛的寶座上，他的屍首必被拋棄』」（〈耶〉36:30）。神說約雅敬尤大王的後裔無人坐大衛的寶座上，違背神的基督徒卻信約雅敬尤大王的後裔耶穌是大衛座上的基督，這是由他們人造出來，經雕刻後加在耶穌身上的基督，這基督又被雕刻成三位一體的上帝。「雕刻的偶像，人將他刻出來，有何益處呢？鑄造的偶像，就是虛謊的師傅」（〈哈〉2:18）。耶穌對門徒說：「只有一位是你們的師尊，就是基督」（〈太〉23:10）。基督徒以基督為師，就是因其誤讀經文所得的帶有虛謊性的知識，讓虛謊做為他們的師傅。經文中耶穌是尤大王約雅敬的後代，神說雅敬王的後裔中「沒有人坐在大衛的寶坐上」，而耶穌卻被確認為坐在大衛寶坐上繼續大衛王位的基督，所以這基督就是虛謊性的東西。以耶穌不是瑪利亞與耶穌父親約瑟所生來辯解沒有用處，約瑟是大衛的後人，把耶穌認做基督，就以他是大衛的後代做為根據。那根據是因對經文誤讀而有：「耶和華說：日子將到，我要給大衛興起一個公義的苗裔，他必掌王權」（〈耶〉23:5））「掌王權」是比喻，比喻掌精神上的光明之權。若不按比喻來讀，就以誤讀而把神置於在矛盾裡。

用比喻說話的經文，不按比喻來讀就讀不通；象徵性的經文，不以象徵性來讀就讀不懂；在二方基礎上讀經文中的比喻，意識不到二方基礎的問題，也是讀不通，讀不懂。「所以地被詛咒吞滅，住在其上的顯為有罪」（〈賽〉24:6）。這在於地為二方，地在人這裡離天，即二方在人這裡離圓在之圓，這正是人的原罪之罪。神說：「地滿了行淫的人」（〈耶〉23:10），「這地大行淫亂，離棄耶和華」（〈何〉1:2）。地為二方，屬地的人屬二，屬二的人信神卻不能認識神，神比做夫，妻由於不認識夫，所接待的是假神，所以都是行淫的人。

當今二著的信徒接待君王，把耶穌當做基督，把基督當做神，當做救主，按自己的需求造偶像，再顯謙卑聽從偶像，即自己二著信神的心。「君王要向他閉口。因所未曾傳與他們的，他們必看見；未曾聽見的，他們要明白」（賽52:15）。現在我們明白：地為二方，經文中的這地，表人的二方基礎。在此基礎上信神，必會背離神而「行淫」，因為人二著不能認識不在二方框架裡，而是充滿天地的神。信神卻不認識神，就要以別者為神，就要接待偶像，「和石頭木頭偶像行淫」（〈耶〉3:9），和祭壇的石頭，和交叉的木頭行淫。所說的行淫，是比喻信神的人在心裡接待假神。對偶像的雕刻不只是指雕刻具體之物的形象，更是確立偶像的思想理論。新約時代所雕刻的偶像，就是交叉之木上掛起的基督。他們所行的道是惡的，「連先知帶祭司，都是褻瀆的，就是在我的殿中，我也看見他們的惡」（〈耶〉23:11）。在人所建的神殿中，所看到的是拜祭壇上偶像基督的惡。「我的民求問木偶，以為木仗能指示他們；因他們的淫心使他們失迷，他們就行淫離棄神，不守約束」（〈何〉4:12）。以木架上的偶像為神，違犯獨一神誡命的約束。掛在木頭上的基督是基督徒們所擺在祭壇上的屍首，神說：「我又要毀壞你們的邱壇，砍下你們的日像，把你們的屍首扔在你們偶像的身上；我的心也必厭惡你們」（〈利〉26:30）。神對今天領會神意的人們說：「你們卻要這樣待他們：拆毀他們的祭壇，打碎他們的柱像，砍下他們的木偶，用火焚燒他們雕刻的偶像」（〈申〉7:5），這是說在思想精神領域；「偶像不過是木頭」（〈耶〉10:8），「我必從你中間拔出木偶，又毀滅你的城邑」（《彌14）；「我必從你的神廟中，除滅雕刻的偶像，我必因你鄙陋，使你歸於墳墓」（鴻14）。就是把屬基督的思想觀念埋葬消除。

「意思乃是隱藏的」，這些事，「門徒一樣也不懂得，他們不曉得所說的是什麼」（路18:34）。經文中神所一再說要除滅的偶像，對於說是信耶和華神的信徒們到底是誰？就是他們所拜著的不是耶和華本身的別者。被放在聖所的偶像，神是知道的：〈以西結書〉中：「耶露撒冷朝北的內院門口，在那裡有觸動主怒偶像的坐位，就是惹動忌邪的」（8:4）。耶露撒冷是指神所在的聖地，神的內院門口「惹動忌邪的」偶像，是由人給神化了的王，神忌邪就是不許另外的神，另外的神是什麼，對於神都是邪惡的。在神的聖地觸動神，使之發怒的偶像只能是人求神所立的王。「見祭壇門的北邊，在門口有這惹忌邪的偶像」（8:5）。偶像的坐位是在「朝北的內院門口」，「祭壇門的北邊」。這是把神殿的內院北面做為了祭壇，祭壇前的偶像就是做「挽回祭」的基督，信耶和華神的神廟裡惹動忌邪之神的偶像，不是別者，就是被認做與神同在的基督，木架祭壇上的屍首。神對此說：「他們用可憎之屍玷污我的地土，又用可厭之物充滿我的產業」（〈耶〉16:18）。這在先前就看到以後的神，是可以無視，可以不聽的嗎？

可厭之物是受詛咒的。《申命記》中，被治死卦在木頭上的，「是在神面前受詛咒的」（21:23）。保羅認為：基督為我們受了詛咒，「就贖出我們脫離律法的詛咒」（〈加〉3:13）。這就讓信徒們用木頭上基督的屍體這可厭之物向神獻祭有理，這就讓他們對經文的誤讀曲解有理。不按象徵比喻來讀，不讀用比喻說出的帶有預言性謎語，讀不懂用比喻所發明出來的隱藏著的事，只在文字的外貌上讀，就要有大誤，就要陷入在重重的矛盾裡，其神學總要處於被人抓著衣領指著臉的質疑，只好在矛盾漏洞中剛硬頑梗和詭詐耍賴皮。「救恩屬乎耶和華」（詩3:8），不能屬於別者；「當獻上公義的祭，又當依靠耶和華」（詩

4:5）。耶穌帶領的前提是「依靠耶和華」。耶穌對他們說，「我實實在在地告訴你們，子憑著自己不能做什麼，惟有看見父所做的，子才能做。父所做的事，子也照樣做」（〈約〉5:19）。

神指責拜偶像的經文，為什麼不被讀懂？為什麼長久以來對於拜著木架上基督的信徒們沒有觸動？因為信徒讀經文是以信基督在讀，不符他們的基督觀念的話，不往頭腦裡進入。

〈哀歌〉中，「耶和華的受膏者好比我們鼻中的氣，在他們的坑中被捉住」（4:20）。那坑就是二方基礎，被當做神，當做救主的基督，就是在二方基礎上讀經的產物。「君要悲哀，王要被淒涼為衣，按他們應得的審判他們，他們就知道我是耶和華」（〈結〉7:27）。讀這經文怎麼就不知何意？因為被受膏者的膏「油蒙了心」，因為他們的基督是他們所認做上帝通過童貞女所生的神，因為有神的使者來到瑪利亞的夢中，說神的兒子基督將由她生出，這讓信徒們由說夢而信他們的基督不是偶像而是神。來看〈耶利米書〉中耶和華對此說的話吧：「那些以幻夢為預言，又訴說這夢，以謊言和矜誇使我百姓走錯路的，我必與他們反對。我沒有打發他們，也沒有吩咐他們」（23:32）。「他們以虛空教訓你們」，不是出於神，「是出於自己的心」（23:16），是他們「心懷二意」，要以偶像滿足二著的心。

神知道：「他們是悖逆我的，他們和他們的列祖違背我，直到今日。這眾子面無羞恥，心裡剛硬」（〈結〉2:3）。他們堅持對耶穌是君王，瑪利亞是太后的認定，以讀經文的大誤形成一套知識理論，可人不能真對抗得了神。「你們要對君王和太后說：你們當自卑，坐在下邊。因你們的頭巾，就是你們的華冠，已經脫落了」（〈耶〉13:18）頭巾是知識的象徵，其知識的虛假，其知識違背著神被發現了，就不能再冠冕堂皇了。「到那時，人必將尤大王的骸骨和他首領的骸骨，都從墳墓中取出來，必在地面上成為糞土」（〈耶〉8:1,2）。對於屬二信基督的人們，「求你將他們拉出來，好像將宰的羊，叫他們等候殺戮的日子。這地悲哀」（〈耶〉12:3,4）。地指二方基礎，這地悲哀，所悲哀的是：因屬二而誤讀聖經，因對經書誤讀而二著不改的信徒。

耶穌對門徒們預言說：「你們都要跌倒了，因為經上記著說：『我要擊打牧人，羊群就分散』」（〈可〉14:27）。耶穌引了〈撒迦利亞書〉中的經文：「刀劍哪，應當興起，攻擊我的牧人和同伴」（〈亞〉13:7）。立基督不是出於神的樂意，那是神民在盲目中的悖神之舉。所以，「刀劍必臨到他們的城邑毀壞門閂，把人吞滅，都因他們隨從自己的計謀」（〈何〉11:6）。「牧人啊，你們當哀號、呼喊；群眾的頭目啊，你們要滾在灰中，因為你們被殺戮分散的日子足足來到，他們要跌碎，好像美器打碎一樣」（耶25:34）。

「在大行殺戮的日子、高臺倒塌的時候，各高山岡陵必有川流河湧」（〈賽〉30:25）。對基督觀念的殺滅，在所有能思考人生命運的人那裡，思想的山嶺要有川流河湧，匯聚的精神要波濤翻滾，巨浪奔騰。

05

讀經有大誤，犯根本性的大錯誤，與人的屬二有決定性的關係。思維基礎的二方對立，讓人不能知道整體歸一的道是什麼，對耶穌的講道就是聽不懂的。

耶穌說：「我實實在在地告訴你們，你們若不吃人子的肉，不喝人子的血，就沒有生命在你們裡面。吃我肉喝我血的人就有永生……吃我肉喝我血的人常在我裡面，我也常在他裡面」（〈約〉6:53—56）。他的門徒中有好些人聽見了，就說：「這話甚難，誰能聽呢？」（6:60）

今天的基督徒們都以為對耶穌的話已經明白，而他們人二著，沒有圓基礎而不能有對耶穌話語圓明理解的明白，就只能假明白。所明白的，是保羅等那些人所吩咐的。他們一直把人的吩咐當做道理，保羅等人的吩咐也由基督徒確認為都是神的默示。他們讀經文不是通過看明比喻，解開謎語而獲得神所給人的信息，而是對他們信基督的思想加以填補和鞏固，信受膏君王基督的本身，就是根本性之大誤，也使讀經必陷於大誤。當基督徒看到木架的祭壇上流血的屍體基督，他們便有了明白，那明白，全都在以木架獻祭為中心的神學裡；那明白，就來自對於信基督寶血贖罪，吃耶穌的血得永生的神學的學習，就是那誤讀經文的神學的重複。「不可吃血」，是經文中神的特別強調：「不可吃血。這樣，你行耶和華眼中看為正的事，你和你的子孫就可以得福」（〈申〉12:25）。喝血而不行神眼中為正的事不能得福，傳福音不能真得福。「在你們的一切住處，脂油和血都不可吃」（〈利〉3:17），「凡以色列家中的人，或是寄居在他們中間的外人，若吃什麼血，我必向那吃血的人變臉，把他從民間剪除。」（利17:10）。以為神兒子基督的肉、血可吃，為得永生而一定在心裡頭吃，神對此說的是：「我必除去他口中帶血之肉和牙齒內可憎之物」（〈亞〉9:7）。除可憎之物，正與〈多馬福音〉耶穌說的那三個字——除基督同一。

神在《哈巴穀書》裡的默示：「給人酒喝，又加上毒物，使他喝醉，好看見他下體的有禍了」（2:15）。下體是二，對經文的誤讀而有的毒化思想，越是讓人沉醉其裡，越是讓人見出精神上被二所逼仄、逼迫、逼困；神說有禍了，是對二著信神者們的責罰臨到了。「你也喝吧，顯出是未受割禮的」（2:16）。割禮割的是陰部，陰為二（易經）。割禮象徵對二的處理，是對改變人的屬二的象徵比喻。因屬二的人對經文誤讀，使其思想摻上毒素，使信徒在信仰中與神隔離。基督是他們信仰的實體主體，他們讀經是為了增強對基督的信心，是為了增加傳基督的能力。這怎麼能不誤讀，其所讀怎麼能不有大誤呢。

有著〈詩篇〉中神右邊的一句詩的支持，信基督者的臂膀就覺硬實，看經文就只讓右眼亮起，而神說：「刀必臨到他的臂膀和右眼上，他的臂膀必全然枯乾，他的右眼也必昏暗失明」（亞11:17）。由於對經文的誤讀，自以為榮耀也相互榮耀於基督；而「耶和華右手的杯必傳到你那裡，你的榮耀就變為大大的羞辱」（〈哈〉2:16）。今時，耶和華右手的杯傳到了因以為神的右手把基督高高舉起而確立和堅定信念的基督徒們這裡，他們因信基督而自感的榮耀，當然要因基督的被揭穿、看透，而變為大大的羞辱。令人驚異的是：為什麼幾千年前的經文對此竟然有知？當我們從經文中得到孕育的神要生產的信息，就看懂了「耶和華右手的杯必傳到你那裡，你的榮耀就變為大大的恥辱」的神意。說基督坐在神的右邊，神用右手舉起人類的救主基督，是那麼的言之鑿鑿，貌似充滿正義，現在竟顯露出虛謊歪理，成為顯然的荒謬。由此讓人知道，神的確在為新精神的生產做事，在神裡的你，就在其中參與。人在神中，神在人裡，不是當話說說了事。與圓在的神，做圓化的同工，才是真正和神在一起。

地為二，陰為二，女為陰。所以，〈那鴻書〉三章十三節說：「你地上的人民，如同婦女」。〈以西結書〉二十三章中神說，當指出她們所行可憎的事：「她們行淫，手中有殺人的血，又與偶像行淫，並使他們為我所生的兒女經火燒給偶像……她們殺了兒女獻給偶像」（37）。這不只是對曾有事實的敘述，這不就是說給已死了的那些人的話語，神的話在今天活著的人們這裡產生意義。信神卻因人二著不認識神，就要以別者為神，精神上與之「做愛」而「行淫」；以信仰的精神接待受膏君王，把信仰的情感交給基督，與偶像基督「行淫」，是基督徒的秉性。使他人信基督這並非耶和華的又一位神，就是在靈魂上殺人。「必有義人，照審判淫婦和流人血的婦人之列審判她們，因為她們是淫婦，手中有殺人的血」（45）。「人必照著你們的行淫報應你們，你們要擔當拜偶像的罪」（49）。這所說的行淫與拜偶像相關，拜偶像因為思維基礎是離神的二方；屬二的人信神，必然「行淫」，拜偶像，信假神，也會去使別人與之同信，在精神上殺人。幾千年以前寫在書上的這話，對後來以至當今的事情預言得精準：「在你污穢中有淫行，我潔淨你，你卻不潔淨」（24:13）。因為對神潔淨他們的話聽不懂，只以為那是說以往的已不在世的別人，不知道說的就是二著信神的他們。

由於不認識神，不認識耶穌，不知道那免罪的，聖潔的、公義的、使人獲得整體全面幸福的、神境中永生的道路是什麼道路，所以喜愛以為能直接給她們贖罪的替罪羊基督，喜愛可供她們吃肉喝血而使之得永生的基督。而神說：「我要將你眼目所喜愛的忽然取去，你卻不可悲哀哭泣，也不可流淚。只可歎息，不可出聲，不可辦理喪事。頭上仍勒裹頭巾……（〈結〉24:16）。頭巾表知識，要消除愛基督的假知識，知道基督確實應該除去，那不是一個稱呼的問題，因為有了以為能使人得救的基督，就不能去改變屬二的自己，就不能有對耶穌、對神的真正認識，就還要是思維被二所逼困的自己，就要以自己二著的意識去行抵擋真神的愚蠢之事。「頭上仍勒裹頭巾」，所指示的是：並不是把基督教神學全然拋棄，一切有價值的都當保留，正是耶穌所說：「只要把腳一洗，全身就都乾淨了」。以歸圓解決了二方離圓的問題，舊有神學知識就除去所有該除去，保留全部當保留而歸於圓化知識。受膏者即基督也還在比喻神給以靈，得神的靈的比喻上有意義。

「孩子撿柴，父親燒火，婦女摶面做餅，獻給天后，又向別神澆奠祭，惹我發怒」（〈耶〉7:18—19）；「主耶和華如此說、因你的污穢傾泄了、你與你所愛的行淫露出下體」（〈結〉16:36）。這說的就是因誤讀經書而有的屬二的基督徒，所說的「行淫露出下體」，就是愛假神顯露其二方基礎。「你們行邪淫離棄耶和華」（〈何〉9:1），信徒誤讀經書的過程，也是在做著神所責罵的行淫，這在於為信基督而讀經就要親近假神，傾心動情的與假神交融。基督徒不是以基督為精神依靠嗎？不是築起了基督教神學思想的高牆嗎？你們來聽耶和華對你們說：「我要這樣拆毀你們未泡透恢所抹的牆，拆平到地以至根基露出。牆必倒塌，他們也在其中滅亡」（〈結〉13:14）。地為二，陰為二，二為下體；使行淫露下體，拆平到根基之地，讓人在其中滅亡，這都是在說屬二的人要改變二方基礎而脫胎重生。

耶穌要「把羊領出來，即放出自己的羊來」（約10:3—4）；羊在圈裡，圈乃「方框」。對於當今二著的神民，還有基督的一道圈牆，牧人教化於圈，於「方框」（囮）化人。神說：「我必與牧人為敵，必向他們的手追討我的羊，使他們不再牧養群羊，也不再牧養自

己。要救我的羊脫離他們的口，不做他們的食物」（〈結〉34:10）。他們的「口」，在此也比喻象徵二方之「方框」，基督教神學教條的「方框」即「圈羊的圈牆」。

思維不出發於包含二方的圓在之圓，就必出發於離圓的二方；不是圓基礎，就是二方基礎。不信基督的人們讀《聖經》，也要因其思維的二方基礎有根本性之大誤。讀聖經卻沒能認明耶穌，沒能認明真神，不知人從哪裡來，向哪裡去而找不到目的，沒能走上公義和平的，整體和諧幸福、健康道德的，通達永恆與永生之境界的道路，就是誤讀。因為思維是以二方為基礎，所以只能誤讀。

06

在有著據說二十多億基督徒的世界上，指出信基督是讀聖經的根本性大誤，其誤由誰來指出，完全善意積極的指出，也會像面對巨大的冰體，為要同一目標的向大海自由奔流的大河而認為凍結應解除，你指出你的，對於巨大的冰體難有影響能力，信徒們可以不理。但神在指出，耶穌在指出，多少基督徒凍結的抗力都將解體。因為信徒們不能形成對抗耶穌和上帝的合力，於是就像每塊冰體都對抗不了陽光和春雨，當冰體上出現水滴，開化就是必然趨勢。

耶和華說：「你曾求我給你立王和首領」，立為王的基督，從古到今是違反上帝誡命之事；所以「我在怒氣中將王賜你，又在裂怒中將王廢去」（〈何〉13:11）。表面上看這是指掃羅說的，誤讀者們以說掃羅的不好來說明立掃羅為基督是順人的意思，立大衛，立耶穌為基督則是順神的意思。到經文中查看，人要求立王，就得罪神，就惹動神的怒氣。因為人的立王要求，就是不要神做他們的王，王者之神乃獨一；神是本體，本體本身包含任何相對二方，至大無外，沒有什麼能與之對立而絕對獨一。〈撒上〉中，耶和華對神民要求立王是不要神做他們的王，說得十分清楚。但基督徒們都不照著經文去讀，當經文不合他們的意思，就對經文以他們的意思來解釋，實在解釋不了就躲避，就棄之。

神說：「在我以外，你不可認識別神，除我以外並沒有救主」（13:4）。這沒有一點可插入別名者的縫隙，沒有再加上任何一者的餘地。基督不是耶和華，耶和華不是基督，獨一神，獨一主是上帝最要緊的誡命；絕對不允許非神本身的基督為王，因為惟耶和華是王，只有神做王才合理。

以耶穌為神的兒子，並不能以此確定神是耶穌基督，神的兒子是對神給以靈，其思想精神來之於神的比喻。自稱人子，確認自己是「父所差來的」耶穌，不但說「父是比我大的」，還說「子憑著自己不能做什麼，惟有看見父所做的，子才能做」，說「我又因父活著」（〈約〉5:19，6:57）；還說：「但那日子，那時晨……子也不知道，惟有父知道」（〈太〉24:36）。耶穌將交在人的手裡處決，他在客西馬尼俯地禱告說：「我父啊，倘若可行，求你叫這杯離開我；然而不要照我的意思，只要照你的意思」（〈太〉26:39），「因為我不求自己的意思，只求那差我來者的意思」（〈約〉5:30）。這些都已說明耶穌不就是那位神，父不能是他自己的子，子不能是他自己的父，父子有別；耶穌與為父的神也能有不同的意思，當然耶穌要服從神，按神的意思做事，這說明他與那位神是支配與被支配的關係。

耶穌的言行體現神，但他不就是神本身，他是有神性的人，他執行神差他來的使命。耶穌說「信神所差來的，就是做神的工」（〈約〉6:29）。信耶穌是神所差來的而不是信耶穌是神，這怎麼就是做神的工呢？對此，需要除掉基督，認明耶穌，認明神，才會真懂。

《馬可福音》中，有一個人問耶穌說：「良善的夫子，我當做什麼事，才可以承受永生？」耶穌不接受稱他良善，對他說：「你為什麼稱我是良善的呢？除了神一位以外，再沒有良善的。誡命你是曉得的」（10:17—19）。良善是指「耶和華本為善」的本善之善，本善之善者惟有神。耶穌的話是說：你既然知道神是獨一神這誡命，怎麼還要以我為神呢？除了神一位以外，再沒有誰是神；信獨一不二之真神，才能得永生。

為誤讀而辯護，要舉出耶穌說的「我與父原為一」。原為一的一是整體的一，對整體本身是什麼不知，也就不明白耶穌與神的父與子。父是對本體的比喻，子不能是自己的父，父不能是自己的子；從本體來的，與本體原為一，但不就是本體。各人與他的家庭是整體的一，與他的父親原為一，他來自家庭，來自於父母，但他是他自己。耶穌不就是耶和華，耶和華不就是耶穌，上面所舉耶穌的話，對此說得明明白白，清清楚楚。「你們要謹守我的誡命。我是耶和華」（〈利〉22:31）。耶穌與耶和華在認為神的獨一性上一致，誤讀還怎麼堅持，為什麼還要堅持？

神本身不是耶穌，除非不願意這樣讀。為什麼會不願意這樣讀呢？因為不認識神的人們信神，信的是假神基督，他們「因信稱義」，信字當頭，讀經文要按其所信來讀。他們信基督是神，就不能正視耶穌不是神本身的經文之意。不按神的話，不按耶穌的話來讀，肯定讀不通。「道通為一」，通才能是道，是道必通；離神無道，違道叛神。曉得神是獨一神的誡命，卻一定要認定並不是耶和華，而是按經文外貌理解的神的兒子，受膏者耶穌神基督為神，這明明就是違犯神的最大最要緊的誡命。任何辯解與裝做無事，現今都是心懷鬼胎的對抗耶穌，反對神。

對耶穌不接受稱他是良善的，在百度查到兩個讀解，一個是：「那正說明耶穌是神」，因為那問耶穌話的人稱耶穌為「良善的夫子」，夫子是人，而耶穌是神，所以耶穌才說「你為什麼稱我是良善的」；另一讀解：那問耶穌話者，「他一定是認定了耶穌就是他們盼望的所應許的那一位彌賽亞，所以他才會稱祂為「良善」，所以才會向祂下跪。但是耶穌就對他說：「你為甚麼稱我是良善的。除了神一位之外，再沒有良善的」。耶穌在這裡要很確定的讓他知道，你在跟誰說話，如果你知道我是神！那麼你這樣說話是有道理的；如果你不認識我是神，那麼你找錯了人，你趕快走」。這兩個解讀，引經文都把緊連著的「誡命你是曉得的」這話給扔掉了，都把神是獨一神的誡命迴避著。不要辯解那是在說另外一句話，這話就是不寫在這兒，你們也是曉得獨一神這誡命的；而在兩篇福音中，都在「你為什麼稱我為良善的，除了神一位以外，再沒有良善的」後面寫著：「誡命你是曉得的」。那兩個解讀各是強解硬辯，都有矛盾漏洞，都說不通。讀經文讀不通，是二著信神者們的通病。信基督就是理性不通，即不講理的信。

〈何西阿書〉中的將王廢去，並非只是對已發生之事的陳述，上文的將王廢去，與下文的「產婦的疼痛必臨到他身上」（13:13）聯繫在一起，與「我必救贖他們脫離陰間」

（13:14）聯繫在一起。舊約經文中多次提到產難的婦人，痛苦的產婦。神生產出人的新精神，也是人產生出新精神的自己。耶穌預言了信徒們的今日：「我實實在在的告訴你們，你們將要痛哭、哀號，世人到要喜樂。婦人生產的時候就憂愁，因為她的時候到了，既生了孩子，就不再紀念那苦楚，因為歡喜世上生了一個人」（〈約〉16:20—21）。信徒不可再做「無智慧之子」，在當今，智慧的一個表現，就是「到了產期不當遲延」（〈何〉13:13）。陰為二，屬二的人由產生出新精神而根本改變，就是所說的「脫離陰間」，「脫離死亡」。這麼多年的信基督不是沒有價值，那價值是胎兒的生命需要有羊水的做用，那價值在於神對胎性精神的成功孕育。等同於羊水的基督，當孕育到了生產時，就先要做為污穢排解出去。人的生產，破水後，羊水對產道有一定的潤滑做用，使胎兒更易娩出。排除基督，才好生出屬神的自己。

〈以西結書〉中告知：「結局到了，結局到了地的四境」（7:1）。二方基礎的結局，就是這基礎的被解除。「看那，臨近了，結局來了，結局來了，向你興起」（7:5—6）。

07

經文中神說：「我必借外邦人的手，使這地和其中所有的變為淒涼，我必毀滅偶像，從挪弗楚滅神像，必不再有君王出自埃及地」（結30:12—13）。毀滅偶像基督之事，是要「借外邦人的手」來做起，這既說明築造雕刻神像是基督家裡所幹的事，也說明神不是基督家裡所以為的神。

信基督的人們只能對經文誤讀，他們以「敵基督」為錯誤。對此，神在預言毀滅偶像、神像時就已知，所以否定了後來的基督，也就是取消了當今基督徒為基督辯解的依據。「必不再有君王出自埃及地」，這並沒提到基督徒們的來自拿撒勒的基督耶穌，但「那時靠海邊的君王必都下位」（〈結〉26:16）。耶穌基督所出自的地方，拿撒勒及整個的巴勒斯坦都靠在地中海的海邊。現在當知，讓基督下位乃是定之於神的計畫裡。

誤讀經文，以耶穌為大衛的子孫，卻說他不是大衛後裔的他父親所親生，對於他父親就成了她母親的私生子。「迦薩必不再有君王，亞實基倫也不再有居民，私生子必住在亞實突，我必除滅非利士人的驕傲，我必除去他口中帶血之肉和牙齒內可憎之物」（〈亞〉9:7）。以私生子而驕傲，口中有「帶血之肉」，牙齒內有「可憎之物」，這所象徵比喻的是哪些神民呢？就是因信瑪利亞的私生子而驕傲，以吃耶穌血肉求永生，用基督屍體給神獻祭求免罪的，二著讀經的信徒。屬二的信徒們眼中的基督，領著他們以喝杯喝自己的血，以吃餅來吃自己的肉，神要把這對經文的誤讀全都除滅之。

神不許再有君王基督，要除掉那「帶血之肉」，「可憎之物」。《何西阿》書中神對二著信神的人們說：「你們要與你們的母親大大爭辯，因為她不是我的妻子，我也不是她的丈夫」（2:2），「我必不憐憫她的兒女，因為他們是從淫亂而生的」（2:4），「他們立君王卻不由我」（8:4）確立君王基督，以吃喝基督血肉指望永生的人們，現在當有覺醒：不可再誤讀經文，要正視使君王即基督歸於虛無的神。別以為二著能得聖靈，真得聖靈就不會有歷史中基督教不認帳不行的著多錯行。人在二方基礎的框架中，「受靈感是狂妄」（9:7）

不要以為你的基督是大衛的後裔就不是神所要除滅的基督。「耶和華論到坐大衛王寶座的和住在這城裡的一切百姓」，說的是：「看那，我必使刀劍、饑荒、瘟疫臨到他們，使他們像極壞的無花果，壞得不可吃。我必用刀劍、饑荒、瘟疫追趕他們」；耶和華說：「這是因為他們沒有聽從我的話」（〈耶〉29:16—20）。信基督為神為救主。就是沒聽神的話，神對此要做追討。以神是獨一的神，這是神的最大最緊要的誡命來說，「除我以外再沒有真神」（賽44:6），「在我以後也必沒有，惟有我是耶和華，除我以外沒有救主」（〈賽〉43:10,11），這是神的最重要的話語，最要緊的旨意。這旨意包含除去被當做神，當做救主的基督；這旨意讓即有的「三位一體」結束，使之解體而回到神的真正獨一。

基督徒們愛基督，因以為基督為他們做贖罪祭，豈不知這是一件惡事。「你到神的殿要謹慎腳步，因為近前聽，勝過愚昧人獻祭（或做：勝過獻愚昧人的祭），他們本不知道所做的是惡」（《傳》5:1）。要知道，信基督的贖罪祭，對於神，是愚人之惡事。在此任何狡辯都不能把神的話改變和抹去。神所需要的，是聽神的話。有神所說的獻祭是愚昧，是做惡，用基督死傷的軀體去獻贖罪祭，就是不聽神的話，就是因誤讀經文聽不懂神的話。這不但是愚昧的，更是違背神的，那屬於做惡！以往不知道，現在應該清醒而清楚了！

神說：「那日必給大衛家和耶路撒冷的居民開一個泉源，洗除罪惡與污穢。那日，我必從地上除滅偶像的名，不再被人紀念」（〈亞〉13:1,2）。大衛家有基督，有偶像，有污穢，必須清理洗除。「痛苦抓住你仿佛產難的婦人，是因你中間沒有君王嗎？」（〈彌〉4:9）不是，他們有所認的基督君王；被痛苦抓住，像產難的婦人，是因沒有以耶和華為王。「耶和華必做全地的王，獨一無二，他的名也是獨一無二」（亞14:9）。絕對不許以不是耶和華者為王，以基督為王，就是與神對抗；耶穌完全聽命於神，與神對抗的信徒也就是對耶穌的造反。知於此，基督徒就臨到了生產出新人的產難。

「你出來要拯救你的百姓，拯救你的受膏者，打破惡人家長的頭，露出他的腳（「腳」原文做「根基」）〈哈〉3:13）。腳是對二方的象徵比喻，露出他的腳，是指顯露其二方基礎。拯救在於改變二方基礎，確立包含二方的圓在之圓，以神本身為基礎。這就要除掉基督，這就要否定以基督的血獻祭。確認這所說的受膏者的受膏，是對神給以靈，得神之靈的比喻，就是對這所說的受膏者的拯救。

耶和華神說：「你們為什麼向我奉獻那麼多的犧牲？公羊的燔祭和肥畜的脂油我已經不喜歡了」（〈賽〉1:11）；「你們所獻的許多祭物與我何益呢？……羊羔的血，我都不喜悅」（賽）1:11）。別說舊約新約時代之別，舊約中就說：「我喜愛良善（或做「憐恤」），不喜愛祭祀；喜愛認識神，勝於燔祭」（〈何〉6:6）。神不喜悅你們所認的替罪公羊，不喜愛羔羊的血。不要狡辯說，神不喜悅的是用動物祭祀，但喜悅挽回祭的基督；神不喜悅的，包含所有的獻祭。〈詩篇〉中說得明確：「燔祭和贖罪祭非你所要」（40:6），神不要基督的贖罪祭。別以為「燔祭和贖罪祭非你所要」，說的是與用耶穌獻贖罪祭不相干的事，樂意照神的旨意行者會證實：「燔祭和贖罪祭非你所要，那時我說：看那，我來了，我的事在經卷上已經記載了。我的上帝阿，我樂意照你的旨意行」（40:7）。耶穌是照著神的旨意行的神人。神討厭以掛在木頭上的基督獻祭，耶穌知道，當然也不會去行不符合神的旨意之事。「挽回祭」是個象徵比喻，那要待真認識了神，認識了真神才能得知。二著的信徒讓耶穌成為神的受膏者基督，推上寶座，住在神殿直到今天，「但你惱怒你的受膏者，將他的冠冕踐踏於地。你拆毀他一切的籬笆，使他的保障變為荒場」（89:38），這也是對於當今的預言。神對受膏者的惱怒，惱怒的是受膏君王在神民百姓那裡為神，為救主；神對受膏者的拯救，這受膏是對給之以神靈的比喻，把耶穌身上的君王基督除去，是神對其給之以靈者之真實的恢復而是對神民百姓的拯救。

因其思維以二方為基礎而是不能認識圓在之神的，對給出神的信息的經文只能做出錯誤的解讀。所拿走的並不是神所真給的，這在經文中比喻為偷竊：「凡偷竊的，必按卷上這面的話除滅」（《亞>5:3》「飛行的書卷」的這面，針對著以神的名義所建的殿成了「賊窩」。二方基礎讓人與神隔離，障於二方必對圓在之神的信息做出誤讀；地為二方，所以除滅偷竊的「飛行的書卷」，「這是發出行在遍地上的詛咒」。耶和華說：「我必使這書卷出去，進入偷竊的人家」。那結果就是：「連房屋帶木石都毀滅了」（〈亞〉5:4）。那房屋是二著信假神者們的精神房屋，那石當是那房的房角石基督，那木應是掛著祭品基督屍體的交叉之木。「凡掛在木頭上的都是被詛咒的」，現在該讀出這話的真義來了。

認基督是上帝，又是上帝的長子，基督的贖罪祭就成了上帝用長子向自己贖罪，而經文中神對此根本不同意！〈舊彌迦書〉中這樣說：「耶和華豈喜悅千千的公羊、或是萬萬的油河麼。我豈可為自己的罪過獻我的長子麼？為心中的罪惡獻我身所生的麼？」（6:7）神不喜悅替罪羊或是挽回祭的因膏油而有的基督。「世人哪，耶和華已指示你何為善，他向你所要的是什麼呢？」不是膏油來的基督，不是基督的寶血，「只要你行公義，好憐憫，存謙卑的心，與你的神同行」（6:8）。用基督獻祭是神所不要，是違背神的。為什麼讀不懂這經文呢？因為是以信基督的血能使之除罪來讀的，是以著對挽回祭所象徵比喻的真意的不懂來讀的。〈耶利米書〉中知道二著的神民們是怎麼回事：「自從幼年以來，專行我眼中看為惡的事」，「竟把可憎之物設立在稱為我名下的殿中，污穢了這殿」（32:30—34）。以往的神民要君王治理他們，基督徒們竟把可憎之物基督當做神設立在神殿裡。「我的百姓做了迷失的羊，牧人使他們走差路」（50:6）。這說的是哪家的事，現在應當清楚。

「有痛苦臨到你，好像疼痛臨到產難的婦人」（22:23）；「男人有產難嗎？我怎麼看見人人用手掐腰，像產難的婦人」（30:6）。這說的正是誤讀經文和以牧師對經文的誤讀為道理的人們，他們正在難產。現在需要聽清楚：「你們與死亡所立的約必然廢掉；與陰間所立的盟必立不住」（〈賽〉28:：18），白有所誤讀的基督挽回祭。基督也不是精神的真糧食，基督是與麥子長在一起的稗子。耶穌說：「收割的時候就是世界的末了」，「將稗子薅出來用火焚燒，世界的末了也要如此」（〈太〉13:39—40）。

〈可〉十四章二十七節，耶穌對門徒們說預言：「你們都要跌倒了，因為經上記著說：『我要擊打牧人，羊群就分散。』」〈約翰福音〉的末尾，耶穌有對這羊群的預言：「到你年老的時候，要被人綁上，帶到你不願去的地方」，就是被殺戮屠宰的地方。「神所要的祭，就是憂傷的靈；神啊，憂傷痛悔的心，你必不輕看」（申49:17）。能為曾經的誤讀錯信而憂傷痛悔，就能死而復生。因為你們是洗過澡的，再「把腳洗了，就全身都乾淨了」

（〈太〉13:10）。腳所比喻的是二方，不誤讀經卷，就能讀出：洗腳比喻的是把二方基礎及其思想觀念洗除。不在二方基礎上，而是在圓基礎上信神。以信至大無外，再沒有能與之對立者的圓在之圓信神，這是絕對不偏的正信。

08

有人已指出這樣的問題：上帝的兒子是不是神？假如是，那麼這個信仰不是信奉獨一無二的神；假如不是，那麼這個信仰相信的是人而不是神。再怎麼狡辯都沒用，怎麼狡辯都在二難的處境中。這兒子不能又是這父的兒子又是這兒子的父，父子就是由不同二者的關係所確定的父與子，「我與父原為一」，只說明是從父而來的，來者與所來之於者原為一；而從之而來者不是本體，來之於者是本體。本體是上帝，不能是神兒子。

體貼信徒之人的意思，認為神把自己置於童貞女瑪利亞的體內而生出了神自己，可神沒有這意思，找不到耶和華有一句話說過有這樣一件事；耶穌也對此不同意，他不承認他是父神本身，不承認他就是本身為神的父。「從天上有聲音說：『這是我的愛子』」（〈太〉3:17）。愛子是對來之於天者的比喻，不是血統的父親與兒子的意思；耶穌說的「死人聽到上帝兒子的聲音就活了」，所說的兒子是對來之於神者的比喻，對比喻不以著比喻來讀，才弄出二神二主之大誤，陷入此信仰本身的二難境地。這使其所信必須得依靠狡辯來堅持和維護，其說法的明顯不合理，說明著其無道理之信，暴露著所信的失道與無理。別以為信仰可以不講理，別以為信仰不必合理，耶和華、耶穌都要求講理，要求合理。「耶和華曾對你們的列祖如此說：『要按至理判斷』」（〈亞〉7:9），耶穌說：「你們又為何不自己審量什麼是合理的呢」（〈路〉12:57）？〈以西結書〉中多次說到「合理」，所說的「行正直合理的事」，與惡人的回頭而「存活」連在一起。「惡人若回頭離開所行的惡，行正直與合理的事，他必將性命救活了」（〈結〉18:27）。能否合理，不是可忽略的小事，而是必須看重的根本大事。信仰需要講理，應該合理。

認為基督耶穌是上帝，這對經文的誤讀還有著來之於誤讀經文而有的一條重要理由，就是〈約翰福音〉中耶穌說的：「人看見了我，就是看見了父」（14:9）。這是前面說了「你們若認識我，也就認識我的父」（14:7）才說的，並非看見有肉身的耶穌就是看到了上帝，耶穌指責：「我與你們同在這樣長久，你還不讓識我嗎？」（14:9），正說明看見肉身的耶穌，並不等於認識耶穌；不能因看見耶穌的肉身，就看見了上帝。耶穌說的「人看見了我，就是看見了父」，那所說的看見，是對思想精神上認識的比喻。耶穌的思想精神與上帝一致，體現上帝，所以在思想精神上認識耶穌也就認識上帝，但耶穌並不就是做為本體的上帝。惟有耶和華是神，耶穌不是耶和華。神說：「你們要謹守我的誡命。我是耶和華」（〈利〉22:31）。神的戒命，是獨一神。

當講的理，要合的理，是真理。上帝是真理，耶穌體現真理。耶穌是以體現真理所成為的耶穌，不明白耶穌說的比喻，就不認識耶穌，那也就不認識上帝。不認識耶穌，就不認識真理。指出讀經文沒有按比喻來讀的問題，一場思想的大火將由此燃起。〈以西結書〉中，「我必使火在你中間著起，燒滅你中間的一切青樹和枯樹……凡有血氣的，都必知道是我耶和華使火著起，這火必不息滅」（20:47—49），這是要燒滅基督，燒毀二方基礎。

經文中上帝用比喻說話，先知說話也是用比喻。「於是我說：『主耶和華啊，人指著我說：他豈不是說比喻的嗎？』」（〈結〉20:49）經文中耶穌講道，都是用比喻說的。「我要開口用比喻把創世以來所隱藏的事發明出來」，「我要開口用比喻說出古代的謎語」，耶穌引用舊約中的這話，宣示他的話也是要用比喻。耶穌對眾人用比喻說話，「是因他們看也看不見，聽也聽不見，也不明白。在他們身上，正應了以賽亞的預言」（〈約〉13:13）。

以賽亞的預言是針對所有屬二之人的，「你們聽是要聽見，卻不明白；看是要看見，卻不曉得」；屬二的人，對不屬二的話聽不懂。屬二的神民對不屬二的話更是難以聽進，「因為這百姓油蒙了心，耳朵發沉，眼睛閉著，恐怕眼睛看見，耳朵聽見」（〈賽〉6:10）。以為耶穌只對外人說話用比喻，那是誤讀。耶穌對門徒們說：「這些事我是用比喻對你們說的」（〈約〉16:25），對門徒講道也都是用比喻。對比喻不按比喻讀，就把神兒子耶穌讀成了上帝所生的上帝。誤讀經文的信徒講因信稱義，他信神兒子是上帝，他的信就讓他以之為義，他當然就要對其所信以道義堅持。神對此有知，見〈以西結書〉三十三章中的這些話語：「你要對本國的子民說：義人的義。在犯罪之日不能救他」（12），「義人在犯罪之日也不能因他的義存活」（12），「他若依靠他的義而做罪孽，他所行的義都不被紀念，他必因所做的罪孽死亡」（13）。惡者罪人要從其罪與惡中轉離，「我對惡人說：『你必死亡』；他若轉離他的罪，行正直與合理的事」（14），「我對義人說，你必定存活」（13）；神所確認的義人，不是惡人、罪人，違犯神的獨一神的誡命，認不是耶和華者為神為主的人，對於神就是做惡犯罪的人。人要轉離他的罪，就要「行正直與合理的事」。理的標準是神，神是圓在、圓化的靈，「行正直與合理的事」需要圓基礎，當今應有對此的清醒。

對經文的誤讀，不但不能去改變屬二的自己，還要二著去違犯神的最要緊的誡命，做惡上加惡，罪上加罪的事情。經文中的「行正直合理的事」（〈結〉33:14），就針對做惡與犯罪而提出，信神兒子是上帝，這信本身就不合理；不合理的信，就來之於也支撐於對經文的誤讀。以經文否定了二著的信徒之所信，否定了信徒二著的之所讀，誤讀者的信越是信，信得越篤，就越要發怒。《約拿書》裡，神兩次說到約拿的發怒不合乎理，說明在神看來，人的發怒也不可不與理相合乎，人需要講理，合乎於理，這是神的意旨，也是神所給人的能力，只是人二著不能講圓理，講不圓理，各講自方的理而在整體上不合乎於理。約拿不合乎於理的發怒，是因神使他用來給自個遮蔭的蓖麻枯槁，二著的信徒以對經文的誤讀而有的，給自己遮蔭的蓖麻現在被拔掉了！神對約拿說：「你因這棵蓖麻發怒合乎理嗎？」這話給當今人聽的意義是什麼？應該合理的思考了。

讀經讀出了神也像人一樣有兒子，讀成了神兒子是上帝，這是因人頭腦二著來讀，因對神本身是什麼不認識。耶和華說：「他們因行詭詐，不肯認識我」（〈耶〉9:6）。不肯認識耶和華，是因行詭詐；不能認識耶和華，也是因行詭詐。「神兒子」是神的說法，就是似是而非的騙人話。說上帝通過瑪利亞把上帝生出來救世，以基督是神的兒子，確認基督是神，是救主，用三位一體來辯護，不聽神的話，違背耶穌，把他們人的吩咐當做道理，這就是行詭詐！詭詐地不肯認識獨一神，獨一主的上帝，不肯認識神所差來的，奉行神之使命的耶穌。

讀經不講理，肯定要誤讀。由誤讀而有的神學思想經不住理性的追究，被逼迫就有會有矛盾和缺漏現出。誤讀經文的信徒帶著由心目中的神而有的高聳之自信和對神的神聖之情感，要將其所信維護，卻又無法使其神學沒有矛盾缺漏，有人尖刻地看出：他們在被駁得體無完膚時，往往本能地放棄思考，退守到自己曾經的經驗中去，投入到那種「聖靈感動」的心理狀態中，獲取實在感，遮罩理性困惑、在此獲取力量，就像傳銷人每當窮途就要用成功的希望與懷抱那希望的甜美感給自己充電。對此種心理狀態，網上見有這樣的描述：類似毒品上癮的機制。二著讀聖經有大誤，不讀聖經而二著自負也是大誤。誤而固之，被指出也不思其誤，是因二而丟了真我卻不知去找的「二傻子」。信耶穌，信神的真我，是真聽神的話，真聽耶穌話的自我，耶和華、耶穌的話明明白白，清清楚楚，毫不含糊：神乃獨一，絕不允許三神、二主。

09

「惡人的道好像幽暗，自己不知為什麼跌倒」（〈箴〉4:19）。幽與方有聯繫：「方曰幽」，「方主幽」。離圓的二方是本惡之惡，中國文化對此竟然知道，中國文化的感悟很神奇，圓在的神在中國文化中設置了開聖經之鎖的鑰匙，這鑰匙讓聖經不再是「封住的書卷」，不再被誤讀，這以本書的完成來證實。

「他使我住在幽暗處，好像死了很久的人一樣」（〈哀〉3:6）。這是以比喻對人處於二方基礎的描述。在此，中國文化中的信息與舊約中的信息一致。幽暗處是指天圓地方的地，地為二方，二為陰，死人在陰間；「方主幽」，死人住幽州；「天，是耶和華的天，地，他卻給了世人」（〈詩〉115:16）。人類有了自我意識就屬於地，就以二方為思維基礎，也就是「住在幽暗處」。中國文化中的內容，與舊約聖經有這樣巧妙的對應，可以讓人知此而知彼，知包含彼此之整體，與理性對人類思維基礎的認識正好同一，這絕非偶然，只能是神所使然；是全知全能的上帝做了這樣的設置，並啟示我們的認識而得知。讀經文沒有理由拒斥神以任何形式所傳的信息，要求神要合乎自己侷限性的思維意識，那是與神相隔離卻要把神轄制在自己的侷限裡，用侷限中自己對神的假知來代替上帝的真實；二著信神的人，常常是個假冒的上帝，你不合於他的觀念意識，他就不講理的說你違背上帝。而上帝本身是什麼，他既不清楚也認為不能和不應該清楚，這讓上帝成了他守護其侷限所隨便使用的工具。

經文中負載著神的信息，神的信息是不能憑文字的外貌獲得的，神對於人的隱蔽，是人的思維意識需要在二方框的子宮裡孕育。「耶和華曾說：『他必住在幽暗之處』」（〈王上〉8:12），這是因為人處於二方之方基礎；「方曰幽」，人處於二方基礎，神就對於人是在幽暗裡。「不可按外貌斷定是非」（〈約〉7:24），耶穌是為神的生產而提出這個要求，對經文不只是從文字的外貌上來讀，對經文以比喻，以謎語來讀，以象徵，以預言來讀，就會發現那些誤讀的問題，就會讀出即有神學的錯誤。「總要按公平判定是非」，不能以此取消「不可按外貌判定是非」的意義。公平包含於合理，公平體現著合理，按經文的外貌來讀，得不到真理，就不能真合理，就不能合於真理。所以，「不可按外貌判斷是非」，是「總要按公平判斷是非」的前提。

「使人明白箴言和比喻，懂得智慧人的言辭和謎語」（〈箴〉1:6），那就不能只憑經文

的外貌來讀。也不是經文所有的話都是比喻和謎語，象徵性和預言性也不是在所有的經文裡，而經文的主體上，各個關鍵處，確實具有象徵性、比喻性、謎語性和預言性的性質。象徵處要讀出象徵的含意，預言處要聯繫到當今的人與事，比喻處要讀出比喻的意思，對謎語當解開其謎，揭開謎底，這需要讀經文的認真嚴謹，細微深入，還要全面聯繫，把握整體，必須有一個本身完全的圓基礎，不被即有觀念所左右，不被任何侷限所控制，對精文的解釋才能符合完全的神意，圓融無礙，圓通無阻。

「耶和華的話臨到我說：人子啊，你要向以色列家出謎語，設比喻」（〈結〉（17:2）。

先知傳達神的信息並不是都要告知是比喻、謎語，「我要開口用比喻說出古代的謎語」「我要開口用比喻把創世以來所隱藏的事發明出來」，舊約中的這說明神的信息表達方式的話，新約中耶穌直接重複，用來說明他體現神意的話語所使用的表述方式。以往的神學是只在經文的外貌上來讀，所讀出來的是：「神掌管的世界有罪惡，是因為神給了人類一個自由的空間，在這個空間中人自己有選擇的自由，同時有魔鬼撒旦的攪擾，因此罪惡的環境出現在我們面前，但是這樣的環境正是神鍛煉，熬煉自己的兒女很好的訓練場，是磨煉信徒的合適場所」。這說的其實是其所不知的神的孕育，由於對神的孕育不知，也就不入脫胎重生的道理，就會信神卻呆在二方之方框裡做「囚」，這「囚徒」就在「方框」侷限裡明白：「基督徒都知道神是一個靈，他沒有物質的形體（肉身），他不可能有形有體的被人「看見」。但是保羅這裡說「神在肉身顯現」，這是怎麼回事呢？整本聖經記載中，神什麼時候以肉身顯現過呢？約翰福音第一章說：「太初有道，道與神同在，道就是神。……道成了肉身，住在我們中間，充充滿滿的有恩典有真理。我們也見過他的榮光，正是父獨生子的榮光。」不按比喻來讀，對「道成了肉身」這經文讀不懂，錯誤的理解就連串地形成：

（一）自太初，道就與神同在。

（二）「結合其它的聖經，我們看見耶和華是神，耶穌也是神，他們並非一個大一個小的神（耶穌就說「父是比我大的」）。因為我們不是多神論，但他們又不是同一個神有兩個身份證，他們之間又有區別，而這種區別又是以他們在永恆之中同在並結合為基礎的區別」。道就是神，道成了肉身，即是神成了肉身。這就把神理解為肉身，肉身的基督耶穌就成了神，所以信徒們以吃餅，喝杯來吃喝基督耶穌的肉血而求永生。

（三）道成了肉身，就是被稱為「人子」的耶穌基督。保羅說的「神在肉身顯現」，就是神顯現為基督的肉身」是有肉身的耶穌得神的靈，其言行，其思想精神體現神的道，以比喻說做「道成肉身」，這被以外貌讀經文給讀做神成了肉身，基督就是神。由此誤讀而有了這樣的宣稱：「這就是聖經的一個奧秘：耶穌基督是『與神同在的神自己』」。還以「世人都犯了罪，虧缺了神的榮耀，沒有人有希望，都只有一個結局，就是永遠的沉淪」。認為耶穌基督在十字架上「以無罪代替有罪的」救贖，是如同法律上有罪的人擔當了他罪刑的刑罰，他就重新變做無罪的「代贖」。那麼「耶穌基督是為我們的罪而死，讓我們可以得活」，免了罪而有望得永生地活。進爾就為了得到永生，吃基督耶穌的肉，喝耶穌基督的血。不能直接的喝，就以吃餅喝杯來代替，就吃喝在心裡。

不斷的依靠基督吃喝，不停的為基督唱歌，這是誤讀經文者們的信仰生活，他們在神聖

感中感到自己正確。對聖經的誤讀，讓誤讀者們成為不講理卻以為他是有真理的，並憑人多勢眾而滿懷驕傲著。而神說：「我必斷絕你們因勢力而有的驕傲」（〈利〉26:19），這話是要今人來聽的。因對經文誤讀而不講理，因不講理而誤讀。這個死扣，要以解除二方基礎來解除。要正確的讀聖經，就必須改變思維基礎的二方，也就是二方歸圓在之圓，確立自我在其內的圓基礎，即以「我在神裡」的圓在的神本身為基礎。自我則成為神在我中做主導的圓化主體。

10

「耶和華以他為贖罪祭（或做「他獻身為贖罪祭」），耶和華所喜悅的事必在他手中亨通」（〈賽〉53:10）。這裡說的贖罪祭是比喻，人的罪是不能由他者所抵免的，屬二而離神的罪，認假神，拜偶像的罪，不能是你人還二著，還在把假神信著，把偶像拜著，卻由你所認的神兒子受罰，你的罪就免除了；因為你還是那屬二的，還是那以基督為神為主而違犯神之誡命的，拜著「受膏者」基督偶像的，被離神的二方所擄而屬於神之仇敵的，不接待丈夫，接待別者而犯姦淫的，屬地即屬撒旦的，你還是在你的罪裡的。「耶和華以他為贖罪祭」，這贖罪祭所比喻的，不能在二方基礎上懂得，需要在圓基礎上把握。

犯罪是要由犯罪者自己悔改，罪過是要罪者自己知道了犯罪的根源而從根本上來解除，來拋棄的。耶穌說「天國近了，你們當悔改」，當悔改什麼？不就是悔改其罪嗎？經文中神對有罪的神民百姓是這樣說的：「以色列家啊，我必按你們各人所行的審判你們……你們要將所犯的一切罪過盡行拋棄」（〈結〉18:30—31）。要求罪人拋棄其罪，這不說得很清楚嗎？若基督以死獻祭就讓人的罪都免除了，那麼耶穌讓人悔改，神要求把罪拋棄，是說多餘的廢話嗎？誤讀經文就要按其誤讀轄制神，以致於神的話也不要聽；就要按照由誤讀而有的心思而行，以致於公然的違背神。他們要人信神，其實是讓人信他們這不知神本身是什麼的人，是讓人按照他們對神意的誤解來信他們。

「聽命勝於獻祭，順從勝於公羊的脂油」（〈撒上〉15:22），神不喜愛獻祭，喜愛聽神的話。神的話說，「耶和華是獨一的主」，而以耶穌基督為主，就是不聽神的話，就是有了二主，就陷在違犯上帝誡命的罪裡。罪是人思想精神上的病，你的病不能因他者的死而消除，你自己的病，怎能免除於死者死去的身？你的兄長為你的病討藥而死，為你討來的藥你不想吃，竟帶著病以為：由兄長的為你去死，你的病由此免除，這是不是很二呢？認為基督的血讓眾人得救，都把自己的罪交給了基督，在心裡吃著基督的肉，喝著基督的血，做著永生的夢，對於這種誤讀，神說的是：「我必除去他口中帶血之肉和牙齒內可憎之物」（〈亞〉9:7），神所憎惡的，就是被認做第二個神，第二個主的君王基督。除去他口中帶血之肉和牙齒內可憎之物，是對基督教神學誤讀經文而有的思想的清洗。「不可吃血。這樣，你行耶和華眼中看為正的事，你和你的子孫就可以得福」（〈申〉12:25）。吃血是耶和華眼中看為不正而邪的事。

「回頭吧，離開你的偶像，轉臉莫從你們一切可憎的事」（〈結〉14:6）；「你們各人當回頭，離開惡道，改正行為，不隨從奉待別神」（〈耶〉35:15）。這裡所說的「各人所隨從奉待的別神」，包括屬二信徒所認的基督耶穌這位三位一體之一位的神，所說「一切可憎的

事」，包括以基督獻祭這件可憎的事。《馬可福音》中，耶穌以良善說神，以不能說他是良善的，惟有父一位是良善即本善之善的，說明不能以他為神，只有耶和華一位是神，再沒有另位是神；耶穌不許有父一位以外的任何別一位是神（10:18），非要認三位一體的神，是在做對抗神的事情。今天當我們不再二著讀經，就讀出神讓罪人回頭，是要罪人改變自己，並不是原罪可以由基督代贖。離開你的偶像，說的就是離開基督；你與基督是二方的主與僕，僕與主即為偶，偶像就是交叉之木上死屍的基督，就是二著的信徒們所信拜的基督。「回頭吧，離開你們的偶像，轉臉莫從你們一切可憎的事」，那可憎的事，是以基督為神為救主，用基督向神獻祭，用所謂寶血洗罪，吃基督血肉想得永生的事。「你們各人當回頭，離開惡道」，本惡之惡是離神的二方，人二著誤讀聖經，不知二著的自己就是屬惡的惡人，正行走在離神的惡道之上，嘴上親近神，心卻離神遠；對神讓其回頭離開惡道的話不思不想，以為與信靠了基督，自表謙卑地主啊，主啊的人無關；神要你們「改正行為，不隨從奉待別神」，而你們在對經文的誤讀中，不認為這是說你們，只以為是說別人。神說：「在地上萬族中，我只認識你們」（〈摩〉3:2），就是你們這口頭上認耶和華神，實際上奉待「別神」的信徒們。經文中神這樣說：「在地上萬族中，我只認識你們，因此，我必追討你們的一切罪孽」。

由於誤讀經文，就陷入對經文誤讀而有的錯誤理解之中，違背耶穌所確認的神是「獨一的主」（〈可〉12:29），違犯獨一神的這個第一要緊的誡命。耶穌說的「凡稱我主啊，主啊的人，不能都進天國」，是說稱耶穌主啊主啊的人都不能進天國。誤讀者會把「不能都進天國，理解成有的不能，有的是能的。這樣的理解，其誤讀是根本性的。對耶穌主啊主啊的，是主僕二方而屬二的，是不守神的獨一主之誡命的。不守神的誡命，怎能進天國呢？什麼樣的人才能進天國呢？「惟獨遵行我天父旨意的人才能進去」（〈太〉7:21）。這話是說了「凡稱我主啊，主啊的人，不能都進天國」，緊接著說的。而稱耶穌主啊主啊的人，就是不遵行神的旨意，所以，他們都不能到天國去。天國是圓在之神的無限圓美圓妙的圓化境界，凡是屬二而處方框之罪咎的，當然都不能進圓化之神境的天國。

由信假神而有的錯誤，總要以神的名義來堅持。但神不可欺，〈耶利米書〉中：「你的牧人要被風吞吃，你所親愛的必被擄去」（22:22）。你以之為神為主的，你親愛的基督，要被神所除去。來看下文：「那時，你必因你一切的惡抱愧蒙羞……有痛苦臨到你，好像疼痛臨到產難的婦人」（23）。神與人本是一體，神對新精神的生產，也是人把自己產生為精神上的新人，現在來指證以往的誤讀經文，就是到了神的產期，就是開始覺悟的人們進入了產生自己新精神的過程。產難的婦人比喻新精神的生產之困難，難就難在人木然的被方框所「困」，難就難在那偶像之木深入信徒的心靈，「木」在二方之方框中而困，在「方框」裡發「木」，木然不覺醒而「困」。二橫和方框的目，方框裡有木字的「困」合成的「睏」字本身已將此說明。為「困」字設置了這信息的，正是生產人類圓化精神的圓在之神。「困」字裡的「木」是「人十」，十為全表圓，「困」字還有信息，人在方框裡求圓而「困」，求圓的人在方框中而「困」。把這「困」字讀懂，神就為你的新生解困。

人信仰的精神意識進入基督裡，要與木架上的基督一同死，那不是死而重生，而是死人之死，是出於對經文的誤讀，那樣的「死人之死」不解決罪過的問題。「以色列家啊，我必按你們各人所行的審判你們……你們要將所犯的一切罪過盡行拋棄，自做一個新心和新靈。

你們何必死亡呢？我不喜悅那死人之死，所以你們當回頭而存活」（〈結〉18：30—32）。不按神的話去做，不脫離二方基礎，而是把對立二方的惡道困守，那麼「當那日，必有許多人對我說：『主啊，主啊，我們不是奉你的名傳道，奉你的名趕鬼，奉你的名行許多異能嗎？』我就明明地告訴他們說：『我從來不認識你們』」〈太〉7:22—23）。這是為什麼呢？因為認耶穌是基督而把他當做主，就不認識耶穌。耶穌接著說：「你們這些做惡的人，離開我去吧！」拜基督為救世主而拜二主違犯上帝最大最要緊的誡命，即耶和華是獨一的主，所以耶穌說他們是「做惡的人」。讀耶和華神的話，讀耶穌的話，為什麼會有大誤呢？因為神的話，耶穌的話，不是在二方框架之內能正確理解的，脫離二方之惡，回歸圓善之善，才能讀通讀懂。

第四章　認準耶穌

01

分辯出耶穌與基督的區別，才能認準耶穌。基督是受膏君王，來之於二著的神民要像外邦人一樣有個王來治理的要求，來之於神的不得已，其實是神的孕育所需；基督也是來之於神的怒氣：「我在憤怒中為你們立王，又在烈怒中將王廢去」（〈何〉13:11）。立王即立基督是讓神所憤怒之事；將王廢去，其實是到了神的產期。基督做為偶像被信拜，被二著的神民當做贖罪的祭物，當做得永生的指望被喝血吃肉，耶穌為神的孕育承擔了基督。其實耶穌是神給之以靈，執行神所賦予使命的使者，是「世上的光」，並不是受膏君王基督。由於二方基礎對人思維的限制，由於基督觀念對信徒的轄制，耶穌一直不被認識，耶穌在世時的門徒，自始至終不認識耶穌。

二千年來的基督教神學，如今二十多億的信徒，都是那樣的信，憑什麼能給改了呢？「萬軍之耶和華說：不是依靠勢力，不是依靠才華，而是依靠神的靈」（〈亞〉4:6）。圓在之神的靈，是圓化之靈。耶穌就是以他的圓化精神，行使化人歸圓的使命。耶穌預言的末世災難，二著的信徒們一直以為受災難的要是那些不像他們一樣信主的人們，就像約拿希望看到上帝摧毀尼尼微城。現在知道，承受精神大災難的首先正是信靠基督的他們。這災難實質是神對人的圓化精神的生產，〈馬太福音〉中耶穌預言的災難，（「災難」原文做「生產之難」24:8）。認識神與人的這個奧秘，是為能夠讓自我的圓化精神順產。

耶穌總是用比喻說話，〈馬太福音〉十三章：「門徒進前來，問耶穌說：『對眾人講話為什麼用比喻呢？』耶穌回答說：『因為天國的奧秘，只叫你們知道，不叫他們知道』」

（10—11）耶穌由此補充說：「所以我用比喻對他們講，是因他們看也看不見，聽也聽不見，也不明白」（13）。耶穌用比喻說的是讓眾人都不明白的話，眾人都聽不懂耶穌用比喻所說的話。

為什麼要讓人聽不明白呢？因為在神的孕育期，需要人們處於二方框的子宮，也是整體性認識的迷宮裡。耶穌是神所差來的，他按神的意思說話做事，他所做的即是促成精神胎兒坐胎發育的事，又是到時引導精神胎兒脫胎，為人誕生為精神屬神的人催生的事，這是在當時要對人隱藏掩蓋的事。耶穌對門徒們說話不用比喻嗎？他用比喻說話不是給門徒們聽的嗎？「門徒們問耶穌說：『這比喻是什麼意思呢？』」（〈路〉8:9）「耶穌離開眾人，進了屋子，門徒就問他這比喻的意思。耶穌對他們說：『你們也是這樣不明白嗎？』」（〈可〉7:17—18））這說明比喻也是說給門徒聽的，門徒們也都聽不懂；耶穌對門徒們說：「這些事，我是用比喻對你們說的，時候將到，我不再用比喻對你們說，乃要將父明明的告訴你們」（〈約〉16:25），時候未到之前，都是用比喻對門徒們說的，他們也是不能聽明白的。耶穌對門徒們說：「你們不明白這比喻嗎？這樣怎能明白一切的比喻呢？」（〈可〉4:13）耶穌一切的比喻也都是對門徒們說的，他們也都是不明白的。〈以賽亞書〉中預言：「你們聽是要聽見，卻不明白」（6:9），門徒、信徒都不在其外。後來的信徒們都以為他是明白的，豈不知以賽亞預言的「因為這百姓油蒙了心，耳朵發沉，眼睛閉著，恐怕眼睛看見，耳朵聽見」，說的正是現在被受膏的膏油蒙蔽著的基督徒，神在舊約時代就對當今的他們有知，對於真神，我們不能不信服。

耶穌對門徒們說話同樣用比喻，門徒們都聽不懂他說的比喻。聽了耶穌說的話，門徒們議論說：「這話甚難，誰能聽呢？」（〈約〉6:60）門徒們聽到了耶穌的比喻，就是耶穌對門徒們用比喻說話的證實：進了屋子，門徒就問他這比喻的意思。耶穌對他們說：「你們也是這樣不明白嗎？」（〈可〉7:17—18）耶穌多次指責門徒們說：「你們還不明白嗎？」（16:9）「你們還不省悟，還不明白嗎？你們的心還是愚頑嗎？」（〈可〉8:17）來之於圓在之神的思想不能被屬二的信徒們所懂得，耶穌是要把這事說給今人的：「先前所請的人，沒有一個得嘗我的宴席」（〈路〉14:24），二方基礎上信主的，都是先前的，來自神的思想宴席，屬二的信徒是都沒嘗到的。馬太福音中耶穌說道，「喜宴已經齊備，只是所召的人不配」（22:8），因為耶穌所召的是罪人，即屬地屬二方的人。當今的信徒還是罪人，罪人限於二方之「方框」，對不在其思維框架之內的圓在的神不能懂。耶穌提起約拿在大魚腹裡說道：「人子也要這樣三日三夜在地裡頭」（12:40）。在神的孕育期，耶穌一直是在屬二人們眼裡的耶穌基督，是被信徒們所二著理解的基督耶穌。因為人屬地而讓耶穌對於人們是在地裡頭。神的時間千年一日，耶穌在世時為一日，現已第三夜將要過去，耶穌「在地裡頭」的定期即將結束。耶穌預言：雞叫三遍，信徒的代表彼得才會為不認識耶穌痛悔而哭，這對於覺悟者們，應該就在今時。

耶穌的門徒們所眼見的有著具體形像的耶穌不在了，死後顯現又走了，他們由於不認識耶穌而不知應該做什麼，「彼得說：『我打魚去』」。門徒們都回應，他們說：「我們也和你同去」。耶穌使許多魚入了門徒們的網，才有人把他看出：耶穌所愛的門徒對彼得說：是主。「門徒中沒有一個敢問他，『你是誰？』因為知道是主」（〈約〉21:12）。不問耶穌是誰，只是聽人說他是彌賽亞，認他是基督而是主。門徒們都去打魚，（這是對後來他們網羅基督信徒的象徵隱喻，耶穌開始召他們，就說讓他們「得人如得魚一樣」（〈太〉4:19）。死後再現的耶穌來到他們面前，「沒人問他是誰，因為知道是主」。

來看〈約翰福音〉中初次選召門徒：「約翰同兩個門徒站在那裡，他見耶穌行走，就說：『看那，這是神的羔羊！』兩個門徒聽見他的話，就跟從了耶穌。」（1:35），其中一個是彼得的弟弟安得烈，四十一節，「他先找著自己的哥哥西門，對他說：『我們遇見彌賽亞了。』基督就這樣被知道，被信拜了。」

基督教的第一個神學家保羅說：「先知講道之能終必歸於無有，說方言之能終必停止，知識也終必歸於無有。我們現在所知道的有限，先知所講的也有限，等那完全的來到，這有限的必歸於無有了……我如今所知道的有限，到那時就全知道」（〈林前〉4—8）。保羅很了不起，他的這話把獲得圓化知識的障礙給掃除了，聽神的，聽耶穌，聽保羅，就不該在不完全的非圓化知識裡框定著。在二方基礎上所知的，就是有限的。等那完全的到來，不能以原來有限的所知限制自己。什麼是完全的，本身無缺的圓在之圓才完全，確認圓在、圓化的神，圓基礎對於我們來到，就是那完全的到來；擁有了圓基礎，認識就圓明圓通。「一切惡人都不明白，惟獨智慧人能明白」（〈但〉12:10）。因為惡人固之於二，智慧人歸之於圓。

〈多瑪福音〉中門徒對耶穌說：「告訴我們你是誰，好讓我們相信你。」耶穌回答說：「你們瞧著天地的臉，卻認不出在眼前的是誰，且不知曉如何察見此際」（91）。耶穌說：「我要向那些配得的人揭示我的奧秘」（62）。配得的人，是能使自己不二著的人。不二的

人，也是中西文化對於他不是純粹的對立二方，而是整體一體的，體現耶和華本為大而有大乃容，能容得中國文化之優秀的精神健全之人。以整體觀為特徵的中國文化講天圓地方，周易中「天一地二」，天地的臉，是二方在其內的圓在之圓。「你們瞧著天地的臉」，瞧著一體的天地，卻不知耶穌是圓在之圓內的主體。啟示的「啟」字是「戶口」，啟字的信息是對每一思想門戶之方框的開「啟」，啟示的示，所「示」的是「二小」，包含有限與無限二方的圓大，二方為小；把啟示二字看懂，就不做小二之人；看懂啟示二字，就不二著小著致思；把握「啟示」二字的信息，就知道應該擁有至大無缺的圓基礎。在圓基礎上，就能認準圓化之光的耶穌。

耶穌的圓化之光，以他的言行綻放：「你要盡心、盡性、盡意，盡力愛主你的神」，盡心就是全心，圓全圓才全，耶穌說的四個盡，就是以圓化的精神與行為愛神；「要愛人如己」，這是人們有了圓基礎才會有的事，這是有圓化精神的人們才能夠的事。圓基礎上的人們都是與圓在的神是一體的，他人是他我，圓化精神的人們要以個圓，圓人，共圓的活動實現自我和回到永恆與永生的神家。耶穌的趕鬼、治病……都是讓人歸圓，復圓，在具體性事情上，如認為安息日也該去找丟失的牛，不制止餓了的門徒吃田中的麥子……，都是以人的得圓為原則。耶穌所做的事，都是讓人得圓，他是化人歸圓，教人以圓化之，化而成圓的圓化精神領袖。通過耶穌才能認識神，是他圓化的言行能讓人認識圓在、圓化的神。

02

耶穌的思想精神來之於神，他不是神本身。「我的教訓不是我自己的，乃是那差我來者的」（〈約〉7:16）「那日子，子也不知道，惟有父知道」（〈太〉24:36）只是耶穌這一句話，就該明白，認為耶穌是上帝的化身占不住腳；耶穌這一句話，三位一體之神的說法就塌台散架。耶穌明確的說出他與父的有別，神能知道的，並不是他就能知道，說他就是上帝來到人世，等於說一個人畫了裝來到一個地方，沒化裝的他所知道的，畫了裝的他卻是不知道的，由此可知誤讀經文的神學是荒唐無理的。

基督徒們常以大科學家也信上帝來傳他們的教，如舉出大科學家牛頓，而牛頓相信耶穌高於眾先知，認為耶穌是在人間代行上帝之職(正符合於本書所確認的上帝在世上的光)。耶穌不應與上帝具有同等地位，早期生活中，牛頓就在三一學院裡拋棄了基督教認為的正統信仰，認為耶穌是上帝創造的凡人，而不是上帝的化身。他完全反對古代權威的解釋，還寫過反對三位一體的小冊子，大科學家愛因斯坦也是一些基督徒愛拿來為他們的信仰做說的，而他說的是：「如果不相信我們世界內在的和諧性，就不會有任何科學」，「他(上帝)通過萬有之間的秩序井然的和諧來顯示自己」。通過萬有之間的秩序井然的和諧來顯示的上帝，正是圓在之圓，和諧在於圓，圓在之圓決定了整體的和諧有序。「我從天上降下來，不是要按自己的意思行，乃是要按那差我來者的意思行」（〈約〉6:38）。這既說明耶穌不是做為本體的神，而是被神差使者，是奉行神的使命的，也說明耶穌承擔了基督，那是神所按排的，耶穌是完全服從於神，按神的意思來做的。

因孕育人的圓化精神而對於人自隱的神，在將向人類顯現之時，需要人們「開墾荒地」，「你們要開肯荒地」，「要開墾你們的荒地」，即改變二方基礎。〈瑪拉基書〉中

說：「我要差遣我的使者在我面前預備道路」（3:1），就是「差以利亞到你們那裡去，他必使父親的心轉向他的兒女，兒女的心轉向父親」（45—6）。轉向是回頭，解除二重方框而回轉，不被方框所框限才能認識耶穌而認識神。「地極的人都當仰望我，就必得救，因為我是神，再沒有別神」（〈賽〉45:22）。全地的人所能共信仰望的神，只能是圓在、圓化的神，人由信而歸圓成為圓化者，就從生與死等二元分裂的深淵得救了。「敬畏耶和華，就是生命的泉源，可以使人離開死亡的網羅」（〈箴〉14:27）16）。從圓在之神而來，得圓化之靈，向圓在的神境而去，所走的就是精神永生之路。神不許以喝基督的血得救，「凡吃了血的，必被剪除」（〈利〉17:14），這與「那受膏者必被剪除」（〈但〉9:26）同是一個意思。

「仁義公平勝獻祭」（〈箴〉21:2,）「當獻上公義的祭，又當倚靠耶和華」（〈詩〉4:5）。圓化是讓人的身體和精神，讓人人的感性、神性、理性的整體性需要得圓而得到全面滿足，這才真正體現公平仁義，公平公義。神的道路絕不是吃耶穌肉喝耶穌血就得救得永生的基督之路，而是讓人神合一，人我合一，天人合一，人與圓在之圓一體，體現神的目的，在人的整體全面需要上得真圓，真得圓的圓化之路。

〈馬太福音〉中，神的使者來到約瑟的夢中說：從聖靈感孕將生出的兒子，「你要給他起名叫耶穌，因他要將自己的百姓從罪惡裡救出來」（1:21），「耶穌」是希伯來名字「約書亞」（意為「耶和華乃救恩」）的希臘文寫法。耶穌這名字是「耶和華乃救恩」的意思，耶穌之所以是耶穌，在於他認救恩屬於耶和華，認耶和華為惟一之救主，在於他體現耶和華的拯救之恩，遵行神的拯救道路。圓在之神的救恩是對於全人類的，耶穌以體現來之於圓化之靈的「世上的光」，照人歸圓。神民百姓除了二方離圓的原罪，還有拜基督為神為主，以基督之屍血獻祭的罪上加罪之罪惡。「他要將自己的百姓從罪惡裡救出來」，包含使二著的神民從信靠基督的魔障裡解脫出來。「你要給他起名叫耶穌」，這沒有說耶穌是基督。基督即彌賽亞是人們指望復興以色列國的，而「將自己的百姓從罪惡裡救出來」，是使人改善靈魂，回歸真神的。聖靈感孕生神兒子，做為啟示信息，這是對耶穌的思想精神來之於神的象徵，若當做一件具體的真事：即上帝用聖靈使自己進入瑪利亞的腹中，那就有諸多問題了：那是基督徒馬太所說的，那神的使者所代表的神，是基督徒他們自家之家神。「家神所言是虛空」（〈亞〉10:2），這句經文，也對向牧羊人說基督降生的天使做出否定。

基督是人造的，是「有幾個博士」即算命，看天象的說：「那生下來做猶太王的在哪裡？」他們說是「在東方看見他的星，特來拜他的」，是「希律王聽見了」傳言就問：「基督當生在何處」？是「祭司長和民間文士」回答說「在猶太的伯利恒」，這就連蒙帶唬，讓耶穌成了基督。保羅引用〈舊彌迦書〉「伯利恒以法地啊……將來必有一位從你那裡出來，在以色列中為我做掌權的（5:2）。引做「必有一位君王出來」，把「掌權的」引做君王，做為生於伯利恒的耶穌是君王基督的經文依據，而耶穌是掌光明之權，並不是君王，做為他是基督的經文根據不成立。〈舊彌迦書〉五章二節中，「他的根源從亙古，從太初就有」，被做為耶穌是神的理由，以「太初有道，道與神同在」，確認耶穌是太初與神同在的神」，而「他的根源從艮古，從太初就有」，有根源就是有所從之而來者，就不是自有的神。以前後二方的線性時間觀，「從太初就有」，會被認為有一個線性時間最前面的太初之點，那是沒有人類只有神的時間，豈不知太初之時，是人的思維意識一方與對象一方所對於人生成出來，由人確認的時間，正如幾十億，幾百億之前沒有人類的時間，是人認識天文對象生成的時間，圓在之圓包含二方，時間產生於圓在之圓，人不被時間的前後二方所框，意識就擁有太初的時間，意識與太初同在，太初是圓在之圓，那是所有人的根源，人都是上帝的兒女；太初做為人的對象，人與對象是一整體存在之圓，人立於圓基礎，就知道自己的意識和太初在一起，從太初就有，這只說明人在神裡，耶穌在神裡而不是本體之神，那兩句經文不能做為耶穌是神的依據。耶穌是來自圓在之神的光，光當然在光源即神那裡就有。確認耶穌是圓化精神之光，「此光就在一光者之中，他燃亮了整個世間」（《多》24）。

是神靈運做了經文作者們的意識，才會是幾千年間幾十位作者在其本人所不知情的狀態中共同成就神從懷胎到生產的謎語，用比喻說出的謎語，能夠天衣無縫，精彩絕倫。神「做奇妙的事」和「做非常的工」，其非常之奇妙真讓人見神，讓人見真神。

救人從罪惡裡即從精神的幽暗裡出來的，只能是掌光明之權的。人的罪惡在於思維基礎是離圓的二方，「方主幽」，罪人在幽暗中思想，罪人屬地，「那地甚是幽暗，是死蔭混沌之地」（〈伯〉10:22）。耶穌掌光明之權，他是來之於神的光，才能為人類的精神照亮。耶穌對於處黑暗死蔭之地的罪惡之人的解救，是使二方在人們這裡歸圓而擁有「圓主明」的圓明之境，成為屬天即屬圓、屬光明的人。耶穌來之於圓在、圓化的神，他憑神所給的圓化的靈而有給人以光明之能。耶穌說：「我到世上來，乃是光」，他在世上掌光明之權，但「光照在黑暗裡，黑暗卻不接受光」。人們在二方基礎上，處在幽暗的「方框」裡，不認識做為圓化精神之光的耶穌，也就不能接受那光。門徒們要把耶穌認做彌賽亞，因為有具像的，世人所尊貴的，能供他們以喝血吃肉以為能白白除罪而得永生的基督，才符合他們的信仰要求。他們的屬二，他們屬二之心的信仰要求，都使他們需要基督而不能認識耶穌。

耶穌說：「我為審判到這世上來，叫不能看見的，可以看見；能看見的，反瞎了眼」（〈約〉14:17）。看見了受膏基督的人，這能看見的，反瞎了眼，開瞎子的眼，是使被二方之方框所囚困，被膏油之「油蒙了心」的人們打開「方框」而歸圓在之圓，除掉祭壇上的基督，接受圓化之光的耶穌。

耶穌預言聖靈的到來：「就是真理的聖靈，乃世人不能接受的；因為不見他，也不認識他。你們卻認識他，因他常與你們同在，也要在你們裡面」（〈約〉14:17）。這所說的「你們」，二著的信徒都以為是他們，而二著的他們，從來不能知道什麼是聖靈。被神所感動，不就是擁有聖靈；當年跟隨掃羅的人們，就被神所感動。聖靈是圓化的靈，能指教你們一切的，就是圓化的靈。耶穌說的「你們」，是自化歸圓了的你們，是覺醒了圓化之靈性，能化人歸圓，奉行圓化真理的你們。

03

耶穌的名字，是「耶和華乃救恩」的意思。信耶穌卻不以耶和華為獨一真神，惟一救主，是出於對耶穌的不認識。耶穌多次說明他不是神，明確的強調神是獨一的主。耶穌說：「子憑著自己不能做什麼，惟有看見父所做的，子才能做」（〈約〉5:19）。他不憑著父就不能做什麼，這把他不是神，神是他所從之而來的，所本之於的本體，已說得明明白白，清

清清楚。

圓在的神，做圓化的事，做化成人的圓化精神的事。屬二的人，是二方框裡的精神之胎，其精神處於被圓在之神的孕育過程裡；耶穌來到世上，是做神的事：既要固胎，使之發育，還要為人的精神脫胎埋下準備。耶穌的趕鬼，治病，赦罪，讓死人復活和最後上十字架，都是象徵性的以圓化之，化人歸圓在之神的圓化活動。耶穌說：「我所做的事，信我的人也要做」（〈約〉14:12）。基督徒們能趕鬼、治病，讓死人復活嗎？不能做耶穌所做的事，怎麼能是真信耶穌的呢？耶穌所做的事，是做神的工，做圓在之神的圓化之工，在二方基礎上二著的信徒，卻是把他做為彌賽亞來信，彌賽亞是受膏得權的以色列君王，彌賽亞之所以是彌賽亞，在於能使以色列國有大衛之國的強盛，即以色列民族的復興。彌賽亞是從西臘文音譯中文的基利斯督，簡稱基督，耶穌所做神的工，是對全人類精神的拯救，他不是基督，他是為了神的孕育，需要擔當信徒們所認的基督；他被做為基督當祭物，滿足屬二的信徒們以他給神做贖罪祭的要求，因為神兒子君王基督做贖罪祭品，才讓他們的得永生感到可靠而可信。

經文中耶穌不是自己說要捨命做贖價的嗎？那不就是耶穌來到世上的使命嗎？這說法是有其經文證據的：「正如人子來，不是要受人的服侍，乃是要服侍人，並且要捨命，做多人的贖價」。二著的信徒們全都要對此誤讀的，他們讀做：「在這裡我們的主很明確的說明了主來世上的目的，幹什麼來了？卑微做人，來服侍我們這些可憐的人，『並且要捨命，做多人的贖價』」。即給願意接受基督救恩的人們，也就是給基督徒們做贖價。神的拯救是公義的，不能是對哪方人之私方的，那麼耶穌為什麼不是給全人類做贖價呢？因為人類屬二的原罪是不可以代贖的。你人還在二著，你的思想還是屬二的性質，你思想精神的被二所逼困狀態還要繼續，這罪怎麼能由耶穌去死就代贖呢？那麼耶穌的「並且要捨命，做多人的贖價」，這經文要怎樣來讀呢？那「做多人的贖價」的多人，是願意接受基督救恩的人，就是基督徒們，他們本是屬二的罪人，又以信基督耶穌是神是救主，違犯神的獨一神，獨一主的最大最要緊的誡命，還把神所厭惡的基督之屍做為獻挽回祭的祭品，還吃基督的血肉對抗神「不可吃血」的命令，基督徒們的這罪上加罪的罪，需要耶穌做為基督去死來代贖。耶穌的捨命為多人做贖價，就是為基督徒們這許多人。基督死掉，在信徒們這多人心裡死去，由信基督而有的罪就免除，所以這罪可由基督的死而得贖。擁有圓化之靈的，精神之光的耶穌不會死，當我們不再二著時，就再來到我們的精神裡；死去的是做為肉身的基督，耶穌的死於交叉木架，就是給基督徒們做贖價，耶穌是擔當二著的信徒們所需要的基督，才被以不被猶太人承認的「猶太人的王」被處死的，現在基督徒該像雞叫之後的彼得一樣，痛悔而哭。

基督的贖罪祭是二著的信徒們全部希望所在，取消這個贖罪祭的事，是要他們命的事，所以會有信徒拼命的護住贖罪祭，那可是為其私欲逆神的事。「順從勝於公羊的脂油」（〈撒上〉15:22），這是說，人得神的恩，在於聽神的話，順從神；公羊的脂油是對基督獻祭的比喻，把贖罪祭看成寧可不聽神最要緊的誡命也要堅持的事，這就是行魔鬼的私欲。神不要用基督所獻的祭，基督的贖罪做用，發生於以其受死而在信徒的心中除去。在你們多人的基督徒這裡除掉基督，才是耶穌給你們做贖價的意義。

基督是二著的信徒給耶穌打造的金銀冠冕，〈撒迦利亞書〉中，神對此曾有以象徵給出的預言：「耶和華的話臨到我說：『你要從被擄之人中取黑玳、多比亞、耶大雅的金銀……取這金銀做冠冕，戴在約撒答的兒子約書亞的頭上』」。被擄之人是以二方為基礎的屬二之人，約書亞頭上基督的冠冕，是從被擄屬二的神民中取來金銀所打造，是二著的信徒用他的思想觀念所雕刻。約書亞與耶穌是同名，把金銀打造的冠冕戴到頭上的約書亞也正是對耶穌被二著的信徒戴上基督冠冕的象徵。耶穌被認做基督，是神對圓化精神的孕育所需要的，基督的冠冕不能總是由耶穌戴著。「看哪，那名稱為大衛苗裔的，你要在本處長起來，他要建造耶和華的殿，並擔負尊榮，坐在位上掌王權。又必在位上做祭司，使兩者之間籌定和平。這冠冕要歸西連（就是「黑玳」）、多比雅、耶大雅和西番亞的兒子賢（「賢」就是約西亞）」，即代表被擄神民提供打造基督冠冕金銀那幾位，這基督冠冕要歸給他們，也就是要由他們打造出基督冠冕的信徒們收回去，由他們自己來取蒂，「放在耶和華的殿裡做紀念」（6:9—14）。耶穌要在本處即圓在之神這裡生長起來，建造耶和華圓在的殿，擔負化人歸圓的尊榮，坐在位上掌圓化之光的光明之王權，由屬二的神民收回的基督冠冕，留做神殿中的一個紀念，是從耶穌那裡摘了這基督冠冕，才建起這神殿，故做紀念。

曾經有其必要，也能牽強地在經文中找到一點依據（那是為迷惑胎性精神所給出）的被認做也是神的基督，到了神的產期，就是污穢的東西，那是給耶穌穿在身上的污穢的衣服。基督「約書亞穿著污穢的衣服，站在使者面前。使者吩咐站在前面的說：「你們要脫去他污穢的衣服』」（3:3—4）。站在前面的人，應是先行覺悟的先知先覺者們，除去加給耶穌身上的基督這污穢的衣服，是凡認識了耶穌、認識了上帝的人們就應先行在意識裡來做的大事。

神的使者「又對約書亞說：我使你脫離罪孽，要給你穿上華美的衣服」，「要將潔淨的冠冕戴在他的頭上」。耶穌本是潔淨的，「凡從婦人所生的，沒有潔淨的」，因為婦人所生的都屬二，都需要以歸圓來潔淨。經文是說精神領域的事情，所說的生，是指精神的產生。耶穌是圓在之神所生，使耶穌脫離屬於罪孽污穢的基督，才能戴潔淨的冠冕，穿華美的衣服。華美乃圓化之美，美本身就是圓化的感性顯現。

神通過使者對約書亞說：「你若遵行我的道，謹守我的命令，你就可以管理我的家，看守我的院宇」（〈亞〉3:3—7）。圓在之神的道，是圓化之道；神的最大最要緊的命令：盡心，盡性、盡意、盡力的愛獨一圓在的圓化之神，就是全心全意的以圓化精神愛神。神的誡命之命令，還包括「愛人如己」，耶穌據此要求信徒：「你們要彼此相愛，像我愛你們一樣」。耶穌完全遵從於神，「你們若遵守我的命令，就常在我的愛裡：正如我遵守了我父的命令，常在他的愛裡」（〈約〉5:10）。

神不許有二位的主，不許有三位的神，神是獨一的主，這是耶穌的一個命令。稱耶穌為主，不遵守獨一神，獨一主的命令，就不能在耶穌的愛中，正如人不屬二，才能愛圓在的神，也在神的讓人整體全面得圓的圓化之愛中。人都擁有圓基礎，圓化之靈的神同在人裡，才能真正彼此相愛，愛人如己，完完全全的合而為一。

04

「凡掉在那石頭上的，必要跌碎」（路20:18），這說的就是「房角石」。房角石有一個那是指基督，還是指耶穌的問題。基督教神學的耶穌就是基督，基督就是耶穌，這出之於對經文的誤讀。房角石是神所揀選的宮殿基石，這顯然是對精神建築的比喻。它有著兩種意義，一是為屬地即屬二方的信徒們的胎性精神意識提供房屋做為根基性的器具，沒有基督做基督徒們神殿的房角石，就不會有基督教的興起和其發展演化的歷史，而基督教是上帝孕育的過程所必有的。舊約中的也由耶穌引用的一句經文，二著的牧師說到此就顯出自負的得意：「匠人所棄的石頭，做了房角的頭塊石頭」。他們的基督就是那被猶太匠人所棄的「房角石」，猶太人不承認，當然也不接受耶穌是基督。福音書中眾人都說耶穌是先知，只有門徒們才認他是基督。屬二信徒們認基督就是匠人所棄的，做了房角的頭塊石頭，為他們的聖殿奠基的「房角石」，經文中說的「背道的以色列行淫……她奸詐的妹妹……和石頭木頭行淫」（〈耶〉3:8—9），應包含這基督房角石的石頭。這房角石不是經文中所說的磐石，惟耶和華是磐石。「除了耶和華，誰是神呢？除了我們的神，誰是磐石呢？」（〈詩〉18:31）神是圓在的本體，圓在之圓是磐石，耶穌說他的教會「要建在磐石上」而不是角石上。為神的孕育，耶穌擔當了房角石。「他必做為聖所，卻向以色列兩家做絆腳的石頭，跌人的磐石；向耶露撒冷的居民做為圈套和網羅。許多人必在其上絆腳跌倒，而且跌碎，並陷入網羅被纏住（〈賽〉8:14——15）》）以色列兩家，猶太教，基督教對圓在、圓化的神都不認識，各有其絆棡的方式。

由抹膏油而有的基督不是天地之來源的本體，「你要對他們如此說，不是那創造天地的神，必從地上從天下被除滅」（〈耶〉10:11）。把基督當做神是神所絕不允許的，被當做了神的基督是「必從地上從天下被除滅」的，基督房角石是神所要使之粉碎為灰的石頭。

〈馬太福音〉中，耶穌對認他是神兒子基督的彼得說：「我還告訴你說：『你是彼得，我要把教會建造在這磐石上，陰間的權柄不能勝過他』」（16:18），這是以耶和華為磐石。房角石是猶太匠人所棄的，是彼得建基督房舍所用的，彼得所用的是基督房角石。耶穌說的是：「『我要把教會建造在這磐石上』，而『你是彼得』」，是說你彼得就是另一回事了，然後耶穌就稱彼得為「撒旦」（16:23）。耶穌所要建造教會的磐石，「陰間的權柄不能勝過他」。陰為二，二所不能勝過的是本來包含二方的圓在之圓。現在誰還以基督為房角石，並視為磐石，就掉在了那石頭上，「必要跌碎」。房角石之寶貴，在於所建的房子，即精神屋宇有價值。「宮」字上面有寶字頭，子宮裡的胎兒是寶。當然，胎兒要以其能出生而具有真正的價值性，舊有聖殿的被拆，才有新殿的興建。耶穌就是神所選的新殿的房角石，這房角石具有磐石的性質，因耶穌在神裡，神在耶穌裡。磐石是圓基礎，耶穌擁有圓基礎。「他必做為聖所，卻向以色列兩家做絆腳的石頭，跌人的磐石」。經文中的以色列，有時是信耶和華神的人們的總指稱，「向以色列兩家做絆腳的石頭」，包含基督這一家。耶穌對門徒們說：「今夜，你們為我的緣故都要跌倒」（〈太〉26:31）。精神的天明時，彼得為他的不認耶穌，思想起來痛悔而哭（見〈可〉14:72），這是一個象徵，一個預言，一個謎語，這是重大的啟示。今天信神的人，當以圓基礎為磐石，以擁有圓基礎的耶穌為房角石，成為圓化之活石。當今誰是匠人呢？圓基礎的房角石被誰所棄呢？我們對此試目。

胎兒本身的全部價值性要體現於能脫胎新生，生成磐石上的你自己，擁有你的圓基礎，才是認識了磐石。基督教自有其功績，基督房角石的寶貴在於那是神孕化屬神的公義性精神之用具。要不被耶穌這房角石絆倒，要不掉在耶穌這房角石上，就要立之於圓在的磐石，在圓基礎上立起圓化精神的你自己。

以耶穌為上帝，是出於對上帝的不認識，也是出於不認識耶穌。不改變這種誤讀，就不能認識耶穌，就不能認識上帝。那麼就還是要處在信假神和不信神的兩種誤區。

耶穌的確不是上帝，他與名為耶和華的神有別。就耶和華這一名號來說，他所表達的是：「我是自有永有的」(I am who Iam)。這是上帝的一種絕對屬性的表達，是讓人知道上帝與其他一切人手所造的神不同之處：上帝是絕對不依靠其他一切事物或力量而存在的。「因你為大，且行奇妙的事，惟獨你是神」（〈詩〉87:10）。耶穌明明說：「父是比我大的」（〈約〉14:28）。基督由頭抹膏油而有，不是自有永有，耶和華不是受膏者基督，耶穌基督由人所造。「至於這民的一切惡，就是離棄我，向別神燒香，跪拜自己手所造的，我要發出我的判語攻擊他們」（〈耶〉1:16）。

以耶穌為上帝，耶穌不同意；耶穌否認他就是神本身，否認他是基督。耶穌再來的條件要求，就是信徒不再以他為神、為基督，為祭物。耶穌是這樣對門徒們說的：「我告訴你們，從今以後，你們不得再見我，直等到你們說：奉主名來的，是應當稱頌的」（〈太〉23:39）。誤讀的信徒們都會想：奉主名來的，不就是神所化身的神，不就是神所立的基督嗎?·基督不就是奉神名來拯救人類的救主嗎?·誤讀者不知自己的所誤。現在用經文來將其誤讀指出：

耶穌說的「奉主名來的，是應當稱頌的」，是從〈詩篇〉的經文引來的，原文是：「奉耶和華名來的是應當稱頌的！耶和華是神，他光照了我們。理當用繩索把祭牲拴住，牽到壇角那裡。你是我的神，我要稱謝你；你是我的神，我要尊崇你」（〈詩〉118:26—29）。這裡明確耶和華是神，沒說是神的還有基督，沒說耶和華也是耶穌。以神是獨一神，奉神之名來的不能是神本身。基督是信徒所依賴的「挽回祭」的羔羊，獻祭的羊即祭牲。明確耶和華是神，「他光照了我們」，就「理當用繩索把祭牲拴住，牽到壇角那裡」，把羔羊拴住，就是結束基督的行走，不要把羔羊即耶穌基督當做獻祭的祭物。以基督為上帝，為救主，由「耶和華是神」（當然是獨一的神，獨一的主）而確定為錯誤。不要再稱謝尊崇基督，「耶和華是神」。「你是我的神，我要稱謝你；你是我的神，我要尊崇你」。神就是耶和華獨自，「當獻上公義的祭，又當倚靠耶和華」（〈詩〉4:5），這沒有可加上基督的餘地；是當獻上公義的祭，不是獻死屍的祭；是該倚靠耶和華，不當依靠君王基督，那不是神，是屬二的信徒所認做的羔羊祭牲而已。

耶穌說的是，「直等到你們說：『奉主名來的，是應當稱頌的』」，才能見到再來的耶穌。那是說「信神所差來的」，稱頌執行神的使命的。奉主名來的肯定就不是那獨一的主，不是主，那也就不是神；稱頌奉行神的使命的做為光的耶穌，不再以耶穌為神、為救主基督、為羔羊祭物，就能再見到再來的做為圓化精神之光的耶穌。曾經不覺得誤讀，是神的孕育所需；現今指出誤讀，是神的生產所需。

是四篇福音書中門徒和眾人都說「奉主名來的，是應當稱頌的」之後，耶穌才提出，直到你們說：「奉主名來的，是應當稱頌的」要求。眾人都已說過了「奉主名來的，是應當稱頌的」，怎麼還要「直等到你們說」呢？不合理的解釋是以其誤讀置耶穌於不合理。耶穌怎麼能說不合理的話呢？那是人的誤讀。〈太〉二十一章，〈可〉十一章，〈路〉十九章，〈約〉十二章中，「奉主名來的，是應當稱頌的」這話，都是以耶穌為基督，都是在迎接王、主榮入聖城說的，是以耶穌是基督，是救主，是王來說的。「看那，你的王來到你這裡」（〈太〉21:5），「主要用它」，「和散那」原有求救的意思（救主），將帶來「我祖大衛之國」的彌賽亞即君王基督（〈可〉11:3,9,10），「奉主名來的王」（〈路〉19:38），「奉主名來的以色列王」（〈約〉12:13），那所說奉主名來的是被當做主（神）所給人設立的主基督（耶穌）。耶穌要求的「直到你們說」，說的與那根本不是一回事，恰是否定那回事。耶穌要求的「直到你們說」，是你們不再說耶穌是王，是基督，是神，是救主，是當你們說，應當稱頌的，是奉主即神的名來的神的使者，再來的耶穌才會來到你們的精神裡。

把〈詩篇〉4:5、118:26—29的內容與四篇福音書都有的主、王「榮入聖城」和耶穌對「直到你們說『奉主名來的，是應當稱頌的』」引用聯繫在一起，可知耶穌是為神的孕育和生產執行神意。為精神的孕育，他要給送他在木架上赴死的猶太人以動因，就是擔當他們所不承認的彌賽亞，王、主、神兒子以激起他們推動他被釘死木架；他要滿足信徒認他是基督，是王，是主，是神兒子的要求，使他們得永生的希望得以託付，使他們具有立起和發展基督教的信心和動力。為精神生產，耶穌要把他不是彌賽亞，不是受膏君王基督，不是神，不是救主之主，隱藏在他的話裡。詩篇和四福音書由耶穌那麼巧妙的聯繫在一起，詩篇和四福音書的作者對所表述內容的意義並不知道，一切都是神秘的神所設計。得神的靈的耶穌是什麼都知道的，為精神的生產，他需要上木架，捨命做基督徒這「多人的贖價」。本拉多查不出耶穌的什麼罪來，是掛了一塊寫著「尤太人的王」的牌子將其處死的。在現象上說，耶穌是由不承認他是基督，是主的尤太人和認他是王，是主基督的信徒們一起使他被釘木架的。現在來感受神和耶穌在精神靈性生命上對人的深愛大愛吧！

耶穌提到摩西，說：「他的書上有指著我寫的話，你們若不信他的書，怎能信我呢」（〈約〉5:46—47）？摩西的書中說：「耶和華你的神要從你的兄弟中間興起一個先知像我，你們要聽從他」（申18:15），這說的是將興起的是像摩西一樣的先知，而摩西不是神也不是基督。「以後以色列中再沒有興起先知像摩西的」（申34:10），這與摩西曾預言的要「興起一個先知像我」，看來顯然是矛盾的。二著讀經書，只能對此迴避，裝做沒有矛盾著的那回事，去確認要興起的是基督耶穌。以色列是二著信神的神民，所預言將會興起的先知當然不能在他們之中，在神民兄弟之間的耶穌不屬於二著信神的神民，而是來之於天即圓在之圓的使者，他的使命是帶領人類與神同行，他特有的先知性在於他與神同在而通神。經文中摩西、大衛都是神所特別惠顧的人，大衛在神的保障裡，摩西能聽到神的聲音，他們都認獨一主的神，都為預表耶穌所用。這也說明，耶穌是神的使者，具有先知之能，並不是基督，也不是神，所興起像摩西的先知，要興起於不屬二而屬圓的神民，興起於信圓在之神的擁有圓化意識的人們。

「除掉常獻的燔祭，設立那行毀壞可憎的（讀這經的人需要會意）」（〈但〉11:31）。

這話在神的孕育期可被誤讀為：設立那行毀壞的可憎者；在神的生產期，就應讀做設立那行毀壞可憎者的，即對毀壞那可憎之物者的設立。讀這經要會意：行毀壞的可憎者，是指毀壞神的獨一性的基督；神孕育期常獻的燔祭是指舊約時代所獻的羊、牛，生產期就是指獻挽回祭，贖罪祭的基督。行毀壞可憎之物者的，是做摧毀行可憎者基督之事的。「飛行的書卷」即本書，就是行毀壞可憎之物者的行者。「行毀壞可憎的站在不當站的地方」，是那可憎的基督站在了神、主的位置上；「那行毀壞可憎的站在聖地」（〈太〉24:15），是去毀壞那可憎者基督的書卷，是站在神聖的位置上。讀這經文，要有對神的孕期和產期的把握，才能把不同的意思分清讀懂。

〈馬太福音〉中，耶穌是說了「看那，你們的家將成為荒場，留給你們」（23:38），才說「你們不得再見我，直等到你們說：……」的，然後又說到「殿宇」將來被毀（24:2），說到（「災難」原文做「生產之難」）的末世（24:8），說到「你們看見先知但以理所說的「那行毀壞可憎的站在聖地（讀這經的人需要會意）」（24:15）。在神孕育期，是毀壞真理的假道佔據聖地，〈可〉十三章十四節是「站在不當站的地方」；神的產期，是摧毀那可憎的「「使地荒涼的」如飛而來」的飛行的書卷站在聖地。正是這書兌現神的預言：「我要使大山小崗變為荒場，使其上的花草都枯乾」（〈賽〉42:15），此書一傳，基督教神學即顯荒涼，露出錫安女子頭上的禿瘡。

05

耶穌遇見與安德列、彼得同城的腓利，「就對他說：『來跟從我吧！』」這腓利找著拿但業，領他到耶穌這裡來，耶穌對拿但業說：「腓利還沒有招呼你，你在無花樹底下，我就看見你了。拿但業對他說：『拉比，你是神的兒子，你是以色列的王』」（〈約〉1:43—49）。耶穌對這顯然無根據地認定他是神兒子，是以色列王的拿但業說：「因為我說在無花果樹下看見你，你就信嗎」？耶穌這話中有隱含著的話：到底憑什麼說耶穌是神兒子，是基督呢？有人說耶穌是神兒子，是基督，你就信嗎？

〈路加福音〉中，「他們進入雲彩裡就懼怕。有聲音從雲彩裡出來，說：『這是我的兒子……』聲音止住了，只見耶穌一人在那裡」（9:34—35）神的兒子之說，是信徒遮蓋在雲彩裡製造，讓人進入雲彩的遮蔽裡聽到的。「汙鬼無論何時看見他，就俯伏在他面前，喊著說：『你是神的兒子！』耶穌再三地囑咐他們，不要把他顯露出來」（11—12）。再三地囑咐汙鬼不要把他顯露為神的兒子，這與切切地囑咐門徒不許說他是基督一樣，含有神的孕期與產期的兩個意思。汙鬼總說耶穌是神的兒子，這汙鬼是誰呢？不言而喻，就是二著的信徒。彼得能被耶穌稱為撒旦，是耶穌知其屬二，耶穌讓罪人悔改，是令其歸圓，這不能以基督的流血替代；到是頭腦浸泡在那血裡，就總也不能懂得真理。做為圓化之光的耶穌來自於圓在的神，耶穌說他是神的兒子，不是如同人父所生的兒子，那是說比喻，是以比喻說他的靈性生命是神所給預。

說耶穌是基督，沒有經文證據可以說得住。是把「主耶和華的靈在我身上，因他用膏膏我」的比喻，誤當實際發生在宗教儀式上受膏的事；是引〈舊彌迦書〉把「掌權的」誤引為「君王」，讓得到神靈而掌光明之權的耶穌在他們手裡成了君王基督；再就是算命看相的對

基督將要降生的煞有介事，無中生有的消息在傳播中以互相印證造成感覺上的真實。不帶著信神兒子基督的偏見，認真的看經書，就會看出：是對經文錯解、誤引，加之說夢和博士們的忽悠，還有希律的聽風是雨，更有門徒們的願望要求，把耶穌給做成了基督。

以色列國曾有過大衛、所羅門時代驕人的興盛，後來衰落中以色列人特別期盼來一個能帶領他們復興以色列國的彌賽亞即基督，信神卻不認識神的人們，很是希望神有個兒子在他們之中，這與古代信天為神的中國人，要求天的兒子即天子皇帝治理他們是一個性質。耶穌成為神兒子基督，是人們需要有一個神兒子的君王基督，就像古代中國人需要天子皇帝。在老神民以色列人和耶穌門徒的知識中，在人們企盼的熱度裡，都是一個復興以色列國的彌賽亞君王基督，於是門徒們按其要求製做了基督耶穌。

門徒們所傳的基督與使徒保羅所傳的是不一樣的基督。死後升天的耶穌又來看門徒，門徒們第一句話就是：「主啊，你復興以色列國，就在這時候嗎？」（〈徒〉1:6）。他們的基督是復興以色列國的，是屬民族的。保羅所傳的基督，是人類靈魂之救主的基督，而彌賽亞本身不擔當這樣的任務，能促成人類靈魂拯救的耶穌不必基督，也不能是基督，因為做為受膏君王的基督，不能因其是君王而能擔當人類靈魂的拯救，以往以色列各代君王都沒有拯救人靈魂的事，再說人的靈魂也不能由君王來拯救。正如你不能弄出一個使人類改善靈魂的皇帝。這且不說，保羅不能不知道神的最要緊的誡命是獨一的神，絕對不能有二主，他陷在自己的矛盾困境裡。保羅在對胎性精神的固胎上起過關健的做用，在使之脫胎上也具有特殊的意義。他虔卑為「孩子」的話語，有益於信徒們轉換到圓基礎上認識耶穌，他的可貴之處，更在於他思想上的不封閉，能以「等那完全的到來」否定他自己。一切都在神的演化中，矛盾的保羅，乃孕育與生產的神所設置。

〈約翰福音〉一章中，拿但業對耶穌說：「拉比，你是神的兒子，你是以色列的王」（49），耶穌顯然不接受，對他說：「因為我說在無花果樹下看見你，你就信嗎？」（50）因為有人說我是基督，你就信嗎？「你們將要看見天開了，神的使者上去下來在人子身上」（49），這人子乃是神所差來的使者，他來是要向人們把神體現出來，在當時不讓人明白，「你如今不知道，後來必明白」（〈約〉13:7），「末後的日子你們要全然明白」（〈耶〉23:20）。耶穌不是一般的使者，他是以其言行體現神的，是要以神的光普照人類的。當然這要開瞎子的眼，也就是人不能再是被囚的人，要走出「方曰幽」的幽暗，即解除讓思想處於幽暗的「方框」。「以利亞故然先來」，「你要在前面預備道路」，為圓化之靈的神，預備圓化的路。天國的耶穌基督，在基督是神給靈，得神之靈的意義上成立，在此意義上信「基督」，才合本性求圓的人心，才合本是圓在、圓化之靈的神意。

「你的牧人要被風吞吃」（〈耶〉22:22），「那些以幻夢為預言，又述說這夢，以謊言和矜誇使我百姓走錯路的」（耶23:32），所指的就是傳神兒子基督寶血使人除罪得永生的。說神使瑪利亞懷孕生基督，是瑪利亞的夢還是謊言呢？是夢幻就是謊言，是謊言也就是虛幻之夢想的幻夢。「都是至高者的兒子」，經上的這話是比喻，是說人都是來之於神即本原之圓的，因其處於二方基礎而與神隔離，解除「方框」，得到神的靈而生成為新人，就是從神靈所生。人需要經過神的孕育，精神需要從二方基礎脫胎重生。只是耶穌特殊，耶穌是天

生，首生的獨生。他帶有神所賦予的使命，直接與神相通。耶穌擁有神的靈，那不是宗教儀式上抹膏油所能有的做用，如同自由之路不能由皇上帶領；君王基督不能擔負耶穌的使命，耶穌是從圓在之圓所來的圓化精神之光。在世上「沒有枕頭的地方」耶穌，被屬二的信徒們認做以色列國或世界君王座位上的基督，頭腦沉浸在寶血裡，耶穌的光就不被認識而不被接受。二著信假神的人太習慣喝基督的血，吃基督的肉，那也正對他的胃口。屬二信徒的上帝就是二著的他投影到對方的自己，他難以改變二著所以為的上帝，是他難以改變二著信神的自己；他不願改變思維被二所逼困的自己，必會執意固守假神基督。神說神民頑梗，耶穌知道信徒們是怎麼回事，所以向他們發出警示：「從東到西有許多人來到天國坐席。惟有本國的子民，竟被趕到黑暗裡去」（〈太〉8:11）。

天國乃屬天的存在，天不就是自然物質性的天，天乃圓在之圓。耶穌說：「我是從上頭來的，你們是從下頭來的；你們是屬這世界的，我不是屬這世界的（〈約〉8:23）。上頭是天，下頭是地，天乃圓。耶穌來之於圓在之圓，我們來之於地之二方；這世界是在二方基礎上的，二方為罪，所以人若不得神的靈而重生，就要死在罪中。耶穌在〈約翰福音〉中說的，「你們若不信我是基督，必要死在罪中」（8:24），那所說的基督，應是比喻得神的圓化之靈；信神的靈在耶穌中，讓耶穌在我中，我就獲得神的靈，我就在精神上擁有，並終將實際達於永恆與永生的圓美圓妙之神境。耶穌來傳悔改重生之道，當悔改的是思維基礎的二方，屬二的思想觀念。有了對其二之悔，就很好改其二；只要不二，就完成悔改。二方歸圓，則有二不二。圓在之圓內的二方，只被人的圓化所利用，不再是限制人圓化的「方框」。二方歸圓，人來到圓在之圓中，就是人的解放與重生。

06

神的道是運化中的神本身，圓在之神的自身運化是圓化。神律時代的人類，會有順神依道的實踐。實踐須以人與對象構成，圓在之圓包含人與對象二方，實踐是存在之圓內融合運化的圓化活動。實踐的目的是為人在身體和精神的整體性需要上得圓滿之圓，為人的自由與全面發展，即圓化實現圓。實踐應是為滿足人類對整體美好生活之嚮往的以圓化之，即以圓全的主意，圓活圓妥的方式，化而成圓的圓化活動。耶穌所傳的就是圓在之神的圓道、圓化之道。人與神同行，行神的道，就是行圓化之道。圓化包含化人歸圓，化事成圓，化得內外在之圓境，由圓化而達於神的永恆與永生之圓美圓妙之圓境；圓化是個圓其圓，圓人之圓，互圓所圓，圓圓與共。耶穌說：「我來不是要廢掉，乃是要成全」，成全即是達圓。圓化是對律法的完全遵守，律法的原則是自圓同圓之圓化；圓化才體現真正的愛，才是真正愛的體現。圓化才能讓人類之夢同圓，圓化是圓成好夢，好夢成圓的最佳形式和手段。圓化是仁愛、博愛的保障，圓化是人們圓夢的目的與過程。

屬二的人們總是要鬥，因利益不同而爭鬥，因思想分歧而鬥爭。二著的人類，從來都在鬥的路上走，當今在具體存在狀態上，在思想精神上都顯出不解的困境，但困獸猶鬥，紛爭不已；做為文化核心的思想之爭，體現於文明的衝突。「鬥」字裡有二方對立著的二個王字，王乃天，天乃圓，圓被分做二方，是人類間爭鬥的根本原因；簡體的鬥字是十和二點，十為全，全即圓，二點表二方。人類間的爭鬥，是因為在二方基礎上求圓，是因為求圓的人類被困於基礎的二方。鬥字是十和二點的整體，是圓和二方，以整體意識讓二方歸圓，人類

間就不再以相互爭鬥互害互傷。鬥字即揭示人類爭鬥問題的根本，就是本性求圓的人類被困於基礎的二方，只能以方方爭鬥求圓，鬥字和門字啟示困境中的人類打開「方框」，方框打開一面卻被以X否定，這個字是「凶」；禍患的禍字是神補和方框內，人在方框已打開的一面「內」不出來，就會當著已經面臨兇險，還要製造禍患。人類在二方基礎上可以物質成果的輝煌，但其前進就是簡體「进」字所含信息揭示的，走向井或走在井中，人類自造困擾自身的種種問題，以致造成毀滅生存的危險，是由於基礎的二方，整體性認識處於橫豎都二的「井」。

人本源自於圓在之圓，人本性求圓全圓滿之圓，即要求身體和精神上的滿足，在整體上得圓。而因人的思維基礎是二方，在「方框」裡不能求整體性的圓而不能在整體性上得圓。這是苦難，這要製造種種災難，這讓人沒有真實的精神家園，讓人的靈魂不能歸鄉，讓有限而短暫的生命懸之於生死二元分裂冰冷的深淵。耶穌是帶領人類走出二方對立之困境，走向圓在之圓神的神人，以往我們二著讀聖經對之不明，現在我們在圓基礎上來讀就懂，擁有了圓基礎的人們，耶穌就在你的圓化精神中復臨。

「耶和華說，日子將到，我要給大衛興起一個公義的苗裔，他必掌王權，行事有智慧，在地上施行公平和公義，在祂的日子，猶大必得救，以色列也安然居住；祂的名必稱為耶和華我們的義」（〈耶〉23—5,6）。「他必掌王權」是比喻，以此喻彼。何為王？老子講「公乃王，王乃天」。這不是指自然的天，〈多瑪福音〉中耶穌說：若「天國就在天上，那小鳥便該比你捷足先登天國了」（3）。天乃道，天乃圓；道是圓道、圓化之道。王字三橫一豎，三橫是天地人，王乃天地人一體，以「天一地二」、天圓地方，正是人在包含二方的圓在之圓裡。耶穌說：「天上地下所有的權柄都賜給了我」（〈太〉28:18），這是說他擁有圓基礎，是說他是圓在之圓內由圓化之神所主導的主體，也正是在此意義上，神是人的主。我們所正確認識了的耶穌，是圓化精神榜樣的耶穌。

圓化是整體性大智慧，智慧是圓化的能力。圓化，個圓其圓，人人都是以圓化之，化而成圓的主體，人人有圓化的權力，圓圓與共，圓圓與同才公平；圓化讓人們都得到身體與精神需要的圓滿性之圓，讓人人都能有感性、神性、理性整體性需要上的滿足，行人與神之大公才公義。「那坐在黑暗裡的百姓看見了大光」（〈太〉4:16）。大者無缺是圓在之圓，大光是圓之光。所預言的「他必掌王權」，是掌光明之權。耶穌為什麼擁有光明之權，這在於他在神裡，神在他中，他擁有圓在之圓，擁有圓化的靈。

人二著，按文字的外貌讀經文，王權就要被讀做君王之權，君王不等於精神之光明，並非君王才會有公平、公義，把耶穌舉為君王基督之後，人類沒有行公平、公義。在基督的日子，直到今日，尤大神民也還是屬二的罪人，沒有得救；以色列與巴勒斯坦的衝突多年不止，今更加劇。這是鐵一樣的事實。認耶穌為基督，不但與老以色列神民對立，也與穆斯林對立，與無神論對立，在有神論之間對立，同教內不同派別林立；二著信神，處處二方對立，曾有宗教戰爭，曾有教徒殘殺教徒的慘事。不改其二，不同宗教之間，基督教內部，就必然還是要二著相爭相鬥，哪有什麼平安的路？

迷信君王，才一定要認耶穌是基督。想用耶穌做祭物而憑寶血洗罪，想憑其信而得永

生，才認耶穌為基督。君王是人所貴重的，而神不喜悅基督，「因為人所尊貴的，是神看為可憎惡的」（〈路〉16:15）。二著的信徒熱衷於基督的挽回祭，而神不喜悅獻祭，神注重人類行公平、公義，這使命不能由君王擔負，拜基督是對經文的誤讀，更是信仰的錯誤。看懂二重方框的挽回的回字，即可改正思想被離圓二方所框的錯誤，不再二著行走。

「你們是離棄神的誡命，拘守人的遺傳」（〈可〉7:8）。耶穌說的就是當今的基督徒，神絕對不許有二神二主，你們認基督是主是神，「你們誠然是廢棄神的誡命，要守自己的遺傳」（7:9）。什麼是基督徒自己的遺傳？就是他們的傳基督；基督就是你們自己的遺傳。〈耶利米書〉中耶和華說：「我從早起來警告你們，你們卻不聽從；呼喚你們，你們卻不答應」，「竟隨從自己的計謀和頑梗的心」（7:24），「竟硬著頸項去行惡，比你們的祖先更甚！」（7:26）甚致「將可憎之物放在稱為我名下的殿中」（7:30）。那可憎之物，就是掛在木頭上的基督屍首。

以耶穌是瑪利亞所生的神兒子而認他是上帝，耶穌反對，以致他否認與瑪利亞有什麼關係，他總是自稱人子；以上帝為上帝的兒子，上帝與約瑟的妻子生出上帝自己，在神看來荒唐透頂，經文中神說：「父子同一個女子行淫，褻瀆我的聖名！」（〈摩〉2:7），這是對神使童女懷孕之說的極其討厭與堅決否定。

神說「我的愛子」，那是對耶穌精神來之於神而是神所喜愛者的比喻，理解成就是可愛的兒子之愛子，這是由人的誤讀所產生的愛子。神對這愛子根本不接受，神說：「我必殺他們所生的愛子」（〈何〉9:16），這話當有所指。所說的殺，是在思想上滅除，以為神像人一樣有愛子，是體貼人的意思。彼得不體貼神的意思，只體貼人的意思，耶穌對他說：「撒旦，退我後面去罷！」（〈可〉8:33）至於所認的聖母，「迦勒底的閨女」，她自己說得來的夢，說「我必永為主母」，「哪知，喪子、寡居這兩件事在一日轉眼之間必臨到你」（〈賽〉47:5,9）。喪子，不再有其所生聖子；寡居，不再是做神妻的聖母。沒有神去做使童女受孕的事，也沒有處女所生的神兒子基督，不要再拜聖母所生之聖子的基督。「讓那些觀天象的、看星宿的、說預言的救你脫離所要臨到你的事。他們要像碎秸被火焚燒，不能救自己脫離火焰之力」（〈賽〉47:13—14）。神否定了那些製造基督的博士。聽〈耶利米書〉中神的發聲：「我必使毀滅的風刮起，……使地空虛」，地為二方，使地空虛是把屬二的神學思想掃蕩盡光，「要滅盡他的全軍」（51:1—3）。「我所建立的，我必拆毀；我所栽植的，我必拔出。在全地都要如此行」（45:4）。這話也是對神的孕育與生產的敘事。

〈路加福音〉第一章中，用「撒迦利亞」的預言說明救主不是基督，惟神才能拯救。「主以色列的神是應當稱頌的」（68），神「拯救我們脫離仇敵」（71），叫我們從仇敵手中被救出來」（74）；神「叫清晨的日光從高天臨到我們，要照亮坐在黑暗死蔭裡的人，把我們的腳引向平安的路上」（78,79）。耶穌帶來神的光，但「光照在黑暗裡，黑暗卻不接受光」（〈約〉1:5），黑暗死蔭裡的人沒有被照亮，他們的腳沒能走在平安的路上。二方基礎上的人們總要二著相互爭鬥，各方人總要各自為戰。屬二的人們，人人都不平安，現今集體坐在核武器的火藥桶上。即使沒遭遇戰爭的人們，也不生活在安和的氛圍裡，心不平而氣不和，沒有平安的內外在環境，在為利益的爭鬥中，處處是戰場，隨時能受傷。耶穌讓屬二的人得到重生，他是照耀平安之路的圓化之光。神與人之和，人與人之和，和於圓，圓和由人歸圓而和。仇敵是離圓的二方，神「拯救我們脫離仇敵」，「叫我們從仇敵手中被救出來」，是引導我們使二方歸回圓在之圓，耶穌就做此化人歸圓的圓化之工，這要以看懂經文來確證。

07

《馬可福音》中，耶穌借著說法利賽人對屬二的信徒做預言：「你們是離棄神的誡命，拘守人的遺傳」（7:8）。這話可以讓人以為是對法利賽人和文士說的，是因他們對於耶穌門徒用俗手吃飯的批評而說的，那其實是在把意思掩蓋隱藏起來。在這話的前面，耶穌說的是：「以賽亞指著你們假冒為善之人所說的預言是不錯的。如經上說：『這百姓用嘴唇尊敬我，心卻遠離我。他們將人的吩咐當做道理教導人，拜我也枉然』」（〈太〉15:8—9）。拜耶穌的人是他的門徒、信徒，他們離棄神的獨一神、獨一主的誡命，把人所吩咐的耶穌是基督，基督是神、是救主當做道理教導人，耶穌所說人的遺傳就是預言這些人二千年來所傳的：基督釘死在十字架上替眾人死而讓人類的罪得以洗除，信這救主的基督，不但免罪，還會到天國得永生，不然就下地獄。這的確不是神說的，神沒說過這話，耶穌也沒這麼說過。耶穌完全遵照神的意思，神要人行公義，要的不是獻祭。耶穌捨命做贖價，贖的是在人這裡離神的二方，贖罪祭，挽回祭，是象徵、比喻二方回到圓在之圓裡。

贖罪祭表示人犯了罪，獻禮物給上帝，他的罪就先蒙赦免。耶穌被做為贖罪的祭品，被解釋為神同情人類的原罪，為之贖罪，犧牲自己的獨生子。神為人類贖罪，用愛子給神獻祭，而神兒子基督就被認做神，這成了神用自己給自己獻祭，這就是二著信神的人所製造的神意，這就是把人的吩咐當做教導人的道理。

他們人的吩咐又被人加工的話是這樣的：「只要我們真心相信耶穌為我們流血，受死，復活；只要我們誠心地向他禱告」（羅10:9－13），「承認我們所犯的一切罪，求他在十字架上擔當我們一切罪，求他的寶血洗淨；只要我們誠心奉主的名接受洗禮」（徒2:37—39），那麼，「主耶穌就能擔當和除去我們一切的罪，他的寶血將洗去我們一切的罪」（約壹1:9），「並使我們歸入他的死與他一同埋葬，與他一同復活」（羅6:8）；「我們將在他裡面成為一個新造的人，將被神稱義，與神和好，脫離罪惡和滅亡，成為神的兒女，得到神所賜的聖靈和永生。我們就從聖靈重生可以進神的國」（約壹3:5）。人的這些謬上加謬的吩咐，被當做道理教導人至今，「你們自己的遺傳」，就是信徒們傳基督的內容。誤讀聖經的信徒都面對這樣一個問題：你是繼續違犯神的獨一神的誡命，繼續把那些人的遺傳拘守？還是改正二著的自己，信圓化的神，跟隨圓化之光的耶穌？

基督好比稗子，耶穌好比麥子，〈馬太福音〉中，耶穌設比喻說：「有仇敵來，將稗子撒在麥子裡，僕人說：「你要我們去薅出來嗎？」主人說：「不必，恐怕薅稗子，連麥子也拔出來。容這兩樣一起長，等著收割。當收割的時候，我要對收割的人說：先將稗子薅出來，捆成捆，留著燒，惟有麥子要收在倉裡」。」（13:25:30）耶穌是為世界的末了設的這個比喻，「收割的時候就是世界的末了」（13:39）。

末了我們才知道，仇敵是二方基礎；屬二的人信神，才認了稗子基督為救主。寫出《馬可福音》的作者對意思的掩蓋隱藏，對意思的被揭示都做了參與，但又不明就裡，這正是神

靈運做了作者的意識。耶穌在事情的整體上完全明知。他說話，既要達到（神的孕期）把意思掩蓋隱藏起來的效果，又要完成（神的產期）讓掩蓋和隱藏的意思被知道的目的。

關於人的遺傳問題，《馬可福音》中，前面法利賽人和文士說的是「你的門徒為什麼不照古人的遺傳，用俗手吃飯呢？」這說的是古人的遺傳，而耶穌是說了「他們將人的吩咐當做道理教導人」，才說「你們是離棄神的誡命，拘守人的遺傳」，所說的是「離棄神的誡命」，「將人的吩咐當做道理教導人」的遺傳，顯然不是古人遺傳的不用俗手吃飯，而是指離棄神的獨一神，獨一主的誡命，就是把耶穌是基督，基督耶穌是上帝，是救世主這屬於人的吩咐當做道理教導人。「你們誠然是離棄神的誡命，要守自己的遺傳」。這離棄神的誡命的遺傳，正是當做道理來教導人的那些「人的吩咐」，其具體內容有：

「自從罪進入世界以來，人類經歷了罪咎、與上帝疏離和無奈的痛苦，人類的確需要擺脫這些痛苦。我們不難明白，人處於這種苦況，自然覺得要向上帝求助。上帝借著我們的主基督給人的恩賜，就是永遠的生命」《羅馬書》5:12）。所說的「上帝借著我們的主基督給人的恩賜」，就是人的吩咐，就是把人的吩咐當成道理。不把「贖罪祭」看成象徵、比喻，不當做預言、謎語，而是就當做具體的給神獻祭物，這就是不體貼神的意思，只體貼屬二之人的意思。保羅在《羅馬書》八章二十一節如此的體貼人的意思：「耶和華提供了一個適當的方法，借此遮蓋亞當遺傳給人類的罪，並抹去罪所造成的傷害。這樣，凡有資格領受這恩典的人，就能擺脫罪和死的影響了」。這是把經文中神要求獻祭只按表面來讀，沒能讀出象徵比喻之意。

「收割的人就是天使，將稗子薅出來用火焚燒，世界的末了也要如此」（〈太〉13:39—40）。天乃圓，屬圓在之圓的人們都是天使。信神不是要做基督在地上的行走，而是要跟從圓化精神之光的耶穌。「人子要差遣使者，把一切叫人跌倒的和做惡的，從他國裡挑出來，丟在火爐裡」（41）。跌倒的和做惡的，就是屬二而拜基督的信徒。耶穌曾對門徒們預言道：「今夜，你們為我的緣故都要跌倒」（〈太〉26:31）。當思想精神的天還沒有天明，就在思想精神的暗夜中。「圓曰明」，當屬二的信徒還沒有歸圓而擁有圓基礎，其思想精神還沒有得明，就還在因其二而拒斥真實耶穌的跌倒狀態中，就處在「心懷二意」反對圓在之神，反對圓化之光的做惡情境之中。守二就是惡僕，歸圓則成為耶穌的使者，當今的基督徒啊，需要做出他自己的抉擇。

「他必在地上施行公平和公義。在那日子尤大必得救，耶露撒冷必安然居住，他的名必稱為耶和華我們的義」（〈耶〉33:15—16），就是圓化精神的耶穌。

08

耶和華說：「除我以外，你不可認識別的神，除我以外並沒有救主「（〈何〉13:4）「以色列啊，你要聽！耶和華是我們的神，是獨一無二的主，你要盡心、盡性、盡力愛耶和華你的神」（〈申〉6:4,5）耶穌說：「父啊，天地的主」（太11:25）。可以父也是父的子？子也是子的父嗎？不可以。這裡的父子是對本體和所從之而來者的比喻；本體是父，父是主，子是來者不是本體，天地之主，乃圓在的神，主只能是父，不能是子。

如基督耶穌是主，主就不獨一，就有了二主，那就不是「盡心、盡性、盡力愛耶和華你的神」，而是違背神的最大和最要緊的誡命。基督、神兒子不是耶和華，神說：「惟有我是耶和華，除我以外沒有救主」（〈賽〉43：11）。耶穌說：「一個人不能侍奉兩個主。」（〈太〉6:24）耶穌總是與上帝一致，我們愛真理，就要與耶穌一致。

《馬可福音》中，耶穌按神的誡命所吩咐的是：「主我們的神，是獨一的主，你要盡心、盡性、盡意、盡力愛主你的神」（12:29—30）那文士對耶穌說：「夫子說，神是一位，實在不錯。除了他以外，再沒有別的神。並且盡心、盡智、盡力愛他，又愛人如己，就比一切燔祭和各樣祭祀好得多。耶穌見他回答得有智慧，就對他說：『你離神的國不遠了』」（32）。文士對耶穌說：「神是一位」，「除他以外，再沒別的神」，耶穌沒對他說還有神兒子基督也是一位神。「我與父原為一」，不能代替神本身，不再二著的人們，都會知道我們與圓在的神原為一，因為我們是從圓在之圓而來的，與神原為一，才能從神而來之。耶穌贊成文士說得智慧，就是對說基督耶穌是神、是主的否定，就是對愛神與獻祭相比，愛神為好，獻祭為不好的肯定。

耶穌對門徒們說：「你們遵行我所吩咐的，我們就是朋友了，我就不再稱呼你們僕人了。因為僕人不知道主人所做的事」（〈約〉15:14）。朋友不是主子與僕從，朋友平等。遵行耶穌所吩咐的而歸圓，才與耶穌是朋友。因同來之於，立之於圓在之圓，都做圓化的工，只是耶穌為首，是我們的帶領。眾人問：我們當行什麼，才算做神的工呢？」耶穌吩咐他們：「信神所差來的，這就是做神的工」（〈約〉6:29）。神是圓在、圓化的靈，神所差來的耶穌，是神性與人性圓全的神人，他做化人歸圓的圓化之工。信神所差來的耶穌，就不應是以信主耶穌來信主。今天還在「主啊，主啊「的人們，還是主僕二方的屬二之人，因其屬二而被二所限定，就不信耶穌是神所差來的，就信耶穌是主是神，就二著信二主二神。化屬二的人歸圓在之圓，就是做神的工，這是神的生產之工。化人首先是自化，自化才能化人。而人成為圓在之圓內的人，人與神也不是主僕二方，獨一的神，獨一的主，是主導人精神的主，那是人神一體。何西阿書二章十六節：「那日你必稱呼我伊施（就是「我夫」的意思），不再稱呼我巴力（就是「我主」的意思）」。當人歸圓的那日，人與神不是二方的僕與主，而是神與人一體：人在神裡，神在人裡。

圓在、圓化之神所差來的是神性與人性完全的圓化者，奉行化成圓化精神的群人，化成圓化性存在即神國的使命。「先知以賽亞預言說：「耶和華的靈必住在他身上，就是使他有智慧和聰明的靈，謀略和能力的靈，知識和敬畏耶和華的靈」（〈賽〉11:2）；「主的靈在我身上，因為他用膏膏我」，並不是具體實際地頭抹膏油成為君王基督，而是比喻神給了「智慧和聰明的靈，謀略和能力的靈，知識和敬畏耶和華的靈」。敬畏耶和華這獨一的主，獨一的神，體現於虔誠的接受圓化的靈來主導自己的精神。

「耶和華用膏膏我，叫我傳好消息給謙卑的人……報告被擄的得釋放，被囚的出監牢」（〈賽〉61:1）。被囚的，是被「方框」所囚，被擄的是被離圓的二方所擄，監牢是「囹圄」，吾和令各在方框裡，其信息是：我在方框裡聽令。讓被囚的出監牢，是打開「方框」，二方歸圓，是被擄的得釋放。先知預言中對耶穌不是君王基督而是圓化者有過這樣的

說明：「主的靈在我身上，因為他用膏膏我，叫我傳福音給貧窮（屬二非圓而虧缺神，靈命貧窮）的人；差遣我報告：被擄（被二方俘虜）的得釋放，瞎眼（被二方之方框蒙蔽思想的眼睛，封閉心靈，有眼不能看見（圓在之圓）的得看見，叫那受壓制（二方基礎之勢能的壓制）的得自由，報告神悅納人的禧年」（〈路〉4:18—19），神悅納人，就是屬二方的人回歸圓在之圓。

〈利未記〉中，禧年在贖罪日之後，贖罪贖的是二方離圓的罪，這罪贖完，即完成從二方基礎向圓基礎的轉換，就到了禧年，遍地人就得自由。人的本性體現於人的需要，概括人之所求，是求得身體和精神的滿足，圓滿圓才滿，足者不缺即圓，人的本性求圓。自由須是由著自己，由著人自己求圓的本性圓化實現圓才自由。自由是人與神的一致，是按神的圓化之道思想與行事。人不再被二方之「方框」所「囚」，立之於圓在之圓，即存在於神裡，與圓化的神同行而行圓化才自由。圓化是人由著本性求圓的自己，是獲得自由的手段，是達於自由的條件，又是自由的體現，還是自由的目的。

「主的靈在我身上，因為他用膏膏我」，以此做為「神所膏立的」耶穌基督的經文證據，是對經文的誤讀；以耶穌為主，更是誤讀。主的靈在我身上，主是靈的給與者，耶穌是神靈的接受者。這給者與受者的二者若都是主，就有了二主。耶和華用膏膏我，這膏我是比喻給我以神的靈，由於有圓化的靈，能向謙卑的人報圓化的好消息，使被二方所擄的以歸圓而得釋放，使囚於「方框」的走出「囹圄」得解放。這使命不屬於因實際的抹膏油而成為君王的基督，基督不能因頭上抹膏油而有圓化的能力，這使命只能由來之於圓在之神的做為圓化之光的耶穌來擔負。除掉加給耶穌身上污穢的基督，不再以耶穌為神為主，也就是不二著看耶穌，才能聽懂耶穌所說的話，看明耶穌所做的事，才認識耶穌。「我做的事，信我的人也要做」（〈約〉5:14）。做耶穌所做的圓化之事，才是真信耶穌，真信上帝。

「我有當受的洗沒有成就，我是何等的迫切呢」（〈路〉12:59）？耶穌這話是說：洗除身上基督的事還沒有成救，這要在信徒們的心裡洗除。「我來，要把火丟在地上，倘若已經著起來，不也是我所願望的嗎？」（〈路〉12:49）地為二方，耶穌把火丟在地上，所願望的是人們精神之火燃起，燒毀二方基礎，燒掉稗子基督。

耶穌躲避人們強逼他做王，又說「把那不承認我是王的仇敵拉來殺了吧」；耶穌一再告誡門徒不要向人說他是基督，又說「你們若不信我是基督，必要死在罪中」。如不把耶穌的話做為比喻來讀，就要陷在矛盾裡怎麼也解釋不清楚。耶穌說的王是「公乃王，王乃天」（《老子》），天乃圓的王，是比喻他所擁有的圓基礎，是比喻神的圓化之靈在他這裡。離圓的二方是仇敵，讓二方歸圓是把仇敵殺死。讓屬二的自我死去，才有圓化精神的新人出生；耶穌說的基督是比喻，是對神給靈，得神靈的比喻。神是圓化的靈，信圓化之光的耶穌，就有精神的永生，而不是死在罪裡。自然的果子圓熟，其仁兒則不死，圓化才能使精神靈魂達於圓熟。

讀經文不在二方基礎上讀，在包含二方的圓基礎上讀，才能真正讀懂耶穌，因為他本是來執行神所賦予圓化使命。耶穌要再來，是來到歸圓者們的心中，耶穌活於我們圓化的精神心靈中，他是照亮整體世界的光。

「他來的日子，誰能當得起呢？他顯現的時候，誰能立得住呢」（瑪3:2）？「他們就憑公義獻供物給耶和華。那時，尤大和耶露撒冷所獻的供物，必蒙耶和華悅納」（〈瑪〉3:3,4）。神所悅納的是人思行的圓化。「我必差遣先知以利亞到你們那裡去。他必使父親的心轉向兒女，兒女的心轉向父親」（瑪4:5）；「現在你們要轉向我，我就轉向你們」（〈瑪〉3:7）。神為使屬二的人類歸圓而通過耶穌發出化人歸圓的圓化之能，這是父親的心轉向兒女；我們轉向神而歸圓，就是圓在的神轉向了我們。

09

〈馬太福音〉中，「門徒進前來，問耶穌說：對眾人講話為什麼用比喻呢」（13:10）？耶穌回答說：「因為天國的奧秘，只叫你們知道，不叫他們知道」（13:11）。這「你們」是門徒嗎？不是，耶穌說：「我來是召罪人」（9:13），門徒們都是罪人，罪人屬惡者，耶穌為門徒們向神祈禱：「只求你保守他們脫離那惡者或做「脫離罪惡」（〈約〉17:15））。神不與惡者同居，天國屬神，罪人都聽不懂天國的奧秘。耶穌說的「只叫你們知道」，這「你們」，是由歸圓而不再做罪人的覺醒了的人們。覺醒的人是復活重生的人，耶穌說過「神是活人的神」，覺醒復活，屬圓在、圓化之神的人，才可以知道天國即圓化世界的事情。「不叫他們知道」，是因他們屬二方，是因他們的胎性精神沒有成熟到能夠脫胎出生。

其實耶穌給門徒們講道，也是用比喻。「彼得說：主啊，這比喻是為我們說的呢？還是為眾人呢？」（〈路〉12:41）耶穌說：「所以，你們當聽這撒種的比喻」（〈太〉13:18），耶穌「又對他們他們講個比喻說」（33）；「他的門徒進前來，說：『請把田間稗子的比喻講給我們聽』」（36）。屬二的門徒都聽不懂耶穌的比喻，「到底是什麼意思呢？我們不明白他所說的話」（〈約〉16:18）。《馬可福音》中，「耶穌離開眾人，進了屋子，門徒就問他這比喻的意思。耶穌對他們說：『你們也是這樣不明白嗎？」（7:17—18）「你們還不醒悟，還不明白嗎？你們的心還是愚頑嗎？你們有眼睛，看不見嗎？有耳朵聽不見嗎？」（8:17—18）「你們不明白這比喻嗎？這樣，怎麼能明白一切的比喻呢？」（4:13）「你們還是不明白嗎？」（8:21）當門徒們對耶穌的講道議論說：「這話甚難，誰能聽呢？」，耶穌對他們說：「這話是叫你們厭棄嗎？」，『叫人活著的乃是靈……我對你們所說的話就是靈，就是生命）（〈約〉6:60—63），對耶穌用比語說的話不當比喻聽，不能真聽懂，就是未得真正的靈性生命，就還是靈命意義上的』」「死人」。死人復活，就是對此而說。復活即重生、新生。

在神的孕育期，被孕育的胎性精神都處在二方框的子宮裡，〈太〉十三章中耶穌說：所以我用比喻「對他們講，是因他們看也看不見，聽也聽不見，也不明白」（13）。耶穌說，這正應了以賽亞的預言：「就是聽見卻不明白，看見卻不曉得；就是這百姓油蒙了心，耳朵發沉，眼睛閉著，恐怕眼睛看見，耳朵聽見」（14）；由抹膏油而有的基督對當今信徒們心靈的蒙蔽，正被預言所預見，對除掉基督的神意，在神的孕化期，會恐怕看見、聽見；到了神的生產期，「心裡明白，回轉過來，我就醫治他們」（15）。這醫治與屬神精神的生產是同一個意思。

從二方基礎回轉到圓基礎的人們，「你們的眼睛是有福的，因為看見了；你們的耳朵也

是有福的，因為聽見了」（16），由看見聽見而有了圓基礎的，「凡有的，還要加給他」，知識還將增加；「凡沒有的，連他所有的也要奪去」（12），二著對神對耶穌的有知，其所知是要在整體上被否定的。「時候將到，我不再用比喻對你們說，乃要將父明明地告訴你們」（〈約〉16:25）。聖靈「他要榮耀我，因為他要將受與我的告訴你們」（〈約〉16:14））。耶穌講道所說的話，確實都是用比喻；耶穌所做的事，是以象徵來表達的關於神的孕育和生產的謎語。

耶穌說：「若有人要跟從我，就當舍己，天天背起他的十字架跟從我」（〈路〉9:23）。舍己即舍屬二的己，把二方基礎上的思想觀念棄除，成就完全人即圓化者的自己。這正是「凡為我喪掉生命的，必得著生命」的真意。十字架的十，在中國文化中才是十全十美的十，才是表圓全圓滿的十。十字架的十，具有象徵意義。十為全即圓在之圓，耶穌上十字架，是昭示人類歸圓，是對歸圓的象徵表達。因人屬二而對於圓在的神有離圓之罪，回歸圓基礎，屬二的罪即免除。耶穌贖人屬二的罪，是昭示人們以自己的歸圓來贖。耶穌讓人天天背起他的十字架，是讓人歸圓而永行圓化之道。人與對象是個整體，人歸圓，人與對象二方，一切對立的二方，對於人就是包含於圓在之圓。圓內的人是神所主導的主體主動的圓化者，圓化使人身體和精神的整體需要得圓，讓本性求圓的人得圓，才對於人有價值性，價值就是圓化的效應。「我實實在在的告訴你們：人若遵守我的道，就永遠不見死」（〈約〉8:51）。耶穌的道，是圓在之神的圓化之道。遵守圓化之道永遠不見死，在於圓化精神歸向神而擁有永恆與永生的精神生命。

地為二方，腳比喻地，二方用腳比喻，耶穌向門徒們重提舊約中的話：「同我吃飯的人，用腳踢我」（〈約〉13:18）。固守二方基礎，堅持二著信神的人，是嘴上信耶穌，實際卻抵擋耶穌的人。鬼的名子叫群，「因為多的緣故」；福音書中，撒旦的別名是「抵擋」。固於「方框」，固於由誤讀經文所建的羊圈圍牆，就是對圓在之神的抵擋。撒旦來之於地。「耶和華問撒旦說：『你從哪裡來？撒旦回答說：『我從地上走來走去，往返而來』」（〈伯〉2:2）；地為二方，固於二方基礎的人，總要二著抵擋圓化的神。固字是方框裡的方框上有十，十表圓，求圓是人的本性；「固」字是方框裡有古字，方框上有十的古字信息是：自古求圓的人就以構成方框的二方為基礎；固字的信息還有：求圓卻固守二方基礎，必要在方框裡做古。這與耶穌說的死在罪中，是一個意思。神說他的百姓頑梗，就是固執的意思。因為信徒有愛神的意識，當沒從假神裡覺醒，那愛神的意識，就要將二著的頭腦，將其頭腦中的假神加固。

耶穌擔當基督，這是按照神的意思。我們要按耶穌的指示，「認識你獨一的神」，耶穌稱神為「你」，耶穌與之原為一，他是從神而來的；耶穌還讓人「認識你所差來的耶穌基督」，這基督包含神為孕育差來耶穌擔當君王基督，引神民走路，使胎性精神發育；另一方面，這基督也是對得神靈的比喻，神「用膏膏我」是對神給與靈的象徵。認識神所給耶穌的圓化之靈，就會行圓化之道做神的工；行圓化的人們，就會擁有永恆與永生的圓美圓妙之神境。這是認識獨一的神，也是認識神所差來的耶穌基督而有的做用。

〈約翰福音〉中，耶穌借說一個婦人告之：「你們所拜的，你們不知道」（4:22）。這

「你們」以一個婦人來代表（婦為陰為二），「婦人說：『我們知道彌賽亞（就是稱為基督的）要來，他來了，必將一切的事告訴我們。』（25）耶穌說：『這和你說話的就是他』」（26）。耶穌不許門徒向人說他是基督，這裡為什麼又自己承認呢？神的孕育期需要給出一些有迷惑做用的信息，但那只是迷惑一下而已。「這和你說話的」，是「必將一切的事告訴我們」者，耶穌是神的使者，也是先知。「以利亞故然先來，並要復興萬事」（〈太〉17:11）。圓是萬事的歸一，復興萬事，就是化人歸圓，興起圓化之事。耶穌接著說：「只是我告訴你們，以利亞已經來了，人卻不認識他」（11—12）。以利亞意即「耶和華是神」，「我的神是主耶和華」——以利亞其名的這意義正好用來針對巴力崇拜者這些強敵，彌賽亞，君王基督就是信假神者們以之為神的巴力（主）。耶穌用以利亞暗示他的身份，是藉以對認他為主做否定的隱喻。「將一切的事告訴我們」的是聖靈，耶穌的再來讓我們得到真正的聖靈。

以利亞是先知的象徵，歸神才與神通，才有先知之神能。歸神為聖，歸圓在之圓，得神的靈成聖而擁有聖靈。「就是父因我（圓化之光）的名所要差來的聖靈，他要將一切的事指教你們，並且要叫你們想起我對你們所說的一切的話」（〈約〉14:26）。「他來了，必將一切事告訴我們」的他，不是君王基督，不是基督這假神巴力，這由「以利亞」已經來了」便可清楚。聖靈由耶穌再來而有，耶穌做為圓化精神之光來到人中而使人得聖靈。「你們所拜的你們不知道」，耶穌告訴那個知道她所信的是彌賽亞，是基督的婦人：你們因不認識神而對所拜的神是什麼，是不知道的。「凡稱呼我主啊，主啊的人，不能都進天國，惟獨遵行我天父旨意的人，才能進去」（〈太〉7:21）天父的旨意是讓人信獨一的神，獨一的主，即包含一切，沒有與之相對立的獨一圓在之圓，主導人圓化精神的獨一的主；天父即圓在、圓化之神的旨意，是行公平、公義。行圓化之道，讓人們在整體性需要上都得圓，才體現公平、公義。認基督耶穌為彌賽亞而為救世主，就是不遵行天父的旨意。所以認基督為神為主的信徒，都不能到天國裡去，都不能得聖靈。告訴我們這一切事的是聖靈，歸圓得聖靈，歸圓而得圓化之靈，這一切事就都通明。圓化才是耶穌說的父、子、聖靈的名。

〈箴言〉三十章十二節：「有一宗人，自以為清潔，卻沒有洗去自己的污穢」。這宗自以為清潔的人，是婦人所生的人，即屬陰屬二的人。「婦人所生的怎能潔淨呢？」（〈伯〉25:4）自以為清潔，卻沒有洗去自己的污穢者們是誰？就是當今二著的神民，就是基督徒浩蕩的大隊。那個推舉耶穌為基督的施洗約翰，耶穌說他是「婦人所生最大的」，不潔之人的大隊裡也要有他一個。基督徒們的意識在二方基礎上凍結，當有了覺醒者們自化而化他，就會整個開化。

10

耶穌說：「你們當信我，我在父裡面，父在我裡面，即或不信我，也當憑我所做的事信我」（〈約〉14:11）。耶穌在本體之圓即上帝裡面，圓化的靈的神在耶穌裡面。耶穌所做的事，是化人歸圓的圓化之事。

「今天，明天我趕鬼治病，第三天我的事就成全了」（〈路〉13:32）。趕鬼比喻使二方歸圓，治病呢？「疾病是由罪來」（〈太〉8:17），罪因之於離圓的二方，耶穌「擔當

我們的疾病」，即對罪的擔當，是因耶穌與圓化的神同在。「人子在地上有赦罪的權柄」（〈可〉2:11），在於耶穌與能使二方歸回的圓在之圓同在。耶穌的趕鬼治病，都是對化人歸圓之圓化的象徵，所以耶穌說：你們看見了我，就是看到了父，他做的是圓在之神圓化的工而體現著神。

耶穌讓殘疾人復原，癱子的罪赦了，就不再癱；病人喻罪人，免罪歸圓，得精神健全。這對應著《周易》的「健也……為圓」，「天行健」，天圓，經文中耶穌的治病，是對化人歸圓的象徵。

被基礎的對立二方所限，不能認識圓在之圓，即思想精神上的瞎眼。耶穌開瞎子的眼，象徵著對思維基礎的改變，就是在人這裡二方歸圓。彼得不認識圓化之光的耶穌，雞叫而思想的天亮，他「思想起來，就哭了」（〈可〉14:72）。這是痛悔的表示，這是對基督徒悔過的啟示。

「死人要聽見神兒子的聲音，聽見的人就活了」（〈約〉5:25）；「求你賜我悟性，我就活了」（〈詩〉144）；「氣息吹在這些被殺的人身上，使他們活了」〈結〉37:9）。聖靈產生就像死人復甦一樣，叫死人復活是不讓人的精神在二方基礎上死睡著。〈約翰福音〉中，耶穌在得到拉撒路死了的消息時說：「我的朋友拉撒路睡了，我去叫醒他」（11:11），「耶穌這話是指著他死說的」（11:13），他使拉撒路從墳墓裡出來，是象徵使之從二方基礎的框架裡出來。天父地母，地為二方，「我的母親成了我的墳墓」，這墳墓比喻二方基礎。耶穌要「把羊領出來。即放出自己的羊來，就在前頭走」（〈約〉10:3,4）。從二方框的圈裡把羊領出來，就是領屬二的人們走出精神的「方框」；耶穌是圓化的領頭羊。「我另外有羊，不是這圈裡的，我必須領他們來」（10:16）。領出來的有神論與無神論兩圈羊「要合成一群」（10:16），歸耶穌一個好牧人。

耶穌說：「先前所請的人，沒有一個得嘗我的宴席」（〈路〉14:24）。當所召來的人還處「方框」，對上帝齊備的宴席，「眾人一口同音地推辭」（〈路〉14:18）。耶穌講的「喜宴已經齊備，只是所召的人不配」（〈太〉22:8），就因為所召的人在「方框」之內。「方框」裡的信徒喜歡聽人借著基督所做的吩咐，而神說：「君王要向他閉口，因所未曾傳與他們的，他們必看見；未曾聽見的，他們必明白」（〈賽〉52:15）。屬基督的「方言」要止息，未曾傳與，未曾聽見的圓化的話語，要傳與，要聽見，要興起。

〈約〉十三章，耶穌離世前給門徒們洗了腳時說：「我所做的，你如今不知道，後來必明白」（7）。耶穌給門徒們洗腳，有什麼不知道，不明白的呢？現在我們知道，這洗腳是象徵比喻洗除屬二方的思想觀念；現在我們明白，耶穌給門徒洗腳，是啟示今人二方歸圓。給門徒們洗了腳的耶穌說：「我給你們做了榜樣，叫你們照著我向你們所做的去做」（15）。耶穌的榜樣就是化人歸圓，使人得到圓化的真理；思想行為圓化，才是照著耶穌的榜樣去做，像天父即圓化的神完全一樣而成為圓化者，才是真正信耶穌的。

耶穌在圓在的上帝裡，圓化之靈的神在耶穌中，人當以耶穌為榜樣，就是像圓在、圓化的神一樣。「所以你們要完全，像你們的天父完全一樣」（〈太〉5:48）。天父是圓在、圓化的神，耶穌是讓人有和上帝完全一樣的圓化精神。人確立圓基礎而在神裡，人擁有圓化精

神而神在人中，那就「像你們的天父完全一樣」，以行圓化行神之所行。

耶穌把神所賦予他的圓化之光釋放出來了，他驕傲的說道：「我已經勝了世界」，所勝的是二方基礎的世界；他將按神意在十字架上捨命，把屬二的人們眼中的基督耶穌之命舍去，舍去給基督徒們做贖價的肉體生命，在十字架上向人類做出精神歸圓的昭示，那是圓化之光的永遠綻放。

在神的孕育期，門徒、信徒們都處在「宮」中的精神暗夜裡，不能認識耶穌。門徒的代表，「西門彼得問耶穌說：『主往哪裡去？』耶穌回答說：『我所去的地方，你現在不能跟我去』」（〈約〉13:36），屬二的信徒不能真的跟從耶穌。「彼得說：『主啊，我為什麼現在不能跟你去？我願意為你捨命』」。〈路加福音〉二十二章：「主啊，我就是同你下監，同你受死，也是甘心」（33）；耶穌說：「今日雞還沒有叫，你要三次不認得我」（34）。三表多，雞叫天明，喻「圓」明而天亮。第一門徒，交與掌管教會的彼得對耶穌不認得，這是對屬二的信徒不認識耶穌的象徵。把彼得說他不認得耶穌讀做因他軟弱，這誤讀就由經文確證：

〈約翰福音〉十八章裡：一，彼得敢在來人抓耶穌時動刀砍向大祭司僕人；二，耶穌被帶走，門徒多被嚇跑，彼得卻跟了去；三，有一大祭司所認識的門徒，他隨被捕的耶穌進入院子又出來，和看門使女說讓彼得進的院；四，彼得在抓捕耶穌的現場沒有因是門徒而有事；五，彼得動刀削掉大祭司僕人的右耳也沒在現場被對方當做事；六，彼得說過可以為耶穌捨命，他用刀去砍來抓耶穌的人，那就是敢於拼命；七，彼得只是對不能給他什麼損害的讓他害怕，讓他軟弱的任何因素。這七條，讓人說他不認識耶穌，那看門使女和閒人不具有彼得軟弱而不敢承認和耶穌認識的說法不能成立。

彼得能跟著被帶走的耶穌到大祭司的院門口，他不軟弱怕事；他敢跟大祭司認識的那門徒進院裡去，無須害怕對看門使女承認人家已知的他與耶穌有關係。耶穌預言彼得「要三次不認我」，是說了「我要擊打牧人，羊群就分散」（〈太〉26:31）才說的；是說了「撒旦想要得著你們」（〈路〉22:31）才說的；是彼得問耶穌「主往哪裡去」（〈約〉13:36）之後才說的。耶穌說彼得「雞叫以先，你要三次不認我」，雞叫指天亮，是思想的天明。「圓曰明」，「圓主明」，認知天乃圓而天明。經文所預言的「思想起來，就哭了」（〈可〉14:72），彼得不是誤讀中所理解的軟弱，而是因不認識耶穌，信耶穌卻屬撒旦，醒悟之後才痛哭自責。今天的基督徒們有了覺醒，就該有這自責。

〈太〉二十六章三十四節，「今夜雞叫以先，你要三次說不認我」，這是耶穌對信徒說的預言：說的是雞叫以先，即雞還沒有叫的「今夜」；〈可〉十四章三十節中說：「就在今天夜裡，雞叫兩遍以先」，是說在思想的暗夜裡不認得圓化之光的耶穌。〈路〉二十二章三十四節預言的是：「今日」雞叫以先不認得耶穌，那麼雞叫以後，應是今日之夜的結束，耶穌預言了精神之夜結束時，彼得所餵養，所代表的信徒，「思想起來」的痛悔覺悟。

據說那時耶露撒冷不許養雞，但這不改變雞叫天亮，沒有雞卻說雞叫，正是說比喻，以比喻預言：在思想的暗夜裡，不能認識耶穌。因為「光照在黑暗裡，黑暗卻不接受光」。物質的光，不存在黑暗不接受光。屬二的信徒們在「方主幽」的黑暗中，不能接受耶穌圓化精

神的光。預言信徒的痛悔，發生在思想的天亮之時。〈馬太福音〉二十六章三十一節，耶穌說：「今夜，你們為我的緣故都要跌倒」。雞叫以先，都在蒙蔽中；認識耶穌，認識神，要等到思想的天明。以中國文化，圓曰明，圓主明，圓明，明圓在之圓，認知神是圓在，圓化之圓，才是思想之天明。

想想四福音書的最後，耶穌對彼得說：「我若為我所愛的再來，與你何干！」，說出「你跟從我吧！」的要求，就知彼得因不認識耶穌而沒能跟從耶穌。第一門徒彼得的不認識耶穌，代表了屬二的信徒對耶穌都不認識，這就在神的規定演化中，屬於神孕化屬神精神的過程。這正說明真存在神，存在真神。耶和華說亞當吃不許吃的果子的日子必定死的話完全是真。人確實因屬二而沒有活出靈性生命，而是走肉行屍的死人，確實被規定在終有一死的生死二方的死中；經文中耶和華的大肆殺人的確是愛人，那是使屬二的人們改變自身的象徵，那是最根本性的愛人。本書認為聖經應該以中國文化為鑰匙來讀，是以中國文化參入解經，才讓隱藏的事顯露，從而使真相大明；以本書的解經，會讓能講理的無神論者們轉而相信真實的神，會讓有誠心的有神論者們改變思維方式而認識真神，真認明神。

屬二的信徒都是不認識耶穌的。前面耶穌預言：「今夜，你們為我的緣故都要跌倒」（31），彼得是跌倒的信徒們的代表。雞叫想起耶穌的話，「他就出去痛哭」（〈路〉22:62），在雞叫之時，彼得「思想起來，就哭了」（〈可〉14:72），這經文是啟示今人的。當思想的天亮，明白了耶穌所說的話，凡有真誠之心的信徒，能不痛悔嗎？

11

一定要看到可觸摸身體的耶穌才會信的多馬說：「主啊，我們不知道你往哪裡去，怎麼知道那條路呢？」（〈約〉14:5）耶穌就是以做圓化的工所表明的道路、真理、生命，而耶穌就在多馬的眼前，他卻對生命、真理、道路不明。因為屬於完全之神的耶穌，不在信徒們二方基礎侷限的框架之中，他們所見的是耶穌的外貌，所認的是耶穌的肉身而不是思想精神。

在圓基礎上，才能從聖經中讀出耶穌是我們圓化的榜樣。在二方基礎上不能認耶穌是圓化之光，還會把耶穌認做基督君王，認做神，救主，以傳基督，宣講和接受基督互相榮耀以滿足私欲。耶穌說：「你們並不接待我……你們互相受榮耀，卻不求從獨一之神來的榮耀，怎能信我呢？」（〈約〉5:44）耶穌還要復臨，對於所有覺醒的人們復臨；再來到誰那裡，二方基礎在誰那裡解除。「我若去為你們預備了地方，就必再來接你們到我那裡去」（〈約〉14:3）。耶穌是來接你們到圓基礎上來，到圓在之神的天堂圓境中去。人想永生決不想在不得圓中永生，病是失圓的反應，「他擔當我們的疾病」，是由於耶穌是能帶人真得圓，得真圓的圓化精神之光，所以對人的失圓能有擔當。「人子近了，正在門口」（〈太〉24:34），耶穌的復臨，只需人們打開囚著自己的「方框」，正近在門口的「口」，正是個方框。對於二著困守「方框」的人，耶穌就被他擋在門口，近在門口，卻不能進他的門。經文中魔鬼的別名叫「抵擋」，對於圓化者耶穌的復臨，魔鬼必在二著的人那裡發生抵擋的做用。

人二著讀經文，從耶穌那裡看到的是君王基督。屬二的神學用人的吩咐做成說話的基督，但到了時候，「君王要向他閉口，因所未曾傳與他們的，他們必看見；未曾聽見的，他們必明白」（〈賽〉52:15）。人們必明白圓在的神，神是圓化的靈，耶穌行神圓化的道，做神圓化的工，讓人成為圓化者而得豐盛的生命。

耶穌不是神本身而不是王，神才是王即天。《老子》中「王乃天」，這與聖經裡「天，是耶和華的天」同樣。用耶穌與耶和華都是王，是誤讀經文的表現。耶穌不是神本身而不是救贖主，救贖主由耶和華擔當。沒有二神、二主和二王。〈約翰福音〉中耶穌說：「我是從上頭來的」（8:23），上頭是天，耶穌來之於天，天是耶穌的來源，他不是天，不能是王。

「神是全地的王，你們要用悟性歌頌」（47:7）；「耶和華必在錫安山，在耶露撒冷做王」（〈賽〉24:23）；「惟耶和華是真神，是活神，是永遠的王」（〈耶〉10:10）。「我耶和華是你的救主，是你的救贖主」（〈賽〉60:16）；「耶和華你們的救贖主，以色列的聖者我必在曠野開道路」（〈賽〉43:14）；「願人在列邦中說：耶和華做王了！」（〈曆上〉16:31）圓在、圓化的神是全人類，全世界的；列邦認耶和華做王，就是本性求圓的人類實行圓化，那是大同世界，那是體現人類所有理想，每個人都能圓夢而夢想成圓的圓化之天國。

還以神兒子基督為神、為王、為主抵擋圓化之光的耶穌嗎？能有拿得出來的經文根據嗎？

新約中「童女」一詞，在《舊約》希伯來語馬索拉本中，指「性成熟的年輕女子或新婦」，並不專指「處女」。而希臘語七十子譯本《聖經》卻把它譯成了「無性經歷的女性」，實屬誤譯。約瑟知道馬利亞有孕後便做了一個夢。夢中有天使告訴他，馬利亞懷孕「是從聖靈來的」，只管娶她過來就是。希臘譯文中〈馬太福音〉的「童女」，在希伯來文原版之中的字是「almah」，意指「少女」或「未婚女子；處女」，完全沒有神蹟的暗示意思。懷孕之女不一定是處女，其懷孕也非神進入再出來道成肉身。聖靈感孕，童女生子之說，怎麼也說不確定。若硬說上帝具體地使處女得孕，那麼耶穌就不是大衛的血統，大衛後裔做王的經文根據就說不通；若說可以憑母親的血統確定耶穌是「大衛的後裔」，那麼耶穌是道成肉身，道就成了大衛血統，這就更說不通。參與形成孕事的上帝就也須是大衛血統，這更不能說通。童女生神子基督，所生的是神，這說法的經文根據完全虛空，整個的說不通。不通卻要堅持，只因為二著的信徒有著一個出於私欲的羔羊獻祭，免罪、進天國得永生的私願。這等同於耶穌所斥責的，「你們是屬於你們的父魔鬼，你們父的私欲，你們偏要行」（〈約〉8:44）。

「羔羊的血」，神不喜悅（〈賽〉1:11）；「在那日，惟獨耶和華被尊崇。偶像必全然廢棄」（〈賽〉2:17,18）；「當那日，……他們必不仰望祭壇，就是自己手所築的，也不重看自己指頭所做的，無論是木偶、是日像」（〈賽〉17:7,8）；「我必將尤大王……交出來，成為淩辱、笑談、譏刺、咒詛，我要使刀劍、饑荒、瘟疫臨到他們，直到他們從我所賜給他們和他們列祖之地滅絕」（〈耶〉24:8—10）。地為二方，二方基礎的消除，是人在圓基礎上的新生。「男人有產難嗎？我怎麼看見人人用手掐腰，像產難的婦人」（〈耶〉30:7）。神生產新精神性的人，也是人讓自己誕生為精神上的新人。

〈以賽亞書〉中神說：「我要命定你們歸在刀下，都必屈身被殺。因為我呼喊，你們沒有答應；我說話，你們沒有聽從，反倒行我眼中為惡的，揀選我所不喜悅的」（65:12）。圓在之神所不喜悅的，就是非圓化的。「主耶和華必殺你們，另起別名稱呼他的僕人」（65:15）。就是圓化者，這是虛心痛悔了的人才能接受的名。「但我看顧的，就是虛心痛悔、因我話而戰兢的人（「虛心」原文做「貧窮」）」（66:2）。「許多牧人毀壞我的葡萄園，踐踏我的份，使我美好的份變為荒涼的曠野。他們使地荒涼……全地荒涼，因無人介意。耶和華的刀，從地這邊，直到地那邊，盡行殺滅」（〈耶〉12:10—12）。這地，指的就是思維的二方基礎。〈何西阿書〉四章中，「這地悲哀」（3），「因這地無誠實，無善良，無人認識神」（1）。地為母，神說「我必滅絕你的母親，我的民因無知識而滅亡」（5—6）「祭司越發增多，就越發得罪我，我必使他們的榮耀變為羞辱」（7），因「他們吃我民的贖罪祭（贖罪祭讓祭司們在神事上出人頭地的心思得滿足），滿心願意我民犯罪」（8）；用君王屍體給神獻祭的贖罪祭，認基督是救主，就是對於神的犯罪行為，祭司們就在這使信徒們犯罪的事上樂意有所做為。

〈以西結書〉中下面的經文，以神預言基督的被除來讀，就知其所言真乃神知：「你當為以色列的王做起哀歌說：你的母親先前如葡萄樹，極其茂盛（原文做「在你血中」）栽於水旁。因為水多，就多結果子，滿生枝子……而且它生長高大，枝子繁多，遠遠可見。但這葡萄樹因忿怒被拔出摔在地上，東風吹乾其上的果子，堅固的枝幹折斷枯乾，被火燒毀了」（19:1，10—12）；「你們各人要拋棄眼所喜愛的那可憎之物，不可因埃及的偶像玷污自己，我是耶和華你們的神」（20:7）。「你們的列祖在得罪我的事上褻瀆我……你們仍照你們列祖所行的玷污自己嗎？仍照他們可憎的事行邪淫嗎？仍將一切偶像玷污自己直到今日嗎」（20:27）？那麼，「我要除掉他們所依靠、所歡喜的榮耀，並眼中所喜愛、心裡所看重的兒女」（24:25）。神的確是要把二著的信徒們所依靠，所歡喜的榮耀即基督除掉，本書就見證神在此事上的說到做到。

獨一神，獨一主的「這誡命是傳給你們的」，「你們若不聽從，也不放在心上，將榮耀歸與我的名，我就使詛咒臨到你們，使你們的福份變為詛咒」（〈瑪〉2:2）；「因你們不把誡命放在心上，我已經詛咒你們了。我必斥責你們的種子，又把你們犧牲的糞抹在你們的臉上，你們要與糞一同除掉「（2:3）。「你們卻反悔，褻瀆我的名」，「我必將尤大王西底家和他的首領交在他們仇敵和索其命人」的手中，「我也要使尤大的城邑變為荒場無人居住」（34:21—22）。

《以西結書中》以推羅君王的自比神來預言基督，「你必死在外邦人的手中，與未受割禮（或做「不潔」）的人一樣」（28:1—10）。基督為什麼要死在外邦人手中？因本不是信基督的人，才能率先來做除滅基督的事情。如今基督已有二十多億人的勢能，但「他君王和一切首領雖然仗著勢力，還是放在被殺的人中，他們與未受割禮的和下坑的人一同躺臥」（32:29）。未受割禮的，是其屬二的二未做處理，依然二著的；下坑的坑，就是二元分裂這深淵的坑，二方之「方框」的坑。〈耶利米書〉預見當今有人的頑梗：「論到你奉耶和華的名向我們所說的一切話，我們必不聽從。我們定要成就我們口中所出的一切話」（44:15）。他們還是要信奉聖母，「向天后燒香、澆奠祭」（17），「按著我們與列祖、君王、首領在

尤大的城邑中和耶露撒冷的街市上素常所行的一樣」（17），「以色列人和猶太人，自從幼年以來，專行我眼中看為惡的事，以色列人盡以手所做的惹我發怒。這是耶和華說的」。經文是說給今人聽的，說現實，說歷史，說比喻，說預言，說謎語，以在今人這裡發生做用而對今人有意義。「這城從建造的那日，直到今日，常惹我的怒氣和忿怒，使我將這城從我面前除掉，是因以色列人和猶太人一切的邪惡，就是他們和他們的君王、首領、祭司、先知、並尤大的眾人，以及耶露撒冷的居民所行的，惹我發怒」，不受教訓，「竟把可憎之物設立在稱為我名下的殿中，污穢了這殿」（〈耶〉32:30—34）。「除我以外並沒有救主」（〈亞〉13:5），被拜做救主的基督必除。「我看見主站在祭壇旁邊，他說：「你要擊打柱頂，使門檻震動，打碎柱頂落在眾人頭上；所剩下的人，我必用刀殺戮」（〈摩〉9:1）。現基督柱像的柱頂已經塌落，對屬二信徒的思想剿殺這就開始了。

12

「偶像本是虛假的，其中並無氣息，都是虛無的，是迷惑人的工做，到追討的時候，必被除滅」（〈耶〉51:17—18）。這說的是基督的事業。「我必使他們像羊羔、像公綿羊和公山羊，下到宰殺之地」（51:40）；。這是對改變拜偶像思想觀念的比喻。「耶和華因你們所做的惡，所行可憎的事，不能再容忍。所以你們的地荒涼、令人驚駭，咒詛，無人居住」（22:45）。基督教神學因其聖經根據被發現問題而不能再成立，它思想精神的房屋已無法居住。「我所建立的，我必拆毀，在全地我都如此行。你為自己圖謀大事嗎？不要圖謀！」（4）「主如仇敵吞滅以色列和錫安的一切宮殿（5）……又在怒氣的憤恨中藐視君王和祭司

（基督）。耶和華丟棄自己的祭壇」（〈哀〉2:6,7），這也是否定和取消二著的信徒們所熱衷，所癡迷的挽回祭、贖罪祭。

現當正視，用基督做贖罪祭的祭壇已被神棄。「行毀滅的必來到各城，並無一城得免」（〈耶〉48:8）；「那行毀滅的，已經臨到你夏天的果子和你所摘的葡萄」（32），「我必使毀滅的風刮起（51:1）……要滅盡他的全軍」（51:3）。〈哀歌〉中說：「苦杯也必傳到你那裡，你必喝醉，以致露體」，所露的體與二有聯繫，二著的信徒才會拜基督，認二神二主。「受膏者」即基督，「好像我們鼻中的氣，在他們的坑裡被捉住」（4:29）。「冠冕從我們頭上落下……錫安山荒涼，野狗（或做「狐狸」）行在其上」(5:18)。野狗比喻失家無家的喪主者，這是對沒有了主基督的僕人而言的；狐狸應指狡猾的借假神謀私利者。「君要悲哀，王要披淒涼為衣，國民的手都發顫。我必按他們應得的審判他們。他們就知道我是耶和華」（〈結〉7:27）；「至於那些心中隨從可憎可厭之物的，我必照他們所行的報應在他們頭上」（11:21），所說的「隨從可憎可厭之物」，就是隨從君王基督。

二方基礎為地。「從耶和華那裡聽見，已經決定在全地上施行滅絕的事」（〈賽〉28:22）。飛行書卷一來，「連房屋帶木石都毀滅了」（〈亞〉5:4），基督房角石，基督的交叉木都毀滅了。「耶和華我的磐石我的救主啊，願我口中的言語、心裡的意念在你面前蒙悅納」（〈詩〉19）。

「來啊，我們要向耶和華歌唱，向拯救我們的磐石歡呼！」（95:1）磐石就是圓在的神，就是我們的圓基礎。「除了耶和華，誰是神呢。除了我們的神，誰是磐石呢？」（詩：

18:31）惟耶和華是磐石，耶穌說：「要把我的教會建立在磐石上」（〈太〉16:18）。磐石不是耶穌，耶穌名為約書亞，意思是「耶和華是拯救」；耶穌的名字是救恩在耶和華那裡，耶和華才是做為基礎的磐石。耶和華也不是二著的信徒所理解的做為他對方存在的主，當覺悟之時的那時，神對於百姓為伊施，即丈夫的意思，而不是主巴力。神與子民的關係將被提升，不再有主僕之分，而是等同親密的夫妻關係，是圓在的整體。到那時，武器要消毀，世界不再有戰爭，人民、動物、土地都享安息，這種情景將在千禧之年應驗。現在要明確：磐石是神與人的圓在整體，就是二方在其內的圓基礎。磐石上的人們，各自是獨立圓在的一，又共是圓在的一體，他們同是回家路上的伴侶，歸鄉途中的親戚，他們等同於球場上同隊球員之間的關係。同隊球員之間平等但不埋沒優秀，不是平均主義；發展自身就是發展他人，使他人實現就是事現自己。各自自由獨立，整體諧調一致。這正是耶穌為信者們所求的「完完全全的合而為一」（〈約〉17:23》）。從二方基礎轉換到包含二方的圓基礎，等於是由麻將牌局的人與人關係，轉換到球場上同一球隊球員之間的關係。

「我若靠著神的能力趕鬼，這就是神的國臨到你們了」（路11:20）。神的能力是圓化的能力，化人歸圓了，上帝的國就對於人臨到了，那是人心裡的，也必會外化出來的圓化世界。〈約翰福音〉中，耶穌說：「凡聽見父之教訓又學習的，就到我這裡來」（6:45）。能到耶穌這裡的人，不是稱耶穌主啊主啊的人，是能聽見圓在的神讓人歸圓的教育訓導又誠心學習的人。耶穌說：「我知道我從哪裡來，往哪裡去」（8:14）；「我所去的地方，你們不能到」（8:22）。「這話我曾對猶太人說過，如今也照樣對你們說」（13:33）。跟從圓化之光的耶穌行圓化，才能到耶穌所去的神的圓美圓妙的圓化之境界。「凡做惡的便恨光，並不來就光」（3:20），「我父的意思是叫一切見子而信的人得永生」（3:40），人以對圓化之光的信從，跟隨耶穌以行圓化而得永生。

「我的僕人大衛必做他們的王；他們眾人只有一個牧者」（〈結〉37:24）。大衛認耶和華神是獨一的神，惟一的主，「大衛必做他們的王」不是基督耶穌一樣為神為主的王。這王是眾人之首的王，大衛王暗喻圓化者們的精神領導者，這是對於像大衛一樣認耶和華是獨一神，獨一主的，我們在圓基礎上認識了的耶穌所做的預表。

把耶穌當救主，認耶穌為神、為基督，而耶穌不能是代替耶和華的神，不能是救世主。耶和華的誡命是獨一的神，獨一的主，耶穌不是自有的本體，他來之於父，他不是神本身，不是主，也不是基督。基督是由人所造的救世主，基督的拯救，乃是虛浮之事。遍地的傳基督，到如今，人類得平安了嗎？人與自然更和諧了嗎，人與人關係更美好了嗎？世界變得公平、公義了嗎？人類的道德水準更高了嗎？人間更是充滿愛了嗎？就是信徒們，他們更有合一的心，更是健全性，智慧性的人了嗎？都不是，人類的整體存在狀態沒有更合理，雖有物質文明的輝煌，更有各種成堆的問題。

信耶穌是基督，是要用基督耶穌給神獻贖罪祭，獻上以為能使神來免除人罪咎的屍體。神不要這獻祭，神討厭屍體，掛在木頭上的屍體更是被神所詛咒；神視死屍為污穢之物，看〈哈該書〉中的一段話就該知道了：「哈該又說：『若有人因摸死屍染了污穢，然後挨著這些物的哪一樣，這物算污穢嗎？』祭司說：『必算污穢』。於是哈該說：『耶和華說：這民這國，在我面前也是如此；他們手下的各樣工做也是如此；他們在壇上所獻的也是如此』」

（2:13—14）。所獻上基督的屍體，是把污穢獻給神，是獻給神污穢之物。君王的屍體，本就是神所視為的「可憎之屍」。「用可憎之屍玷污我的地土，又用可厭之物充滿我的產業」（〈耶〉16:18），就是指以基督獻祭，指信靠基督。

人屬二是對於神犯罪，立基督是罪上加罪的大罪，用基督的污穢之屍給神獻祭，這又是罪孽之事。神不喜悅獻祭，喜悅聽從神的話。「聽命勝於獻祭，順從勝於公羊的脂油」（〈撒上〉15:22）。逆神向神獻的「替罪羊」，不能替罪，還要惹神發怒。「這百姓時常當面惹我發怒，在園中獻祭……在墳墓間坐著……他們器皿中有可憎之物做的湯」（〈賽〉65:2—4）。所說的那可憎之物就是基督的屍體，神早知道二著的神民為免罪的省事，要用基督的死屍獻祭，上面神說的預言，就被後來屬二的信徒們以基督羔羊向神獻祭所證實。經文中神在先前看到以後的事，在古代說出當今的事，這神不可不被正視。

「你們應當畏懼，不可犯罪，當獻上公義的祭，又當依靠耶和華」（〈詩〉4:5）。獻公義的祭，是以實行公義來回報拯救人脫離罪惡的耶和華，實行讓人人在整體性上得圓的圓化。讀聖經最該讀懂的是：圓化之靈的神，圓化精神之光的耶穌。「又當依靠耶和華」，這經文確切又清楚，不能是依靠別者可得救，該依靠的是耶和華，而不是依靠基督。基督的寶血做贖價，贖人類之罪的說法，不是神的意思，而是人的吩咐。

「你們雖向我獻燔祭和素祭，我卻不悅納……要使你們歌唱的聲音遠離我，因為我不聽你們彈琴的響聲。惟願公平如大水滾滾，使公義如江河滔滔」（〈摩〉5:22——24）。這要以眾人成為圓化者來做到。神不悅納獻祭，神討厭用基督的屍體做祭物，神向人所要的是以圓化行公義。

「我耶和華憑公義召你」（〈賽〉42:6），憑公義所召的是為讓其行公義。而誤讀經文，會認為耶穌以死為眾人贖罪就是行公義，而人屬二的罪，不能是代贖的事。當今二十多億人信基督的贖罪祭，在金權統治的世界上，面對人類間各為其利的紛爭不已，到底行了什麼公義？有那麼多人信基督的贖罪祭，信得那麼久，這世界為什麼公義缺席？已知經文中的「贖罪祭」是象徵比喻，把以屍體獻祭當公義就說不過去。既然誤讀中把「道成肉身」讀成了耶穌的「肉身」是道，那麼以肉身之死獻贖罪祭，就等於說道可以死；「道就是神」，就等於說神可以死，這還等於說：神用自己的死給自己獻祭。這樣對經文的誤讀，若不把理性弱化到混不講理，就沒法讀。現所讀之誤已被憑著可互解互證的經文證據所指出，羊群的草場已是一片光禿。

13

〈以賽亞書〉中神說：「你們要留心聽我的話，就能吃那美物，得享甘肥，心中喜樂」（55:2）。「憑公義召你」，是要被召者「做外邦人的光，開瞎子的眼，領被囚的出牢獄，領坐黑暗的出監牢」（42:6—7）。

祭壇上的死屍可以讓自家信徒感動，能做外邦人的光嗎？被囚的是被囚於二方之「方框」，精神黑暗的監牢，就是人頭腦裡無形的「方框」，開瞎子的眼，領被囚的出牢獄，領坐黑暗的出監牢，這不能靠獻死屍的祭壇，而基督贖罪祭的祭壇，集中著信徒們的全部

指望。「我說：『我要向耶和華承認我們的過犯』。你就赦免我的罪惡」（〈詩〉32:5）。這經文說明，不需要祭壇，只要向耶和華承認我們的過犯，那過犯是犯二，是在人這裡二方離圓而讓思維基礎是純粹對立的二方，承認這過犯，二方就在承認者這裡歸圓；人屬圓在之圓，不再屬二，罪則得免。「當那日，人必仰望造他們的主，眼目重看以色列的聖者。他們必不仰望祭壇，就是自己手所築的」（〈賽〉17:7—8）。不是要仰望祭壇，也就是不要仰望即信仰祭壇上的祭物基督，信徒自己手所造的這祭壇要廢去。

對耶和華的話不可以不聽：「除了我以外，再沒有神。我是公義的神，又是救主，除了我以外，再沒有別神。地極的人都當仰望我，就必得救，因為我是神，再沒有別神」（〈賽〉45:20—22）。說的是仰望耶和華而得救，說的是得救需要信仰耶和華，沒說包含受膏君王基督。信神要聽從神，「不要被你們中間的先知和占卜的所誘惑，也不要聽信自己所做的夢，因為他們托我的名對你們說假預言，我並沒有差遣他們」（〈耶〉29:8,9）。「他君王和一切首領雖然仗著勢力，還是被放在被殺的人中，他們必與未受割禮的下坑的人一同躺臥」（〈結〉32:29）。所說未受割禮的，是二方基礎的問題沒有處理，尚還屬二的，那是在二元對立之坑裡的。基督和屬二的信徒同死，這是神預言的一個結局。

《耶利米》書中，神已把今天的基督家看見了：「他們彎起舌頭像弓一樣，為要說謊話。他們在國中增長勢力，不是為行誠實，乃是惡上加惡，並不認識我。這是耶和華說的」（9:3）。人屬二即屬惡，二著信神，認基督為神為主，就是惡上加惡。「你的住處在詭詐的人中；他們因行詭詐，不肯認識我。這是耶和華說的」（9:6）。那是不肯認識圓在、圓化之神，非要把神確定於非圓在，非圓化的詭詐，那是詭詐地以不講理否認圓在、圓化之靈的耶和華。其詭詐被揭發示眾了，陽光下在廣場上被眾人注目的詭詐是要露鬼的。

信基督耶穌是神、是救主的信徒們，耶穌預言他們將是苦楚之後重生的人。耶和華說：「他們要做我的子民，我要做他們的神。至於那些心中隨從可憎可厭之物的，我必照他們所行的報應在他們頭上」（〈哈〉20—21）。可憎可厭之物就是獻祭的被認做神，認做救主的基督。〈耶利米書〉中，神要「將你所不知道、又大又難的事指示你」（33:3），那是什麼事呢？接著說的是：「論到這城中的房屋和猶大王的宮室……正是拿死屍充滿這房屋，就是我在怒氣和憤怒中所殺的人」（33:5）。基督是神在怒氣和憤怒中所殺者，基督是王，「我在憤怒中將王賜你，又在烈怒中將王廢去」（〈何〉13:11）。那麼「論到這城中的房屋和猶大王的宮室……正是拿死屍充滿這房屋，就是我在怒氣和憤怒中所殺的人」，正是被以之為王，為主的基督。

當初神民要求立第一個基督時，「耶和華對撒母爾說：『你只管依從他們的話，為他們立王。』立王之後，撒母爾對以色列人說：『你們各歸各城去吧！』」（〈撒上〉8:22）。「尤大啊，你神的數目與你城的數目相等」（〈耶〉11:13）。真神就一位，假神有許多。「有一位出於雅各的，他必掌大權。他要除滅城中的餘民」（《民》24:19），今天尚在的神民都是自認屬基督而從罪中逃脫的餘民，或受基督特別恩惠的餘民。〈路加福音〉第二十四章中，死後又來到門徒中的耶穌升天之前對門徒們說：「你們在城裡等候，直到領受從上頭來的能力」。上頭是天，天乃圓，從上頭來的能力，是來之圓在之圓的圓化能力，那應是摧

毀屬二神民思想之城堡，毀滅基督之窩巢的能力，那應是上帝生產圓化精神，人擺脫二方基礎的能力。

「產婦的疼痛必臨到他身上，他是無智慧之子，到了產期不當遲延」（〈何〉13:13）。「我要使他們有合一的心，也要將新靈放在他們裡面」（〈結〉11:19）。這就是生產出圓化者的新人，也是人使圓化精神的新我得以誕生。

仰望耶和華，就是信仰圓在的神，信仰圓化的靈。神不是主僕二方的主，是主導精神的主，是神在人裡，人以圓化精神為主導而是做圓化之功的主體。

神最要緊的誡命是由耶穌做為誡命提出來的，耶穌是獨一神、獨一主的首先提出者和特別強調者，耶穌不許說他是良善的，因為本為善的良善者是耶和華；憑自己不能做什麼的耶穌，「不求自己的意思，只求那差我來者的意思」（約5:30）；「我從天上降下來，不是要按自己的意思行，乃是要按那差我來者的意思行」（約6:38）。耶穌聲明他是照著父的要求做，父做什麼他就做什麼，父怎樣做他就怎樣做，他是神之道的自覺遵行者，他是神的實際體現者，他是人類的榜樣，他以其言行做出了歸向神的示範。對於當今信徒們依靠「挽回祭」上基督的寶血，耶穌說：「經上說：『我喜愛憐恤，不喜愛祭祀』，這句話的意思，你們且去揣摩」（〈太〉9:13）。這是需要認真思想的事，神不喜愛祭祀，贖罪祭乃是不順神而逆神的事。「你已經開通我的耳朵，燔祭和贖罪祭非你所要」（詩40:6）。耳朵開通就會聽出：神不要用基督所做的贖罪祭，經文中神所說的贖罪祭，是對歸圓在之圓的比喻。

「我喜愛憐恤，不喜愛祭祀。你們若明白這話的意思，就不把無罪的當做有罪的了」（〈太〉12:7）。這話在神的孕期會被理解成不把無罪的基督當做有罪的；在神的產期，會看出那是誤讀，因為明白神不喜愛祭祀的意思，不能把用基督祭祀的有罪當做無罪，因為這祭祀讓信徒信靠那使神不獨一的基督。說耶穌不是基督，這曾被認為有「敵基督」之罪，明白神不喜愛祭祀的意思，就不再把主張除掉基督這無罪的當做有罪的了。

〈約翰福音〉中，耶穌對他們說：「你們若瞎了眼，就沒有罪了；但如今你們說『我們能看見，所以你們的罪還在』」（9:41）。為何瞎眼就無罪呢？瞎眼不能看見，指沒有與神二開，罪因之於二，不二則無罪。能看見，是看見了分別的不同二方，是在二方基礎上看見，所以罪還在。第三十九節，「叫不能看見的，可以看見，能看見的，反瞎了眼」。能二著看見的，是看不到包含二方之整體的，是整體性上的瞎子；看見了基督，把耶穌看成基督，看成神，救主，就是不認識耶穌，不認識神的瞎子。對謙卑而自知不能看見的，可以使之在圓基礎上看見經文中圓在、圓化之神，看見耶穌以化人歸圓做神的圓化之工；看見基督是神，是主的，是反到瞎了眼的。不認識神就是罪，因不認圓在的神，就離圓而屬二，原罪在於人屬二，致於拜二主，三神，則罪加一等

耶穌被神所差使，在神的運化中，神是主體，耶穌是被神所運化著的客體，這是耶穌在神裡；神的靈在耶穌中，圓化的神主導耶穌的精神而讓耶穌是圓化精神的主體，耶穌做為主體主動者自覺的做神的工，行化人歸圓的圓化之道。耶穌是人類的榜樣，就以其是主體圓化者體現。

耶和華說：「我要從東方、西方救回我的民，我要做他們的神」（〈亞〉8:7）。東方西方指全球世界，也喻相對為方的二方。從東西二方救回神民的神，是包含二方的圓在、圓化的靈；從東西方救回我的民，是胎性精神的神民脫離孕育的子宮，是人的理性擺脫整體性認識的迷宮，是人以圓化精神重生、新生。「我憑公義興起他，他必建造我的城，釋放我被擄的民，不是為工價」（13）。釋放被二方所擄的民，這是化屬二的人歸圓的以圓來化之的圓化，耶穌說：「父做事，我也做事」，所做的就是圓化之事。耶穌的再來，就是來到我們精神中的圓化之光；耶穌對於我們的再來，與我們的歸之於圓在的神，是同一件事情；再來的耶穌來到我們的精神之中，就是我們的精神擁有了圓化的聖靈。

《馬可福音》十四章中，「大祭司又問他說：『你是那當稱頌者的兒子基督不是？』耶穌說：『我是。』」在彼得說耶穌是神的兒子基督時，耶穌切切的囑咐不許向外人說，而他自己卻向外人大祭司說了，耶穌為什麼會是這樣矛盾著的呢？不許向人說他是神的兒子基督，又向外人承認了他是神的兒子基督，那是各有各的用意。

大祭司問耶穌是不是神兒子基督，耶穌回答：「我是」，然後說：「你們必看見人子坐在那權能者的右邊」。神的右邊是虛謊，為什麼要給出虛謊呢？是使大祭司落實神的設計；是要揀選二著信神者們所喜歡的事迷惑他們。基督教的興起，發展，存續，需要有耶穌是神兒子基督的一些迷惑性的根據，耶穌的這回答正是配合神的孕育。耶穌面對大祭司承認了他是神的兒子基督，是為他們釘他十字架提供理由，這能讓他被當做基督舉起。基督教是人類歷史的發展所需要的，子宮、迷宮的二方框的宮裡，有其寶貴之寶，有其精神信仰力的寶貴財富。

耶穌用比喻所說的神兒子基督，是指來之於神，神給之以靈，奉行神所賦予的使命，也就是圓在的神所賦予他的圓化使命。現在來把耶穌的承諾和預言重聽：「但我要從父那裡差保惠師來，就是從父出來真理的聖靈，他來了，就要為我做見證」（〈約〉15:26）。正是再來的耶穌，以圓化之光先行來到先知中，才有這先行的見證。耶穌還預言了「你們也要做見證」，本書中我們已見證了耶穌對神所賦予的圓化使命的奉行。

14

《馬可福音》十二章中，耶穌明確的說出神的最大最要緊的誡命，文士接下來說道：「盡心、盡智、盡力愛神，又愛人如己，就比一切燔祭和各樣祭祀好得多」（33），這是耶穌所贊成的理解（34）。信耶穌怎麼可以不向耶穌學習呢？

全心全意愛神又愛人如己，這是比各樣祭祀包含基督的挽回祭都好的事，用基督獻贖罪祭，挽回祭有悖神的誡命則是不好的事，將這好與不好的放在一起相比較著說，是說要選擇好的，不要選擇不好的；是說選擇了不好的，那就丟了好的。搞祭祀，那就沒有盡心盡智盡力愛神，就沒有遵守神的誡命，信仰被祭祀所佔據，愛基督的愛在心裡，愛虛浮無用之事，是耶穌所確認屬於不好的事，即壞事。

立基督就是立救世主，這是對神犯罪的事，耶穌擔當了基督徒們的此罪。〈以賽亞書〉

中，「有許多人因認識我的義僕得稱為義，並且他要擔當他們的罪孽」（53:11）。這許多人是因信主而稱義的人，他們信基督耶穌為神、為救主而違犯神的獨一神、獨一主的誡命，陷入罪孽，這罪孽由耶穌為他們擔當。「我們都如羊走迷了，各人偏行己路」，「耶和華使我們眾人的罪孽都歸在他身上」(53:6)。由於不認識圓在、圓化的上帝，牧人們都偏行己路，各求自己的利益，神民都如羊走在迷途，信神卻離神，就是對於神的犯罪；把基督耶穌當做神來信，神把這罪孽歸在耶穌身上，「耶和華以他為贖罪祭（或做「他獻本身為贖罪祭」）」（53:10）。耶穌不是基督，他無罪；耶穌承擔了信徒們加給他的基督，擔當了他們的罪孽，所以要以其捨身而死將這罪除去，當然，這事須是神民有了覺醒時才會對於他們是這麼一回事。〈約翰福音〉第十六章中，耶穌預言了信徒要轉變成新人時的「痛哭、哀號」（20），這已由彼得雞叫三遍時的痛哭所預表。

「明亮之星，早晨之子啊！你何竟從天墜落？」認識耶和華的知識出現，思想的天上亮起神的太陽而有了新天，那夜裡的明亮之星，早晨之子基督則從天墜落。「你這攻破列國的，何以竟被砍倒在地上？」（〈賽〉14:12）列國的思想精神之圍牆，可以說都被信基督的打破而入了，基督教攻進了各國，當今大多數國家都是進入了基督教的，基督教的確是攻破列國的，神的預言真是神奇的準確。現在，與麥子長在一起的稗子被薅了出來，基督偶像被非人手所鑿的石頭所打碎，這也是到了神生產人的新精神之時，在將養水排出。「並將你所不知道、又大又難的事指示你」（〈耶〉33:3），就是行圓化之事。

耶穌曾讓信徒們在城裡等候，〈耶利米書〉中，「行毀滅的必來到各城，並無一城得免」（47:8）。「到那日，摩押的勇士心中疼痛如產難的婦人」（48:41）。人子來「乃是要服侍人，並且要捨命，做多人的贖價」（〈太〉20:28）。是多人而不是所有的人，耶穌捨命是為認他為基督，為神，為救主的屬二信徒們。神說：「至於這民的一切惡，就是離棄我，向別神燒香，跪拜自己手所造的」（〈耶〉1:16）。加給耶穌的基督、上帝、救主，就是信徒們的人手所造的，耶穌已捨命為你們贖罪了，基督徒不應把那逆神的罪堅持著，該痛改前非了。

「他擔當了我們的憂患」（53:4），人類因屬二而在二方對立，二元分裂中困苦患難，耶穌以導引屬二的人類歸圓來擔當這憂患，人類歸圓而成為圓化者，就在根本上解除了因屬二而有的憂患。

死後來到門徒間的耶穌對他們說：「我要把父所應許的降在你們身上，你們要在城裡等候，直到你們領受從上頭來的能力」（〈路〉24:49）。上頭是天，天乃圓，領受從圓在之神來的圓化能力，就是盡心、盡性、盡意，全心全意的以行圓化愛神，愛人如己。基督在比喻得神的圓化之靈上有意義；王乃天，天乃圓，與耶穌同掌王權，就是與耶穌共同擁有圓在之圓，共同行使圓化之權。神的國，就是此岸彼岸，生前死後圓化的世界，現實與未來，外在與內在圓化的境界。

「當審判的時候，尼尼微人要起來定這世代的罪，因為尼尼微人聽了約拿所傳的，就悔改了。看哪！在這裡有一人比約拿更大。」（〈路〉11:32）「我憑公義興起他，他必建造

我的城，釋放我被擄的民，不是為工價」（〈賽〉45:13）。被擄的民是被離神的二方所擄，被假神基督所擄。「報告耶和華的恩年，和我們神報仇的日子」（〈賽〉61:2），是傳達神讓人歸圓的信息。神報仇是使離神的二方歸圓，除掉基督。神「差人說：『我所建立的，我必拆毀，在全地都要如此行』」（〈耶〉45:4）。「行毀滅的必來到各城，並無一城得免」（〈耶〉47:8）；「到那日，摩押的勇士心中疼痛如產難的婦人」（48:41）；「那時，外邦人起來牧放你們的羊群，外邦人必做你們耕種田地的、修理葡萄園的」（〈賽〉61:5）。外邦人是不信基督，不信二著的信徒們所信之假神的人們，「那時，外邦人起來牧放你們的羊群，外邦人必做你們耕種田地的、修理葡萄園的」，那是他們歸圓而立圓，成為圓化者了，才會有此做為的。「那些分別為聖、潔淨自己的，進入園內」，「跟在其中一個人後頭吃可憎之物，他們必一同滅絕。這是耶和華說的」（17）。進入圓在之圓內分別為聖，耶穌是我們歸圓和圓化的帶領；跟在一個人後頭，不是跟著圓在的神，不是跟著圓化之光的耶穌，而是跟著君王基督這人的後頭，吃喝那屍體之血肉，要與基督一同滅絕，不留其後。神說：「到末後，我還要使被擄的摩押人歸回」（47）；「我必使毀滅的風刮起，……使地空虛（51:1—3）。「行毀滅可憎的站在聖地」（〈太〉24:15））。

「我要造新天新地」（22），新天地是地在天裡，即二方在圓裡；「我要引瞎子行不認識的道，領他們走不知道的路」（〈賽〉46:16），就是圓化之道，圓化之路；「我要使他們同心同道」（39），那就要有包含全角度一體的圓基礎。人的思想應從上帝出發，走向上帝，以上帝為思維、思想基礎，以上帝為目的，那就是以圓為目的，走圓化之道，行圓化之路。

十字架的十，是一橫一豎的二為一體，象徵人天一體，人神一體、人我一體；中國文化中十為全，全即圓，耶穌在十架上向人類做出歸圓的昭示，即蒙昭歸天。「耶和華我的神必降臨，與一切聖者同來」（〈亞〉14:5）。「歸耶和華為聖」（〈賽〉23:18），同來的一切聖者，就是跟從耶穌歸圓在之圓的人們。耶穌是誰？有人說：有資格解答的只能是無限的、超二元對立的「終極存在」本身，那只能就是包含二方的圓在之圓。在圓基礎上把耶穌認準，他是圓在、圓化之神的使者，是使我們歸圓與神同行圓化的精神首領。

當年，撒母耳讓有了基督為王的神民們「各歸城去」《申命記》中預言：「你必要用刀殺那城裡的居民，把城裡所有的，連牲畜，都用刀殺盡」（13:15）。「你從那城裡所奪的財物都要堆積在街市上，用火將城和其內所奪的財物都在耶和華你神面前燒盡。那城就永為荒堆，不可再建造」（13:16）。那城裡的財物，就是基督教神學思想。〈耶利米書〉三十三章中：「在那些日子、那時候，我必使大衛公義的苗裔長起來；他必在地上施行公正和公義」（15）。「在那些日子，猶大必得救，耶路撒冷必安然居住；這城必被稱為「耶和華是我們的公義」（16）。讓人人在其整體需求上全面得圓的圓化才是公義，所以圓化之神是公義，行圓化才是與神同行的行公義。圓化之光，圓化精神的領袖，就是被認明了的耶穌。

第五章　讀懂上帝

01

有神論與無神論之爭，因之於雙方都不認識神。中國的老子講「善言不爭」，因其本為善的圓善無可爭。

「你從天上使人聽判斷，神起來施行審判，要救地上一切謙卑的人」（〈詩〉76:8,9）。天乃圓，從圓使人聽判斷的神，是圓在之圓；神施行審判，是審判在人這裡離天的地，即離圓的二方。因地在人這裡與天分離，對立的二方成為了人的思維基礎；人被「方框」所「囚」，處於精神的「囹圄」，所以才需要被拯救。屬地即屬二的人不在自以為明白中自傲，不以其是無神論還是有神論而自負，有謙卑之心，能正視自己屬二的問題而有改變自己的要求，這樣的人才能獲救。這即是「要救地上一切謙卑的人」的神意。

天體皆以圓體轉圓，自然界萬物循還即圓轉，基本粒子以圓描述，地球與太陽的距離不近也不遠，人體所需的各種礦物質全有預備，各人都求圓滿之圓，事事具圓則成，達圓而成，人類本性求圓，具有成圓之能，使之然者是圓在之神。筆尖上算出來的能在實際應用中有效，那是具圓，若所算失圓有錯就無效，電視機，手機所需的因素具全達圓，就能聽看萬千里遠，好夢成圓夢想就實現。人本性求圓乃神所規定，神是圓在、圓化的神。人有永生的夢想是因人求圓，人求圓才需要神。能使人真得圓，得真圓的神，才是真神。神不是與人純粹二分的對方一方，神是人的精神靈魂在其內的圓在之圓。神的圓化之靈主導人的精神靈魂，人以圓化之，化而成圓，就以圓化性的生命活動體現神。在人的認識中，神又是人的對象，那是圓在的，無具體之形的，認識者的人在其中的大象。

「你們究竟將誰比神，用什麼形象與神比較呢？」（賽40:18）神沒有具體形象，凡有具體形象者都不能是神。鴿子一樣的東西被稱做聖靈，鴿子雖是可愛，但不能充當一位神；聖靈不會像是有形的鴿子，聖靈沒有具體之形；受膏的，有人形的基督也不能是一位神，神就是道，道本無形。「那聖者說、你們將誰比我、叫他與我相等呢？」（〈賽〉40:25）無論是什麼，不管是何者，都不能與神相比和相等。神是本體，本體本身完全，獨一，以任何理由讓神為二者，為三位，都是不認識真神而在造假神。

那麼多的信徒在指望著基督的贖罪祭，是因誤讀經文，對惟一主的話，對耶穌獨一神的指示塞聽，聽不進，聽不懂，甚至不聽。「你已經開通我的耳朵，燔祭和贖罪祭非你所要」（詩40:6）。耳朵開通，贖罪祭不是神所要，神不要屬二的信徒們眾望所歸的贖罪祭。以基督獻祭，是不順神而逆神，現在當清醒！

「錫安的城門必悲傷哀號，她必荒涼坐在地上」（賽3:26）。地指二方基礎，屬二的神學因其根底的問題被揭示而乾枯，它已讓有點理性的的信徒沒法再用來在精神上解渴，在思想上充饑，成為荒涼之地。會有些誤讀經文的信徒不講理，他們要在誤信中存續，神預言了他們要吃兒女的肉，要相互吃朋友的肉，就是把自己所發展來即產生出的信徒，把信徒朋友在痛苦中堅持其誤信的精神情感做為自己在誤信中堅持的食物。但這要被揭露，誰也阻擋不了對上帝的認識。

神是本善之善，是善之源；本惡之惡，是離神的二方。「天，是耶和華的天」（〈詩〉115:16）。中國文化講天圓地方，周易中「天一地二」，地為二方。屬二者屬惡，神不與惡者同居，屬二的人與神隔離。他要麼二著認為沒有神而不信神，要麼二著信人所吩咐的神，信他二著所以為的神。他一方面與他所信的神純粹二分，神絕不是他，他絕不是神，神對於他就是與他為二的純外在於他的對方；一方面那神與他混同，他以自己這個二著的人所對神的理解來代替神，他要求別人信神，就是讓人信他這個二著懂得神的人，也就是讓人信他之所信，讓人像他一樣既二又混的信。在二方基礎上信神，不但純二地二，還有混一的混。人既二又混，不能認識不在「混、二」眼界之內的真神。而一切智慧的源頭，乃在乎認識耶和華。「敬畏耶和華是智慧的開端」（〈詩〉111:10》），智慧在於能圓，科學智慧是能圓成具體性之圓，在圓基礎上才能圓成真圓，才能真得圓。佛學智慧是般若，般若是圓悟涅槃，圓通此岸彼岸，神的智慧是在整體全面性上圓化實現圓。所以敬畏耶和化即圓在的神，才是智慧的開端。

「交鬼者的聲音出於地」（〈賽〉29:4），「他們的喉嚨是敞開的墳墓」（〈詩〉5:9）。地為陰，為二方，離圓的二方為墳墓。陰間：希伯來語是she'lo比喻死人之地，意為墳墓，這與中國文化中死人的住所是幽洲，「方主幽」，地二地方是同意。屬二之人為死人，不能歸向神而是有限中走肉行屍的人，在「方框」的墳墓中做為「骨骸」被死所規定。「求你使惡人羞愧，使他們在陰間緘陌無聲」（〈詩〉31:17）。「原來仇敵逼迫我，將我打倒在地，使我住在幽暗之處，像死了很久的人一樣。所以我的靈在我裡面發昏，我的心在我裡面淒慘」（〈詩〉143:3—4）。仇敵是把人從神那裡擄去的二方，「方曰幽」，人處於二方基礎，乃是「住在幽暗之處」的「死人」。人屬二與神隔離，他只能要麼不信有神，要麼信假神；只有當他不再二著，才能真認識神而認識真神。

以不是耶和華的何者為王、為主，都是在違背神的誡命搞二神二主。〈以賽亞書〉中，「耶和華你們的救贖主，以色列的聖者如此說……我是耶和華你們的聖者，是創造以色列的，是你們的君王」（43:14—15）。這經文明確了耶和華是救贖主，是王，任何別者都不能是救贖主，不能是王。因耶和華是獨一的主，「耶和華必做全地的王，那日耶和華必為獨一無二的，他的名也是獨一無二的」（〈亞〉14:9）。這是說，耶和華本是全地惟一的王，可屬二的人們卻沒有以之為全地惟一的王，但獨一無二的耶和華「必做全地的王」。那日「必為獨一無二的」，不是什麼二位、三位的；「他的名也是獨一無二的」，神、救贖主、王，不能是任何非耶和華名者，只能是獨一無二的耶和華。因為二著的神民信徒認了基督耶穌也是一位神，一位救主，一位王，沒能讓耶和華是獨一神，沒有以耶和華為獨一救贖主，惟一的王，所以經文中才要宣佈「耶和華你們的救贖主」，「耶和華必做王」，「那日必為獨一無二的」。看懂這經文，就知道神要除掉二著的信徒們所認的不是耶和華的王。那時他們必說：「我們沒有王，因為我們不敬畏耶和華；王能為我們做什麼呢？」（〈何〉10:3）非耶和華者，那不是真王，是沒用的假王。敬謂耶和華，就要守神是獨一神，惟一王的誡命。不把神最要緊的誡命當話聽，信基督是神，就是取消神，否定神而立假神。「姦淫和酒，並新酒，奪去人的心。我的民求問木偶，他們行淫離棄神」（何11,12）。這裡說的姦淫、行淫，是與不是比做夫的神，而是與別者用情發生關係，就是信愛基督，基督教神學思想就是比之猶太教的新酒，「姦淫和酒，並新酒，奪去人的心」，信愛基督，「行淫離棄神」，「我的民求問木偶」，以木架上祭物基督為思想目標。基督家早被經文中的神所看清，也是被預言所言重。指望以那交叉木架上的屍體免罪得福，這完全違背耶穌。耶穌說「叫人活著的乃是靈，肉體是無益的」（〈約〉6:63）。用無益的屍體阻擋自己認識神，那是愚昧的。

有種說法，說人是不能認識神的，有個美國的華人大牧師在光碟裡的講經中就這樣說。其理由是：人若能認識神，那人豈不成神了嗎？耶穌引經上的話：「我曾說你們是神」，並強調：「經上的話是不能廢掉的」（〈約〉10:34）。舊約中說：「務要認識耶和華」，「認識耶和華的知識要充滿遍地」，耶和華承諾：「我要賜你們認識我的心」。「你們是神」，這與神的獨一怎麼能說得通呢？圓通，圓則通。神是圓在、圓化的靈，人以其圓化精神擁有神，體現神，在此意義上「你們是神」。神的獨一性，是其圓在性，圓化性。

〈以賽亞書〉中耶和華說：「我是創造以色列的，是你們的君王」（43:15），這是說不能另有別者為神民的王。耶和華的名獨一無二，耶和華的名不是任何別的名，無二獨一，沒有給加入任何別者留出半點餘地。「你們的罪孽使你們與神隔絕」（59:2），「致於我們的罪孽，我們都知道，就是悖逆不認識耶和華」（59:12—13）。認受膏者基督是神，是主，就是對神不認識。「在我以後也必沒有，惟有我是耶和華，除我以外沒有救主」（43:10,11），「除我以外再沒有真神」（44:6），「除我以外，豈有真神嗎？誠然沒有磐石，我不知道一個」（44:8），沒說再加上神兒子基督也可。「天上地下惟有耶和華他是神，除他以外，再無別神」（申4:39）；「耶和華啊，照我們耳中聽見，沒有可比你的，除你以外再無神」（〈曆上〉17:20）；「願你永遠堅立，被尊為大」（17:24）。耶穌不以「我與父原為一」取消與神本身的區別，他說：「因為父是比我大的」（〈約〉14:28）。不尊耶和華獨大，認兒子與父一樣大，讓基督與上帝一樣大，認基督耶穌為三位一體的一位上帝，這違背神也違背耶穌。罪上加罪的基督徒要以強烈的狡辯來自護，要以「我與父原為一」來說理，但那是說不通的理。你與地球為一，那是整體的一體之一，但不能說是你也是地球，不能說地球也是你；有幾十億人與地球為一，不能說那是幾十億一體的地球。

02

沒有什麼不產生於和存有於圓在之圓裡，每個人都與本體之圓原為一。只因人被囚困於二方基礎，才與神相隔離。耶穌不屬二方基礎，他是圓在之圓內以神為主導的圓化主體。神即是真理的本原，自然更是認識、通達真理的方法、途徑的本原。獲取智慧和真理的終極方法，莫過於直接與智慧和真理的本體建立聯繫，以致於能夠「進入真理」，接受智慧和真理本體的賜予。那就是跟從耶穌，與耶穌一樣擁有圓基礎，讓自己在圓在之神裡，讓圓化之靈的神在自己裡，成為與耶穌一樣的圓化主體。

二著認為有神的信徒和二著認為沒有神的非信徒，在二方之「方框」裡各有其所以為的明白，他們讀聖經都抱著即有的明白去讀神的默示和耶穌的話。「放下才是明白」這句話，提醒人要把對真本身不明白的所有假明白放下；放得下就不被假所障礙，放不下就障礙於假。歸真是使假歸真。神本身是本善本真，離神的二方是本惡之惡，本假之假；屬二的人不屬神而屬鬼，不屬善而屬惡，因為人類是在二方基礎上的，所以「世界臥在惡者手下」（〈約一，5:19）；撒旦說：世上萬國的榮華，「原是交付我的」（〈路〉4:6）。撒旦就是離神的二方成為人的基礎而活在人心裡的東西，是因人類的屬二，世界才被魔鬼屬惡的力量所統治。耶穌知道二方是人的思維基礎，二方是人的父。所以耶穌說：「你們是從下頭來的」（〈約〉8:23），下頭是地，地為二方；「你們是出於父魔鬼，你們父的私欲，你們偏要行」（〈約〉8:44）。人屬二，人與人二方對立，對立的利益之爭中要生鬼心眼子，能有思想和利益上相爭相鬥而殘害人的各種鬼事；有各方人的私欲，沒有整體的公義。堅持以二著的自我這樣明白，那樣明白，就不能從二方框的子宮裡脫胎；不回應「像產難的婦人，急氣而喘哮」的神，固守二著的明白，到了神的產期還是被胎性意識所主宰，這樣信神的則心懷鬼胎，不信有神的就甘於做終被流產的廢胎、棄胎。

錯誤的認神和認為沒有神，這都意味著愚蠢。思維被二所逼困，與中國一個「春晚」小品中說的，「這都二到啥程度了」的二相關的那個罵人的詞，指的就是人在他自以為明白中的愚蠢。

人不認識神，就不認識自己，就不知人從哪裡來，向何處去，就糊塗著生和死，其生命就如被死亡所籠罩著的與蟒蛇同處玻璃屋的老鼠或荷蘭豬，在被死亡所吞吃之前，它們玩耍，吃食，性交，自有樂趣，也能享受到這樣那樣的一些具體之福。至於終將被死亡所吞沒的人之個體，體形比那老鼠或小豬都大，其活動有著要比它們高級的事務，但在死亡那裡都忽略不計。與人相比，它們這低級動物只是沒有死亡意識，而屬二的人卻等於是玻璃屋裡面對蟒蛇而知其必死的老鼠或荷蘭豬，信假神的以為他能得救，認為無神的順應二著所知的自然規律，不企圖逃離。現在已知，人的如此處境，是因他屬二的緣故，怎麼還能二著明白，怎麼還能二著把這悲劇的處境固守？

人有著玻璃屋裡與蟒蛇同處的小動物所不可比的活動內容，可以有許多的獲得。而耶穌說：「就是賺得全世界，賠上自己的生命，有什麼益處呢？人還能拿什麼換生命呢？」（〈可〉8:36—37））。圓在的，圓化之靈的神，能讓人有真生命，能讓人改變等同於玻璃

屋裡與蟒蛇同處的小動物的命運，可以使人擁有精神永恆與永生的圓美圓妙之神境。

所有的二明白都該放下，任何的障礙都當解除。真認識神，認識真神，人才有整體性的好命運。

人二著信神，不能認識完全的神本身，就陷入於要把神說圓，卻不能自圓其說的矛盾。神學被發現缺陷漏洞怎麼辦？要想法補圓，這被無神論者攻擊為圓謊。神學的一個未曾被其意識到的原則，是它總要遵循於圓。但由於其根子是二，思維以二方為出發點，其思想不出之於本來的圓，結果就不能真圓。對神的說法，以為說得圓的人就信了，聽出說不圓的人就不信，就否定。覺得說不圓也要信，就讓其信成為具圓的補充。有意思的是，信神和不信神的人們都以圓為標準。上帝圓滿，人虧缺神的榮耀，是因那神在人這裡不是圓在之圓。圓通這個詞已說明：圓則通，圓才通，神學說不圓就說不通，不圓的神學有缺漏，發現有缺漏就要設法去修補，修補所為的是使之具圓。屬二的神學就在想圓卻不能真圓的困境中，這是人二著讀經書所必陷於其中的矛盾。

上帝的兒子是對耶穌來之於神的比喻，不按比喻來讀，就以人的兒子是人，神的兒子是神，給了兒子與父同一的身份，於是耶穌是上帝這樣一個屬於人的吩咐，便做為神學知識得以形成。「主耶和華的靈在我身上，因為耶和華用膏膏我」（〈賽〉61:1），膏我是對給之以靈的比喻，不按比喻來讀，就讀成了宗教儀式上給人抹膏油而當基督的事，還讀出了基督是上帝，是主。耶和華說過基督是上帝嗎？耶穌說過嗎？都沒說過，那是做為信徒的人所吩咐的，基督不是自有永有的上帝，基督是由宗教儀式上給人抹膏油而有，可見於《聖經》注解的——基督。耶和華是自有的上帝，耶穌不是。〈約翰福音〉中耶穌說：「因為我本是出於神，也是從神而來」（8:42），他不是自有的，他有來源，他不是做為本體的上帝本身，他像上帝完全一樣，是像上帝而不就是上帝。耶穌說他「並不是由著自己來，乃是他差我來」（8:42），指派者與被指派者的關係完全說清楚了，「你們為什麼不明白我的話呢？無非是因你們不能聽我的道，你們是出於你們的父魔鬼，你們父的私欲，你們偏要行」（8:43—44）。認為耶穌是上帝的人們，你們怎麼讀不明白耶穌這話呢？耶穌「並不是由著自己來」，他是從神而來，是神所差來，對耶穌這話讀不明白，偏要讀成耶穌也是上帝，是上帝來扮做耶穌，這是一個根本性的重大錯誤。是聽神的話，信獨一的神，還是把你們人的吩咐當做道理教導人呢？以為認上帝為耶穌基督是信耶穌，耶穌不同意！他強調神是獨一神的誡命，批評把人的吩咐當做教導人的道理，還說：「當那日有好些人來，說我們不是與你一同傳過道嗎？我要說：你們這些惡人，離開我去吧！」錯認了耶穌就不能認識上帝，不認識本為善的神就是屬本惡之惡的惡者。以基督為上帝，這樣的信，對於神是惡行；認耶穌是神本身，這樣的人，由獨一的神判定為惡人。耶穌說：「出於神的，必聽神的話」（8:47）。不聽神的話，把神的獨一神的誡命加上人的吩咐而以狡辯改變神的話，這就是耶穌指出的，「你們父魔鬼的私欲，你們偏要行」。

聽神的話，神說神是獨一的神，獨一的主，沒說可以貼上另外的，沒說可以加進別的，認為耶和華與耶穌基督都是上帝，就沒聽神的話，這是狡辯不了的。從神而來者不是神本身，來之於那父親者不能是那所來之於者的父親。耶和華不是基督耶穌。讀經讀出了耶穌基督是神，信耶和華神，卻以基督耶穌為神為主，這是「心懷二意」的在讀。讀聖經有一個出

發點的問題，出於二方，就要被二所逼迫、逼困，在逼仄中讀；人二著讀經，就要違犯神的誡命而敗壞神。讀經書的出發點應是上帝，應以上帝本身為思維基礎，開端就是終端，開端與終端為一，上帝是開端與終端二方的整體。「我是首先的，也與末後的同在」（〈賽〉41:4），經文中神就是這樣說的。圓在之圓包含始與終為一，對上帝的認識，需要解決阻礙從圓在之圓出發和以圓為目的的問題。認識的標準是神本身，不出發於神，不以神為目的，離開圓基礎、圓目的，其認識必然錯誤。

03

「我們務要認識耶和華，竭力追求認識他」（〈何〉6:3），上帝是需要認識的？認識耶和華的話是對神民而說，信神為什麼還不認識神呢？障於二方，不能認識不在二方框架內的上帝，對上帝不能真知。

屬二的神民不認識圓在、圓化的神。經文中的以色列隨從虛無的神，自己就成為虛妄的；〈耶利米書〉中，神對此大加指責。以色列在經文中指稱神民，今天的以色列神民是所有的基督徒。經文中的話不是說給以往死人聽的，是有預言性的。神說：「至於這民的一切惡，就是離棄我，向別神燒香，跪拜自己手所造的」(1:16)。「我因此必與你們爭辯，也必與你們的子孫爭辯」：「豈有一國換了他的神嗎？其實這不是神！但我的百姓將他們的榮耀換了那無益的神」（2:11）。當年的神民的子孫之手所造的無益的神，就是基督耶穌。直到當今的神民子孫，他們把基督放在信仰的中心位置，用基督將耶和華排擠，使之成為虛化的名子，也就是「將他們的榮耀換了那無益的神」。「祭司都不說：『耶和華在哪裡呢？』」

（2:8）信徒們都不覺得他還有一個需要認識神的問題，因為他認識神兒子基督，知道基督是神賜給他們的救主；他相信可以靠基督的寶血得救，以為應當以喝基督的血，吃基督的肉而活出基督；這是帶著情感的信仰，不能觸碰，為維護其所信可以不要理智。而神知道他們以神兒子基督為神的惡事：「因為我的百姓做了兩件惡事，就是離棄我這活水的源泉，為自己鑿出池子，是破裂不能存水的池子」（2:13）。屬二的神學因其二著而破裂著，其思想總是有著矛盾缺漏，隨時可以被對方質疑，總能讓不信者看到問題，正如同「破裂不能存水的池子」，這正是離棄了神的緣故。之所以一直離棄神，是因始終對神不認識。「這百姓愚頑，不認識我，他們是愚昧無知的兒女」（4:22）他們整日裡主啊，主啊的表現其愚。神說：「以色列是僕人嗎？是家中生的奴僕嗎？為何成為掠物呢？」（2:14）這話是二著信神的人們所不能讀懂的。神的僕人是眼瞎的，「有誰眼瞎像耶和華的僕人呢？」（〈賽〉42:19）主僕二方就眼瞎不認識神，神讓人得自由，神的家中能產生奴僕嗎？以基督為主而自為奴僕，就是被主僕不同的二方所掠的掠物，就是被假神所掠的掠物。要真認識神，就要在意識中把那主基督的統治解除。至於不信基督的人，要把金錢的、財物的，要將外在於人的屬世之權，還有阻礙以圓在之圓為基礎的所有明白對精神的統治解除，也就是回到耶穌所認為的能進天國的小孩子的純樸樣式。

「你們愛耶和華的都當恨惡罪惡。他保護聖民的性命，搭救他們脫離惡人的手」（〈詩〉97:10）。信神之民為聖民，但因不認識神而不能歸神，所以也非真聖，還都被控制於惡人，在惡人的手中；「你們要向耶和華唱新歌，因為他行過奇妙的事。他的右手和聖臂施行救恩」（〈詩〉98:1）。神不是有著右手、右邊的具像，使人得救恩，得好處的方面比

喻為右面，這右面相對於給以懲罰，使之受打擊的另一面，若把神的右面理解為左方右方的右，那右邊是虛謊。神本是圓在、圓化之圓。

斷定不存在神因而不想認識神，這是淺薄，這是拘於侷限。信科學，不信有神，那是自滿和自負於必朽的肉體生命而枉為人，人本有與神相通的靈性，武斷於無知才會否定有神。對神的否定，就否定了完整的人本身，那等於接到了自己死刑的判決書，只是看不到具體執行的日期，而那死刑的執行是確定不能更改的。其實人都在走向必有一死的死亡中活著，當人能正視那必致於己的死，思考自己的必有一死，若沒有神，那就是自己落入什麼都不是，什麼都沒有的空無之空，若有一絲對這生命徹底失敗的不甘心，就知道你的人性中潛伏著對神的需求，其實人需要神。在生時面對自己未來必有一死的死亡，能把對於永恆與永生的一絲希望都給滅掉的人，那毀滅其神性要求的力量，來之於表面性的人生經驗，是侷限讓他的精神意識死在了必有一死的死中。這樣的人，在神的默示中比喻為死人。「求你賜我悟性，我就活了！」（〈詩〉119:114）耶穌的叫死人復活，就是比喻靈性的甦生，精神的覺醒。

大科學家牛頓認為存在神，大科學家愛因斯坦認為有神，西方的許多大哲都不否認存在神，並非以舉出有什麼人物，有多少人信神來說明有神，而是要提醒一下在以為無神中自以為聰明的人，牛頓、愛因斯坦是頭腦照你無神論者差才相信有神嗎？你否定神是因你真比他們都高明嗎？不是的，是你不知道什麼是神，這讓你自感有理地在做著一個自負的糊塗蟲。人需要認識你自己，就需要有對於什麼是神的一問，因為人須知人從哪裡來？往哪裡去？神是人的根，是人的目的，認明神，有了對神的圓明認識，才能認識完整性的你自己。

中國的孔子也講敬神如神在，「德圓而神」；他說的「獲罪於天，無可禱也」（《論語・八佾》），那所說的天就是神。現在已知，人的獲罪於天，是因為屬於了地，罪在以二方為基礎。人就在他屬二的罪中，不能讓地歸天，也就是不能讓二方歸神，人終有一死，就死在屬二方框的罪咎中，不能回到神而不得永恆與永生的神境，怎麼祈禱都沒用。

在科學昌盛的當今，還是有眾多的人信神，基督徒就有二十多億人。對神的錯認，不等於沒有神，正說明需要神；錯認了神，只是沒有認明神，只是對神不明。中國文化中「圓曰明」，「圓主明」，是對神的認識沒有達圓，才對什麼是神本身不明。上帝圓滿，本身無缺的上帝，是圓在之圓。上帝一詞在中國古代就有，殷商甲骨文卜辭和周朝金文中又稱「帝」、「天」，儒教傳世經典中或稱天帝，昊天上帝，是夏商周以來華夏民族信仰的主宰天地宇宙的至上神。「天，是耶和華的天；地，他卻給了世人」。因人屬地即屬二方基礎，才不能認識神。中國文化中的上帝即是天，天一地二，天圓地方。地歸天，二方歸神是歸圓在之圓。中西兩種精神文化之根，在此天衣無縫的圓合圓融，使之然者就是圓在圓化的神。人歸圓在之圓，就是天地人三才一體的完整，是圓在圓化的活神與圓在圓化的活人一體的完整。

04

人性中有神性，人有其神性才會有對神的需求。人有對神的需求，就說明神是存在的，正如人有呼吸氧氣的需求，能滿足人呼吸需要的養氣就是存在的。豬不為不能飛天而痛苦，因其沒有飛天的能力，人有要求永恆與永生的意識，是因其具有與神相通而達於神境的能

力。認識了神就找到與神相通，達於神境的道路。

〈以賽亞書〉中說：「你們豈不曾知道嗎？你們豈不曾聽見嗎？從起初豈沒有人告訴你們嗎？自從立地的根基，你們豈沒有明白嗎？神坐在地球大圈之上」（40:21—22）。神坐在地球大圈之上，所比喻的是圓在之圓。這圓是大象無形的大象，是「執大象，天下往」的大道之象。道與神同在，「道就是神」（〈約〉1:1），老子的道「周行而不殆」乃圓在。自中國古代起就多以圓來表現完美、圓滿。《呂氏春秋》中講「天道圓」；淮南子，精神篇中說「故頭之圓也象天，足之方也象地」。一頭二腳，天圓地方，天一地二，天地一體，地在天內，二方在圓裡。天道乃圓道，二方在圓內運化的圓化之道。神在東西方文化中設置了相互對應的信息。當人處於二方基礎，神對人隱藏而不能被認識。「你要將自己隱藏到永遠嗎？」（〈詩〉89:46）當自我從「方框」裡出來，神就不再對你隱藏，你就以識「圓」而與神相見。

「道就是神」，行道才是與神同行。道字是「走首」，首乃元首，元與圓同音，圓也做元；首為頭，「頭之圓也象天」，行道是行圓；首字上面的兩畫和一，表天地一體即二方在圓裡；首字中有自我的自，自我參與在道裡，行道是人圓化自己，行圓化是與圓在的神同行，這是「首」與「走」構成的「道」字信息所指示。

耶和華說：「我必被你們尋見，我也必使你們被擄的人歸回」（〈耶〉29:14）。尋見神與被擄的回歸聯繫在一起，這在於從二方基礎回到圓基礎，圓在的神才被認識。人本來之於圓在之圓，而人有了自我意識就有了他的二方基礎，就屬於了二方對立的二，人的原罪就是二方對於人不在圓裡而二方離圓。經文中所說的人被擄，是指人被二方所擄，是指人與圓在的神相隔離，處於二方基礎；被擄的回歸，就是二方歸圓，就是人立之於圓基礎。神被尋見，則人神一體，人在神中，神在人裡。

「耶和華釋放被囚的，耶和華開了瞎子的眼睛」（〈詩〉146:7）。當人處「方框」，因「方框」對整體的遮蔽，在整體性認識上等於是瞎子，只能瞎著不承認整體大象之象或只能盲人摸象地認識神之大象，不能認識不在二方框架之內的圓在之圓。打開「方框」，就釋放了被「囚」的「方框」中人，就是開了瞎子的眼睛。「方框」對於自我打開，就是自我不再困於「方框」中明白，認知和接納圓在的神沒有障礙。

其實，二方本在圓裡，只是人對此未知，對圓在之圓不認識，二方就成了人的思維基礎，這基礎就是限制整體性認識，使認識不能達於圓在之圓的侷限性框子。神釋放被囚的，讓「方框」所「囚」困著的人得到思想的解放，認識那包含人與對象，自我與他者，物與心，生與死，主體與客體，有限與無限等二方的圓在之圓，這就開了瞎子的眼。被擄的得回歸，就是人意識到了自我在圓內；善惡二方歸圓，二方在圓裡，本惡之惡就消失；圓在之圓是本為善的真善，是善本身之良善。圓內二方的善與惡，是相對規定中具體「善的」與「惡的」之善惡。

人在神中，就是人在圓內；神在人裡，就是圓在、圓化之神在人的精神中，在人的心靈裡。從哲學上說，人是圓在之圓內的主體；以神學來說，圓內的人參與在神裡。圓在之神的自身運化是圓化，在人類處於二方框的子宮裡之時，神的運化是對人類圓化精神的孕育，胎

性精神脫胎，對應著人的免罪，被擄的回歸，被囚的得解放，對應著神與仇敵和好的比喻。不算信徒立教、傳教的部分，聖經是用比喻說出二方離圓，人離神這件創世以來所隱藏著的事，是用比喻說出神要求人類歸回圓在之圓的謎語。

上帝圓在的說法，實在不符合二著信神者們對神的理解，有人不免要發怒的。但不是圓在的神要服從你們的二著的理解，對神的認識要本著經書中耶穌的話，要本著神的默示，要合乎於理。神說：「你這樣發怒合乎於理嗎？」（《拿》4:9）這對約拿說的話，是說人要合乎於理。理不圓，就虧缺；虧缺著上帝，那還有什麼理？所以連自然科學也要以圓為理，當然那是具體有限之圓的小圓之理。神所要求的合理，是合乎包含具體之小圓的整體大圓之圓理。

認基督是神，讓人所造的受膏者做上帝，這違背本來獨一的神，違背神的最要緊的誡命，違背主張獨一神的耶穌。耶穌不是宗教儀式上被抹膏油的受膏者，沒有上帝來到宗教儀式上給人抹膏油的事，耶穌身上的基督，那是人以神的名義所造的惹動忌邪之神的可憎之物，是與麥子生長在一起的稗子，是信徒們給耶穌穿上的污穢的衣服。違背獨一神的意願卻又被神所允許有了的基督，人二著讀經文讀出的耶穌基督，還有認為耶穌是三位一體的上帝之一，這只在神對人的精神孕育上「存在即合理」。當神要生產，就知道以基督耶穌為神根本不合理。對於基督徒，他需要洗除基督，才能回到圓在之圓裡認識耶穌和上帝。這要有相當的難度。耶穌已經通過講故事，提醒「有在前的，將要在後」（〈路〉13:30），這應是督促那些信上帝的時間在前的人，在覺悟上不要在後。

以聖經中沒有說過神是圓在之圓來否定神的圓在嗎？聖經中根本沒有過「三位一體」這個詞，為什麼總要以「三位一體」來確認神兒子耶穌是神呢？因為「三位一體」之說雖然在表面上也顯牽強，但能牽強地讓二著讀經而有的耶穌基督是神的說法能自圓其說；雖是經不起深究，深究就會見出矛盾漏洞，但為堅持對經文的誤讀，不深究而強維護，也能在維護中使其說自圓；只是不許質疑，因為質疑就會露出破綻，被看到非圓。是為了對經文的誤讀誤解能說得圓而說得通，所以「三位一體」之說雖然在經文中沒有，但卻被堅定的確認。為什麼上帝、神、神兒子、基督、耶穌、聖靈，有了這些卻不夠用，還得用「三位一體」來把這些說圓呢？這隱含著「圓」的神秘超常的神奇神聖，這說明「圓」具有不可違逆的規則體性。

經文中「神坐在地球大圈之上」（〈賽〉40:22），已說明神在形式上的圓在。神本身無限，黑格爾知道真無限「是永遠向自身的返還」，這在整體的形式上是圓；老子的道，「強為之名曰大。大曰逝，逝曰遠，遠曰反」的形式是圓；完整的「道」本身是返還的完成，「周行而不殆」的「道」是圓，「天之道，損有餘以奉不足」，所成就的是圓。「耶和華說：我豈不充滿天地嗎？」（〈耶〉23:24）中西文化都有天圓觀，沒有能立得住的認為天非圓的別的觀，根據中西文化中的天圓觀，確認充滿天地的神，就是圓在之圓。天一地二，天圓地方，天地一體，地在天內，正是二方在圓裡。神充滿天地，就說明二方在其內的圓在之圓是上帝。中西文化都支持上帝是圓在之圓。無論從哪種角度所認的神，都可以被不同角度所反，圓在的神不可被人所反，這在於沒有什麼角度能是圓的對方，圓本身角度俱全，更在於人不能不要圓，沒有呼吸的最低限滿足（最低現滿足也是最低限的得圓，即得最低限的圓），人就不能生存；誰都不能用半扇嘴來說話，所以說圓在的神不能被反。

05

聖經考古學發現了YHVHH的正確發音及其真意：至高無上、獨一無二的主宰。而希伯來語「上帝」（Elohim）這個詞是「神明」這個詞的眾數形式。耶和華YHVHH的正確發音及其真意：至高無上、獨一無二的上帝，既是眾數形式，又是獨一無二，這怎麼解釋？

〈創世記〉第一章中，神造人的時候，神說：「我們要照著我們的形象，按照我們的樣式造人」（〈創〉1:26）。神所稱的「我們」，是複數的最高級形式，是眾多構成的這「我們」。若說有許多個神，那麼耶和華就不是獨一的神。別提許多個神是假神，真神說的「我們」不包括假神。耶和華說：「天上地下，惟有我是神」，但這「我」又是『我們』」。二著讀經，怎麼來圓這明顯的矛盾？「神就按自己的形像造人」，神自己竟然又是「我們」；神造人既是按神自己的形像，又是按「我們」神的形像，這到是怎樣的神的形像呢？人二著認神，他的對方要有一群神，用三位一體來解釋嗎？不行！

且不說三位一體沒有經文證據，耶和華是無具像的獨一神，而三位一體中的聖靈像鴿子（〈可〉1:10），基督有肉身，這二位有具像，沒法是無具像獨一神所說的「我們」的形像。那麼「我們要按照我們的形像造人」的神，怎麼解釋得通呢？一個人們都懂的詞叫圓通，說得圓才說得通，說神說不通也不行，說神也要說得圓才成，這在於神本是圓在之圓的圓神，圓是理的標準。

「耶和華本為大」，大字是「人一」，人與對象世界一體是大，神充滿天地，人在神裡，人與神一體是大。神若不包含人，人不在神裡，缺著人的神就有缺，有缺就不大；那麼神缺著鬼呢？那也不大而有缺，非圓在的神就假。用屬二的頭腦，沒法理解鬼怎麼能是在神裡的，神鬼怎麼能是一體的。鬼是由二方在人這裡對立而有，當人不二了，二歸圓，鬼回到神裡，就不再是鬼了，正如本惡之惡的二方歸回圓在之圓，本惡就不存在了；正如歸真是假歸真，離圓的二方是本假之假，二方歸圓是歸本真之真。人所區分的二方本來就在本體之圓內，圓在的神是本真

是在人這裡二方離圓，那離圓的二方才為假、為惡，為鬼，為仇敵；人屬二，是人的被擄，耶和華使被擄的得回歸，說明神是本來的圓在之圓。是人類有了自我意識，意識到自我與對象世界的二方分別，卻不知那是在圓在之圓內假定的分開，於是已分的和後續區分的二方，對於人是離開圓在之圓的二方，對立二方就成為人的思維基礎，思維就被框定在二方框架的「方框」裡，就落在整體性認識的迷宮，就陷入天坑，不能認識圓在的神，就二著信假神，或二著不信有神；就在二的逼困中理解屬二的世界和自己，做屬罪、屬惡，有鬼性的小二之人，即經文中比為「墳墓」中「死人」的人。當知道了神是圓在的神，知道了人因其屬二而有罪性、惡性和鬼性，對此認真去想，基督教神學建築就整個塌方：「他們必驚惶悲痛，愁苦必將他們抓住；他們疼痛，好像產難的婦人一樣」（〈賽〉13:8）。

獨一的神不是純外在於人的對方，包含一切，沒有任何外在於祂者，至大無外而沒有什麼與之相對立的「獨立而不改」的圓在之圓，才是真正的獨一。由於人在神裡，神中有人，

這神才能是「我們」，神裡有倆個以上的人，神所說的「我們」，才是說得有意義的，被人所知道和理解的「我們」。所以「我們要按照我們的形像造人」的「我們」，是為眾的我們。我們人有肉體具像，而圓在之圓內的我們，不是與神並列著的多位一體；我們皆由惟一本體的圓在之圓所生，分有其圓化之靈性，由我在神裡，神在我中而有的神性，與神一體而是「我曾說你們是神」的神。圓在、圓化的神本身是無形之大象，是無具像的靈。

那麼「按我們的形像造人」，是也有我們人參與的事情？二方基礎上的今人都是前後二方的線性時間觀，因被二方的「方框」所限制，理解不了自我的思維意識參與了神造人這樣的事情。因為在最初的那一方，根本沒有人類，怎麼能有人參與神造人的事呢？若自我不再二著呢？時間的先後二方對於他是圓在之圓內假定的分開，圓內的自我在精神上擁有包含前後二方整個的時間，神造人的事情，由自我以意識參與圓在之圓的運化而對於自我生成。對於二著信神的人，神所造的具體人的樣子，是按照神的形像，那神的樣子，就是亞當的形體之像，這神就是人形的偶像；人二著面對神造亞當之事，那是外在於人的，處於對方之遠方的歷史事實，他不知道那就是在他與對象的關係中對於他所生成之事；對於二著不信神的人，那不過是個神話故事；對於一隻貓或一頭豬，就沒有什麼事；對於歸圓的人，就是神孕育人類精神的事，到了當今，就是胎性精神的人脫胎，生產出圓化精神的人這樣一件事。

《說文解字》對神的解釋是：「引出萬物者也」，上帝是產生一切的本原、本體。哲學問題的根本解決，是找到本體，即找到圓滿的始基；神學問題的根本解決，是認明神本身，即圓滿圓在的上帝。對本原、本體即上帝圓在的明確，就是哲學、神學之困境的根本解除。

與此書相應的，有本書作者所著的哲學性的《圓理》一書。

當你我都擁有了各自的，也是共同的圓基礎，也就是立之於上帝即磐石的基礎，就知道，原來從最初，我們的思維意識就參與在神裡。當年屬二的神民法利賽人，他們虔誠地信著因其人二著而不認識的神，怎麼也理解不了才三十多歲的耶穌說的「在沒有亞伯拉罕的時候就有了我」，他們不懂得今人的思維意識與最初的起源在一起，神造人的事，是今人參與在神裡所對於人生成出來的事。二著的人要以時間的前後二方來思想：神造人的那時還沒有人，人怎麼能參與神造人的事呢？沒有人的那時，就是做為今人的對象存在的那時，人與對象二方包含於圓在之圓，人與對象是一個整體。一百億年前的天文之事，是百億年後的科學家研究天文對象而對於人生成出來的事實。對於豬，沒有歷史；豬只看見眼前的石頭，人卻在對眼前古化石的認識中對於他有了千百萬年前的自然歷史。整個的自然史是由人參與神的運化而對於人所生成。二著的人會問，假如沒有人難道就沒有自然史？這是用假如取消有人的真實。耶穌與父「原為一」，其實每個人與神都原為一。是因人屬了二而對那整體的一不知，想不開自我參與了神造人的事，那是他的認識尚處在被二方所逼困的狀態裡。

全部人類歷史是由人的思維意識與對象運化所對於人生成出來的，你的祖先，你的兒時，都生成於你思維意識的參與。量子力學已經告之，沒有先在的客體，客體是人參與了對象所對於人生成的事實。圓在之圓包含人與對象二方，一切都生成於也存在於圓在之圓裡。神也是人的對象，神造人是人的思維意識參與了做為對象的神而對於人生成出來的事。神是圓在、圓化之圓，人就在神裡。耶穌說：「我曾說：『你們是神』，經上的話是不能廢掉

的」（〈約〉10:34）。人是神本身所產生的屬神的人，單就人來說，人不是神，這是以神人為二方來說，而二方是圓在之圓內假定的區分，神人一體的圓在之圓，是本真之真，在此意義上說：擁有圓在之圓的我們是神，那不是人與神二方對立的假神，那是人神一體的真神。

神按照自己的形像，按照我們的形像造人，是按照圓化精神的形像，人類一直是胎性精神的人，人成為圓化精神的自己，神才在他那裡成就了創造出完整性人的事，這就是聖經用比喻所說出的謎語。

06

〈何西阿書〉5:15節，神說：「我要回到原處，等他們自覺有罪（或做「承認己罪」），尋求我面」。神對人說話，就與人分之為二，就是對對方在說，這時神與人是假定分開的。神與人二分的神，已不是神的本真，所以神說：「我要回到原處」，所說的原處，就是本來的，人在其內，神人一體的圓在之圓。「等他們自覺有罪」，等到人們知道與神為二是罪而不想再做二著的罪人，就要尋求真神的面，即尋求圓在之圓。不是不要二方，而是二方包含於圓。假定的二方是需要的，沒有上下左右前後的假定，人沒法做具體性的事情，沒有人與神分之為二的假定，人也想不到去認識神。但假定不是要人屬於假，人屬二就是本性上的假人。二方對於人在整體之圓裡，人屬圓，神人一體的人才是人的本真之真。

「祭司都不說：『耶和華在哪裡呢？』」表「哪裡」的一個漢字是與圓同音的「爰」，耶和華的院宇的「院」與圓諧音，潛意識的活動特點是同音、諧音表義，潛意識潛在的通神。漢字中惟有一個字與神同音，就是「什」。什字是立人和「十」，十為全，圓全圓才全，全者無缺，無缺者是包含一切為一的圓，人離圓則屬二，二為惡，「因你不是喜歡惡事的神，惡人不能與你同居」（〈詩〉5:4）。人立於圓在之圓而屬善，就是與神同居一體的神人。圓在之圓內的人，以其圓化性的活動參與在神中。

若只有一人與神同在，那不是神所說的「我們」，因無人知道，無人懂得這我們，所以「按照我們的形像造人」的「我們」是眾多的「我們」，即立於圓在之圓中與神同在的群人。有了神與圓化者的群人，神說的「我們」才是被懂得而有意義的「我們」。神按照「我們」的形象造人，是我們參與了神生成圓化精神的我們，就是參與了神的「奇異的事」，「非常的工」，這是〈以賽亞書〉二十八章裡神宣稱要成就的事功。

神的形像是圓在、圓化的形像，「神是靈」，是圓在、圓化的靈。人立之於圓，則與神同在而同工；人成為擁有圓基礎的人，才認識圓化的靈而能擁有圓化的靈。由圓在之神生產出圓化精神的你我，這是現在，是最終，始與終一體是圓在的神；由你我與神構成「我們」而對於我們生成胎性精神的人類，亞當是神人一體的我們所產生的胎性精神的人，與神同在的我們，就這樣以圓化的思維意識參與了神的造人。耶穌說，還沒有他的祖先亞伯拉罕就有了他，在於他是圓在圓化者的神人。

以往除了耶穌，我們都是胎性精神的人。胎性精神脫胎出來，就是「按照我們的形像」即圓化精神的形像造的人。認識神，是人的精神脫胎而重生，這是神對圓化精神的生產，也是自我生成圓化者的人。自我擺脫二方基礎，確立圓基礎的過程，就是與神同工的生產屬神

的人，即誕生出屬神的自我，催生出屬神的他人。固守在「方框」裡信神，做維護二方基礎的事情，在神的產期則為逆神。

「他來要審判遍地，他要按公義審判世界，按公正審判萬民」（〈詩〉98:9）。地為二方，這與審判遍地正相對應。神的審判是圓在之圓對離圓二方的審判，是對屬二之人的非圓化的審判。圓化才公義、公正，圓化讓人人的身體和精神需要得到滿足即得圓，讓人在整體需要上實現圓，這正是公義、公正的體現。與公正、公義相反的事情，無不產生和存續於非圓化的社會與人生。

「耶和華的靈必住在他身上……行審判不憑眼見，斷是非也不憑耳聞；卻要以公義審判窮乏人」（〈賽〉11:3—4）。為什麼行審判不憑眼見，斷是非也不憑耳聞呢？因為審判就是對二方的審判，是非就以圓、圓化來斷，這不需要具體的耳聞眼見。被審判的窮乏之人，就是非圓在而有虧，缺著圓化精神的人們。「這些牧人不能明白，各人偏行己路，各從各方求自己的利益」（〈賽〉56:11）。對圓在的神不明白，不明白圓化，信神的人們就在二方基礎上各方人各自偏行己路。

「至於神，他的道是完全的」（〈撒下〉22:31），「他引導完全的人行他的路」（〈詩〉18:30），「使我行為完全的，他是上帝」（〈詩〉18），「他的做為完全」，「上帝恩待我，使我完全「（〈創〉33:10）」，「行事完全的，為他所喜悅」（〈箴〉11:20）。「我要求告至高的上帝，就是為我成全諸事的上帝」（〈詩〉57），讓人完全者，使人諸事成全者，不就是讓人在身體和精神的整體需要上得圓的圓在、圓化之神嗎？屬二的人信不信神都會認為人不能完全，因其心智非圓而殘缺不健全。「健也……為圓」是中國古人就有的思想。造化已給了人身體的完全，人的精神心靈歸圓，就以其圓化而完全，人有圓化精神，就是在精神上「像你們的天父完全一樣」（〈太〉5:48》）的人。

有限與無限，短暫與永恆，生與死等二元分裂是人類的深淵，人們對此沒有辦法才需要神，人有此處境，不能圓卻想圓，正在於使之然者是圓在、圓化的神，因為神要孕育出人的圓化精神。對於人類處於二元分裂之深淵的困境，《詹姆斯王版聖經，箴言》中，上帝給出的啟示是：「he set a compass upon the face of the depth在淵面劃出圓（8:27），這不就是圓形的圓，而是與方向目的和道路相關的羅盤之圓。因為生與死，有限與無限，短暫與永恆的二方分裂對立，讓人類處於不解的矛盾，所以才需要解救的神。上帝「在淵面劃出圓」，啟示了解決二元分裂之道是圓道，上帝是圓神，人類歸圓就擺脫二元分裂的深淵。〈路加福音〉2.9 the glory of the Lord shone round about them「神的榮光圓照」。《使徒行傳》22.6 there shone from heaven a great light round about me「大光圓照我」。神光不是照在具體地方的物理性的光，圓照之圓並非就是具體的四周，神光是照人精神心靈的大光，「神的榮光圓照」「大光圓照我」，說明神乃圓在者，圓在的神才能是其光圓照的。

〈以賽亞書〉中，神說：「我的意念非同你們的意念，我的道路非同你們的道路。天怎樣高過地，照樣，我的道路高過你們的道路，我的意念高過你們的意念。」（55:8,9）天怎樣高過地呢？天圓地方，天一地二，天高過地，是圓在之圓包含二方。神的意念，是圓化的

意念；神的道路，是圓化的道路。行神的道，「不可偏離左右，使你無論往哪裡去，都可以順利」（《書》1:7）。不偏離左，也不偏離右的道路，就是包含左右二方的圓道、圓化之路，即真正的正路。

基督約書亞只是在具體事情上行具體圓道而把事做圓了，就在具體的事情上成功了。二著的牧師們在大談約書亞之劍是神的道時，沒有留心神的使者讓他脫去污穢的衣服即基督。〈約〉十七章三節，耶穌所說的「認識你獨一真神，並且認識你所差來的耶穌基督」這句話，以兩個有區別的認識對象，把獨一真神與耶穌基督區別開來。認識耶穌基督，包含認識到上帝不是基督，包含認識得到神之靈的耶穌不是上帝。「除了耶和華，誰是神呢？除了我們的神，誰是磐石呢？」（〈詩〉18:11）基督不可比耶和華，由頭抹膏油而有的基督有具體人形的形像，神不許把神比做任何形像。《申命記》中的話說給當今人：「你們如今要知道：我，惟有我是神，在我以外並無別神」（32:39）。耶穌的話還具有比喻的性質，所說要認識的基督，是對於得到神的靈的比喻。基督教神學認為上帝也是耶穌，認為神也是基督，完全屬於對經文的誤讀。違背神的誡命就成為仇敵，神說「我的刀要吃肉，乃是仇敵中首領之頭的肉。你們外邦人，當與主的百姓一同歡呼」（32:42），因為神「潔淨他的地，救贖他的百姓」（32:43），包含對外邦人的救贖。外邦人是不認基督的人，他們當為基督的被除滅而高興歡呼。所救贖的百姓即神民被擄於二方，被搶劫於基督，所以需要神的救贖，這是為神的孕育與生產，為離圓者們歸圓而用比喻說出的預言、謎語。

07

「道就是神」，神是圓道、圓化之大道，以往惟耶穌知道。但在神的孕育期，耶穌也是按照神意，既把圓道、圓化之道給出，又掩蓋和隱藏之。〈約翰福音〉17:25—26節：「公義的父啊，世人未曾認識你，我卻認識你。這些人也知道你差我來。我已將你的名指示他們，還要指示他們。」曾以比喻指示神的名，由於信徒屬二而聽不明白，那也是耶穌有意隱藏掩蓋。「這些事，我是用比喻對你們說的；時候將到，我不再用比喻對你們說，乃要將父明明的告訴你們」（〈約〉16:25）。和神相關的事，都是用比喻說出的，到了時候，即神的產期，才不再用比喻說，才會明明的告訴你們。這時已是再來的耶穌來到我們之中。

現在可以清楚，「我要開口用比喻說出創世以來所隱藏的事」，「我要開口用比喻說出古代的謎語」，那隱藏的事，那用比喻所說的謎語，是圓神孕育和生產人的圓化精神之事。全部問題在於，無神論者與有神論者們，都不要再處於他們的屬二狀態裡，在自覺得明白中自負，而是要改變二著的自己！人二著所知的神，是假神；人二著認為沒有的神，不是真神；二著的無神論者所不信的是假神，二著的有神論者所信的不是真神。不該是還要人二著爭論有神無神，那有神論者與無神論者，都假定神是已知的了，其實都是對真神本身無知的。應該是自我歸圓而不再二，做為立之於圓基礎的人，認識真神而真認識神。

「凡牛群羊群中，一切從杖下經過的，每第十只羊要歸給耶和華為聖，不可問是好是壞，也不可更換」（〈利未記〉27:30）。為什麼第十的歸神為聖呢？十為全，全即圓，第十的歸神為聖是個象徵。神是圓在的神，人歸圓即歸神為聖。神字有「申」，申字所含有的

信息：立起突破方框的一，不在方框侷限內的大一，確立包含一切為一的整體圓基礎；不在方框裡求圓，從方框裡出頭才能見神。「申」字的方框消除，就是「十」。耶穌上十字架的十，在漢字中才是表完滿的十，漢字的十，有一橫一豎的二，十是包含二的圓全整體；耶穌說：「肉體是無益的」，十字架上的耶穌應從靈性生命上理解才是，那是對人類歸圓的昭示；交叉之木上的基督被誤讀經文者們認做贖罪的祭祀，基督帶傷的屍體掛在木頭上，那是偶像，「打碎這像的石頭變成一坐大山，充滿天下」（〈但〉2:35）。打碎基督這像的石頭所比喻的是充滿天下的圓在之圓。

神在《聖經》和《易經》中設置了隱藏著的啟示信息，那信息與理性分析完全一致，且又被與之相對應的漢字信息所證實，這真是「非常的工」，「奇異的事」。為神性之維的正確建立，再來集中的看一下活神對人類根本問題的關心與幫助：

《周易》中「豐者，大也」。「罪」字下的非字是「丰」字分之為二，大者即人神一體的圓在之圓，因人對之無知而分之為二即：「非」；「明以動，故豐」。豐者滿，圓滿，滿者圓。「圓曰明」，圓明明在圓；圓在之圓由人給分做二方，二方在人這裡離圓，人與神被隔離於二方之「方框」，則有「罒非」之「罪」，（處口）之「咎」；挽回祭「回」字的二重方框即思維基礎與思想觀念之方框解除，則免「罪」無「咎」。這些信息不能是編排於人的理智，不可以用偶然來解釋，這是神在先前為後來所設置的啟示。

離圓的二方是離天的地，天父地母，地離天是母離父，「我們的母親好像寡婦。」（〈哀〉5:3）「在母親懷胎的時候，我就有了罪」。人的原罪，正是神的孕育所需；當人們知道應從二方框裡脫胎，就解開謎語。〈舊彌迦書〉中神說：「就是身心未受割禮的，都不可入我的聖地」（6:9）割禮象徵比喻改變人的屬二，也就是精神歸圓。「你的地必稱為有夫之婦，因為耶和華喜悅你，你的地也必歸他」（〈賽〉62:4）。二方之地歸天，即歸圓在之圓。神與人也比做夫妻，「那日你必稱呼我伊施，（就是「我夫」的意思），不再稱呼我巴力（就是「我主」的意思）（〈何〉2:16）。神不是人二著所以為的主僕二方的主。神說：「我必聘你永遠歸我為妻」（〈何〉2:19），「以色列家，你們向我行詭詐，真像妻子行詭詐離開自己的丈夫」（〈耶〉3:20）。讀懂耶穌用比喻所說的婦妻要成為一體，就以擁有圓基礎而與神一體。人也是神的兒女，「你們這背道的兒女，回來吧！我要醫治你們背道的病。看那，我們來到你這裡」（〈耶〉3:22），回來的我們，來到圓在之圓裡。神與「回來」的人們同在，人從二方基礎回來歸神為聖，「耶和華我的神必降臨，與一切聖者同來」（〈亞〉14:5）。

神知道：「轄制他們的人呼叫，我的名整天被褻瀆。所以我的百姓必知道我的名（圓化的靈）。那日他們必知道說這話的就是我。看那，是我。」（3:5—6））神的百姓都是認耶和華神的人，神說說他們「必知道我的名」，是還沒有知道，神的名正在「轄制他們的人呼叫」中「整天被褻瀆」，因為他們整天處於二方之方框，整天在非圓化思想意識的控制中。「我要醫治你們背道的病」。什麼是病？任何的病都是失圓的反應，治人背道的病，就是使人歸圓而擁有圓。「他擔當我們的病」

「諸天哪，自上而滴，蒼穹降下公義，地面裂開，產生救恩，使公義一同發生，這都是

我耶和華所造的」（45:8）。天乃圓，自天而滴，蒼穹降下的公義，公義來自圓化的神，圓化讓人人真得圓而公平公正。轄制人呼叫基督的要聽好，如今用基督向神獻祭，神已不要：「我厭惡你們的節期，也不喜悅你們的嚴肅會。你們雖向我獻燔祭和素祭，我卻不悅納……要使你們歌唱的聲音遠離我，因為我不聽你們彈琴的響聲。惟願公平如大水滾滾，使公義如江河滔滔」（〈摩〉5:22—24）。神所要的不是讚美歌唱及各種虛浮之事，神所要的是廣施公平與公義。

「公義和公平是你寶座的根基」（〈詩〉89:14）。圓化使人人真得圓，得真圓，才是公平和公義。「心懷二意的人為我所恨……做惡的人哪，你們離開我吧！我好遵守神的命令」（〈詩〉113—115）。心懷二意與做惡的人聯繫在一起，遵守神的命令，就認獨一神，獨一主，就與「心懷二意」的認二神二主的做惡的人遠離。「耶和華我們的神啊，現在求你救我們脫離亞述王的手，使天下萬國都知道惟獨你耶和華是神」（《王下》19:19）；「以色列家啊，我的道豈不公平嗎？」（29）沒有神充當丈夫使之受孕的事，也沒有處女所生的神兒子基督，不要再拜聖母和聖子的基督，「讓那些觀天象的、看星宿的、說預言的救你脫離所要臨到你的事。他們要像碎秸被火焚燒，不能救自己脫離火焰之力」（47:14）。經文中遠見卓識的神否定了那些以觀天象、看星宿、說預言來造基督的博士。「榮耀的王是誰呢？就是有力有能的耶和華」（〈詩〉24:8）；「惟耶和華坐著為王，直到永遠，他已經為審判設擺他的寶座。他要按公義審判世界」（〈詩〉9:7,8）。就是按圓化之公義審判二方基礎上非圓化的世界。

「願你打斷惡人的臂膀，至於壞人，願你追究他的惡，直到竟盡。耶和華永永遠遠為王，外邦人從他的地已經滅絕了」（〈詩〉10:15—16），就是都歸圓而不再屬地了。耶和華說：這全地的人，有三分之一的人「必求告我名，我必應允他們……他們也要說：耶和華是我們的神」（〈亞〉13:9），不是說受膏君王基督也是神，而是說：我們的神是圓在、圓化的靈。這全地三分之一的人，應是二十多億的基督徒們。「耶和華說：『你們要等候我，直到我興起擄掠的日子』」，即把人從離圓的二方拉回，使二方歸圓之時；「我的忿怒如火，必燒滅全地」（《番》3:8），即摧毀二方基礎。沾死屍是污穢，以基督死屍獻祭當結束。「耶和華說：『這民這國，在我面前也是如此：他們手下的各樣工做都是如此。他們在壇上所獻的也是如此』」（〈哈〉2:14）。基督的挽回祭，贖罪祭就是如此，此乃污穢的犯罪之事。「他必使祭祀與供獻止息。那行毀壞可憎的（或做使地荒涼的）如飛而來」（〈但〉9:27），就是這「飛行書卷」的書。

「到那日，惟獨耶和華被尊崇，偶像必全然廢棄」〈賽〉2:17）。那時不再拜基督，不在有二神二主。「救主以色列的神啊，你實在是自隱的神，凡製造偶像的都必報愧蒙羞，都要一同歸於慚愧」（〈賽〉45:15—16）。那些日子以後，我與以色列家所立的約乃是這樣：我要做他們的神，他們要做我的子民，（他們都認識耶和華）我要赦免他們的罪孽」（〈耶〉31:31—34），「使他們知道，惟你名為耶和華的，是全地以上的至高者」（〈詩篇〉83:18），就是包含二方於其內的圓在，圓化者。

〈詩篇〉中：「神啊，求你使我們回轉，使你的臉發光，我們便要得救」（80:19）。所

說的神的臉，是天地一體的，二方在其內的圓在之圓，神使我們回轉，就是解除「回」字所表達的思維基礎的和思想觀念的二重方框，「使他們知道，惟你名為耶和華的，是全地以上的至高者」（83:18），這全地以上的至高者，就是包含二方之地的天，即圓在之圓。當讀經文不再二著去讀，不再帶著固有的觀念去讀，就能讀出真神的意思，那就是「惡人當離棄自己的道路，（離圓的二方是本惡之惡，所說的惡人乃屬二方者）不義的人當除掉自己的意念」（屬二的非圓化意念）；「成就我所喜悅的，在我發他去成就的事上（「發他去成就」或做「命定」）必然亨通」，「你們必歡歡喜喜而出來，平平安安蒙引導」（55:7—12），就是走出「囚」人的方框「囹圄」，走上神的圓化大道。

08

〈創世記〉第十一章，神不讓人類造成通天塔，而要使眾人分散在全地上。這隱喻人被二方之方框所「囚」是出自神意。地為二方，使眾人分散在全地上，是讓人類繼續處於二方基礎，也就是神對人類精神的繼續孕育。孕育是為了生產，通天塔的故事是為生產出人類新精神所準備的啟示。

通天塔的故事：口音一樣而能在具體做事上一致的人們，要共做一件事。「來吧，我們要建造一座城和一座塔，塔頂通天，為要傳揚我們的名，免得被分散在全地上」（4）。能通天，人類就不再是分散在全地各為一方的格局，不再是挨在一塊也相互分心的土豆。天乃圓，通天即達圓，人類歸圓而精神圓聚，就不再分散於全地上相互二方對立。

人類通天達圓會怎麼樣呢？耶和華說：「看那，他們成為一樣的人民，都是一樣的言語，如今既做起這事來，以後他們所要做的事就沒有不成就的了」（6）。人類若不是分散在全地上，不是在二方基礎上，而是在圓基礎上，人與人不再純然對立相異，而是成為一樣的民即成為一體，說一樣的言語，即思想一致，那麼人類想做什麼事就都能成就，人人都能順心如意。圓基礎上是共認圓道，共認圓化真理的一致，不是二著的人所知的哪方統一了各方眾家思想的一致（那也是不可能的，二方基礎上就是方方對立）。

但神在那裡變亂了他們的口音，使他們的言語彼此不通。「於是耶和華使他們從那裡分散在全地上。他們就停工不造那城了。因為耶和華在那裡變亂了天下的語言，使眾人分散在全地上」（8）。所以那城就叫「巴別」，就是變亂的意思。本來人們是要建一座城和一座塔，塔頂通天，那所要建的城，言語都一樣而言語相通，即人們同是一個思想而思想一致。二方基礎上的整體性認識必屬於不同角度，要思想一致，只能是用某種角度的思想去把其它角度思想統一，統一的「統」字就有亂角絲來揭示，二著的人類需要思想一致，但又不能思想一致。思想在不同角度上互不相通而不相融，思想統一就是思想專制。圓合圓通，人類需要圓基礎而使思想相合相通，而神的孕育期需要人的思維意識處方框之「咎」，即處在二方框之「罪」的子「宮」裡，所以經文中所象徵比喻的達於思想同一被神所阻止。

由於上帝變亂他們的口音，使他們的言語彼此不通，實際並沒有建成通天的城，建出來的是被神所變亂的巴別城，通天塔沒能建成而沒能通天達圓，人類分散在全地，都還處於二方基礎。

其實，變亂了眾人的口音是比喻二方基礎上人類思想的混亂，人們並不會因口音不同而語言不通。口音不同是方言有別，不同方言可以語言和思想相通。故事中的「那時，天下人的口音言語都是一樣」和「變亂天下人言語」都是假設的，人類各民族大多都有自己的語言，不同地域人的口音言語不一樣；人類從來都分散在地上，一直在二方基礎上，變亂天下人語言，比喻屬二的人類有著各方人不同的思想。巴別塔的故事隱含對於人類的啟示：在二方基礎上，以對立二方為起點的思想會是對立的相互不通的思想，人類的思想在整體上矛盾混亂，其思想所指向的目的不能是圓。本性求圓的人類，不能行圓化之道而在人的整體性需要上全面得圓，在於人沒有屬圓而歸神，也就是，沒有歸神而屬圓。思想達圓即通天，思想通天乃達圓。

整體性認識不以圓在之圓為基礎，其認識就只能屬於某種某個角度，不同角度有不同的見識，不同的見識會有不同思想的建立。每一角度性思想都以自方的角度為正確，都能看到對方角度思想有偏缺的問題，所以它們之間總要有爭鬥。圓在之圓本身是所有角度的俱全，思想出發於圓，就不缺少所有角度的價值性，其思想就絕對的不偏。眾人的思想都不是出發於對立的二方，而是出發於整體為一的圓，就都指向於在整體上全面滿足人身體和精神需要的圓滿之圓，就都從神出發走向神，就都是屬神的圓化思想，其思想就在根本上一樣。

通天塔不能建在二方基礎上，要建立在包含二方的圓基礎上。人類共有圓基礎，都以圓在的真神為思想的開端，都有從神出發指向神的思想，言語都以圓化性相通，思想都以圓化性一樣，就都能圓化實現圓。

二方離圓，二方對立，人神對立，人我對立，心與物對立，主體與客體對立，生死對立，此岸彼岸對立，則人在二元分裂的深淵上懸浮。原罪是離圓的罪。〈創世記〉中：「我今日想起我的罪來」（41:9），那是前面所陳述過的具體之罪，可使人聯想原罪的罪，整個舊約都是以講具體的實際之事，來說抽象的精神領域的事；以象徵、比喻來說出隱藏著的事，用比喻說預言、謎語。由「我今日想起我的罪來」提到夢，罪人的夢想應是免罪；罪人不能帶罪進天國，罪人的夢想應是解罪進天國。「他就把我們的夢圓解，是按照個人的夢圓解的。後來正如他給我們圓解的成就了」（41:12）。「解夢不是出於神嗎？」（40:8）神關心的是人類根本性的大事，經文中解夢所解的是文字表面所說的，與「我今日想起我的罪來」相關的夢之圓解，是以象徵比喻來告之：人類罪性的思想精神需要以圓來化解。對夢的圓解果真就會按照所圓解成就的。那是說，人歸圓，原罪就化解了；人要獲得天國，就要實行圓化。圓化就是憑圓在的神，從圓在的神出發為求整體性的圓滿之圓而運化；圓化也是完整化、完全化，圓美化，首先是化二歸一即歸圓而歸神，自化而化他者。

多瑪福音中，門徒問耶穌：請告訴我們終結將會如何？耶穌說：「你們已悉知始端，終結就是始端所在」（18）。始端與終端為一的形式是圓，圓在之圓是包含二方一體的一，是一切為一的整體。耶穌說：「當你們能將二歸一、……你必能進入天國」（22）。二歸一是二方在圓裡，真跟從耶穌，當自我歸圓而做化人歸圓的事。神是圓在、圓化的神，人歸圓而圓化，化人歸圓，化事成圓，化得內外在之圓境；個圓其圓，圓人之圓，圓圓與共，有此屬圓之心，有此圓化精神，就與神以圓同在，以圓化同行。

09

〈以賽亞書〉預言：「那時，外人必起來牧放你的羊群，外邦人必做你們耕種田地的、修理葡萄園的」（61:5）。對於基督教神學來說，外人是不信基督的人。外人牧放你的羊群，做你們耕種田地的，修理葡萄園的，這預言了未來人們所信的神已不再是二著的信徒之所信，那所信的是圓在、圓化之神，惟有能讓人真得圓，得真圓的圓化之靈，才能是本性求圓的人類的同信共信。「你們必吃用列國的財物」（51:6），這對全球化的預言是表面上的意思，吃用列國財物喻思想精神，是深層的意思。圓化是具全古今所有價值性，包容各種文化優秀內容，函納東西方思想精華的簡化之至，圓化體現各家的精神財富。非圓化的各家思想各有其不同角度，相對立的角度互相排斥，屬二信徒的各宗各派，都說是信神，信上帝，但那是在他們非圓而殘缺性意識中是同一稱呼卻有所不同的東西，所以信同一稱呼的神、上帝，也能有二方爭鬥的殺戮，有悲劇、殘劇。圓在之圓才是全角度圓和的整體。圓在的上帝，圓化之靈的神，才能為本性求圓人類所共信同信。在圓基礎上才能吃到列國的財物，這在於有大能容，至大無外的圓俱全人類所有的思想精神財富。

「錫安的民（「民」原文做「女子」）哪，你要疼痛劬勞，彷彿產難的婦人，因為你必從城裡出來，住在田野，到巴比倫去，在那裡要蒙解救，在那裡耶和華必救贖你脫離敵人的手」（〈彌〉4:10）。所說的敵人就是敵圓在之神的二方基礎。「耶和華向這城呼叫，智慧人必敬畏他的名」（〈彌〉6:9）。經文中耶和華神一再強調獨一的神，獨一的主，「我是耶和華你們的神……除了我以外，你不可有別的神」（《出》20:2—3），「在我以外，你不可認識別神；除我以外並沒有救主」（〈結〉13:4），「因為我是神，再沒有能比我的」（〈賽〉46:9）。敬畏耶和華的名，就是信獨一圓在、圓化的神。

耶和華的獨一神，獨一主的誡命不是無的放矢，除了耶和華，還有被信徒所認做的救主，就是基督。基督不是耶和華。基督是什麼？基督是在宗教儀式上以神的名義抹膏油在頭上而立的君王，基督有人形的形像，而耶和華絕對不許把祂比做任何的具體有形之像，無論什麼具像都不能比做神。「你們不可做什麼神像與我相配」（《出》20:23），「你們究竟將誰比神，用什麼形像與神比較呢？」（〈賽〉40:18）這是說，將誰比神都不行，比做所說的神的兒子也不行，耶穌明確的說：「父是比我大的」（，約）14:28），沒有可以與神相比較者，信徒以之為救世主的基督，是與耶穌在一起的稗子，是獨一主，獨一神之敵，是神的刀要吃其肉的敵者之首領。惟耶和華，是主，是神。「你不可雕刻偶像，也不可做什麼形像……因我耶和華是忌邪的神」（《出》20:4—5）。以任何有具體之形，有其具體之像者為神而拜之，在神看來都是邪惡，都犯神的忌。「我耶和華是你的救主，是你的救贖主」（〈賽〉60:16）。既然耶和華不是基督，耶和華不可以由基督代替，拜救主基督，那就認了二神、二主，以基督為救主，違犯神的誡命，這不可辯護。「你們如今要知道：我，惟有我是神，在我以外並無別神」（〈申〉32:39），「惟有我是耶和華，除我以外沒有救主」（〈賽〉43:11）。只要明確耶和華不是基督，就該知道，只要認基督這別者是神是救主，就違反神的特別要緊的重大誡命，就敵耶和華，敵耶穌。

誤讀經文的信徒只要還堅持其所信，就一定要為違犯神的誡命而辯解，用耶穌是神兒子

辯解，用神兒子是神，耶穌是基督來辯解，而基督是「受膏者」，叫做彌賽亞而不叫耶和華，「我是耶和華，這是我的名。我必不將我的榮耀歸給假神，也不將我的稱讚歸給雕刻的偶像」（〈賽〉42:8）。所認的神，所認的救主，只要不是耶和華，就是偶像，就是假神。基督就是偶像，基督就是假神。而確定基督是假神，確定認基督為救主違犯神的誡命，這對基督徒們是要命的事情。可還能以什麼來辯解呢？那就要說基督耶穌是不同於以往的基督，以往的基督掃羅不是神，耶戶不是神，大衛不是神，索羅門不是神，但基督耶穌因耶穌是神的兒子，所以這基督就是神；基督本是人所立的王，本有人所認救主的意思，立基督就立了二主、二王，就與獨一主的耶和華對抗。「惟耶和華是真神，是活神，是永遠的王」（〈耶〉10:10），這經文把所有狡辯的路全都封上。

說耶穌是基督，這成問題；說耶穌是童女所生，這成問題（是西臘文的七十士譯本把「年輕女子」翻譯成童女的錯誤延續）；說耶穌是神的兒子就是神，這成問題，信基督為救主，這本身就是問題。誤讀必須靠外加的辯解來維持，而那辯解只要追究就都成問題，一堆問題的辯解就是更多的問題。誤讀聖經而不認識神的人，需要對自己屬二的問題反省。

「創造諸天的耶和華，製造成全大地的神……我是耶和華，再沒有別神」（〈賽〉45:18）。耶穌與創世的神同在，我們只要不讓頭腦二著，就知道我們都與創世的神同在，創世的那時候是我們意識到的對象性存在，人與對象是一個整體，整體本身包含二方，當然包含時間前與後二方而圓在。有信徒為說明耶穌是神，說到耶穌發出驚天動地的宣告：「我實實在在地告訴你們，還沒有亞伯拉罕，就有了我！」這句話若看英文版的時態，就更清楚了：「I tell you the truth,」Jesus answered,「before Abraham was born,I am!」（約八56—59）耶穌說到亞伯拉罕出生時用的是過去式「was」而他說他在亞伯拉罕出生前就有了他時，卻用的是現在式「am。」神能是現在與過去同在，這在於神本身是包含過去和現在二方的圓在，當自我不再二，就知道任何的過去之時，都與現在的自我一體圓在。所有過去的事，都是在包含人與對象二方的圓在之圓內對於人生成出來。想想千萬年前的自然史，就在千萬年後的人對自然現象的研究中對於人生成出來，現在的自我以其對象意識與千萬年前的自然對象是一體的存在，對於耶穌說的還沒有亞伯拉罕就有了我，也就很好明白，耶穌那話是說他與初始之時一體圓在。動物沒有對象意識，人因有自我意識而有對象意識。屬二的人不知人與對象是一個圓在的整體，被二方之「方框」所囚，只能二著理解生前和死後，未來與過去。「方框」是人的根本性誤區，這由方框（口）蓋著天的「誤」字說出。

耶和華自有永有，神本身沒有來源，自身沒有來源而是一切的來源。神是耶穌的來源，神的兒子就是對來自於神的比喻。耶穌有來源，他是從神而來的，所以稱神為父，耶穌不是自有，耶穌不就是耶和華，耶穌不是神本身，不能是救主之主。肉身的耶穌是人所生，所以耶穌總是自稱「人子」，《民數記》中說：「神非人……也非人子」（23:19），耶穌突出的強調他是人子，正是要以「人子」來否定信徒們認為他是神的誤讀。耶穌特別看重摩西的書，那書中預言興起的，是像摩西一樣的先知。在世時的耶穌，是肉體生命和靈性生命的整體，耶穌在十字架上最後喊出：「我的神，我的神，為什麼離棄我？」，是為靈性生命離開肉體生命而喊的。靈性生命在神裡而是屬神的，世人屬神的靈性在沉睡的狀態裡，這稱為被神所離棄，其肉體是走肉行屍，經文中叫做死人；耶穌再來，是帶著神的靈來到人裡。有耶穌的復臨，人就成為肉體與靈性圓在的完整性的人即神人。耶穌承諾再來要接真信他的人們到神那裡去，就是接人到圓化的神境裡。

因為對經文的誤讀，對神本身是什麼不能認識，就要拜偶像，立基督，以交叉之木上的偶像為神為主。「那些抬著雕刻木偶，禱告不能救人之神的，毫無知識。你們要述說陳明你們的理由，讓他們彼此商議。除了我以外，再沒有神。我是公義的神，又是救主，除了我以外，再沒有別神」（〈賽〉45:20—21）。「在我以前沒有真神，（「真」原文做「造做的」）以後也沒有。惟有我是耶和華，除我以外沒有救主」（〈賽〉43:10—11）。「惟有我是耶和華」，這是說：只要不是我耶和華，以何者為神為主都違被神而屬犯邪。忌邪者本身絕對不偏，乃是圓在之圓。這不是具體有形而有限的圓，而是大象無形，整體完全之大象。「我要賜他們認識我的心，知道我是耶和華」（〈耶〉24:7）。

10

「我耶和華是你的救主，是你的救贖主」（〈賽〉60:16）。神獨一，救主獨一，耶和華是救贖主，救世主基督當取締。「以色列啊，你要聽！耶和華我們神是獨一的主」（〈申〉6:4—5）。經文中的以色列是指神民，在當今是指全世界信耶和華神的人。「耶和華我們神是獨一的主」，當今信上帝的的人，你要聽！既然知道耶和華不是基督，不能說基督是耶和華，那就不能再認基督是救主，就不能再把基督耶穌當神。耶和華說：「我是首先的，我是末後的，除我之外再沒有真神」（〈賽〉44:6）。

既是首先又是末後者，是先與後二方一體的整體存在，是包含先後二方的圓在之圓。稱之為「我」的耶和華，並不是做為人的對方的一個有形之象，而是人在其內的包含有限與無限二方，包含生與死、此岸與彼岸，主體與客體，心與物等二方的圓在之圓，是圓化之靈的存在。一切從其而來又復歸於它的大象無形之本體，沒有什麼有形的形像可比擬，沒有什麼存在者能與之相並立，包含一切而真正獨一，怎麼能是抹了膏油而成為的基督呢？基督與基督確實有不同，就如中國歷代有不同的皇帝，但再怎麼不同的皇帝也都是皇帝，不同的基督同是基督。是基督就絕不是耶和華，以基督為救主，就否認了獨一神，獨一主，就違背上帝。這不可辯護。

立基督而立王，是得罪耶和華神的。「你們求立王的事，是在耶和華面前犯大罪了」（〈撒上〉12:18），神是要追討其罪的。「我今天吩咐你的，你要謹守……不可與你所去那地的居民立約，恐怕成為他們中間的網羅；卻要拆毀他們的祭壇，打碎他們的柱像，砍下他們的木偶」（《出》34:12—13）。以君王基督為救主，是違犯獨一主之誡命的做惡，這做惡要有下場，就是「你們和你們的王必一同滅亡」（〈撒上〉12:25）。

「耶和華啊，你的話安定在天，直到永遠」（〈詩篇〉119:89）。何為天，天乃圓在之圓。神說：「我若磨我閃亮的刀，手掌審判之權，就必報復我的敵人，報應恨我的人」（〈申〉32:41）。恨圓在之神的人，是屬二的人；屬二的人，是神所恨的人。「心懷二意的人，為我所恨」（〈詩〉119:113）。神的審判，是審判離圓的二方，是對屬二之人的審判。「你的下體必被露出……我要報仇……我們救贖主的名是萬軍之耶和華以色列的聖者」

（〈賽〉47:3—4）。露出下體與報仇都是比喻，下體是二，心懷二意為仇敵，使二歸圓在之圓是用報仇所做的比喻，這比喻所說的是個謎語：從二方在人這裡離圓，到二方在人這裡歸圓的謎語。以比喻說出二方在人這裡離圓而人與神相隔離這隱藏的事，還有隱藏得更深的神孕育圓化精神的事。讓人從二方基礎轉變到包含二方的圓基礎，讓人認圓在、圓化的耶和華神，不再認二神二主，這是神給當今神民的意旨。〈詩篇〉中，「受膏者說：我要傳聖旨」（2:7）。「主耶和華的靈在我身上，因為耶和華用膏膏我」。要傳聖旨的受膏者之所受膏，是對得神靈的比喻。「耶和華曾對我說，你是我的兒子，我今日生你」（2:7），詩篇中神指著耶穌說兒子，是對得神的靈而精神靈性來之神的比喻。詩中的「我今日生你」，不能是具體實事，若當做具體實事，那就不能是瑪利亞生耶穌。「你是我的兒子，我今日生你」，是以詩所做的比喻。

「我的刀要吃肉，乃是仇敵中首領之頭的肉」（〈申〉32:42）。仇敵首領是基督，神一定要滅基督，這在於基督被當做救主，信徒就依賴所謂基督寶血的拯救，而那是虛浮之事；以此讓耶和華做為空名懸置，上帝就不被認識當然也不被重視。那就有孕育卻不能生產，所以神對先知做出指示：「你要面向耶露撒冷的聖所滴下預言，攻擊以色列地，對地說，我與你為敵，並要拔刀出鞘，從你中間將義人和惡人一併剪除」（〈結〉21:2—3）。地為二方，對地的攻擊是以思想打擊二方基礎；剪除你中間的義人和惡人，是把屬二的信徒在精神上殺死，這經文是對於以中國文化參入解經，化解基督教神學的預表。

「那些抬著雕刻木偶，禱告不能救人之神的，毫無知識。你們要述說陳明……他們要做我的子民，我要做他們的神」（〈賽〉45:20—21）。抬著木偶的是仰望交叉木頭的基督隊伍。「至於那些心中隨從可憎可厭之物的，我必照他們所行的報應在他們頭上」（〈哈〉20—21），神的可憎可厭之物就是被認做神、救主的基督。「至於這民的一切惡，就是離棄我，向別神燒香，跪拜自己手所造的」（〈耶〉1:16）。打著信耶和華神的旗號卻向別神燒香，跪拜自己手所造的，以他們的基督為神為救主的基督徒一直就是這麼幹的，神斥責詛咒的話，都是在對他們說。現在，該把神的話聽見了！

神說：「在我以外，你不可認識別神；除我以外並沒有救主」（〈何〉13:4）不聽神的話，才拜基督為救主。「他們立君王，卻不由我」（〈何〉8:4）。讀不通，讀不懂經文中神的話，才會信神卻不聽神的話，拜基督為救主是與神相悖的；「我不再憐恤這地的居民，必將這民交給各人的鄰舍和他們王的手中。他們必毀滅這地，我也不救這民脫離他們的手。於是我牧養這將宰的群羊「（〈亞〉11:6—7）。所交給各人的鄰舍和他們王的手中的這將宰的群羊，其各人的鄰舍是指圓化者。圓化者們的王，是「王乃公，公乃天」（《老子》），天乃圓的圓在之神，圓化精神的領袖，即耶穌。群羊，二著的基督徒是在待宰中牧養的，當需要宰殺了，就是神對於新精神的生產到時候了。

「尤大人和耶露撒冷的居民哪，你們當自行割禮歸耶和華，將心裡的污穢除掉」（〈耶〉4:4）。割禮是對陰部的處理，陰為二，神所要求的割禮，象徵改變人屬二的性質，是對改變二方基礎的象徵比喻。尤大人和耶露撒冷的居民即神民們，「你們當自行割禮歸耶和華」，這割禮不能是按外貌所理解的具體對肉體陰部的處理，因為那割陰部的處理不能使人歸向神，那割禮也不能由各人自行，古來就做那割禮的神民，也是耶和華所說的「你們列祖違背我」的人；還有，具體的處理肉身陰部的割禮，不能「將心裡的污穢除掉」，是因人的思維意識是屬二的性質，才會是信神卻接待假神，與偶像行淫的人，才是以精神上吃喝基督死屍之血肉求永生的人；是因人屬二，才不能讀懂經文而不能認識神，才是心裡有污穢的人。自行割禮，以二方在自己這裡歸圓來改變二方基礎，人不再屬二，不再屬君王基督，心裡的污穢就得以洗除。人不再二著，才能真懂神的旨意。改二即歸圓不再二，才是靈裡的割禮。

「因你為大，且行奇妙的事，惟獨你是神。耶和華啊，求你將你的道指教我，我要照你的真理行」（詩87:10—11），不是信了所謂基督的寶血就成，要認明神的道，按圓在之神的圓道、圓化之道而行；「耶和華我的神啊，你為至大」（詩104:1）。至大者圓在，圓在之神的道理是圓化，不是靠基督的給神獻祭，不是靠基督的所謂寶血，行圓化，才是照神的道理而行。

11

持守著自己固有觀念，對基督有著信仰情感，以基督的心為心的信徒，一時難免要對除掉基督發怒。他們一直認為神要讓不信基督的人們受災難，下地獄，末了知道了神是要除掉他們的基利斯督（簡稱基督），這就難免要象經文中的約拿一樣發怒。約拿忍受不了自己的意念被挫傷，他感到活不如死，由此可知，今天信徒脫胎的改變在個人那裡的難度。

《約拿書》中，約拿在大魚腹裡，象徵人處於離神的二方所構成的深淵裡。約拿「從陰間的深處呼求」（2:2），求神從圍住他的深淵把他救出，他要使自己的性命從二方框的坑中脫離。約拿在禱告中說到：「那信奉虛無之神的人，離棄憐愛他們的主」（2:8）。今天的神民當知，以不是耶和華名的基督為救主，是以虛無之神為救主，那不能得救。約拿指責信奉虛無之神的人們，他的祈禱是向耶和華而不是向基督。「但我用感謝的聲音獻祭與你」，認「救恩出於耶和華」（2:9），以耶和華為救主，約拿順服神本身，就出了魚腹而得救。那魚腹是對二方基礎的比喻，約拿脫離上帝入魚腹，是以一個像征性的寓言故事傳達神的信息，應按比喻、預言、謎語來解讀，讀出對今人的啟示，讀出啟示今人的信息。

事實上沒有約拿脫離二方基礎的事，在經文的寓言裡，約拿到尼尼微大城傳神要毀滅尼尼微的信息，尼尼微人信服神而接受，決定「各人回頭離開所行的惡道」（3:8），這真誠的悔改讓神改變了主意。神不做約拿所希望毀滅尼尼微的事了，這引起自私狹隘、自以為義、固執己見的約拿發怒，當人遭遇了神與他的意念完全的不一致，人會對神不滿意，會如約拿一樣發怒。神對約拿說：「你這樣發怒合乎理嗎？」約拿竟然不講理，他按照自己的私意，在尼尼微城外住下，要看看神說過的毀滅那城的事能否實施。今天的還不能改變其二性的神民，也會以堅持對經文的誤讀，按其私意盼望結局。對於要除掉基督，會像約拿對於神毀了他遮蔭的蓖麻一樣發怒，並認為「我發怒以至於死，都合乎理」（4:9）。這約拿在此不理解神的做為，以其私意為理。當今的信徒讀經至此，也會說應該破除自己的偏見，改變自己的「私理」，體會上帝的「公理」，對於除掉基督，信徒則難以改變自己的私理。經文中一再提及的「像產難的婦人」，是神對於新精神的生產，在信徒那裡的難產所表達出的預知。

〈以賽亞書〉中，神說：「現在我要喊叫像產難的婦人，我要急氣而喘哮」（42:14），人的痛苦也是神的痛苦，神對人類新精神的生產，也是人自己誕生為新精神的人。「耶和華說：我既使他臨產，豈不使他生產呢？你的神說，我既使她生產，豈能使他閉胎不生呢？」（66:9）「惟有我是耶和華，除我以外沒有救主」（43:11）。「我曾指示，我曾拯救，我曾說明」，那時還未出現基督耶穌，那曾指示，曾拯救，曾說明，是耶和華做的事情，「在你們中間沒有別神」（43:12）耶穌是看到父怎樣做事，他才照樣去做，神的生產，先要把基督這曾是必要的養水，現為污穢的污水排出。

神知道：「轄制他們的人呼叫，我的名整天被褻瀆。所以我的百姓必知道我的名（圓化的靈），那日他們必知道說這話的就是我。看那，是我」（3:5—6））。「諸天哪，自上而滴，蒼穹降下公義，地面裂開，產生救恩，使公義一同發生，這都是我耶和華所造的」（45:8）。天乃圓，自天而滴，蒼穹降下的公義，公義來自圓化的神，圓化讓人人得真圓而公平公正。轄制人呼叫基督的要聽好，如今用基督向神獻祭，神已不要，再來把神的這話看好：「你們雖向我獻燔祭和素祭，我卻不悅納……要使你們歌唱的聲音遠離我，因為我不聽你們彈琴的響聲。惟願公平如大水滾滾，使公義如江河滔滔」（〈摩〉5:22—24）。

「公義和公平是你寶座的根基」（〈詩〉89:14），圓化使人人真得圓，得真圓，才是公平和公義。「心懷二意的人為我所恨……做惡的人哪，你們離開我吧！我好遵守神的命令」（〈詩〉113—115）。心懷二意與做惡的人聯繫在一起，遵守神的命令，就認獨一神，獨一主，就與「心懷二意」的認二神二主的做惡的人遠離。這也說明阻礙遵守神的命令，是因使人

「心懷二意」的二方基礎。

「神啊，求你使我們回轉，使你的臉發光，我們便要得救」（〈詩〉80:19）。所說的神的臉，是天地一體的，二方在其內的圓在之圓，神使我們回轉，就是解除「回」字所表達的基礎的和觀念的二重方框，「使他們知道，惟你名為耶和華的，是全地以上的至高者」（83:18），就是包含二方之地的天即圓在之圓。信徒所信神兒子基督的經文根據多來自〈以賽亞書〉，當人不再二著，不再帶著固有的觀念去讀，就能讀出真神的意思，就是「惡人當離棄自己的道路（離圓的二方是本惡之惡，所說的惡人乃屬二方者），不義的人當除掉自己的意念」（屬二的非圓化意念），「成就我所喜悅的，在我發他去成就的事上（「發他去成就」或做「命定」）必然亨通」，「你們必歡歡喜喜而出來，平平安安蒙引導」（55:7—12），就是走出「囚」人的方框「囹圄」，走上神的圓化之路。

「主以公義的靈和焚燒的靈，將錫安女子的污穢洗去」（4:4）；「你們這些心中頑梗、遠離公義的……我使我的公義臨近，我的救恩必不遲延」（12—13）。神的救恩來時，要否定基督，當然也要否定童女、聖母。「迦勒底的閨女啊，……你自己說：我必永為主母」……喪子、寡居這兩件事在一日轉眼之間必臨到你」（5,9）。沒有神充當丈夫使之受孕的事，也沒有處女生神兒子基督，不要再拜聖母和聖子的基督，「讓那些觀天象的、看星宿的、說預言的救你脫離所要臨到你的事。他們要像碎秸被火焚燒，不能救自己脫離火焰之力」（47:14）。這以神否定聖靈感孕，否定了那些造基督的博士、術士，也即否定了基督教神學之學術，那是要被「火焰之力」所燒毀的東西。

獨一的主，是人以之為精神主導的圓在、圓化的神。讀懂上帝，就知上帝讓人歸圓而改變屬二的自己，讓人走圓化的道路。

12

耶和華的獨一神，獨一主的誡命在經文中一再提起，其預言性對於後來的神民不是可有可無，違犯神這誡命的，就是二著宣稱愛神的基督徒。耶穌說，「人若愛我，就必遵守我的道」（〈約〉14:23），也就是聽耶穌的話。耶穌說：神是獨一的，「父是比我大的」，獨一神不能是由無具體之形狀的大者和有人形不夠大的二位再加上形狀像鴿子的聖靈三位並列構成一體的。明白耶穌的話，就當知應取消三位一體神的說法。非要說上帝是這樣的三位一體，只要認真追究，就有根本說不過去的問題，耶穌有很多話都在說明不能是這麼一回事，早有反對三位一體的文章將那些話舉出。但由於反對者也是在二方基礎上的，對上帝也是認識不清楚，就與堅持三位一體的一方陷在瞎子說匾的爭論裡。你說你的，他說他的；你在這裡引經文中耶穌不同意神是三位一體的話，他在那裡指著經文按其所理解說三位一體才是神的意思。在二方基礎上講理，總會是公說公有理，婆說婆有理，各自殘缺片面都虧理，從來不能有整體圓全之真理。

人二著讀聖經，經文中的基督有肉身的具體形像，聖靈有著像鴿子一樣的具像，交叉木頭及掛在木頭上的屍體有具像，而上帝說：「不可為自己雕刻偶像，也不可做什麼形像……也不可侍奉它，因我耶和華是你的神，是忌邪的神」（《出》20:4—5）。以任何有具體之形，有其具體之像者為神，視為可與神相比而拜之，在神看來都是邪惡，都犯神的忌。「我耶和華是你的救主，是你的救贖主」（〈賽〉60:16）。既然耶和華不是基督，耶和華不可以由基督代替，拜救主基督，那就認了二神、二主，以基督為救主，救贖主，違犯神的誡命，是以人的吩咐和神對抗。凡是基督徒，讀聖經都必是誤讀，因為徒之於受膏君王基督，這就是誤讀的一項決定性的因素和一個確定無疑的標誌。

〈約翰福音〉中耶穌說：「不愛我的人就不遵守我的道。你們所聽見的道不是我的，乃是差我來之父的道」（14:24）。這父與子的區分是明確的，道不是子的，而是父的，耶穌是「道成肉身」的得道者，道就是神，耶和華神乃是道本身。「你們若遵守我的命令，就常在我的愛裡。正如我遵守了我父的命令，常在他的愛裡。我是葡萄樹，父是栽培的人（15:10）。耶穌遵守神的命令而在神的愛裡，神是栽培者，耶穌是被栽培的，把耶穌混同於神本身，就是沒能把耶穌讀懂，就是誤讀了獨一真神。

三位一體的上帝之說，說三位是不同位格的一個，上帝是一個，三位是一個上帝的不同位格，即上帝是這位也是那位和另位，可耶穌明明說：「我的教訓不是我自己的，乃是那差我來者的」(7:16)，分析起來就知子與父若是一個，其問題有多少和有多大了。耶穌說：「我沒有一件事是憑著自己做的。我說這些話，乃是照著父所教訓我的」(8:28)，若父與子二位是一個，耶穌會說自個教訓自個的糊塗話嗎？把耶穌放在說糊塗話的位置上，不正是糊塗的信徒嗎？「我的神！我的神！為甚麼離棄我」(〈太〉27:46)、「父啊！我將我的靈魂交在你手裡……」(〈路〉23:46)。這說明神不是耶穌，父不是父的子；「我將在神那裡所聽見的真理告訴了你們，現在你們卻想要殺我！」(〈約翰福音〉8:40)這是說：神是真理的所在者，耶穌是領受和體現真理者，神和耶穌這兩位不是一個；「…我要升上去見我的父，也是你們的父。見我的神，也是你們的神」（〈約翰福音〉20:17）。若按三位一體的說法，子是父在充當子的角色，是父裝扮子出來了，這子要見父，需要回家才能見嗎？只要把耶穌的話當話，就知三位一體神之說是說不住的；只要知道應該聽神、聽耶穌的，神的三位一體說就解體了。

神是圓在、圓化的靈，圓在、圓化的靈就是獨一的一個，不是三位的；圓在之圓至大無外，不能有哪一位與圓在之圓並立，三位一體的神之說，出之於對神的圓在不知。圓在者自身的運化是圓化，圓在的神是圓化的靈。耶穌特受神恩而得神的靈，即得圓化之靈。耶穌不能做為與圓在的神並立的另一位構成三位一體的神，神不能是由一切所從之而來，無所不包而包含一切的圓在之圓到了童女肚子裡再出來的神。基督是圓在之圓中即神裡所演生出的一物，是為滿足屬二神民的私欲被當做給神獻祭的祭物，也正是為其私欲的滿足，才要神化基督，使之擁有與神並立的位置；越是以為基督是神，越會覺得靠基督的寶血洗罪和得永生可信，為此，耶穌的話可以不當話，可以廢棄神的命令，這正是耶穌所嚴厲指出的：「你們父魔鬼的私欲，你們偏要行」。

屬二的基督教神學處於不能認識耶穌當然也不能認識神的困境，三位一體神的說法，是其困境的一個反應：若耶穌不是神，那就不能死後復活；耶穌若不能死後復活，那麼必有一死的人則不能有永生；而耶穌若是神，那就有了二神二主，就違犯了神的最要緊的誡命，這就是二難的困境。

三位一體神的說法，讓神是一體的一，又是三個位格的三，這說起來還很哲學；能講哲學的神學是要講理的，三位一體之說的神學是理不圓而不足的，理非圓就理虧理缺。因其思維基礎是二方，在整體性認識上，其所講的理只能是非圓的，有矛盾，有缺漏，有偏失的。

按上帝是三位一體的說法，有人的形體的基督耶穌，彷彿鴿子的聖靈與另一位格的耶和華是一體性的一個，那麼神就是有其具體之形的了，而這是神所絕對不允許的，因為神根本就是無具體形象的。「三位一體」，其實沒法成立，除非把耶和華神說的不許將其比做任何形象的話給改了。為什麼要以改變上帝去適合你們人的吩咐呢？以人的吩咐不接受神的話語，就不是真信神，而是信不認識神的他自己的對於神的意識，其所言說的神，不過是確立小二之己的工具而已。

13

三位一體神之說，從來都有爭議，總是被攻擊，被批評的，雖是通過宗教大會給確定下來了，但也要被人拿著聖經追打，而這三位一體神之說，可是饑餓中口裡帶熟肉的骨頭都沒法比的，不會因為有追打就放下，所以只能是去抗擊或躲避追打。許多年過來，已經煉到你理性地打你的，他神聖地吃他的。

需要通過認識耶穌來認識上帝，既在於耶穌以行道體現上帝，也在於認不准耶穌，就會阻礙對上帝的認識。如把耶穌認做上帝，就犯認二神二主的錯誤，你說二位、三位一體，再解釋那三位是一個神的不同位格形式，可神絕對不能是任何具體形象，那麼有具象的耶穌就

不能做為神，你把他做為神，這神就與耶和華神二神並列，二主並立，所認的神就是假的。耶穌特別強調神的獨一，不可有二主，離開耶穌的話就是離棄耶穌，那就不能認識上帝。

耶穌說：「認識你獨一的真神，並且認識你所差來的耶穌基督，這就是永生」（〈約〉17:3）。這話首先明確：神是獨一的，無二的，然後確定：耶穌基督是神所差來的；這話說明，獨一的真神和耶穌基督是二者的二，不是一個的一，對耶穌基督的認識，並不是對獨一真神的認識；這話還說明：耶穌不是神本身，而是受神所差遣，來執行神所賦予的使命；這話還有引人深思的內容：認識獨一真神，認識神所差來的耶穌基督，這怎麼就是永生？。

耶穌說：「要獲得永生，就當守誡命」（〈太〉19:17）。這是告訴以信神求永生的人們，要想得到永生，就必須認獨一的神。獨一神是神最大，最要緊的誡命，這不是所說「聖父、聖子、聖靈」三位一體的獨一，那是本為善的良善者的獨一。耶穌對那個稱他為良善問當做什麼事才可以承受永生的人說：「你為什麼稱我是良善的？除了神以外，沒有一個良善的，誡命你是曉得的」（〈可〉10:18—19）。「誡命你是曉得的：」，冒號後面沒提神是獨一神的誡命，但這不改變獨一神，獨一主是最要緊的誡命，那正是與前面耶穌所說的承受永生的條件直接相關的誡命。之所以沒有提到，是因在神的孕育期需要有所掩蓋隱藏，這樣可以讓誤認基督耶穌是神之說還能強說、硬說。

「你若要進入永生，就當遵守誡命」（〈太〉19:17），「你為什麼稱我是良善的？除了神以外，沒有一個良善的，誡命你是曉得的」。若再把神是獨一神的誡命放在這兒說，再說耶穌基督是神，那就強說、硬說也說不出了。因為這已明確了耶穌不是那本為善之良善的耶和華。若不讓二著的信徒們把耶穌說成神，耶穌的死而復活就難說，可若沒有耶穌的死而復活，基督教就傳不起來了，那也就沒有了神性精神之胎身的發育成長了。上帝是對人類屬神精神的孕育與生產者，這神是真的、活的，所以基督教必須照他歷史中的樣子存在著，經文也必須是與之相配合的這樣寫著，我們也親臨其境於神與人的奧秘就在這樣演化著。

耶穌說到不可稱他是良善的，「除了神以外，沒有一個良善的」，這就把那被稱做神的基督耶穌在神裡給排除了，誰還要硬辯嗎？獨一神的「誡命你是曉得的」。這讓還想說耶穌是神，還想堅持三位一體說的強辯也辯不出了。活神不是人嘴上說著的活，那神就在通過經文活生生的活動於我們的思想意識裡，精神心靈中，就在圓活地做著化解二方之「方框」，化人歸圓的圓化的工，我們每個與神相通了的人，就以其思維意識參與在其中。

基督徒能為耶穌死後復活列出一排證據，而他們所舉出的耶穌死後復活的一系列證據，在不信者們那裡可以啥也不是，並且能從中找出這樣那樣的問題，被視為荒唐可笑之事。基督徒為說服看不見耶穌死後復活就不相信人死後可另有世界的人們，說到水蠆的死後成青蜓：由於水蠆死後成了青蜓就飛在空中，青蜓不能來到水蠆所生活的泥水裡給他們信息，於是水蠆們都對死後有靈魂喪氣，認為死後復活是不能有的事。以此教訓不懂死人復活的人們，就像那水蠆們不懂青蜓。這道理不能導致對耶穌死後復活的相信，到是可以由此結束不能有結果的爭論。為什麼非要青蜓來到水蠆的世界裡復活才相信水蠆可轉化成青蜓的生呢？為什麼非得有耶穌死後復活來到能摸其傷口的人中，才相信神境中的永生呢？耶穌有過死後三天復活的事情，你對此相信，你就能得永生嗎？你這是相信耶穌是神，憑著耶穌是神，神

能給人永生而相信。可耶穌告訴人：「要獲得永生，就當守誡命」。最要緊的誡命就是神是獨一的神，不能耶穌也是神。認耶穌是三位一體的一位上帝，就是違犯獨一神的誡命而不能得永生，並且是要被神所討罰的罪人。

不聽神的話，不走神的路，以信耶穌死後復活，信耶穌是神來獲得自己的永生權能，這是蛋殼裡不向圓熟發育自己，卻想有圓滿結果的缺乏自然靈性的胎性生命，這是殼子裡懶墮者的虛夢、幻夢之迷夢，這是自欺欺人的事情。

不信神的獨一，不能得永生；信獨一的神，就能得永生。獨一的神，是包含一切為一的圓在之圓，認識獨一的神而歸圓，就以圓化精神擁有永恆與永生的圓美圓妙之神境，就以圓化的思行走向那神境。信神是按神的要求去做神的工，與神同在同行。神不是與人為二方的對方，對方的神是假神，是偶像；神是人在其內的圓在之圓，是圓化的靈，人認自己在其中與之為一體的圓在之神，才是與神同在；人的思行體現圓化性，才是與神同工同行；人成為化人歸圓，化事成圓，化得內外在之圓境的圓化者，才是信真神，真信神。

「並且認識你所差來的耶穌基督」，這基督一方面是對得神靈的比喻，一方面是擔當彌賽亞即受膏君王的身份以配合神的孕育所需。有此認識，就不以基督耶穌為救主為神，才能接受圓在之圓的神而擁有圓化的靈。所以認識獨一的真神，認識神所差來的耶穌基督，這就是永生。

14

〈約翰福音〉十六章中，耶穌說：「然而我將真情告訴你們。我去是與你們有益的。我若不去、保惠師就不到你們這裡來。我若去、就差他來。他既來了，就要叫世人為罪、為義、為審判、自己責備自己」（7—8）。為什麼耶穌不去，保慧師就不來呢？因為包括門徒在內的人們都不認識耶穌，當然也不能認識上帝。人們二著所知的耶穌，不能使他們從罪中走出，神就將使者的耶穌收回，將另一種功能發出，就是保慧師。保慧師就是再來的，在人們的圓化精神中的，圓化之光的耶穌。他來了，就要叫世上的人「為罪、為義、為審判、自己責備自己」，是教訓世人使其知錯的。「為罪，是因他們不信我」，他們因其是屬二的，不能認識當然也不能信從屬於圓在之圓的耶穌；「為義，是因我往父那裡去，你們就不再見我」。屬二的信徒們只認帶肉身形體的耶穌，所認的是做贖罪祭之祭物的耶穌基督，所以不見回到圓在之神那裡的圓化之光的耶穌；耶穌的圓化使命要以聖靈的形式來完成，再來的耶穌就做保慧師的事情，這依然是做為圓在之神的使者執行其化人歸圓的圓化使命；「為審判，是因這世界的王受了審判」（9—11）。這世界的王，就是二方基礎上的統治力量，統治世界的屬二觀念。這世界是在二方對立的基礎上，整個世界受制於對立的二方。二著不信基督的世人，認物性的力量為世界的王；二著信耶穌的人，以基督為世界的王，各種不同的所信，有不同的王。這世界的王已被圓在之圓的神所審判，立圓則世界的王消除，圓立則二方基礎解除。當人們接受了以讓人得聖靈再來的耶穌，當然要因曾經的屬二而自己責備自己，此乃神的命定，理所當然之事。

保慧師即聖靈，那是孕育人類屬神精神的圓在之神以此形式體現其圓化功能，即施人以神恩。把聖靈認做三位一體的一位上帝，是對經文的誤讀，固執於此，就不但是不認識，並且也阻礙正確認識耶穌、上帝，還要以對聖靈的不認識拒斥再來的耶穌，在以為已經擁有聖靈的虛妄中，抵擋對真正聖靈的認知和進入。耶穌引舊約所說的「同我吃飯的人，用腳踢我」，就是以預言對當今屬二信徒的警示。以為新約中的五尋節時，基督徒們都得了聖靈，而聖靈被認做一位神，那麼之後基督教自己也承認的錯誤，歷史中基督教所有的一切問題，就等於說聖靈是一位能屢屢犯錯的上帝。而耶穌是這樣教導的：聖靈，「他要引導你們明白（原文是「進入」）一切的真理」，「因為他不是憑自己說的，乃是把他所看見的都說出來」（13）。聖靈的話不是憑自己說，那是從神來的，聖靈不是神本身，聖靈執行神所給的使命，引導人認識神，即使人的精神靈性覺醒。

保慧師讓人有整體性智慧，什麼是整體性智慧？整體性智慧是使人真得圓，得真圓的圓化能力。所以保慧師來了，就要叫世人為屬二的罪責備自己。求圓是人的本性，可由於人的屬二，二方基礎上的人類總是要自造種種悲劇、苦難，讓生命在二元分裂的冰冷深淵懸置，讓頭腦被物性的東西所統治，讓靈魂被撒旦所控制，世人確實該為自己的屬二責備自己。信徒要為義責備自己：信上帝，知上帝圓滿，該懂圓才圓滿，卻不信上帝是圓在之圓；信耶穌，指望耶穌給以圓滿性的境遇，滿足精神永生於圓滿之境的要求，卻不見圓化之光的耶穌。思維被二所逼困，信神卻非要違抗神最要緊的誡命：拜二主二神，不聽從耶穌。這是多麼的不義，何等的糊塗！怎能不責備自己？！離圓的二方已被圓在的神所審判，人為此責備自己，才能讓聖靈進入，才能得到再來的耶穌。耶穌說：「從父那裡出來真理的聖靈，他來了，就要為我做見證「（15:14），「他要榮耀我」（16:14）。「凡父所有的，都是我的」，「他要將受與我的告訴你們」。神所有的就是圓在、圓化的靈，耶穌是擁有圓在之圓的，神給之以靈，執行神所賦予的神聖使命，照耀人類走圓化道路的圓化精神之光。

為什麼耶穌不去，保慧師就不來呢？因為耶穌被認做基督耶穌，因這基督耶穌被認做神，救主，這基督耶穌有著肉身的具體之形，這基督耶穌在信徒們的意識中，他們就不能認大象無形的圓在之圓，就不能得圓化的靈。「歸耶和華為聖」，耶穌是人類歸神的帶領，再來的耶穌帶著能被認知的聖靈而使人接納的人們得到聖靈。保慧師就是再來的，帶給人圓化之靈的耶穌，就是耶穌做為圓化之光在人的精神裡復臨。保慧師是宣導者，幫助者，說服者，輔導者，就是宣導實行圓化，幫助人確立圓化理念，形成圓化意識，就是說服人信圓在、圓化的神，輔導人們把握圓化道理，建立圓化的精神信仰。「他要將一切的事指教你們」（14:26），「並要把將來的事告訴你們」（16:13）。一切的事就是包含一切事的圓化之事，將來的事就是化成圓化之天下即上帝的國。中國文化中講「大而化之之謂聖」，無缺的圓才真大，大而化之，應該是圓化，擁有聖靈的人們擁有圓化精神；聖靈助人形成圓化意志，使人把握圓化真理，奉行圓化使命。

保慧師的工做乃是代言、辯護、忠告，訓免，安慰，這些都體現於圓化人的精神，實現於使人精神圓化；聖靈就是教人精神圓化的靈，是保障人圓化精神的靈。耶穌離世前對門徒們說：「我還有好些事要告訴你們，但你們現在擔擋不了（或做「不能領受」），耶穌離開屬二的世界了，圓在的神讓保慧師來了，「他要將一切的事指教你們，並切要叫你們想起我對你們所說的一切話」（14:26）。現在想起耶穌所說過的隱藏和掩蓋著的話而圓解，就

會明白：保慧師，聖靈是耶穌的再來。耶穌死後，第三日他要復活，以神的時間一日千年，現正進入第三日了，耶穌在活人的精神中復活，復活再來的耶穌做保慧師的工做，履行聖靈的職責。耶穌曾對看見了他死後復活的人說：「你因看見了我才信，那沒有看見就信的有福了！」（20:29）沒有看見就信的有福了，要看見才信的是沒福的。信有身體形像的，是信能看見的，傳福音的基督徒們學彼得認真思想起來吧，〈路加福音〉中耶穌說：「狐狸有洞，天上的飛鳥有窩，人子在世上沒有枕頭的地方」（9:58）。這是有人說「我要跟從你」才說的，那是說應跟從的，是不能是有身體而可見具體之形的，圓化精神不能以眼睛看見。做為聖靈再來的耶穌是無具像可見的，不能再讓神殿是販賣鴿子的「賊窩」了！正確認識耶穌，才能通過耶穌認明上帝。耶穌完全順服神，但他是執行神的意志的主體，這在於神在耶穌裡。二著信非圓化的假神，總是等著那方神給予他之所要的，他是以祈禱來要的，向神去要，待於神給；人不去體現神，沒能按耶穌所要求的象神完全一樣，人類才會在方方不同利益的爭奪中相障相礙，互損互害，才總生各種自造的悲劇與苦難，才讓撒旦控制人間。人有圓化精神，才是人在神裡，神在人中。耶穌做為主體實行圓化，體現圓化之靈的耶穌是我們人類的榜樣。

神說：「按照我們的形像造人」，所說的不是亞當身體的具體有形之形像。不可把神比做任何具體形像。神所造之人的精神靈魂形像才是神所說的「我們的形像」。在人類屬二的時期，人是胎性的精神意識，處於二方框的「罪」「咎」裡，信神的和不信神的屬二之人，都不認識神。耶穌以其所做圓化的工，向我們顯明了神：神是圓在之圓，圓化之靈。真主完美獨一，圓在之圓美才真完美，包含一切，沒有什麼能與之對立才真正獨一；「不二」是佛的最高法門，佛的智慧在於整體圓融，一切圓通，中國文化的價值源頭在天，儒家的「天道圓」，「天，是耶和華的天」，圓在之圓是圓滿的始基，是圓全的本原、本體，是真正的上帝。當人不再屬二，人類的精神文化則不在分裂中矛盾對立，天下歸圓而歸一。

「願神憐憫我們，賜福與我們，用臉光照我們，好叫世界得知你的道路，萬國得知你的救恩」（〈詩〉67:1）光照我們的神臉就是圓，有圓的光照，我們得知神的道路是圓化之路，人類以走上圓化道路而得到根本的拯救。「救恩屬乎耶和華」，「願那些喜愛你救恩的，常說：『當尊耶和華為大』」（〈詩〉40:16）。大者無缺，本身無缺的圓在之圓才真大。人尊耶和華為大，就當歸圓在之圓，與神同行圓化。「大而化之之為聖」（孟子語），圓化是聖化，是整體上的真化、善化、美化，是人的健全化，公平化，公正化，道德化、幸福化，和諧化。

第六章　讀懂你自己

誰都是他自己，各人的自己是什麼呢？經文中的描述是這樣的：「各人在墳裡『原文』做『床上』安歇。你們這些姦婦和妓女的種子」（〈賽〉57:2—3）。人有了自我意識，其思維的基礎就是離圓的對立二方，這在經文中比喻為「各人在墳裡」，在「床上」。床上是睡者，墳裡是死人，神所知各人的自己是死睡於二方基礎的尚未覺醒者；信神的人都以為自己是已醒了的，其實是夢遊著的，是「姦婦妓女的種子」。所說的姦婦是比喻信神卻不認識神，有丈夫卻跟了別者的人；妓女是為具體利益出賣給非夫者的人，姦婦、妓女，都是指與神分離的人。

「如今你們回轉，行我眼中看為正的事，各人向鄰舍宣告自由」（〈耶〉34:15）。神眼中的正是什麼呢？經文中對正的規定，是「不偏離左右」，不離左也不離右，不向左偏也不往右偏，那是包含左右二方的圓在之圓。真正大正之正事，是行圓在之神的圓化之事。神要求人的「回頭」，是歸圓而實行圓化，各人以圓化向鄰舍宣告自由。

自由是由著人自己，人與神是一個整體。神不在人裡，人是被死亡所規定了的有限時間中漂浮的一物，註定了的一無，活的是走肉行屍；人不在神裡，就是屬二的殘缺片面的小己；二小，小二之己不是完整性之真人的自己。有基督徒在網上講說：「禁」字，表示所禁的是伊甸園的二樹，即生命樹和分別善惡樹，因禁字上是表樹的二木。二木是「林」，林下有「二小」的「禁」字，其信息是對「小二」之人的「禁」，是對二小「之人因對立二方而爭奪利益的叢林世界的「禁」。當二方在人類這裡歸圓，世界就不再是方方爭鬥的，弱肉強

食的叢林。圓這個字是人員的員在方框裡，自由須是精神不被框限，人的解放需要打開化解「方框」。每個人都是人類成員中的一員，天之圓的圓不是方框，天人合一的人不在方框裡。天人合一是自我之人這一員，人類的全員與圓在之圓一體，人以擁有圓化精神而精神自由。

人的本真之我，是與神同在的圓在、圓化者，自由就是由著完整性的人自己圓化以求圓。耶穌說：「真理必叫你們得以自由」（〈約〉8:32）。耶穌以做神的圓化的工體現真理，圓化是真理。圓化包含化人歸圓在之圓，人歸圓則行圓化；圓化包含以圓化之，化而成圓；圓化包含內化與外化，化成使人全面得滿足的內外在整體之圓境，這圓化就是由著人自己求圓的本性，自由就在圓化中。

行神所視為的正事，「各自向鄰舍宣告自由」，就是動員所能接觸到的人歸圓，傳圓化的福音，傳播自由的圓化精神。人類都成為自由人，就是成為個圓其圓，圓人之圓，圓圓與共的圓化者，所建立的圓化世界，就是真正自由的世界，就是自由個體的聯合，就是圓滿性的，完善化的共產主義，即共圓主義，也是實際中的天下大同，上帝的國。

耶穌說：「我若靠著神的靈趕鬼，這就是神的國臨到你們了」（〈太〉12:28）。神的靈是圓化的靈，鬼來之於離圓的二方，趕鬼就是以圓化之，化二方在人這裡歸圓在之圓。二方在圓裡，圓在之圓是包含二方的整體即一，鬼則因人的不二而消失。圓化的，個圓其圓，圓人之圓，互圓所圓，圓圓與共的人們中，沒有鬼人和鬼事。圓化的世界，就是上帝的國。所以說：「我若靠著神的靈趕鬼，這就是神的國臨到你們了」。

〈以賽亞書〉：「因為有一嬰孩為我們而生，有一子賜給我們，政權必擔在他的肩頭上，他名稱為奇妙、策士、全能的神、永在的父、和平的君。他的政權與平安必加增無窮，他必在大衛的寶座上治理他的國，以公平公義使國堅定穩固」（9:6—7）。這段經文，是二著的信徒感覺能抓得很牢靠的認基督耶穌是神是主的證據，其實把所說的這一嬰孩、這一子確定為基督耶穌，肯定是誤讀。基督耶穌不是和平的君，這由把耶穌給確認成基督耶穌之後的歷史事實所說明；耶穌是父的子，他認獨一的神，他的名不能是全能的永在的父；耶穌的名的意思是：「耶和華乃救恩」。耶穌認神是獨一的主，他不充當救世主，不充當神；耶穌從未擔過政權去行政。舊約中這所預言的，是再來的，脫去了基督的耶穌，即被正確認識了的耶穌。脫去基督的耶穌是圓化精神的領袖，圓化是對「稱為奇妙、策士、全能的神、永在的父、和平的君」的包含和體現，圓化才顯真正的公平公義，圓化才真正平安。

耶穌的再來，是讓人的圓化精神得以產生，耶穌復臨於人們的圓化精神。那耶穌不是外在於人的，人與之為二方的具像，而是以圓化之光活在圓化者們的精神之中。圓化確實奇妙，整體決策之大策略，就體現於圓化。圓化的靈，是永在的父，全能的神，被認明的圓化之光的耶穌，以圓化與之同名。圓化精神領袖的耶穌才是給人類帶來和平的和平之君。「政權必擔在他的肩上」，那必是的必：包含必定與必將。當再來的耶穌來到人類相當多人的精神裡面，相當多的人有了圓化精神，必有圓化的文化興起，必會象冰河解凍一樣化出普遍歸圓的人。圓化者的耶穌來到普遍的人類之中，人類普遍成為體現圓化性的人，就會是圓化性質的全球一體的世界政府的政權。這擔在耶穌肩上的政權，也擔在人類每個圓基礎上自我之人的肩上。認識神人一體的你自己，就有神聖偉大的擔當。

有人會不接受這樣的解釋，那是因為還想把誤讀的解釋堅持。若把那段有一嬰孩，有一子的預言做預言基督的堅持，那麼同一章中接著的經文就告訴有了那基督會是怎樣的事：「他們憑驕傲自大的心說：磚牆塌了，我們卻要鑿石頭建築；桑樹砍了，我們卻要換香柏樹」（9:9—10）。基督是房角石，是香柏樹，是猶太教的磚牆塌了，桑樹砍了之後而有。神說：「耶和華一日之間必從以色列中翦除頭和尾。以謊言教人的先知就是尾。因為引導這百姓的，使他們走錯了路，主必不喜悅他們的少年人，也不憐恤他們的孤兒寡婦。因為各人都是褻瀆的，是行惡的，並且各人的口都說虛妄的話」（9:14—17）。那虛妄的話，就是信靠基督而得了聖靈的話，也包含指望基督圖謀大事的話。

屬二的神民的頭是基督，尾是給出基督的先知，這頭和尾現在就被剪除。本性求圓的人類沒走圓化的路，走二方基礎的非圓化的路，就是走錯路。屬二的信徒與圓在的神相離而比做孤兒寡婦，由於他們各人都二著思想而是褻瀆圓在之神的，是行屬二之惡的，所以神對他們不喜悅，不憐恤。

所預言的那一嬰孩，那一子是我們重新認識了的耶穌。這圓化之光的耶穌，以其圓化性與全能的神，永久的父同名，耶穌的這名由此而是聖名。讓耶穌在精神裡，心靈中的人們，就屬圓在、圓化的神，就以「歸耶和華為聖」（〈利〉20:26）而分別為聖。正是人類不再屬二，才不會再是各方為具體利益爭鬥的人，正是人類歸圓而成為以圓化去達於永恆與永生之圓境的人，世界才會有永遠的真正和平。

02

認識你自己，這是哲學上的事，而神是包含哲學最深底與最高處的整體，對神是什麼不明，不認識神，就不能真正認識人自己。

〈但以理書〉中，尼布甲尼撒王做了個夢，心裡煩亂，寢食難安，那夢的內容他已忘了，那是只有神明才能知道的夢。因不能將王的夢說出，「哲士將要見殺」（2:12），但以理為王解夢：「你在床上想到後來的事，那顯明奧秘事的主把將來必有的事指示你」（2:29）。「王啊，你夢見一個大像，這像甚高，極其光耀……這像的頭是精金的，胸膛和膀臂是銀的，肚腹和腰是銅的，腿是鐵的，腳是半鐵半泥的。你觀看，見有一塊非人手所鑿出的石頭打在這像半鐵半泥的腳上，把腳砸碎，於是金、銀、銅、鉄、泥都一同砸得粉碎……打碎這像的石頭變成一座大山，充滿天下「（31—35）。腳喻二方，像的半鐵半泥的腳正是不同二方的二所成就的，腳在下喻二方基礎，這像是在二方基礎上立起的東西。把腳砸碎的充滿天下的這石頭，出之於圓在的神而是化解二方基礎的圓化力量。

「王啊，你是諸王之王。天上的神已將國度、權柄、能力、尊榮都賜給你。凡世人所住之地的走獸、並天空的飛鳥，他都交付你手，使你掌管這一切，你就是那金頭」（2:37）。那被認做萬王之王，萬主之主的是貼在耶穌身上的基督，「那可稱頌獨有權能的，萬王之王，萬主之主」（《提前》六15），這說的就是基督；「羔羊是萬主之主，萬王之王」（《啟》十七14），這羔羊指的是基督。由此可知，預言要砸碎的就是為王的基督。這與多瑪福音中耶穌向多瑪說的三個字彙一致。

砸碎基督乃神意，因以基督為王為主，神則不獨一。「惟耶和華是真神，是活神，是永遠的王。」（〈耶〉10:10）；「耶和華必在錫安山，在耶露撒冷做王」（〈賽〉24:23）；「萬軍之耶和華是你的名；救贖我的是你我的救贖主大有能力，萬軍之耶和華是你的名」〈耶〉29:8—9）。「到那日，惟獨耶和華被尊崇，偶像必全然廢棄」〈賽〉2:17）；「你們如今要知道，我，惟有我是神，在我以外並無別神（〈申〉32:39）。以名不為耶和華的基督為王為主，獨一神，獨一主的耶和華不允許，因為認基督為神為主為王，就不認圓在之圓，就不認圓化的靈，即不認真神。曾經的立基督是出於神的孕育所需，現在的砸碎去除是神的生產所需。

〈馬太福音〉第六章，對於耶穌來說：「國度、權柄、榮耀」，都屬於「在天上的父」，並且「直到永遠」，這是耶穌給信徒們的禱告文。基督被認做「神給了國度、權柄、能力、尊榮的王」，這王是人所造的，那不會是永遠的，那是要被打碎的。非人手所鑿的石頭所建立的國，即來自圓在之神的圓化精神主導人類所建立的圓化世界，才會是永遠的。「當那列王在位的時候，天上的神必另立一國，永不敗壞，也不歸別國的人，卻要打碎滅絕那一切的國，這國必存到永遠」（2:44）。「卻要打碎滅絕一切國」的「這國」，就是化解了各方利益格局而全球一體的圓化世界。這圓化世界就是人類圓化心靈的外化，就建立於歸圓而成為圓化者的每一自我。人不在於他現在具體上在做什麼，而在於他根本上是什麼。誰都不該把自己看輕了，你真信神，信真神，就會是新時代的創造者，新世界的建立者；因為你是與圓在之神同在者，神的圓化之能是要通過你來體現的。你是圓在的神之中的你，你是擁有神的圓化之靈的你，你是與他人一體的，自度而度人的圓化者；你的自我展現與實現，就釋放讓世界圓化的能量。

有人和神的相遇，才認識完整的你自己，即你在神中，神在你裡，神人一體的你自己。與圓在的神同在，與圓化的神同行，擔當圓化的偉大神聖使命，實現人的真正價值與意義。

那金銀銅鐵泥構成的夢中之像，也象徵著物質統治之王，圓化精神才是砸碎這金頭之王的力量。價值是圓化的效應。圓化的價值觀是人的價值追求的歸真歸正，圓化就不是偏於物質主義的片面化，也不偏於只要精神的片面化；圓化的價值觀的價值目標是道，是神，是以圓化體現神的美意，達於神的圓境。歸神而不再是屬二的小己私欲之人，而是神人一體的完整性大我，其生命過程就是執行圓化的使命，實現自我，榮耀神。

確有圓化的神靈，以本書對經文的圓解即可證明。能使那麼多經文作者跨越幾千年的用比喻共同說出他們都並不知道的二方離圓與歸圓的謎語，用比喻說出創世以來離圓的二方成為人類的基礎，以往的歷史是圓在之神對圓化精神的孕育這隱藏的事，惟有神才能做這「非常的工」，「奇異的事」（〈賽〉28:21）。

神靈若不在耶穌裡，他不能對神的孕育與生產有知，正是神給耶穌以靈，被神所差遣的他，奉行神的旨意，才會配合神的孕育，並為神的生產即屬二之人的歸圓，在十字架上向人類做出歸圓的昭示。圓化之光的耶穌與圓化之神的完全一致，其所做的圓化的工，由我們在圓基礎上得知，這事情本身就是神所運做著的事實，這事實讓屬二的無神論者改變對神的無知，也讓屬二的有神論者改變對神的假知。人有了對真神的所知，有了對神的真知，就在人

的存在價值與意義上，認識完整性人的你自己，就在身體與精神整體的需求上懂得全面性人的你自己。

沒有人不需要神，若沒有神，人就被死亡所限定為「死人」。定下死期的羊，屬於肉的分量而不是活在自己希望中的生命；若沒有神，人的必有一死就不具有對於死者的任何意義，而死是生的歸宿，必有的無意義之死，決定了其生的沒有意義，無論怎樣過都由死亡的無意義而確定終無意義。不與神相通的精神，指向生命最終完全徹底失敗的死亡而不是向著永恆與永生的飛翔，這讓人的死不是轉換生命的存在形式而是生命的毀滅消失，就如鳥胎死在鳥蛋殼裡而沒能是鳥兒的自己，那不是生命所應有和能有的真實。精神中沒有真神的人們，不能有相互神交的生命活動，不能以行神的道回歸所從之而來的神，這人就沒有真生命。

讀通讀懂聖經，就知道確實有圓在、圓化的神，耶穌是我們歸圓而圓化的帶領；讀懂讀通聖經，精神就與化人歸圓的神相通，融入神而得到神。讀聖經達到與圓在、圓化的神在一起，你在神中，神在你裡；讀出神人以和，讀出你是神的隨同者，耶穌是帶領我們隨從神的；你的精神意識應是由神所主導的，你生命的價值當是以圓化活動榮耀神的；存在的意義是完成神所賦予圓化使命的，才是把自己讀懂了。

03

能與神相通的，是被神所選召的。「耶和華選召我，使我不跟從羊群」（摩7:15）。自稱為羊的信徒們，是二著信神的羊群。被神所選召的，是不跟從羊群的。羊群的神民屬二，神本身是圓在之圓，是圓化的靈。迷途羔羊說明那比為羊的信徒在迷困中，他們口說心想的神是對方偶像，因各人對神的理解不同，那神就如有多少《紅樓夢》讀者就有多少個林戴玉一樣，是許多具體不同的偶像。當今信徒的羊群借著信耶和華的虛名信基督假神，所以耶和華選召者，是神使之不跟從羊群的人們，是精神從羊圈裡出來的人們。舊約中傳達神的信息的話，的確是給今人聽的。今天能不再二著信神的人，就是不認同而不跟從羊群的人。

耶穌痛感神的殿成了賊窩，因為神的殿由屬二的人住著，他們讀聖經，所二著讀出來的，不是神所要給與的，其對神的理解是違背神的。「各個宴席上滿了嘔吐的污穢」，因宴席上都是所嘔吐出來的信拜受膏君王基督的口味。「這些牧人不能明白，各人偏行己路，各從各方求自己的利益」（〈賽〉56:11）。全知的神，完全知道當今的基督徒羊群是怎麼回事。

神本是無所不包，充滿天地的圓在，是二方在其內的圓在之圓。中國文化中的太極圖就是包含陰陽二方一體的圓在。太極圖以具體的圓體表示，而太極本身是無具體之形的，太極之圓是大象無形之圓。圓在的太極圖啟示上帝的圓在，圓在的太極圖也是神所設計按排；當啟示的做用發生時，能讓我們知道圓化之靈的存在。

「從來沒有人看見上帝，唯有父懷裡的獨生子將他表明出來」（〈約〉1:18）。上帝不就是太極圖的圓，因為那圓裡沒有人做為主體存在。所說的「父懷」比喻的是有人在其中的圓在之圓，耶穌是圓在之圓中與神一體的神人，他是以圓化的靈為主導的主體，主體圓化者的

耶穌，以其圓化的做為表明了神是圓化之靈的存在。是耶穌以做化人歸圓的工，表明神是圓化的神。耶穌做神的工，頭腦二著的人都不能看懂。以讀懂耶穌讀懂神來讀懂自己，包含改變自己這個屬二的人。你自己不再屬二了，耶穌對於你就是在你之中，你與之一體的了，你就具有了與耶穌一樣的主體圓化者的主體性了。

耶穌宣佈：「我是世界的光。跟從我的，就不在黑暗裡走，必要得著生命的光」（〈約〉8:12）。耶穌把圓化之靈的神顯現在人世上，照人以圓在之神的圓化之光；人們頭腦裡無形的二方之方框，是對光的抵擋。鬼的名子就叫抵擋，鬼屬惡；本惡之惡是離圓的二方，二方之鬼的抵擋，是對圓化之光的抵擋。所以「光照在黑暗裡，黑暗卻不接受光。」（〈約〉1:5）

經文中耶穌趕鬼、治病、赦罪，叫死人復活，這些事都含有著對於使人歸回圓在之圓的比喻象徵。鬼是什麼？是需要問明的，不是喊著、說著神就對神是什麼真知了，不是能叫著鬼的名就對鬼是什麼明白了，二著的人們是習慣於在理性的不清楚而含糊裡假定其已知，假定其明白的。「耶和華問撒旦：『你從哪裡來？』撒旦說：『我在地上走來走去，往返而來』」（〈伯〉2:2））。撒旦來之於地，活動於地，屬於二方基礎。正是由於人類間的各種二方對立，才有利益爭奪中的各種鬼事和鬼心眼子，魔鬼生存於屬二之人利欲之心的心裡。耶穌在人身上趕鬼，象徵使人歸神，人歸神就是在人這裡二方歸圓在之圓。

人的原罪產生於在人這裡二方離圓，耶穌憑什麼有赦罪的權柄？這在於他擁有包含二方的圓基礎，能在神家給人提供住處。只要人信從耶穌而歸圓，原罪即由二方在人這裡不再離圓而得免。離圓的二方是本惡之惡，是惡之源，善惡二方歸圓，本惡就不存在了。具體性之惡，是因人在二方對立的爭利中產生出來的，在人這裡二方歸圓了，產生惡的本體沒有了，屬惡的，臥在惡者手下的世界就在根本上改變了。那麼，信從圓化之光的耶穌，就以自己的歸圓和化人歸圓，改變自我而改變世界，在此意義上說，我們每一自我都有資格，有能力參與創造新世界，誰都不該看輕自我。

耶穌的治病包含使人成為圓化者的比喻和象徵。經文中說的病患，有罪過的意思：「他擔當我們的疾病」（〈太〉8:17），「他誠然擔當我們的憂患」（〈賽〉53:4），擔當我們的疾病，對困苦危難的擔當，是指擔當我們的二方離圓的罪而言。什麼是病？這要問什麼是健康？《周易》中「健也……為圓」，「天行健」，天乃圓。具圓而健康，健康本身包含對於健康的保持，整體性的健康是圓化狀態中的圓化能力。病是失圓的反應，身體上失圓身體有病，精神上失圓精神有病。人歸圓在之圓才有圓化的能力，才能造成和保持整體圓化狀態而擁有整體性的健康。

二方之「方框」在經文中比喻為墳墓，以墳墓來象徵；屬二方基礎的人，在經文中是屬魔鬼的人，「你們父魔鬼的私欲，你們偏要行」，這父魔鬼之父，就是二方基礎。人屬二，被生死二方所框定，就不能到圓化道路上來，就不能擁有永生，就是被終有一死的死亡給規定在死中的「死人」；人精神中無神，就不能走向神，就是走肉行屍的「死人」。耶穌視人的死為睡，聽到拉撒路死了，他說是睡了，對死了的孩子，耶穌也說是睡著了。叫死人復活，其實是喚醒在二方框裡精神沉睡的人。耶穌說：「死人聽見神兒子的聲音就活了」。神兒子是對來之於神者的比喻，經文中亞當也稱為神的兒子，人類都為神的兒女。圓在之圓是一切從之而來的本體，人類當然是祂的兒女。只是人自從有了自我意識，知道自己是人，也就對於他有了因不認識神而離圓的二方基礎，魔鬼成了屬二之人的父。「背道的兒女回來吧」，這神的呼召，是要人擺脫二方基礎，轉回圓在之圓的神裡。耶穌的無罪性，他的獨生子的身份，在於神給他靈，在於他得神的靈而不屬於二方，他獨有的圓化精神最先來之於神。精神在二方基礎之「方框」裡睡著的人們，聽見圓神之子耶穌的聲音，那是打開了囚人的「方框」才聽得到，聽得懂的聲音。聽到了圓化者耶穌的聲音，人就不再是「方框」裡的「死人」，就是從死裡復活的人。

耶穌的趕鬼、治病、赦罪、叫死人復活，這些活動是行化人歸圓的圓化，是在做神的工。耶穌是在人的圓化精神中再來的，他對於你的再來，是你在他裡，他在你中，是你成為他，你的精神在他裡，是他成為你，他的精神在你中。再來的耶穌是人所認識了的圓化者，人們都成為圓化者，就以圓化的思行化成天下，化成圓和、圓融、圓美的內外在整體世界，即屬於本真之真，本善之善的真化、善化的世界，也是美化、愛化的世界。

美是圓化的感性顯現，圓化才是真美的；愛是使被愛者得圓而圓化自我，神是愛，在於神使人成為圓化者；人對神的愛，是對圓化的愛。真愛之愛以讓人得整體性之圓的圓化來實現，體現於使人在需求的全面性上得圓的圓化。耶穌的新命令是愛，讓被愛的對象得圓才是愛，圓化讓人在整體全面需要上得圓，真愛以使被愛的對象和愛者的主體得圓的圓化性的思行來體現；愛出發於圓，圓也是愛的結果。愛的是什麼？就是以圓來化，向圓而化的圓化。

「我若沒有來教訓他們，他們就沒有罪。但如今他們的罪無可推諉了。我若沒有在他們中間行過別人未曾行的事，他們就沒有罪；但如今連我與我的父，他們也看見也恨惡了」（〈約〉15:22—24）。耶穌教訓的是：「你們要悔改」，就是悔其屬二，改而歸圓，即「你們要完全」（〈太〉5:48）；如今懂得耶穌所行的事是化人歸圓，才知罪在人的屬二，才知屬二的人都有罪；明確上帝圓在，人的屬二之罪才不可推諉。

人屬二就走非圓化的路，「我們都如羊走迷，各人偏行己路，耶和華使我們眾人的罪孽都歸在他身上。」（〈賽〉53:6）眾人的罪怎麼歸到耶穌的身上？這在於耶穌能把眾人屬二的罪擔當。對醫治的擔擋是能醫治，對罪的擔當是能使罪得免。免罪免於二方歸圓，耶穌擁有圓基礎，所以能把眾人屬二的罪擔當。耶穌是圓在之圓內的圓化者，二著的信徒，即以基督為神為主而「得稱為義」之「義僕」的罪孽，是要以歸圓在之圓的真神而解除的；耶穌的擔當罪孽在於他是化人歸圓的圓化者，「我們都如羊走迷，各人偏行己路」（〈賽〉53:6），是因屬二而沒能走圓化之路；各人偏行己路，其偏就偏於非圓。「不可偏向左右，要使你的腳離開邪惡」（〈箴〉4:27），不左就偏右，不右就偏左；行左或行右，居右或居左，屬哪種都是屬邪惡。左與右是二方，這二方不是具體方位的左方右方，這是相對立的二方，不屬此方，就屬彼方，沒有中間。不往左偏也不往右偏，只能就是包含左右二方的圓在之圓。

「耶和華如此說，你們當守公平，行公義」（〈賽〉56:1）。二著讀經文，喜歡讓公平、

公義在理性上含糊不清，因為被二方所限，對什麼是公義、公平也認識不明。屬二的信徒喜歡不被定義明確的神，那神可做為他個人意志的工具使用，對神的，對耶穌的見解不在他的框架裡，他就有理由認為你反對神，本來完全的圓在之神，被固定在非圓而殘缺的理解中，造假神，以為護神地冒充神。因為概念不清而含糊，可以不講理的讓公平、公義似有而無，無而似有。這世界有二十多億都以為公平、公義在他們那裡的基督徒，而世界在叢林狀態中根本沒有公平、公義，但卻不防礙二著的信徒們相信神在他們那裡。讓人人都能求圓而得圓的圓化，才體現公平，彰顯公義；非圓化則不公平，無公義。

不信神與信假神，都不能行公義與公平，這個二方基礎上缺少公義、公平的世界，就是對此的實際說明。不行公平、公義的世界不符合神，每一自我這個人都來之於神，對世界的不行公平、公義，都各自負有不可推脫的責任。有人為神不在現實中懲惡揚善而報怨，因各種大不合理的事情否認有神，豈不知世界的不符合於神，是人們沒有醒神兒，是人都還二著沒能覺醒。公平、公義不得流行，是因之於河中的冰凍；成為一滴水的自我才會要求冰河的開化解凍，自然之冰融化，需要升高的氣溫；人心的開化，需要聖靈的做工。真要公義、公平，就不要固守你的「方框」，要敞開心扉，迎接聖靈。

屬二的小己或者指望他對方的神，或者認為不存在神。人本在神裡，可人屬二，就與神隔離；人二著未醒，圓化精神還沒有誕生，不能行圓化，則不能行公義、公平。所以，自我從二方框的子宮裡脫胎，是最為要緊的事情。對於擺脫二方基礎，確立了圓基礎的人們，神就在人中。

圓在、圓化的神，讓每一歸神的人都有頂天立地的偉岸，因為各自都有建立公平、公義世界的神聖而偉大光榮的責任。對其責任的擔當，以做神的工來體現。「做什麼事才是做神的工呢」？耶穌回答：「信神所差來的，就是做神的工」，即信耶穌是圓在之神所差來的圓化者，信耶穌所做的圓化之事。「我所做的事，信我的人也要做」（〈約〉14:12），做耶穌所做的事，才是信耶穌。不然，就是嘴上信，實際上不信，就是精神上的招搖撞騙，自欺欺人。那麼你能做趕鬼的事嗎？能做治病的事嗎？能做讓死人復活的事嗎？耶穌做的這些事都是對他以圓化人，化人歸圓在之神的比喻和象徵，若不這樣讀經，就必使人陷入對耶穌的假信，因為都不能真的具體去做趕鬼，讓癱子起來，叫死人走出墳墓的事情。對於具有比喻性、象徵性的經文，不按比喻象徵來讀，就會讀不通而讀不懂，就會讓信仰在實質上成為假信。因為不能做耶穌所做的事，實質就是對耶穌的不信。兩千年來可曾由二著的信徒趕出過所以為的鬼嗎？治好過癱瘓的人嗎？叫墳墓裡的人復活了嗎？沒有，這事真沒有；誰說能有，那就公開來試，這在當今瞞不過去。所以現在可以說，二著的信徒全都沒有真信耶穌。

〈約翰福音〉中耶穌說：「我實實在在的告訴你們，子憑著自己不能做什麼」（5:19）。耶穌怎麼不能憑自己做什麼呢？這在於他不是神本身，神什麼都能做，神是全能者。認耶穌也是一位神，神就不是獨一的圓在之圓了，就以自方相對於所以為的神一方為二的二著，就把神給認假而信假神了。耶穌是「惟有看見父所做的，子才能做；父所做的事，子也照樣做」（19）。神做孕育人圓化精神的事，父愛子，將自己所做的一切事指給他看，還要將比這更大的事指給他看」（20）指給他看的是孕育的事，更大的事是神生產的事。「我來不是由於自己，但那差我來的是真的，你們不認識他，我卻認識他。因為我是從他來的，他也是差了我來」（7:28—29）；「我憑著自己不能做什麼，因為我不求自己的意思，只求那差我來者的意思」（5:30）。耶穌所做的事情，是使人的圓化精神誕生，是催生出圓化精神的人。經文預言了「他們在那裡被戰競疼痛抓住，好像產難的婦人一樣」（〈詩〉48:6）

「至於神，他的道是完全的」（〈撒下〉22:31），「他引導完全的人行他的路」（〈撒下〉22:32,33）。完全者本身是圓在之圓，神的道是什麼道？這對於二方基礎上的認識，從來都概念不清，思想不明。在圓基礎上，明確神的道是圓道、圓化之道。神引導人成為完全的人來行神的道，人的完全在於心，在於精神。不是人的身體不完全，人所不完全的是心，是精神。人心立圓，有向圓的完全之心即圓心，有圓化精神即真正健全的精神，就是完全的人。「我們的神，他是磐石，他的做為完全，他所行的無不公平」（32:34）。圓在的神所行的是圓化，讓人人都能圓化實現圓，在身體與精神的整體需要上得圓的道，才是公平之道，公義之道。

中國文化講「道必得人而興」，人行神的道，神的道才濟世濟人。這在於神人本是一體，人本在神裡。「你在地上釋放，在天上也釋放；你在地上捆綁，在天上也捆綁。當人的精神屬二方對立的二，做為胎性精神，處在神的孕育中；這精神之胎可以廢，可以成；神對個體的設計是怎樣的，要由他自己來證明。「你們在世上有苦難」，是因為人在世上處於神的孕育過程之中，人類的存在狀態不好，有危機，有困境，所有的問題都在促成胎性精神的成熟，人的精神的痛苦也是神的痛苦，普遍的精神痛苦來之於神產前的陣痛。

「我必差遣先知以利亞到你們那裡去。他必使父親的心轉向兒女，兒女的心轉向父親」

（〈瑪〉4:5）。所說的以利亞是對耶穌的象徵，是耶穌再來的預演。使父親的心轉向兒女，是使人們脫離二方基礎轉向圓基礎即圓在的神。「你們轉向我，我就轉向你們」（3:7）。

〈以賽亞書〉六十六章一節：「天是我的坐位，地是我的腳凳，你們要為我造何等的殿宇？」，基督教造的是以基督獻祭為中心的「賊窩」，那殿宇與圓在、圓化的神是完全不相配的。二節：「耶和華說：這一切都是我所造的，所以就有了。但我所看顧的，就是虛心痛悔、因我話而戰競的人」（「虛心」原文做「貧窮」）」還是二著明白嗎，還是二著以為有知識嗎？還覺得是為善的嗎？四節：「假冒為善的……獻羊羔，好像打折狗項，獻供物，好像獻豬血，燒乳香，好像稱頌偶像。這等人揀選自己的道路，心裡喜悅行可憎的事我也必揀選迷惑他們的事。「我說話，他們不聽從，反倒行我眼中看為惡的，揀選我所不喜悅的」〈何西阿書〉中神告訴我們：「我喜愛良善，不喜愛祭祀」（6:6）。耶穌引用這話時，特意強調要揣摩這話的意思（見〈太〉9:13），用基督獻祭，是上帝和耶穌所都不喜愛的祭祀。因為思維基礎的二方對立，才會有以為是在信神，卻喜歡做逆神的事。「回頭吧！」，這回頭的回字，是告訴不要以兩重方框走背離神的非圓化之路，也是說把二重方框解除即歸圓才能行神的圓化之道。

耶穌說：「若有人要跟從我，就要舍己，天天背起他的十字架來跟從我」（〈太〉16:24〈路〉9:23）。舍己是捨棄屬二的自己，舍己是脫離二方之「方框」裡的自己。走十字架的道路第一步就是自我否定，否定的「否」字是「不口」，告之「口」即「方框」當「否」。天天背起十字架，是歸圓而天天行圓道，永遠走圓化之路

〈以賽亞書〉中說：「從今以後，我將新事，就是你所不知道的隱密事指示你」（48:6）就是生產圓化精神的事。「我的百姓啊，要向我留心；我的國民哪，要向我側耳。因為訓誨必從我而出，我必堅定我的公理為萬民之光」（51:4）。神的公理是圓化的道理，我們當以讀懂圓、圓化來讀懂完整性與全面性的人自己。

05

神的奧秘，「一切惡人都不明白，惟獨智慧人能明白」（〈但〉12:10）。為什麼惡人不能明白呢？因為惡人屬二，二著的人不能認識圓在、圓化的神，對表達神意的話語不懂，當然不能明白神的奧秘。神民一直屬二，拜基督耶穌為神，為王，為主則更顯其二，所以對神的圓在、圓化不能明白。有剛硬頑梗者會對歸圓而成為圓化者覺得繁瑣，會感到沒有他們的信基督寶血省事解洽。〈瑪拉基書〉中神說：「我的名在外邦人中必尊為大」（1:11），有缺就不夠大，無缺才真大。圓在之圓本身無缺而大。圓在的神才能被屬二神民之外的人尊之為大。「在各處，人必奉我的名燒香，獻潔淨的供物」（11）。燒香是比喻寄託願望，供物比喻給出的思想。尊圓為大則信以圓化之，化而成圓的圓化。「你們卻褻瀆我的名」（12），不以圓化精神信神，「你們又說：這些事何等煩瑣，並嗤之以鼻」（13）。頑固不化的屬二信徒，經文中的神是知道的，須知信神是不可與神對抗的。無神論中的自以為是者，他缺錢或不缺錢，都會成為理由讓他不改其二，就二著在「方框」的墳墓裡明白。會有很多的人把自己的思想凍結於二方基礎，但圓化的神也必吹來春風，灑下春雨。圓化的神律文化必定興起。

在二方基礎對認識的逼困中信神，會讓人愚而反智。智慧是圓化的能力，人化己歸圓，成為由神主導精神意識的主體，就具有以圓化之，化而成圓的能力。具有圓化智慧，就明白圓化之神的話語。〈約翰福音〉中耶穌說：「那聽我話，又信差我來者的，就有永生，不至於定罪，已經出死入生了」（5:24）；說：「你們必須重生」，還說：「人若不重生，就不能見神的國」（3:3）。

為什麼聽耶穌的話，信差耶穌來者的就有永生呢？人得圓而生，人的生命是從圓在的神而來的。圓在的神演化一切，人是神自身運化的結果，屬二階段的人是精神之胎，神以孕育成人的圓化精神實現自身，信差遣耶穌來的圓在之神，聽耶穌的話，舍去屬二的鬼性私欲之小我，成為與神同工同行的圓化者，就無罪而擁有永生了。做為光的耶穌能在我們的圓化精神中復活，我們就知道永生的確是真的。能向圓滿發育的果子，會有圓熟的果仁兒而具有永生性的生命，蛋殼裡的鳥胎活在得圓中而達於生命的圓熟，對於它就有殼外廣大的世界，蛹的生命達圓就蛹化成蝶，這是理性所明知的；走圓化之路，人生的終了是回到製做了人生之夢的神那裡的醒；人生的好夢成圓，死是靈魂歸於神的圓境。耶穌的話真，這事就真；圓在的神真，耶穌的話就真。能讓人在身體與精神整體性需求上全面得圓滿之圓的圓在、圓化的神，是由人歸圓而與之同在的神，自我由歸圓在之圓而有的圓化精神，這精神真，圓化的神就真，永生就真；人真有圓化精神，就真有精神的永生。

〈馬太福音〉：「凡為我喪掉生命的，必得著生命」（16:25）。我們為做圓化之工的耶穌而喪掉舊有屬二的生命，就有了我在圓在的神裡，神的圓化之靈在我中的圓化性生命。圓

是開端與終端的一體，以圓在之圓為開端的圓化精神，最終歸於圓在之神永恆與永生之圓境。這道理等於是：蛋殼裡的生命擁有圓化狀態中的發育，蛋殼外就有它超驗的天地；蛋殼裡具有圓化性的生命，必有蛋殼外面的新生。耶穌通神、知神而知人可以有永生這樣的事情，他說給我們的話實在，中肯：「人若賺得全世界，賠上自己的生命，有什麼益處呢？人還能拿什麼換生命呢？」（16:26）屬二的人因二是本假而沒有真生命，屬二之人離開本真而失真，無論怎樣活過，都終是走向幽暗之陰間的過程，不管是做物欲的奴隸，還是拜假神或入空門，那生存只能做為他人圓夢人生的夢中材料留存，象一片落葉，一個樹影，在時間中過眼雲煙。

什麼都不能換人的真實生命，得到多大的權力，多少的財產，都不值得人讓自己失真，就是全世界都是你的私產了，人卻是過客性的假人，生不帶來，死不帶去，一場虛夢中的人生必將散去，其中的具體實物對於在時空裡消失不能歸回神的你又有何益呢？你若對自己誠實，就沒法不認耶穌中肯之言的深刻道理。

人當歸回本真。歸真是讓本假回到本真，歸了真的假就不假而是真之中的內容，屬真的成份。二方在自我這裡歸圓，自我就不再是殘缺片面的被規定在死中的假人，而是屬本真的完整性的人。神是本真之真，自我歸之於神而擁有圓化精神，就具有本真之真生命。迷失沉醉於屬二的假人，做為確定了的，在將來不定時被執行的死囚，在死路上的爭利中即使賺得了全世界，賠上本真的生命，只是服務於必朽的肉體和虛榮，用夢幻泡影換生命，有什麼益處呢？拿什麼可以值得換取永恆與永生性的本真生命呢？耶穌的話，非常值得人們深思細想。

「因為父在自己怎樣有生命，就賜給他兒子也照樣在自己有生命」（5:26）。圓在的神是以自身的運化而有圓化性的生命，耶穌得到圓在之神的靈，所有的是圓化性生命。耶穌乃人類的榜樣，他怎樣有生命，我們也當怎樣有生命，那就是信圓在、圓化的神而確立圓化精神。

有限而短暫的世間人生可比為一場夢，對於個體，可以是渾渾噩噩的一場夢幻、虛夢，可以是為私欲所造成的惡性結局的一個噩夢，可以是進入永生之神境的，好夢成圓的圓夢。人生夢圓，人終有一死的死亡是回到制做人生之夢者即神那裡的醒，那是超驗的天國，那是神美神妙的神境。

天國在人的心裡，當普遍人們心裡有天國，就會有屬天國的現實世界。那是真化、善化、美化、幸福化，道德化、健全化，整體和諧化，人人都能圓滿自我的，真愛充滿人間的圓化世界、圓化境界。

為什麼「人若不重生，就不能見神的國」呢？因為人是屬地即屬二方的，神的國是天國。天乃圓，圓在、圓化的世界與境界才是神的國。人二著，沒有出發於圓，指向圓的圓心，精神心靈不能圓化，當然就不能見神的國。神國不是罪人的，人是需要除掉離圓的二方之罪的。「耶和華我們的神啊，你的名在全地何其美！你將你的榮耀彰顯於天。你因你敵人的緣故，從嬰孩和吃奶的口中建立了能力，仇敵和報仇的閉口無言。（8:1）。人一直被敵人

即離圓的二方所擄，經文中神民是擄民，因二方之「方框」對人的囚拘，神通過那新生的，正從圓在之神吸取思想精神成長的圓化者（以吃奶嬰孩比喻）那裡，建立起在人世間的圓化能力，其中包含圓化思想的，精神的，文化的感通力、融合力、傳播力、普及力，不斷增多的圓化者們以圓化之，化而成圓的圓化力。

06

人因為有了自我意識就落在二方基礎上而屬於地，「所以地被詛咒吞滅，住在其上的顯為有罪」（〈賽〉24:6）。地離天，二方離圓在之圓的罪，要以二方歸圓來免除。當你確認神是充滿天地的，無所不包，包含一切，再沒有什麼能與之對立，真正獨立獨一的圓在之圓，而你就在神裡，那麼二方離圓的原罪就對於你免除；圓化之靈的神在你裡，你成為神所主導著精神的圓在主體，就不是活在罪中，而是以圓化的思行體現神，榮耀神。

二著的信徒甘於自己是主僕二方的奴僕，對於不象他一樣信神的人，他會判定那不是信神；他要求象他們一樣信神，信他二著所理解的失圓而失真的假神，也就是讓人信不認識真神而不真認識神的他們。只要聽到與他們對經文不一樣的理解，他就會義正詞嚴的要你回到聖經。他們對經文的誤讀所讀出來的說不圓的神，有缺漏，有矛盾，但這不能觸碰，因為他不許質疑他們的所信。若對其所信做理性的追究，那就危及他信仰的神經，就是反對他之所信而要被他當做反對神。其被二所逼困的思維意識，被他以神性固定，他將繼續沉迷於愛基督的情感之中，用假神繼續去迷惑人，安慰和榮耀自己這屬二的人。

「人在列邦中要說：耶和華做王，世界就堅定，不得動搖。他要按公正審判眾民」（〈詩〉96:10）。耶和華做王，就是不以基督耶穌為王，不以金錢和具體實利為王；耶和華做王，是人完全聽命於圓在、圓化的靈，以圓為基礎，為目的，行圓化而行公正、公義。神按公正審判萬民，是圓在、圓化的神審判屬二方的行非圓化的人。神所審判的是罪人即惡人。人本性求圓，罪人的精神基礎不是圓在之圓，而是離圓的二方；經文中所描述的惡人形狀，是婦人在方形器皿裡，上有片圓鉛，象徵在方框裡求圓（見〈亞〉6—7）。「人若是公義，且行正直與合理的事……未曾吃過祭偶像之物，未曾仰望以色列家的偶像……按至理判斷，遵行我的律例……這人是公義的「（〈結〉18:5—9）。吃祭偶像之物，仰望以色列家的偶像的人，這人就不公義，其所行的就不合於至理而是不正直、不合理的事。在「方框」裡求圓，信神就會是拜偶像假神的精神上的奴隸，不信神的則會是權勢的、金錢的奴隸。按至理判斷，圓化才公義。以人的求圓本性來說，人人都是具有公義性的，但由於不認識神也就不認識完整性人的自己，被對立的二方基礎所鉗制，也就被鉗制於小私之私欲，殘缺片面之小己。屬二的人類能有公正、公義的願望，卻不能行公正、公義；如文明至今，也還是叢林世界，弱肉強食。這是因為不擁有圓基礎而不能行圓化的路。

圓基礎須建立於對上帝的正確認識，上帝就是哲學所尋求的本原、本體——圓滿的始基。對立二方一直是人類的思維基礎，所以神學、哲學都在根本性的困境裡，二方在自我這裡歸圓在之圓，神學、哲學的根本困境，就在自我這裡得以解除。

「你施慈愛與千萬人，又將父親的罪孽報應在他後世子孫的懷中，是至大全能的神，萬

軍之耶和華是你的名（〈耶〉32:18）。神的施慈愛與報應先輩就有的罪孽相對應，這所說的其實同是使人歸圓的事情。人們的歸圓，是神的孕育以這些人成為圓化精神的新人而成功，是神施慈愛與千萬人以豐富神本身，萬軍耶和華是神來到千萬人之中而對於千萬人是真神。圓在圓化的神，演化千萬、億萬人的圓夢，個人都由他的人生夢圓達於神的永生之圓境。這是神運化自身的一個完成。神與人的奧秘，就在這之中。人或者以行圓化達於終極的圓境回到製做了人生之夢的神那裡而醒，或者就在「方框」中方生方死，只做為構成別人人生之夢的具體材料所用。

「我住在至高至聖的所在，也與心靈痛悔、謙卑的人同居；要使謙卑人的靈甦醒，也使痛悔人的心甦醒「（〈賽〉57:15）。痛悔是為屬二的原罪而痛悔，是為二著拜偶像，信假神而痛悔；不二著有知識，不二著明白才是謙卑；將你屬二的知識放下，放下你二著的這樣那樣的明白，你才能歸圓而與神同在；能謙卑而痛悔其屬二的人，能謙卑而對其處方框「罪」「咎」中的自己痛悔的人，神將使之靈，使其心甦醒。個人都要以其能否由離圓的二方基礎向包含二方的圓基礎轉變，證實自己是神所愛的還是神所棄之人。

人從哪裡來，向何處去？表哪裡，何處的一個漢字是與「圓」同音的「爰」，本元的元，根源的源，本原的原，伊甸園的園，古猿的猿，因緣的緣，這些表人的來源的字都以同音指示了人所從之而來的圓。說人來之於天，天為圓；說人來之於上帝，上帝圓滿。人，你來之於使你成為你的全部條件圓俱之圓，所有因素齊備的圓全圓滿性之圓，你將以圓化去往未能經驗但可想像的圓美圓妙的神境之圓。

〈創世記〉中：「我是全能的神。你要在我面前做完全的人」（17:1）。圓全，全者圓。全能乃圓化之能。「行事完全的，為他所喜悅」（11:20）。行圓化之事，才是行事完全。圓化之神，喜悅圓化者的人們。「惡人若回頭離開所行的惡，行正直與合理的事，他必將性命救活了」（〈結〉18:27）；「耶和華向這城呼叫，智慧人必敬畏他的名」（6:9）；「死人（原文做「你的死人」要復活，屍首（原文做「我的屍首」要興起……地也要交出死人來」（〈賽〉26:19）。圓在、圓化是耶和華的名，地為二方，地交出死人來，是人不再二而歸圓。神所給的信息，是對於誕生出圓化的文化精神的啟示，是號召圓化的文化興起。「他要招呼上天下地，為要審判他的民」（〈詩〉50:4）。天圓地方，天一地二，二方在其內的圓，是「上天下地」的整體。被審判的民屬地，以二方為基礎，二方離圓，所被審判的原罪。以圓在之圓審判二方離圓，判其二方歸圓。「你從天上使人聽判斷。神起來施行審判，要救地上一切謙卑的人，那時地就懼怕而靜默」（〈詩〉76:8）。「懼怕而靜默」的不能是物質性的地，地指二方，天指圓，圓在的神要救屬二方的人，謙卑的人有此認知，知其罪而對神有懼，會因「懼怕而靜默」，就不會以二方基礎上的話語對圓在之神拒斥。神「必使我們復活，從地的深處救上來」（71:20）。地的深處是指人深陷二方基礎，「我被丟在死人中，好像被殺的人躺在墳墓裡。你把我放在極深的坑裡，在黑暗地方，在深處」（88:5—6）。這裡說的死人，墳墓，也是人被二方之「方框」所因，即人的屬地。神的審判，是對謙卑人的拯救，「使被囚的出來享福；惟有悖逆的住在乾燥之地」（68:6）。所說的乾燥之地，就是讓思想窮困貧乏，精神枯萎衰竭的二方基礎。

「我實實在在的告訴你們，人若遵守我的道，就永遠不見死」（〈約〉8:51）。耶穌的

道，來之於神的道：「至於上帝，他的道完全」。圓本身無缺才完全。耶穌要求人，要「象你們的天父完全一樣」。人以行圓化之道體現神，人只要不二，就都能是以圓化的思行體現神的人。沒有誰應該自輕，活出上帝，其實是人的本真，是人的本份。「從今以後，我將新事，就是你所不知道的隱秘的事指示你」（〈賽〉48:6），就是圓化之事。「憑公義召你……做外邦人的光，先前的事已經成就，現在我將新事說明」（〈賽〉），所要說明的新事，當是圓化之事。

神說：「天怎樣高過地，我的道路照樣高過你們的道路」。神的道是由神所主導著精神的人在其中做主體的圓道、圓化之道。人成為圓化者，就永遠不見死，圓化精神通神而不死。耶穌關於永遠不嘗死味的話可不可信，在於自我信不信耶穌，有沒有誠信、真信。擁有神的靈，就在精神靈性上是不死的人。耶穌說：「神，乃是活人的神」（〈太〉22:32），這所說的活人，活有靈性生命。耶穌說：「我對你們所說的話就是靈，就是生命」（〈約6:63）。耶穌所說的是以圓化人，化人歸圓的話，那話就是能來到人裡的圓化的靈，就是人的神性、感性、理性圓合的生命。〈約翰福音〉中，「有了我的命令又遵守的，就是愛我的」（14:15），「人若愛我，就必遵守我的道」（14:23）。耶穌的道，是讓人完全的道（「所以你們要完全，象你們的天父完全一樣」），是叫人們不二而合一的道（「完完全全的成為一體」），那不能是非圓化的道，而是圓化之道；讓耶穌在我們裡，我們就是行圓化之道的主體。

在經文中耶和華、耶穌的話裡讀懂你自己，是對感性、理性、神性完整性人的自我認識。每一自我都有其肉體生命，耶穌說「肉體是無益的」，是說肉體對於靈性生命的獲得和生長沒有用處，並非說肉體的需要不該滿足，只是不能單一的以之為目的：「你們不要憂慮，說，吃什麼?喝什麼?穿什麼?這都是外邦人所求的。你們需用的這一切東西，你們的天父是知道的。你們要先求他的國和他的義。這些東西都要加給你們了」（〈太〉6:33）。

現代的外邦人所求的是物質性的東西，信神也需要滿足肉體需求的用物。精神是人的主體，精神當由圓化的神所主，主於以實現圓滿之圓為目的。若是獲得肉體所需求的用物成為人的目的，其精神就與神偏離，就屬於了肉體所需求的用物，被物性的東西所主。幸福是人的幸福，由人是身體和精神存在的整體而是圓化的體驗、感受，圓在的神讓人在身體與精神需要的整體性上全面得圓，我們只要求神的國和他的義，就是以圓化之，化而成圓行圓化，身體上的各種具體所需就都會有，精神的需要就以圓化的效應滿足。

具體的物質成果以成就具體的圓滿性之圓來獲得，圓化包含成就具體之圓。科技是圓具體之圓的高能高效的手段、工具，人類在二方基礎上不乏創造物質成果的能力，求上帝的國和義，是求具體之小圓與整體之大圓的合一。擁有實現整體大圓之理想，以返還神的永生之圓境為目的，每得所需具體之圓，就都與整體大圓理想圓合，那所得具體之圓，就包含在整體之圓裡。圓化是結果也是過程，是手段也是目的；圓化者以滿足身體和精神的全面需要，以整體圓化的效應不斷實現生命的價值與意義，以圓化的事業和生活體現上帝，榮耀上帝。

「人能脫離死亡是在乎主耶和華」（〈詩〉68:20），神的國是有永生的。〈約翰福音〉中耶穌說：「我實實在在的告訴你，人若不重生，就不能見神的國」（3:3）。重生是得永生的必要條件，不重生就不能進神的國，神國屬於能重生的人，重生就能得永生。屬地即以二方為思維基礎的人類重生，是成為屬天即圓基礎上的人，人的重生完成於歸圓而立圓。

「從肉身生的就是肉身，從靈生的就是靈」（3:6）；「歸耶和華為聖」，人歸圓在之圓而得圓化的靈。聖靈不是人二著所以為的對方外在於人的東西，人回歸圓在的神，從神那裡得到圓化的靈性，才是聖靈。聖靈是人與神的感應，聖靈是神與人的聯通。「你們必須重生，『你不要以為希奇』」（3:7）。因為人類由區分出不同二方而生成為人，他不知道是人從圓在之圓內分開的二方，本來自於神卻因不認識神而成了生於二方基礎的與神隔離的人。重生是人的精神意識從二方之「方框」裡擺脫出來，在圓基礎上，即在神裡新生。人本來之於神，人本在神裡才能從神而來之；人的重生，是其精神意識重新和神在一起，重生的人，是人與神一體的人。人的重生就是精神意識發生根本轉換，從離圓的各種對立二方的世界向包含二方的圓在之圓的境界轉換，說「你不要以為希奇」，是說你當領會神意，理解接受而與神同一。

「我對你們說地上的事，你們尚且不信，若說天上的事，如何能信呢？」（3:12）耶穌所說地上的事，是二方基礎上的這世界的事：二方基礎上的人類各方構成思想觀念和具體物質利益的戰場牌局，地球人類本該是球場上同一球隊球員之間的關係，從二方基礎轉換到包含二方的圓基礎，等於不懂球規球理的「球盲」們活動的整體無序，變成按照球規球理的球員們活動的整體有序。在「球盲」的球場，「球盲」的群人總是會自造和在延續中不斷惡化的困擾自身的問題，互損互害總是難免，個體都不能真正實現自我；在球員的球場，同隊球員是完完全全合一的整體，集體為每一個體創造發揮的條件，個體都以實現自己而實現集體，集體的實現就實現個體。個體發展自身就是發展他人，沒有互礙，只有互助，你是一個我，我是一個你，人人都是大我之人的自己。人類命運的共同體，需要共同的圓基礎。

這世界的人被二元分裂的生死所規定；人是被確定在必死之死亡裡的人，他們的得救，在於回歸圓在的神而重生。若對此不信，那麼天上的事，神的超驗之圓境，就更沒法相信。「除了從天降下仍舊在天的人子，沒有人升過天」（3:13）。耶穌來之於也存在於神裡，叫一切信他的人得永生（或做「一切信的人在他裡面得永生」），惟有耶穌知道人類不能經驗的超驗神境裡的事。耶穌是從圓在之神裡來的圓化之光，「光來到世間，世人因自己的行為是惡的，不愛光到愛黑暗」（3:19）；不接受圓化之光而不能有對耶穌的真信，耶穌「叫一切信他的都得永生」，不接受圓化之光則不能行圓化的光明之路，也就不能返還神之圓境而得永生，就必要死在罪中。「但行真理的必來就光，要顯明他所行的是靠神而行」（3:21），即靠圓在、圓化之靈而行。

行圓化之道的人，真的可以不死嗎？這可信嗎？植物所顯示的靈性：花朵結束了，是果子長起來了；果子圓滿的生長，是具有永生性的仁兒形成；雞胎活有靈性就不是死在蛋殼裡，圓滿發育的種子在土裡的死是它轉換了存在形式的生。人生可以是泡影幻夢終要破滅的空夢，可以是好夢成圓的達於圓美圓妙之神境的圓夢。〈創世記〉四十一章：「他把我們的

夢圓解了，是按各人的夢圓解的，後來果真按所圓解的成就了。」（12）那是以「我今日想起我的罪來」（9）說到圓解其夢和按夢的圓解而圓成。人要麼必要死在罪中，要麼以歸圓免罪，行圓化之道成就永生。

屬二的門徒都不認識耶穌，耶穌是誰，是他們的問題。門徒對耶穌發議論，「彼此說：『這到底是誰？』」（〈可〉4:41）基督徒都是屬二而不認識神的人，是人隨人行，徒然而信的人。由於對圓化之光的耶穌不認識，他們把耶穌認做彌賽亞即基督，認為膏油膏出來的基督是上帝，「他們的心被旨油包裹」（〈詩〉17:10），神早對他們有知。耶穌明明說：「子憑自己不能做什麼」（〈約〉5:19），「我憑著自己不能做什麼……因為我不求自己的意思，只求那差我來者的意思」（〈約〉5:30），馬太福音二十六章三十九節，他向父禱告：「倘若可行，求你叫這杯離開我，然而不要照我的意思，只要照你的意思」，。這些話都說出了神不是耶穌，耶穌不是上帝，他是上帝差使來的。有人問耶穌：（10）良善的夫子「我該做什麼善事，才能得永生？耶穌對他說：「你為什麼以善事問我呢？只有一位是善的（有古卷做「你為什麼稱我是良善的？除了神以外，沒有一個良善的。你若要進入永生，就當尊守誡命」（7）。耶穌強調只有一位本善的神，不能有二位、三位的神，這是神的誡命；若要進入永生，就必須遵守神是獨一無二之神的誡命。那麼以基督耶穌為上帝，為救主，就違犯神的的誡命，就不能進入永生。把這經文讀懂，就知道聽耶穌的話，與神同在同行，就能擁有永生，而被二方所控制思維思想，精神意識，就不能認識圓化之光的耶穌，就處於暗昧中，對耶穌的話聽不懂，就與神相離分，就是不能得永生，必死在罪中的罪人。

認基督為上帝，為救主，因基督是受膏者而是人對方的具體有形的存在，人就與那神純粹為二，神對於人就不能是人在其中的圓在之圓。所認的神非圓在就缺殘，虧缺上帝的「虧」字，上有二的標誌，下是個彎曲，這「虧」字，是對人因屬二而不能走圓化之路，虧缺著上帝的言簡意賅的準確描述。

信基督為神為救主，有著一套人所吩咐的洗腦話語。頭腦被木架上的屍體，被基督的所謂寶血所控制，就與那些正在打魚的門徒們一樣，「門徒中沒有一個敢問他「你是誰」？因為知道是主」（〈約〉21:12）。不問耶穌是誰，「因為知道是主」，這乃是根本大誤；這就不知自己是誰地二著對主有知，這就不能懂得只有不二才能回到神裡。人只要不二，二在他那裡歸圓，他就與神圓在；人的思維意識被二所囚拘，讓人不能懂得他本在神裡，本是與神一體的自己。人的敵人是他自己，就是他自己的二方基礎，就是他自己屬二的思維意識。

耶穌說他有兩群羊要從圈裡領出來，就是有神論的圈和無神論的圈，那圈在信有神和不信有神上不同，但同在二方基礎上形成。兩種二，各在自己的圈裡有明白，在假知中固定著由啟示的「示」字所宣示著的「小二」；人懂得了完全人的自己，就從圈裡出來，就放下假明白到天國裡來。耶穌說「天國在人的心裡」，「凡要承受神國的，若不像小孩子，斷不能進去。」（〈可〉10:15）。小孩子純真，真純淨化的人，沒有這樣那樣的假明白成為阻礙，才能把耶穌的話聽明白。

我是誰？是二著信神在傳福音的人嗎？因你所認的神失真，你所傳的那福音為假，「你們走遍洋海陸地，勾引一個人入教，即入了教，卻使他做地獄之子」（〈太〉23:15））。地

獄是因人屬地而有，地為二方，二方之地就是精神的地獄，神的子宮裡的孕育，呈現為精神的煉獄。昨天的法利賽人，今天是誰呢？讓人信基督，把基督當神當救主，就用假神把人給固化在屬二的境地「做地獄之子」。信神卻做地獄之子，這是多麼可悲之事！「你們還不醒悟，還不明白，還是愚頑嗎？」（〈可〉8:17）「救恩屬乎耶和華」（詩3:8），不屬任何的別者，救主不能是基督；「當獻上公義的祭，又當依靠耶和華」（詩4:5）。圓化才公義，依靠耶和華，就是依靠圓在的神而行圓化。

08

「你若有半文錢沒有還清，你斷不能從那裡出來」（路12:59）。所說的那裡是二方框的「囹圄」，人所處「罪咎」的被「囚」之地；不能差半文錢，要全還，還全，圓全，圓才全，要以還圓出二方之監，在於二方包含於圓在之圓，要走出囹圄，必須歸圓。

〈詩篇〉中，神「垂看世人……他們都偏離正路，一同變為污穢，並沒有行善的，連一個也沒有」（14:2,3）。在二方基礎上的路非圓而必偏，非圓而不善。為什麼會沒有一個是行善的？因為都是二方基礎上的。神在啟示什麼？啟示思想的各家門戶，每一口人「戶口」（啟）的「方框」問題，所「示」的是人的因「二」而「小」的「二小」，「小二」。基督徒習慣於二著說神的啟示，說神啟示出來了這個那個，人卻讓其思維意識被二所逼困著，對因人二著而讀不通的經文，裝做若無其事地躲避，將其困惑束之高閣，讓信仰沉浸於感性化。現在當知為什麼沒有行善的，為什麼都偏離正路了。該從污穢中擺脫出來，讓神的殿潔淨了！

「我若去為你們預備了地方，就必再來接你們到我那裡去；我在哪裡，叫你們也在哪裡」（〈約〉14:3）耶穌再來，是接人到耶穌所在的那裡。耶穌說：「我在父裡面，父在我裡面」，耶穌在神裡。當耶穌還沒有再來，包括信徒們也都還不在神裡，都在與神為二。耶穌接人到神那裡，是人歸神而人神為一，也就是人歸圓在之圓，人在圓裡。耶穌屬神即屬圓，他做圓化的事「當因我所做的事信我，我所做的事，信我的人也要做」（10—12）。信耶穌，接納再來的耶穌者，就是歸圓而確立圓化精神者。擁有神的靈的基督復臨，就是人得到圓化之靈。

「你從天上使人聽判斷，神起來施行審判，要救地上一切謙卑的人」（〈詩〉76:8,）。謙卑人才能得神救，二著卻以為他明白，固守在「方框」裡自負，會被神所棄。「人能脫離死亡是在乎主耶和華」（詩68:20），「固」守「方框」要在「口」裡做「古」（固）。人二著信神，不是覺醒是夢遊，是自欺欺人的信仰；人二著不信神，是昏睡中的迷失，是甘於死在罪中。在「方框」裡做被「囚」的人，無論是信神與不信神，都是經文中所說的「死人」。

死人（原文做「你的死人」要復活，屍首（原文做「我的屍首」）要興起。睡在塵埃的人啊，要醒起歌唱……地也要交出死人來」（〈賽〉26:19）。愚昧不得神的眷顧，「智慧要救你脫離淫婦」（〈箴〉2:16），地為二方，地交出死人來，是人脫離二方基礎；這經文中說的淫婦有兩個含意：神為天為父，二方為地為母，二方離圓，母離父而是淫婦，淫婦指二方基礎。「他們的母親行了淫亂」（〈何〉2:5），是指在二方基礎上信假神；神比做人

的夫，妻不隨夫，或與基督親密，或愛財物權勢與神相離，把精神之愛給了別的東西，就屬所說的淫婦。智慧是歸圓在之神而有圓化的能力，能以圓在之神化己，化己成為圓在之圓內由圓化之靈所主導的主體，以其主體主動性化人脫離「方框」，即是「智慧要救你脫離淫婦」。人有了擺脫二方基礎的決意，就是睡在塵埃的人醒起。

經書中神和耶穌的話，都是對二方離圓和二方歸圓而說的。耶穌和神的話，讓人們把這樣的問題面對著：你是繼續二著，還是歸圓在之圓呢？十為全即圓，十二表二在圓裡，給神造壇用十二塊石頭，以色列十二支派，耶穌十二門徒。〈但以理書〉第十二章中，「從除掉常獻的燔祭，並設立那行毀壞可憎的，必有一千二百九十日」，1290加起來是十二；「等到一千三百三十五日的，那人便為有福」，1335加起來是十二；〈以西結書〉四章五節：以色列家的罪孽「做孽的年數」，神所定的「就是390日」。390加起來是十二，。十為全表圓，十二是二方在其內的整體之圓。屬二而信假神的做孽，以人歸圓，二方在圓裡節束。耶穌用五餅二魚使千百眾人吃飽，須知經文是以敘述具體之事啟示精神世界的事，讀這經文當讀出象徵意義：五加二是七，七是神的圓滿之數表圓。四福音書中篇篇都有耶穌用五餅二魚使眾人吃飽還有剩下的事情，那是比喻使人們得到屬圓的思想，惟思想給了出去，所剩下的還能是那給出的，屬圓的思想，才能給出圓化思想，收穫思想的圓化。所以每給出圓滿數字的食物，剩下的總是裝滿「十二個藍子」（〈太〉14:20）。在此的「十二」，是指包含二方的圓在之圓。給出圓化思想，圓化思想還留存於給出者且增多，這是給出五餅二魚剩十二藍子的比喻象徵表達。

〈馬太福音〉第五章：「虛心的人有福了，因為天國是他們的。哀慟的人有福了，因為他們必得安慰。溫柔的人有福了，因為他們必承受地土。饑渴慕義的人有福了，因為他們必得飽足。清心的人有福了，因為他們必得見神。」（3—8）不被私意纏心，不被利慾薰心，人不偏心，就見圓在之圓的神，就得圓化的靈。懂得你自己，該知道必有一死的你，本性求圓的你，要讓圓在、圓化的神屬於你。〈約翰福音〉中耶穌向父祈求：「使他們都合而為一」（17:21），「象我們合而為一」（22），「使他們完完全全的合而為一」（23）。你我都以歸圓不二而有擔當，就是以圓化精神參與神，開創全新的歷史。

〈利未記〉：「地不可永賣，因為地是我的。你們在我面前是客旅，是寄居的」（25:23）。賣地是對二方離圓的隱喻，屬二的人沒有主導的神在他中做主而是寄居的客旅，夢裡不知身是客，是人們在不覺悟中做為人生之夢裡的材料在渾渾噩噩的活著。「在你們所得為業的全地，也要准人將地贖回」（25:24）。將地贖回是贖二方離圓的原罪，耶穌上十字架昭示以歸圓贖人屬二的罪。七七滿年後，「這年必為你們的禧年，各人要歸自己的產業，各歸本家」（25:10）。圓在之圓是人的本家，是精神的真正家園，二方在各人那裡歸圓，就「各歸本家」。「到了禧年，地業要出買主的手，自己便歸回自己的地業」（〈利〉25:28）。出買主的手才能贖回，禧年的前日，「這日就是贖罪日」，罪因在人這裡二方離圓，贖罪是比喻在人這裡二方歸圓。人能贖屬二的罪，是圓在的神對人的解放。

地回到本體之圓，圓化是人自己真正的事業。《周易》中明確什麼是事業：「通變之謂事」，通達變化之道，成天下之務就是事業。聖經與易經圓合，變化之道乃圓化。圓化不限

於具體的天下，還包含精神領域的圓化；也不限於今生此岸的世界，是包含此岸與彼岸的圓化境界。人來之於圓在的神，人人都有神的基因，都求圓而具有神的圓化性。我們本該是圓化者，之所以被「方框所囚」著，等於是鳥胎兒，還沒能成熟到能出蛋殼。而意識到此，就是意識已達於成熟。

「來吧，我們歸向耶和華！他撕裂我們，也必醫治；他打傷我們，也必纏裹。過兩天他必使我們甦醒，第三天他必使我們興起」（〈何〉6:1—2）。撕裂為二，是神為孕育才使人的精神落生於二方框的子「宮」中，「罪咎」裡；醫治以圓，化二方歸圓，二病便得免。能有對此的精神覺醒，就會成為圓化者的新人，就能參與神律時代的起興。你是來之於圓在之神的人，你當以圓化體現神，完成神聖使命而達於神的永生之圓境，這才是對你自己的真懂。

09

「成全諸事的神，神從天上必施恩救我」（〈詩〉57:2）。圓化之靈才能是成全著事，讓事事都成圓的神；天乃圓，從天上施恩的是圓在的神；神以做圓化的工，化人歸圓施與拯救的神恩。「使被囚的出來享福，惟有悖逆的住在乾燥之地」（詩67:6）。使被囚的從「方框」裡出來，行圓化而享福。人得圓而得福，幸福是圓化的體驗、感受。「你已經升上高天擄掠仇敵」（68:18），這是對圓在的神使二方歸圓的比喻，使人脫離仇敵，脫離二方基礎，確立圓基礎而實行圓化，使人在整體性需要上全面得圓，才真正得福。讓人真得圓，得真圓的圓理即圓化道理，才是應該「傳給萬邦」的公理。

「那時，外人必起來牧放你的羊群，外邦人必做你們耕種田地的、修理葡萄園的」。羊群是指神民，外人是不二著信神，不信二著的人所信之假神的人們，外人能牧放羊群，這外人們是信圓在、圓化之神的人們，正是這樣的外邦人，才能是耕種神學思想之田地，修理神民精神葡萄園的人。「你們必吃用列國的財物」（〈賽〉61:5），圓化的神學思想是包含各家思想精華的，是整合東西方文化優秀內容，俱全古今中西思想價值性的。圓化思想是神學與哲學在根本上的圓合。「吃用列國的財物」，是對人們將運用大道至簡，簡而能全，包含眾家思想價值於一體的，古今圓融，中西圓和之圓化思想的比喻。

「耶和華向這城呼叫，智慧人必敬畏他的名」（〈彌〉6:9）。神呼召人們從「方框」的城裡出來，敬畏圓在、圓化這神名的是智慧人，智慧人才會敬畏圓在、圓化的神。「錫安的民（「民」原文做「女子」）哪，你要疼痛劬勞，仿佛產難的婦人」，「產婦的疼痛必臨到他身上，他是無智慧之子，到了產期不當遲延。我必救他們脫離陰間，救贖他們脫離死亡」（〈何〉13:13—14）。二著的神民要在二方框的子「宮」裡受產前的陣痛，要開始新精神性的生產過程。「因為你必從城裡出來，住在田野，到巴比倫去，在那裡要蒙解救，在那裡耶和華必救贖你脫離敵人的手」（〈彌〉4:10），就是擺脫二方基礎。二著信神和二著不信神的人都當從所在的思想觀念保壘的城裡出來。頭腦不受那城裡規則的束縛了，就要得解救了；當你不再二著了，也就是你確認自己是圓在之圓內的主體了，你就做為智慧人對經文的比喻、謎語全都能明白了。你的智慧體現於你的歸圓而行圓化。你若還是二著屬惡，惡人不能明白圓化，他只能在非圓化中被來之於二方的魔鬼控制著，這樣那樣地假明白，只在即有侷限中使用思想的腦袋。

〈多瑪福音〉中耶穌說：「喝我口裡所出的會變得像我，我自己也會變成他，隱藏的事也會對他顯明」（9.108）。耶穌做神的圓化之工，說使人歸圓，讓人成為圓化者的話；聽懂而接受耶穌的話，會變得象耶穌，耶穌也會變成他，也就是你在他裡，他在你中了。你變得象耶穌，耶穌變成你，就是你成為了以圓化之，化而成圓的具有主體主動性的圓化者。神的偉大孕育的意義就在這兒。圓化精神由你形成了，你就是神的孕育與生產的見證者，你就是神工做的成果，你將參與神而參與建立神的國，你當然以行圓化之道歸回神的永生圓美圓妙之境界。

「耶和華是良善正直的，所以他必指示罪人走正路。他必按公平引領謙卑人，將他的道教訓他們。凡遵守他的約和他的法度的人，耶和華都以慈愛誠實待他」（〈詩〉25:8,9）。那就是種豆得豆，種瓜得瓜，行圓化得圓化。圓、圓化都是動詞、名詞、形容詞全俱的。

〈以西結書〉：「你要開口吃我所賜給你的」（2:8），「於是我開口，他就使我吃這卷書」（3:2），開口是把「方框」打開。「那聚斂的要在我聖所的院內吃喝，乾渴之地要變為泉源（3:7）。神的院內是圓內，經文中屬神的思想需要在圓基礎上獲得。「我要使他們有合一的心，也要將新靈放在他們裡面」（〈結〉11:19）；「現今正是尋求耶和華的時候，你們要開墾荒地，等他臨到，使公義如雨降到你們身上」（〈何〉10:12）。

耶穌的復臨，來的不是做為人對方的具體有形者，而是做為圓化之光來到覺醒者們的精神中；有形能看見，「那沒有看見就信的有福了」（〈約〉2:2）。信沒有具像的精神之光的耶穌，才是有福，即為正事。「人的一切的罪和褻瀆的話，都可得赦免；惟獨褻瀆聖靈，總不得赦免」（〈約〉12:3）。聖靈是由人歸圓在之圓而有的圓化之靈，為何無論褻瀆什麼都可得赦免，惟獨褻瀆聖靈怎樣都不可得免呢？因為處於罪中的「死人」是沒有聖靈的，有復活的以圓化精神來幫助他把罪擺脫，使他復活，而他褻瀆圓化，就是固守於罪不要赦免了。不想要赦免的人，當然是永不得赦免的。

「因為天上的窗戶都開了，地的根基也震動了」（〈賽〉24:18）；本書中圓基礎已來，人思想的天窗已開，對二方基礎的震動已經發生，使其實際的瓦解、崩潰、毀滅勢在必行。人們所盼望的新天新地，就在於改變離圓的二方基礎，確立二方在其內的圓基礎；你擁有圓基礎，就由你的立於圓在的神裡而讓神的圓化之靈在你中。「我要宣告耶和華的名。你們要將大德歸與我們的神，他是磐石，他的做為完全，他所行的無不公平」（32:34）。圓化讓人人在身體與精神的整體需求上得圓，才真正公平。「他引導完全人行他的路」（〈撒下〉22:33）。完全的人，必擁有本身無缺的圓基礎。

〈多瑪福音〉中，門徒問怎樣能進天國，耶穌對他們說：「如果你們把二變成一，把內在的變成好像外在的一樣，外在的變成好像內在的一樣，上面的變成好像下面的一樣……你們就可以進去了」（22）。圓在之圓是包含內在與外在二方的整體；上面與下面無別者，正是圓體的形式；把二變成一，是二方歸圓而歸一，天國就是圓化的境界，圓美圓妙，圓融圓和的境界。全世界有二十多億的信徒都認基督，不認圓在之圓，不認圓化，這是會隨著神被認識而改變的。有遠超過二十億冰塊的黃河，春風一來，春雨一灑，不也說化就化了嗎？以為基督徒人多，就是不可改變的，那是以為者的腦袋在凍結著，那是還未到春風春雨的時

節，現在能把神的訊息聽見了，就是春天要來臨了。

「求你將智慧和知識教給我，因我信了你的命令」（〈詩〉119:66）。信了神的命令，才能得到神的智慧和知識。「神發聲，地就熔化」，地為二方，聽見圓在之神的聲音，凍結於二方基礎的頭腦便會開化。新人就是在對舊我的化解中誕生的，新天地是以有了新人們的出生而到來的。

10

「我耶和華憑公義召你……做外邦人的光」（〈賽〉42:6—7），這是預表耶穌。讓人人在整體需要上全面得圓的圓化才是公義，圓在的神憑公義召行圓化的耶穌。經文中的外邦人不就是指以色列民族之外的人，以色列特指神民，外邦人是不信二著的神民所信之神的人，耶穌憑什麼做外邦人的光呢？神憑公義所召的耶穌，顯然不是基督徒們所認的基督耶穌。求圓是人的本性，讓人成為圓化者而使人在身體和精神整體性需求全面得圓的圓化之光，才能是外邦人的光，那是使神民不再二著信神，不再認假神，使人類都認圓在、圓化之真神的光。

其實信不信神的人都不能不信圓，人在大事小事的事事上求圓，必須以圓才能得圓，如主意圓全，做事的效果才會圓滿。信神和不信神的人，都不能讓他住的屋子缺一面牆，都不能用一扇的嘴巴吃飯。人不能因為他信神或不信神就讓身體處於0上或0下80度以上，因為那要讓他在具體上過度失圓；人們結婚要圓房，失了面子要圓臉，到死要把人生的句號劃圓，死後還要親朋給圓墳。信神的教會也不能說他們可以走偏，因為偏就失圓。神即是道，具體中人們要用小圓之小道，神本身是大圓之大道。圓在、圓化的神讓人得具體小圓與整體大圓一體的真圓之圓，「你們想要別人怎樣待你，你也要怎樣待別人」，「你們要彼此相愛」就在圓化中包含，就以圓化實現，就保證於人的屬圓。二方基礎上的人與人關係，在必有的利益之爭上等於是打麻將，各自自私自利，己所不欲，必施於人；己之所欲，不施於人，互相障礙對方；圓基礎上的人與人關係等於球場上同一球隊球員的關係，人人為我，我為人人。道德就是圓化的倫理規範，規範人不得使他人失圓。打麻將沒有觀眾，藍球、足球賽總是大有觀眾，這與人們的潛意識嚮往哪種人際關係有關。人本性求圓，擁有圓在、圓化的神會讓人人在整體性需要上全面得圓。圓基礎是人自我實現，圓滿自我的根本保障。

基督徒已有這樣的認識了：「從死裡復活，我們都同在一個屬天的呼召裡面，要我們盡職分成為世上的光，並將生命供應給世人」。那麼天的呼召所呼召的是什麼呢？什麼是天呢？天是圓在之圓，天的呼召是讓人歸圓。我們所蒙的天召，就是接受從上頭即圓在之神來的光與生命，成為人與神一體的圓化者，就是把照人歸圓的圓化之光帶去，帶給一切能得神之救恩的人們。「救恩」這個詞原本是「健康」的意思。所以，得救了就處在健康長好的光景裡，這是救恩這個字原來的意思。周易中，「健也……為圓」，「天行健」，天圓。救恩體現於使人歸圓在之圓而具有圓化能力，健康是圓化狀態及趨勢。聖經、易經與我們今人理性認識在此的一致，不能是碰巧的事，只能是神的設計。處在屬二而非圓化的精神狀態裡說得神恩，那不但是虛妄，也是辱沒神；一個人有沒有得神的救恩，要以他是否具有圓化能力來驗證。

屬天的呼召，以天乃圓在是呼召人的歸圓。人不承認自己的圓在，就虧缺著神；人不能行圓化，也就不是圓在者的人。「我向你所要的是什麼呢？只要你行公義，好憐憫，存謙卑的心，與你的神同行」（〈彌〉6:8）。那就是行圓化，圓化是對人從哪裡來，向哪裡去和怎樣去的整體正確的回答，人的真正使命就是由圓出發，為實現圓目的而行圓化。

「耶和華你們的救贖主，以色列的聖者我必在曠野開道路」（〈賽〉43:14）。所開的是對於人從未有過的新路。人類從來都是二方基礎上非圓化的路，圓基礎上圓化的路才是新路。「因為他來了，他來要審判全地。他要按公義審判世界，按他的信實審判萬民」（〈詩〉96:13）。使人人都能得圓的圓化才是公正、公義，對二方基礎之世界的審判，對屬二的眾民的審判，是判其二歸圓。神的國是圓化的世界。以屬二的非圓化之心，結不出圓果，卻覺得他們擁有神的國，耶穌是不允許的：「所以我告訴你們，神的國必從你們奪去，賜給那能結果子的百姓」（〈太〉21:43）。神所要求人結出的果，是圓化之成果，是讓人真得圓，得真圓的結果，不能行圓化，就不配有神的國。真人之自我，乃是圓化者。

圓在之神必使人類行圓化，那就是生產出圓化精神的人類自我。神不是屬二的「死人」的神。圓化者的元首耶穌把圓化的神顯現出來，然而屬二的人們不認識他，當然也不能認識圓在、圓化的耶和華。耶和華神對於具有圓化精神的人們才能知道是圓在、圓化的神，人以他有圓化精神而存活於圓在的神裡，圓化的神也在他的精神之中。神不是僕人對方的主與僕二方的主，而是精神主導者的主。人以有圓在的神主導精神而是實行圓化的主體。真正認識了你自己，你與神原來為一，現在是一體。現在是一體，在於原為一；因為原為一，現在才能是一體。多瑪福音中耶穌教導：始端與終端一體。耶穌祈求神，「使他們都合而為一」（〈約〉17:20）。二著信神的人們，即使是同信一方神的人們也不能合而為一，基督教就有著多的大小派別分立，信圓在的神，在圓基礎上的人們才能完全的合而為一。有圓化覺悟的人們都以他人為他我，其人生之路是來於圓在之神的人們同道回家，圓圓與共的圓化之道，決定他們必定是合而為一的。耶穌所求的是圓化之靈的神，神為什麼需要去求才為人做事呢？其實求神是使人信神，人們都信神的圓在、圓化，就都以圓化合為一了，那麼人之所需，就沒有什麼是不能成就的了。

神的產期，是耶穌再來之時，來的日子，將要在地上執行以天對地的審判，即以圓在之圓對離圓二方的審判。史伯克從《西伯來書》中看出的資訊：「那一個牢牢地捆綁你們的體系，就要過去了」，「所有屬地的體系都要被震動，從原地挪移掉。然而有一個『更美的』要來」。——因為「神已經給我們豫備了更美的事」(11:40)，現在可以理解為圓化的事。天窗都開了，就要震動地基，將被震垮的是二方基礎及其上的體系。非圓化是醜陋的，「真美的」要來，圓在之神給我們預備的是圓美之真美的事，就是圓化的事。

認識你自己，包含對自己屬二的正視，那也就正視了本來屬圓的自己。屬二是罪過，承認其罪，罪就免了，因為真承認自己的罪是屬二，那就不會再二，那就能在自己這裡讓二方歸圓。認識你自己包含自己的根本性改變，就是回到自己的本真本原，即圓在之圓。

「人所行的，若蒙神耶和華喜悅，耶和華也使他的仇敵與他和好」（〈箴〉16:7）。仇敵是離圓的二方，「神報仇的日子……賜華冠給錫安悲哀的人。」（〈賽〉61:2—3）神報仇是

二方收圓，華冠是圓化者之冠。錫安悲哀的人，是意識到屬二之罪，信靠受膏者即基督，並以之為神，為救主之罪，痛悔信了非圓化之假神的人。

「因你們不把誡命放在心上……我必斥責你們的種子，又把你們犧牲的糞便抹在你們的臉上」（〈瑪〉2:2—3）所說「他們犧牲的糞便」，是比喻他們信假神所生出的思想。神對以信假神不悔改而自感榮耀者們，是在他們的臉上塗糞便，給覺悟而轉化的人戴華冠。「因為耶和華是公義的，他喜愛公義」（〈詩〉11:7），公義就是圓化，圓化才顯對於全人類之公，神與人之公的大公大義。

「耶和華說：『至於我與他們所立的約乃是這樣：我加給你的靈，傳給你的話，必不離你的口，也不離你後裔與你後裔之後裔的口，從今直到永遠』」（58:21）；神加給的是圓化的靈，傳給的是圓化思想。

「但若你不認識自己，你就活在貧乏中，你就是貧乏」（〈多瑪福音〉3）。從聖經中讀懂你自己，就不再是罪人惡者的自我，就成為與圓善之神同在、同行的真正豐實富有的圓化者。

結語：

人祖吃了分別善惡樹的果實，具有分別善惡二方的能力，就確定了精神屬二的性質。人類的自我意識形成於此方彼方對立的二方基礎，這使其所處的世界無不是不同二方的對立。二方是由人在神本身之內假定分開，神是圓全圓滿的本真存在。由於人類不知本源是圓在之圓，二方在人這裡離圓，本屬圓的人因不認識神而屬於了二，在對立二方的基礎上行路，求圓而不能在整體性上得真圓，真得圓。經文中人由吃了分別善惡樹的果子而有的所謂原罪，是對人類的屬二以象徵比喻所做的描述。

各人屬二的罪不能被代贖，免罪只能免於自我不再二。不能不要二，二方在自我這裡歸圓在之圓，就有二不二。

離圓的二方，是人頭腦中無形的「方框」，這「方框」是整體性認識的迷宮。迷宮裡的哲學、神學都處於根本無解的困境。哲學找不到世界的本原，神學對神本身是什麼不明。只要在人這裡二方歸圓，人知道自己本該是圓在之圓內由圓化的靈主導著精神的主體，成為與圓在之神同行圓化的主體，哲學、神學的困境就在根本上徹底解除，就有了思想精神圓明圓通的大路，即圓化道路。

二方框的迷宮即是神孕育人類圓化精神的子宮，人的精神從中脫胎出來，就是耶穌所呼喚的重生。「人若不重生，就不得見神的國」（〈約〉3:3）。神的國乃人心裡的圓化境界，外化出來就是圓化的世界。這是人們擺脫了二方對立的思維基礎，二方歸圓才會有的，這是人們成為與神一體的神人就會有的。圓化精神之光的耶穌，是帶領我們回歸於神和行神之道的精神領袖。

人的內在與外在都在神的眼目中，人以他內外在的活動把自己呈現給神，經文中以獻祭來比喻。「你們將瞎眼的獻為祭物，這不為惡嗎？將瘸腿的有病的獻上，這不為惡嗎？」

（〈瑪〉1:8）人向神所獻的只要不是精神健全的人，就是惡者罪人。「我向你陳明我的罪，不隱瞞我的惡。我說：我要向耶和華承認我的過犯，你就赦免我的罪惡」（〈詩〉32:5）。過犯是二方在自我這裡離圓，承認了離圓的過犯，就是同意了二方在自我這裡歸圓，只要確認圓在之圓包含二方，自我不屬二而屬圓，原罪就得到赦免。病，殘疾在於失圓，具圓才健康，圓化才健全。

讀聖經若不出發於神，讀到終也偏離神。認識出發於圓，結果是認識達於圓，這在於神本是圓全、圓滿、圓化之圓在的神。有了圓基礎，就不再認假神，不講理；圓基礎的理圓，理足，充分的講理。

二方在人這裡離圓而得罪圓在的神，神呼召神民回歸，通過經文發明出這隱藏的事，說出這古代的謎語；人在罪中信神則認假神，拜二主；屬二之人不信神，就要麼蹈虛，要麼拜物，歷史是神對人類精神的孕育，知此即是來到了神的產期。在圓基礎上讀，就能把握經文中的象徵，比喻，預言，謎語，其認識就符合耶穌而與神一致。這樣，耶穌的可信，神的真實，再也不可懷疑；如此，以往二著讀聖經的錯誤全都顯出。

受二方基礎的限制，不能有圓明的明哲，就只能在「方框」裡處愚。由愚昧轉向智慧，就在於由屬二向屬圓轉換，擺脫二方基礎，擁有包含二方的圓基礎。「智慧人必發光，如同天上的光」（〈但〉12:3）。天乃圓，所說的「天上的光」，是圓光、圓化之光。此書以對聖經的圓解告訴人們，這樣解讀，不僅圓合佛耶，圓合耶儒，而且圓和眾家；這樣解讀則中西合璧，古今一體，圓融無礙，圓通無阻；這樣解讀就一通百通，整體通透；這樣的解讀，才無誤不謬，才是對神的信息正確的接收。

「一切惡人都不能明白，惟獨智慧人能明白」（〈但〉12:10）。智慧是達於圓化的能力，人歸圓在的神，就會有圓化之能力；「敬畏耶和華是智慧的開端」，歸於圓在、圓化的神是智慧的體現。

耶穌要求的禱告：「我們在天上的父，願人都尊你的名為聖，願你的國降臨，願你的旨意行在地上如同行在天上」（〈太〉9—10）。天乃圓，圓在的父，是人精神的根，人尊圓在的神而歸圓為聖，就是神國即圓化世界的降臨，神的圓化旨意，就在現實人類中實行，像行於神自身一樣。

敬畏神要以神為認識的出發點，出發於神才能以神為歸向。本書以對聖經的圓解說明怎樣才是智慧的讀聖經：就是在圓基礎上讀，就是為把握和遵行圓化之道而讀。這樣讀的成果，就是自己成為與真神同在同行的圓化者；這樣的解讀，越讀就越是明白圓化真理，堅定圓化意志，增加圓化能力。聖經就聖在給出圓在之神的圓化信息，是教人圓化的書。

人認識神才認識完整人，完全人的自己。「我們務要認識耶和華，竭力追求認識他；他出現確如晨光，他會臨到我們象甘雨，像滋潤田地的春雨」（〈何〉6:1—3）。春雨遍臨之時，便是圓化的文化興起，聖化時代到來之日。

人啊，認識圓在的神，得到圓化的靈，跟從圓化精神之光的耶穌，成全你自己！

國家圖書館出版品預行編目資料

圓解聖經：正本清源 明道通神 / 楊春華作. -- 初版. -- 臺北市：博客思, 2019.01

面； 公分

ISBN 978-986-97000-0-9(平裝)

1.聖經研究 2.神學

241.017　　107018247

《圓解聖經－正本清源 明道通神》

作　　者：楊春華
美　　編：陳勁宏
封面設計：陳勁宏
出 版 者：博客思出版事業網
發　　行：博客思出版事業網
地　　址：台北市中正區重慶南路1段121號8樓之14
電　　話：(02)2331-1675或(02)2331-1691
傳　　真：(02)2382-6225
E—MAIL：books5w@yahoo.com.tw或books5w@gmail.com
網路書店：http://bookstv.com.tw/
http://store.pchome.com.tw/yesbooks/
博客來網路書店、博客思網路書店、三民書局、金石堂書店
總 經 銷：聯合發行股份有限公司
電　　話：(02) 2917-8022　傳 真：(02) 2382-6225
劃撥戶名：蘭臺出版社　帳號：18995335
香港代理：香港聯合零售有限公司
地　　址：香港新界大蒲汀麗路36號中華商務印刷大樓
C&C Building, 36,Ting, Lai, Road, Tai,Po, New,Territories
電　　話：(852)2150-2100　傳真：(852)2356-0735
經　　銷：廈門外圖集團有限公司
地　　址：廈門市湖里區悅華路8號4樓
電　　話：86-592-2230177　傳 真：86-592-5365089
出版日期：2019年1月 初版
定　　價：新臺幣550元整（平裝）
ISBN：978-986-97000-0-9